설교집 32

다시 찾은 사람들

| 박종순 목사 설교집 |

쿰란출판사

다시 찾은 사람들

머리말

제가 첫 번째 설교집을 펴낸 것은 1985년 8월 15일이었습니다. 설교 55편을 한데 묶어 《예수를 잃어버린 사람들》이라는 제목을 붙여 만든 것이 첫 번째 설교집이었습니다. 37년 전 일입니다.

그때 머리말에 "저로서는 최선을 다해 준비했고 선포한 설교들이기 때문에 설교집을 읽는 분들이 공감하고 함께 은혜를 받았으면 하는 마음이 간절합니다. 오늘도 내일도 그리고 숨이 멎는 그날까지 설교의 행군만은 계속할 작정입니다. 앞으로 제2, 제3의 설교집이 햇빛을 볼 수 있도록 독자 제현의 기도를 부탁드린다"라고 적었습니다.

그 기도대로 하나님은 해마다 50~60편의 설교를 묶어 설교집을 펴내게 하셨습니다. 감사, 또 감사일 뿐입니다. 그동안 제 설교집은 혜선출판사, 생명의 말씀사, 쿰란출판사가 발간을 맡아 주셨습니다. 고맙습니다.

서른두 번째 설교집 제목은 《다시 찾은 사람들》로 정했습니다.

우리는 너무 많은 것을 잃은 채 살아갑니다. 비극은 무엇을, 왜, 어디서 잃어버렸는지조차 모른 채 살아간다는 것입니다.

그러나 그리스도인의 삶은 그러한 삶이 되어서는 안 됩니다. 그리스도인들은 다시 찾은 사람들입니다. 잃었던 삶의 의미와 가치를 되찾았고, 행복과 생명을 다시 찾았습니다. 예수 그리스도를 만났고, 예수 그리스도를 믿었기 때문입니다.

다시 찾은 사람들이 되는 일에 작은 등대가 되고 길라잡이가 되길 바라는 소망으로 이 설교집을 펴냅니다. 하나님께 감사드리고 수고하신 모든 이들에게도 다시 한번 감사드립니다.

2022년 가을

박종순

차례

머리말...4

제1부 고치리라

손바닥에 새겼다 이사야 49:14-19 10
덮어 주심 누가복음 1:26-38 20
행복한 만남 누가복음 1:39-45 30
새로운 피조물 고린도후서 5:17-19 40
하루 한 오멜 출애굽기 16:13-20 50
고치리라 역대하 7:11-16 62
처음 사랑을 버렸구나 요한계시록 2:1-7 71
저녁이 되고 아침이 되니 창세기 1:26-31 82
흔들리지 않는 나라 히브리서 12:25-29 92

제2부 다시 찾은 사람들

해법 아모스 5:4-8 104
비로소 그리스도인 사도행전 11:19-26 114
골방을 측량하라 에스겔 41:5-11 125
다시 찾은 사람들 누가복음 15:1-7 136
기록된 사람들 말라기 3:16-4:2 147
독생자의 영광 요한복음 1:9-14 158
주의 이름 시편 44:4-8 168
길 요한복음 14:1-6 178
1 대 450 열왕기상 18:20-24 189

제3부 다 아십니다

말씀 신앙 사도행전 27:20-26 **202**
새 살이 돋아나게 하리라 예레미야 30:17-22 **213**
더 넘치는 삶을 위한 기도 에베소서 3:14-21 **224**
찾으라 그리하면 살리라 아모스 5:4-8 **233**
위기 해법 마태복음 26:69-75 **243**
다 아십니다 시편 139:1-10 **253**
오래 참으심 베드로후서 3:8-13 **263**
피난처 시편 62:1-12 **273**
사람 만나러 오신 하나님 요한복음 1:9-14 **283**

제4부 주님과 함께

빛나는 얼굴 출애굽기 34:29-35 **294**
주님과 함께 누가복음 22:31-34 **304**
위로하라, 외치라 이사야 40:1-8 **314**
유라굴로 광풍 해법 사도행전 27:30-37 **324**
고라 자손의 고백 시편 85:1-13 **335**
안심 전략 마태복음 14:22-33 **345**
일곱 번 씻으라 열왕기하 5:9-14 **355**
다시는 갈라디아서 5:1 **365**

제5부 정답 찾기

히브리 청년들 다니엘 1:1-7　**376**

고령자의 신앙과 비전 여호수아 14:10-15　**383**
(한지터 세미나 개회 설교)

선교 명령 사도행전 1:4-6　**391**
(뉴욕 선교적 교회 세미나)

정도회복 요한계시록 21:5　**398**
(한지터 세미나 개회예배)

함께 누가복음 24:28-35　**404**
(포항제일교회 설교)

정답 찾기 요한복음 14:5-6　**409**

제1부

고치리라

손바닥에 새겼다

🍁 **이사야 49:14-19**

오직 시온이 이르기를 여호와께서 나를 버리시며 주께서 나를 잊으셨다 하였거니와 여인이 어찌 그 젖 먹는 자식을 잊겠으며 자기 태에서 난 아들을 긍휼히 여기지 않겠느냐 그들은 혹시 잊을지라도 나는 너를 잊지 아니할 것이라 내가 너를 내 손바닥에 새겼고 너의 성벽이 항상 내 앞에 있나니 네 자녀들은 빨리 걸으며 너를 헐며 너를 황폐하게 하던 자들은 너를 떠나가리라 네 눈을 들어 사방을 보라 그들이 다 모여 네게로 오느니라 나 여호와가 이르노라 내가 나의 삶으로 맹세하노니 네가 반드시 그 모든 무리를 장식처럼 몸에 차며 그것을 띠기를 신부처럼 할 것이라 이는 네 황폐하고 적막한 곳들과 네 파멸을 당하였던 땅이 이제는 주민이 많아 좁게 될 것이며 너를 삼켰던 자들이 멀리 떠날 것이니라

이사야서가 강조하는 두 가지 주제가 있습니다. 그것은 심판과 회복입니다. 하나님을 떠나 우상숭배하고 하나님을 향한 신앙을 버리고 범죄하면 심판받는다는 것, 그러나 회개하고 돌아오면 용서하고 회복해 주신다는 것을 강조하고 있습니다. 누구라도 하나님을 떠나면 예외 없이 심판받고, 누구라도 회개하고 돌아오면 예외 없이 용서받고 구원받는다는 것입니다. 그리고 중요한 초점은 메시아로 오실 예수 그리스도를 통해서 회복과 구원이 이뤄진다는 것입니다.

이사야 49장은 구원과 회복을 예언한 내용으로 구성되어 있습니다. 특히 49장 16절을 설교의 제목으로 잡았습니다. "내가 너를 내 손바닥에 새겼고"라는 말씀에 초점을 맞춰 보겠습니다.

'쓰다'와 '새기다'는 차이가 있습니다. '쓰다'는 붓이나 연필로 글자를 쓰는 것이고 '새기다'는 글씨나 그림을 나무나 돌, 쇠붙이에 파서 나타내는 것입니다. "손바닥에 새겼다"는 것은 손바닥에 지워지지 않게 문신을 새기듯, 낙인을 찍듯 새겼다는 것입니다. 쓰는 것은 지울 수도 있고, 지워질 수도 있지만 새기는 것은 쉽게 지울 수도 없고 지워지지도 않습니다.

인간이 신체에 문신을 새기기 시작한 것은 BC 2천 년 전부터라고 합니다. 이집트 미이라에서 얼굴, 가슴, 손, 허벅지 등에 문신을 새긴 흔적이 발견됐는데 어떤 부족인가, 어떤 신분인가를 증명하기 위해서 새겼다는 것입니다. 미국 서부 목장에서는 소유주를 표시하기 위해 소나 말의 몸에 낙인을 찍었고, 고대사회에서는 종의 귀에 송곳으로 구멍을 뚫었고, 노예의 몸에 낙인을 찍기도 했습니다. 그리고 이교도들은 자신의 몸에 자신들이 섬기는 신의 형상을 낙인으로 찍기도 했습니다. 그런데 하나님은 이스라엘의 이름을 손바닥에 새겼다고 본문을 통해 말씀합니다.

그렇다면, 왜 손바닥에 새겼습니까?

하나님의 소유이기 때문입니다. 손바닥에 새긴 것은 하나님의 소유 증명서와 같습니다. 이사야 43장 1절을 보면 "야곱아 너를 창조하신 여호와께서 지금 말씀하시느니라 이스라엘아 너를 지으신 이가 말씀하시느니라 너는 두려워하지 말라 내가 너를 구속하였고 내가 너를 지명하여 불렀나니 너는 내 것이라"고 했습니다. 왜 하나님 소유인가가 분명해졌습니다. 하나님이 지으셨기 때문이고 구원하셨기 때문입니다. 하나님의 소유라는 사실은 지울 수도 없고, 없앨 수도 없습니다.

이사야 49장 5절에서는 '나를 그의 종으로 지으셨다'고 했고, 49장 6절에서는 '구원을 베푸셨다'고 했고, 49장 7절에서는 '그가 너를 택하셨다'고 했습니다. 그리고 49장 26절에서는 하나님은 '네 구원자 네 구속자'라고 했습니다. 하나님이 지으시고 구원하셨다는 것을 강조하고 있습니다.

손바닥은 가까이 보이는 곳에 있습니다. 그리고 하나님의 손은 크고 강하십니다. 사람의 손바닥에 새기는 것은 무의미합니다. 지워지고, 죽으면 썩기 때문입니다. 그러나 하나님의 손은 다릅니다. 강한 손, 영원한 손입니다.

에스라 7장 28절을 보면 '내 하나님 여호와의 손이 내 위에 있으므로 내가 힘을 얻었다'고 했습니다. 에스라가 이스라엘 민족과 지도자들을 다스릴 때 하나님의 손이 함께해 주셔서 가능했다는 것입니다. 시편 139편 10절에서 다윗은 "거기서도 주의 손이 나를 인도하시며 주의 오른손이 나를 붙드시이다"라고 했습니다. 다윗이 말한 거기가 어딥니까? 하늘, 바다 끝, 이 세상 어디든지라는 뜻입니다. 시간과 공간을 초월해 언제 어디나 함께 계신다는 것입니다. 그리고 인도하시고 지켜주신다는 것입니다.

베드로전서 5장 6절에서는 "하나님의 능하신 손"이라고 했습니다. 그 능하신 손에 내 이름을 새겼다는 사실을 우리는 어떻게 이해하고 받아야 합니까? 하나님은 하나님의 소유를 버리거나 포기하지 않습니다.

예를 찾아보겠습니다. 누가복음 15장에는 세 가지 비유가 기록되어 있습니다.

첫째는 잃어버린 양을 찾은 비유입니다. 100마리 가운데 한 마리를 잃어버렸습니다. 99마리를 그대로 둔 채 찾아 나섰고, 그 양을 찾은 뒤에는 벗들과 이웃을 불러 모아 잔치를 열었습니다.

둘째는 잃어버린 드라크마를 찾은 비유입니다. 드라크마는 당시 헬라의 동전이었는데 노동자 하루 품삯이었습니다. 찾은 뒤 역시 잔치를 열었습니다. 두 비유의 핵심은 양이나 동전이 아닙니다. 15장 7절을 보면 "이와 같이 죄인 한 사람이 회개하면 하늘에서는 회개할 것 없는 의인 아흔아홉으로 말미암아 기뻐하는 것보다 더하리라"고 했고, 15장 10절에서는 "이와 같이 죄인 한사람이 회개하면 하나님의 사자들 앞에 기쁨이 되느니라"고 했습니다. 양이나 드라크마를 찾는 것은 죄인을 찾으시는 이야기입니다.

셋째는 아버지를 떠난 둘째 아들이 돌아온 비유입니다. 제멋대로 아버지를 떠난 아들을 아버지는 양이나 드라크마처럼 찾아 나서지 않았습니다. 이유는 둘째 아들이 스스로 결단하고 돌아올 수 있는 자유의지를 가지고 있기 때문입니다. 중요한 것은 돌아올 때까지 참고 기다렸다는 것입니다. 그리고 돌아온 아들의 잘못, 실수, 과오를 다 용서하고 잔치를 열었다는 것입니다. 15장 32절에서는 '죽었다가 살아났으며 잃었다가 얻었다'고 했고, "즐거워하고 기뻐하는 것이 마땅하다"라고 했습니다. 여기서 아버지는 하나님이고 잃어버린 양과 드라크마 그리고 둘째 아들은 죄인을 의미합니다.

찾으시는 하나님, 돌아오면 기뻐하시고 잔치를 베푸시는 하나님의 모습을 발견하게 됩니다. 그러나 떠나고, 돌아오지 않고, 등 돌리면 내버려 두고 버리시는 하나님의 모습도 찾을 수 있습니다.

삼손을 통해 예를 들겠습니다. 가나안 땅을 점령한 여호수아가 죽고 사울이 이스라엘의 초대 왕이 되기까지 기간이 350년이었습니다.

그 기간 동안 이스라엘의 정치, 경제, 군사, 신앙을 책임지고 다스린 사람들을 사사라고 부릅니다. 첫 번째 사사는 옷니엘이었고 마지막 사사인 사무엘까지 총 16명의 사사들이 이스라엘 민족을 다스렸습니다. 14번째 사사는 삼손이었습니다.

사사기 13-16장은 삼손의 출생, 그의 결혼, 활동 그리고 그의 최후를 설명하고 있습니다. 삼손의 어머니는 아이를 낳지 못하는 여인이었습니다. 그런데 하나님이 천사를 통해 "아들을 낳게 해 주겠다. 임신 기간 동안 포도주나 독주를 마시지 말라. 부정한 음식도 먹지 말라. 그리고 아들을 낳게 되면 그 아들의 머리를 깎지 말라. 네 아들은 거룩하게 구별된 사람이다(나실인이다)"라고 했습니다. 삼손은 하나님의 은혜로 태어난 성별된 사람이었습니다.

청년이 된 삼손이 어느 날 블레셋 여자에게 눈이 꽂혔습니다. 아름답고 매력 넘치는 여인이었습니다. 그런데 문제는 그 당시 블레셋 부족은 이스라엘의 원수였고 우상숭배하는 부족이었다는 것입니다. 결혼하면 안 되는 여자였습니다. 그런데 부모의 만류를 뿌리치고 그녀와 결혼했습니다. 결혼을 잘못한 것입니다. 그걸로 끝난 것이 아닙니다. 16장 1절을 보면 기생을 보고 그에게 들어갔습니다. 성적 타락이 시작된 것입니다. 그런가 하면 들릴라라는 여인의 유혹에 빠져 향락을 일삼게 됩니다. 들릴라 역시 기생이었다고 합니다. 그는 하나님을 떠났습니다. 하나님을 모르는 여자와 결혼하고 기생집을 드나들고 독주를 마시고…….

그 결과는 어땠습니까? 머리가 깎이고, 두 눈이 뽑히고, 블레셋 사람들이 내린 형벌로 연자 맷돌을 돌리는 종이 되었습니다. 16장 20절을 보면 "여호와께서 이미 자기를 떠나신 줄을 깨닫지 못하였더라"고 했습니다. 결국 삼손은 비참한 최후를 맞아야 했습니다. 그는 선택받은 사람, 거룩한 사람 나실인이었습니다. 그러나 잘못된 선택 때문에 버림받은 사람이 된 것입니다.

이 말씀을 주목해야 합니다. "여호와께서 이미 자기를 떠나실 줄을 깨닫지 못하였더라." 시편 49편 20절 말씀도 함께 주목해야 합니다. "존귀하나 깨닫지 못하는 사람은 멸망하는 짐승 같도다" 삼손은 존귀한 사람, 힘 있는 사람이었습니다. 그러나 깨닫지 못해 짐승처럼 울부짖다 죽었습니다.

다른 사람의 예를 찾아보겠습니다. 예수님의 12제자 가운데 유다가 있었습니다. 그는 특별히 선택받은 사람이었고 재정을 담당한 제자였습니다. 그런 그가 선생님을 배신하고 돈을 받고 예수님을 팔아 넘겼습니다. 그의 종말은 비참했습니다. 마태복음 27장 5절을 보면 "유다가 은을 성소에 던져 넣고 물러가서 스스로 목매어 죽으니라"고 했습니다. 제자가 됐더라도, 요직을 맡았더라도 유다처럼 살면 유다처럼 된다는 경고를 발견해야 합니다.

하나님의 손바닥에 그 이름을 새긴 사람들이 누리는 특권이 있습니다.

첫째로 잊지 않으십니다.

15절을 보면 "나는 너를 잊지 아니할 것이라"고 했습니다. 잊지 않기 위해 그 이름을 손바닥에 새겼는데 어떻게 잊겠습니까?

건망증은 기억이 가물가물하는 것이고, 치매는 건망증이 겹겹이 쌓여 말과 행동이 균형을 잃고 비정상적으로 변하는 것입니다. 사람에게는 기억하는 능력과 기억을 잃어버리는 능력이 있습니다.

적당할 때 적당하게 잃어버리는 것도 큰 복입니다. 가족관계, 대인관계에서 상처가 되거나 나쁜 기억들은 잃어버릴수록 좋습니다. 그러나 예수님을 잃어버리거나 신앙을 잃어버리면 큰일 납니다.

숨을 거두는 순간까지 예수님을 잃어버리지 맙시다. "예수가 누구냐? 예수 모른다!" 이것은 영적 치매이고 최악의 치매입니다. 그러나 하나님은 나를 잊지 않습니다. 부모는 자식을 잊을지라도 하나님은 우리를 잊지 않으신다고 15절을 통해 말씀합니다.

둘째로 회복해 주십니다.
18절을 보면 "네 눈을 들어 사방을 보라 그들이 다 모여 네게로 오느니라"고 했고, 19절에서는 "파멸을 당하였던 땅이 이제는 주민이 많아 좁게 될 것이며 너를 삼켰던 자들이 멀리 떠날 것이니라"고 했습니다. 이스라엘 백성들이 바벨론 포로생활을 끝내고 돌아온다는 것이고 폐허가 되고 황무지였던 땅들이 회복되고 괴롭히던 적들은 다 떠나게 된다는 것입니다.

그러나 이 말씀의 초점은 메시아로 오실 예수 그리스도를 통해 죄인들이 돌아와 구원받고 그 숫자가 세계에 가득하게 되리라는 영적 회복을 의미합니다.

칼뱅은 "장차 교회가 전 세계에 가득하게 될 것을 가르치는 것"이라고 해석했습니다. 전 세계 기독교인 수는 25억 정도, 한국 기독교인 수는 1천만입니다.

예수 한 사람과 12명의 제자로 시작된 기독교가 전 세계로 퍼졌습니다. 숫자보다 더 소중한 것은 영혼을 살렸고, 살리고 있고, 살릴 것이라는 것입니다.

예수 그리스도는 개인을 살립니다. 가정을 회복시킵니다. 국가 공동체를 회복시킵니다.

그래서 답은 '예수 그리스도'입니다.

셋째로 다음 세대가 잘됩니다.

22절을 보면 "그들이 네 아들들을 품에 안고 네 딸들을 어깨에 메고 올 것이며"라고 했고 25절에서는 "네 자녀를 내가 구원할 것임이라"고 했습니다. 동서양 모든 부모들의 바람은 자식이 잘되는 것입니다. 특히 한국 부모들의 자식사랑은 어느 나라도 따를 수 없습니다. 소 팔고, 집 팔고, 땅 팔아 자식 교육시키고 뒷바라지했습니다. 그러나 다른 나라 부모들은 그러지 않습니다. 여기서 짚고 넘어가야 할 것이 있습니다. 그것은 자식이 잘되고 성공하고 행복한 것이 무엇이냐는 것입니다.

그것은 믿음의 사람이 되는 것, 믿음을 유산으로 물려주는 것, 사람답게 사는 것, 나쁜 생각, 나쁜 짓 안 하고 사는 것, 그런 신앙과 가치관을 갖도록 해 주는 것입니다. 그러려면 어떤 부모인가, 뭘 하는가, 어떤 가치관과 신앙을 가졌는가가 중요합니다.

자신의 노력으로 자수성가하는 사람도 있지만 부모의 영향력 때문에 성공한 사람도 있습니다. 부모가 누구냐, 어떤 사람이냐, 뭘 하느냐, 뭘 하고 있느냐, 어떻게 살고 어떤 영향을 끼치느냐에 따라 자식들의 성공과 실패, 행복과 불행이 결정됩니다. 다음 세대, 자녀들, 후손들에게 좋은 모습, 좋은 본을 보여 줍시다. 수단과 방법을 가립시다.

본문은 하나님이 자녀들을 돌아오게 하시고 구원하신다고 했습니다. 자녀들의 영혼 구원을 위해, 다음 세대의 번영을 위해, 믿음 있는 부모, 모범을 보이는 부모가 됩시다.

26절이 결론입니다. "나 여호와는 네 구원자요 네 구속자요 야곱의 전능자인 줄 알리라"고 했습니다. 구원자, 전능자이신 하나님의 손바닥에 이름을 새겼기 때문에 의미가 있고 가치가 있는 것입니다.

종이에 쓴 것, 왕조실록에 쓴 것, 대통령 일지에 쓴 것, 방송국에 녹화된 것들은 가치도 의미도 없습니다. 하나님의 손바닥에 새겨진 사람이라는 것을 믿는 사람은 제 멋대로, 제 맘대로 살 수 없습니다. 하나님이 늘 들여다보고 계시기 때문입니다.

아프리카 선교사 리빙스턴은 1813년 3월 9일 스코틀랜드에서 태어났습니다. 선교사의 아들로 태어난 리빙스턴은 아버지의 영향을 받아 의료 선교사가 되는 게 꿈이었습니다. 그는 신학과 의학을 공부한 뒤 1840년 아프리카 선교사로 들어가 그곳에서 30년간 선교하다가 세상을 떠났습니다. 1884년 선교지를 방문하다가 사자의 공격으로 왼팔이 찢겨 손을 쓰지 못하는 상처를 받았습니다.

500년 넘는 스코틀랜드의 글래스고우(Glasgow) 대학에서 리빙스턴에게 명예 법학박사 학위를 수여했습니다. 1896년, 그가 잠시 영국을 방문한 때였습니다. 학위를 받고 난 뒤 소감을 말하기 위해 그는 단상에 섰습니다. 그의 모습은 초라했습니다. 얼굴은 수척하고 뼈만 앙상하게 남아 있었습니다. 그 왼팔은 사자에게 찢긴 후유증으로 대롱대롱 매달려 있었습니다. 그 자리에서 리빙스턴은 이런 인사말을 했습니다. "저는 다시 아프리카로 돌아가겠습니다. 여러분은 아마 숱한 유랑과 고독, 아픔과 절망 속에서도 지금까지 저를 붙들어온 힘이 무엇인가 궁금하실 것입니다. 그것은 바로 '볼지어다 내가 세상 끝날까지 너희와 함께 있으리라'고 하신 말씀입니다. 저는 이 말씀에 저의 인생을 걸었고, 그 말씀은 절망 속에서도 낙심하지 않도록 저를 붙잡아 주었습니다." 그는 다시 아프리카로 들어가 그곳에서 삶을 마쳤습니다.

"내가 너와 함께 있으리라"는 말씀은 "내가 너를 내 손바닥에 새겼다"는 말씀과 같은 의미를 담고 있습니다.

리빙스턴은 하나님이 자신의 이름을 손바닥에 새겼다는 사실을 믿은 사람입니다. 그래서 아프리카로 다시 들어갔습니다.

왜 하나님은 손바닥에 새기시고 집착하십니까? 창조하셨기 때문이고 구원하셨기 때문이고, 그리고 하나님의 것이기 때문입니다. 이사야 43장 1절에서는 '내가 너를 창조했다, 너를 구원했다, 너를 지명했다, 그래서 내 것이다'라고 했습니다.

"내가 너를 내 손바닥에 새겼다"는 말씀이 나와는 무슨 연관이 있을까를 생각해 보았습니다. 그리고 이렇게 이해했습니다. "박 목사야, 너는 내 것이다. 내가 너를 불렀고 구원했고 종을 만들었다. 너는 내 것이니까 네 맘대로, 네 뜻대로, 네 고집대로 살면 안 된다. 내 손바닥을 볼 때마다 네 이름이 떠오르고 네 얼굴이 떠오르고 네 모습이 떠오른다. 그런 너를 내가 어떻게 잊겠으며 모른 척할 수 있겠느냐? 걱정 마라. 내가 너를 지키고 보호하고 함께하고 도와주겠다"라는 뜻으로 해석했습니다.

그리고 이렇게 대답했습니다. "주님! 옳습니다. 저는 제 것이 아닙니다. 제 뜻대로 못 합니다. 제 맘대로 못 합니다. 그렇게 하면 안 됩니다. 주님! 제 이름을 지우지 마십시오. 주님 손바닥에서 제 이름을 지우시면 저는 다 끝납니다."

결론으로 두 구절 말씀을 살피겠습니다. 첫 구절은 여호수아 1장 5절로 "내가 너를 떠나지 아니하며 버리지 아니하리니"라는 말씀입니다. 둘째 구절은 이사야 41장 9절로 "너는 나의 종이라 내가 너를 택하고 싫어하여 버리지 아니하였다"라고 했습니다. 떠나지 않는다, 버리지 않는다, 싫어하지 않는다는 것입니다.

왜요? 하나님의 것이기 때문입니다.

우리의 확신과 고백이 필요합니다. 하나님은 창조주이십니다. 나의 구원이십니다. 나는 하나님의 소유입니다. 내 이름은 하나님의 손바닥에 새겨져 있습니다! 아멘!

덮어 주심

🍁 **누가복음 1:26-38**

여섯째 달에 천사 가브리엘이 하나님의 보내심을 받아 갈릴리 나사렛이란 동네에 가서 다윗의 자손 요셉이라 하는 사람과 약혼한 처녀에게 이르니 그 처녀의 이름은 마리아라 그에게 들어가 이르되 은혜를 받은 자여 평안할지어다 주께서 너와 함께하시도다 하니 처녀가 그 말을 듣고 놀라 이런 인사가 어찌 함인가 생각하매 천사가 이르되 마리아여 무서워하지 말라 네가 하나님께 은혜를 입었느니라 보라 네가 잉태하여 아들을 낳으리니 그 이름을 예수라 하라 그가 큰 자가 되고 지극히 높으신 이의 아들이라 일컬어질 것이요 주 하나님께서 그 조상 다윗의 왕위를 그에게 주시리니 영원히 야곱의 집을 왕으로 다스리실 것이며 그 나라가 무궁하리라 마리아가 천사에게 말하되 나는 남자를 알지 못하니 어찌 이 일이 있으리이까 천사가 대답하여 이르되 성령이 네게 임하시고 지극히 높으신 이의 능력이 너를 덮으시리니 이러므로 나실 바 거룩한 이는 하나님의 아들이라 일컬어지리라 보라 네 친족 엘리사벳도 늙어서 아들을 배었느니라 본래 임신하지 못한다고 알려진 이가 이미 여섯 달이 되었나니 대저 하나님의 모든 말씀은 능하지 못하심이 없느니라 마리아가 이르되 주의 여종이오니 말씀대로 내게 이루어지이다 하매 천사가 떠나가니라

성경 안에 사용된 용어들 가운데 명사도 많지만 동사도 많습니다. 그 이유는 하나님은 살아 계신 분이시고 움직이시고 일하시는 분이시기 때문입니다.

예수님의 경우를 살펴보겠습니다. "다니시고, 고치시고, 전하시고, 가르치시고, 걸으시고, 말씀하시고, 엎으시고, 잡수시고, 만지시고" 등 활동하시고 움직이셨습니다.

누가복음 1장 26-38절의 기사는 천사 가브리엘이 나사렛에 살고 있던 마리아를 찾아가 "잉태하여 아들을 낳게 될 터인데 그 이름을 예수라 하라"는 수태 사실을 미리 알려준 기사입니다.

깜짝 놀란 마리아가 "나는 남자를 알지 못합니다. 어찌 그런 일이 있을 수 있습니까?"라고 하자 천사는 "성령이 네게 임하시고 지극히 높으신 이의 능력이 너를 덮으시리니 이러므로 나실 바 거룩한 이는 하나님의 아들이라 일컬어지리라"고 했습니다.

"지극히 높으신 이의 능력이 너를 덮으시리니"라는 말씀을 중심으로 하나님의 덮어 주심에 관해 생각을 나눠보겠습니다. '덮으시리니'의 뜻은 '그늘을 드리우다', '역사하다'라는 뜻이고, 하나님의 임재와 능력을 나타내는 것이라고 주경가들은 해석합니다. 그러니까 하나님의 능력이 마리아를 덮었다는 것은 하나님이 마리아를 감싸 주셨다, 함께하셨다, 지켜 주셨다는 것입니다.

'벗기는 것'보다 '덮어 주는 것'이 훨씬 더 친근하고 다정합니다. '발가벗기다'보다는 '감싸 주다', '입혀 주다'라는 말이 훨씬 더 포근하고 정감이 넘칩니다.

왜 덮어 줍니까?

첫째로 사랑하면 덮어 줍니다.

노아에겐 세 아들이 있었습니다. 홍수가 끝난 어느 날 노아가 포도주를 마신 후 술에 취한 채 벌거벗고 잠이 들었습니다.

창세기 6장 8절을 보면 "노아는 여호와께 은혜를 입었더라"고 했고 9절을 보면 "노아는 의인이요 당대에 완전한 자라 그는 하나님과 동행하였으며"라고 했습니다.

그런 사람이라도 술 마시고 취하면 실수하고 치부를 드러낼 수 있습니다. 그러니까 은혜를 받았더라도, 의인이라도, 하나님과 동행하는 사람이라도 늘 조심하고 자기 관리를 해야 합니다.

그래서 바울은 고린도전서 9장 27절에서 "내가 내 몸을 쳐 복종하게 함은 내가 남에게 전파한 후에 자신이 도리어 버림을 당할까 두려워함이로다"라고 했습니다.

맨 먼저 벌거벗고 잠든 아버지를 본 것은 함이었습니다. 밖으로 뛰쳐나가 소리치며 형제에게 알렸습니다. 아버지의 치부를 드러내고 떠벌렸습니다. 다른 두 아들 셈과 야벳이 아버지의 수치를 보지 않기 위해 뒷걸음쳐 들어가 하체를 덮어 줬습니다.

들춰낸 아들과 덮어 준 아들, 그 결과가 중요합니다. 들춘 아들 함은 "저주를 받아 그의 형제의 종들의 종이 되기를 원하노라"(창 9:25)고 했고, 덮어 준 셈은 "셈의 하나님 여호와를 찬송하리로다 가나안은(함의 후손) 셈의 종이 되고"(9:26)라고 했고 덮어 준 야벳은 "하나님이 야벳을 창대하게 하사 셈의 장막에 거하게 하시고 가나안은 그의 종이 되게 하시기를 원하노라"(9:27)고 했습니다.

들춘 아들은 저주를, 덮어 준 아들은 축복을 했다는 것입니다. 주경가들은 함은 최초의 불효자였고 셈과 야벳은 최초의 효자였다고 말합니다. 따져보면 잘못은 노아에게 있습니다. 벌거벗은 것을 벌거벗었다고 말한 것은 잘못이기보다는 사실을 말한 것뿐입니다. 그러나 아버지를 사랑한다면, 자식의 도리로 아버지를 덮어 줬어야 합니다.

사랑하면 이해합니다. 사랑하면 용서합니다. 사랑하면 덮어 줍니다.

우리는 여기서 하나님의 덮어 주심을 살펴보아야 합니다.

아담과 하와가 에덴동산에서 선악과를 따 먹고 눈이 밝아지면서 자신들의 벌거벗은 수치를 보게 됐습니다. 하나님을 보는 눈은 어두워지고 수치를 보는 눈은 밝아진 것입니다. 수치를 가리기 위해 나뭇잎 치마를 만들어 입었지만 그것은 곧 마르고 부스러졌습니다.

하나님은 그들을 위해 가죽옷을 지어 입혀주셨습니다. 수치를 덮어 주고 가려 주신 것입니다. 이것은 인간 자신의 노력으로는 자신의 죄와 수치를 가리거나 덮을 수 없다는 것을 교훈합니다. 주경가 델리취는 "가죽옷은 어린양 예수의 그림자이며 어린양 예수의 희생을 예표한 것이다"라고 했습니다.

하나님의 구원은 죄를 덮어 주시는 것이고 가려 주시는 것입니다. 짐승 가죽옷을 만들어 입혀주신 것은 어린양 예수의 희생과 죽음으로 인간의 죄를 용서하시는 사랑의 구현인 것입니다.

덮어 주실 때 취할 태도가 있습니다. 걷어차거나 벗어 던지면 안 됩니다. 은혜를 받고 사랑을 받고 구원을 받은 사람은 그 구원과 사랑을 지키고 보존해야 합니다. 값싼 물건처럼 벗어던지고 집어 던지면 안 됩니다. 그리고 소중히 여겨야 합니다.

명품은 재질이 좋고 디자인이 좋고 값이 비싸서 명품이 아닙니다. 누가 디자인했느냐, 어디서 만들었느냐, 디자이너가 누구냐, 브랜드가 뭐냐에 따라 명품이 결정됩니다. 세계 사람들이 선호하는 명품은 루이비통, 에르메스, 구찌, 샤넬, 롤렉스, 까르띠에, 프라다, 버버리, 마이클코어스, 티파니 등으로, 주로 옷과 보석들입니다.

그 명품들은 값이 오르락내리락해서 영원한 가치를 지니지 못합니다. 그러나 하나님이 만드신 구원의 옷은 영원한 명품, 변하지 않는 명품, 생명을 살리는 명품입니다. 우리는 그 옷을 값없이 선물로 받았습니다. 우리가 영원한 명품족이 된 것입니다.

둘째로 내 편은 덮어 줍니다.

미국이나 한국은 청문회가 있습니다. 고위 공직자가 되려면 청문회를 거쳐야 합니다. 우리나라의 경우 청문회를 거치려면 완전히 발가벗겨야 합니다. 먼지떨이로 털듯이 다 털려야 합니다. 가까스로 통과하는 사람도 있지만 청문회를 통과하지 못해 그만두는 사람이 더 많습니다. 그런데 한 가지 기준이 있습니다. 내 편은 덮어 준다는 것입니다.

여당은 덮고 야당은 파헤칩니다. 내 편은 덮어 주는 게 관행입니다. 하나님은 하나님 편인 사람을 덮어 줍니다. 그러나 무조건 덮어 주시는 것은 아닙니다. 죄도 덮어 주고, 잘못도 덮어 주는 것은 아닙니다.

가룟 유다는 선택받은 제자였습니다. 3년씩이나 예수님을 따라 다녔습니다. 그러나 예수님 배신하고 스승을 팔아넘겼습니다.

예수님은 유다의 죄를 덮어 주지 않았습니다. 이유는 회개하지 않았기 때문입니다. 베드로가 예수를 부인한 죄나 가룟 유다가 배신한 죄는 별 차이가 없습니다. 그러나 베드로는 회개했고 유다는 회개하지 않았습니다. 그래서 베드로는 덮어 주셨고 유다는 덮어 주지 않았습니다.

사람이 자신의 죄를 덮으려고 몸부림쳐도 하나님이 덮어 주지 않으시면 소용없습니다. 다 드러납니다.

그러나 사람이 제아무리 들추고 벗기고 흔들어도 하나님이 덮으시면 용서와 구원이 임합니다.

시편 118편 6절에서 시인은 "여호와는 내 편이시라 내가 두려워하지 아니하리니 사람이 내게 어찌할까"라고 했고, 7절에서는 "여호와께서 내 편이 되사 나를 돕는 자들 중에 계시니"라고 했습니다. 하나님은 자기편인 사람을 버리거나 포기하지 않습니다. 끝까지 편들어 주시고, 용서하시고, 덮어 주십니다.

내가 하나님 편임을 선포합시다. 하나님이 내 편임을 자랑합시다. 마귀는 들추고, 드러내고, 정죄합니다. "너는 죄인이다. 너는 희망이 없다. 너는 버림받았다. 너는 끝장났다"라고 합니다. 그러나 하나님은

"너는 내 편이다. 내가 너를 낳았다. 내가 너를 구원했다. 내가 너를 덮었다. 너는 내 것이다"라고 말씀하시고, 편들어 주십니다.

셋째로 덮어 주심의 깊은 뜻을 살펴봅시다.

담요를 덮고, 이불을 덮는 것은 춥지 말라고 덮는 것입니다. 그러나 하나님의 덮어 주심은 단순한 덮어 주심이 아닙니다. 깊은 뜻이 있습니다.

누가복음 1장 28절에서는 "은혜를 받은 자"라고 했고, 1장 30절에서는 "은혜를 입었으니"라고 했고, 1장 35절에서는 "덮으시리니"라고 했습니다. 마리아는 하나님의 은혜를 받고, 입고, 덮인 사람이었습니다. 그래서 평안할 수 있었습니다(1:28). 은혜를 받았다면서 불안하고, 평안이 없고, 기쁨이 없다면 은혜를 받은 것이 아닙니다. 하나님의 은혜는 마리아를 평안하게 덮어 주셨습니다. '덮어 주신다'는 것은 '사랑한다', '용서한다', '이해한다'는 뜻입니다. 하나님이 다 덮어 주시는데 걱정할 게 무엇이겠습니까?

천사 가브리엘은 덮어 주심을 은혜라고 했고, 덮어 주시는 결과는 평안이라고 했습니다.

시편 32편 1절에서 다윗은 "허물의 사함을 받고 자신의 죄가 가려진 자는 복이 있도다"라고 했습니다. 죄와 허물을 가려 주시고 덮어 주시는 사람은 복이 있다는 것입니다.

넷째로 우리가 할 일을 찾아야 합니다.

첫째, 하나님 편에 굳게 서야 합니다. 교회가 싫증나고 마땅치 않아 떠나기로 마음먹은 사람이 마귀한테 물었습니다. 교회를 떠나려는데 어떻게 생각하느냐? 마귀가 펄쩍 뛰면서 "너 미쳤냐? 왜 떠나? 죽어도 거기서 죽어. 절대 떠나지 마. 교회 안에서 예수 잘 믿는 사람은 만나지 말고 너 같은 사람 만나 교제해라. 그리고 말썽 일으키고 문제를 만들고 절대로 하나님 편에 서지 말아라"고 했습니다. 이것이 마귀의 고도전략입니다.

하나님한테 물었습니다. 대답은 "정 힘들면 떠나야지. 조용히 떠나거라. 온다, 간다 떠들지 말고 슬며시 사라져라"였습니다.

"나는 하나님 편이다, 하나님은 내 편이다"라고 선포하면 마귀는 접근하지 못합니다. 하나님 편에 서면 넘어져도 일어설 수 있고, 실패해도 재기할 수 있고, 죽어도 다시 사는 부활의 아침을 맞게 됩니다. 하나님 편에 서야 보호받고, 인도받고, 덮어 주십니다.

"귀찮게 왜 자꾸 덮어요? 딴 사람이나 덮어 줘요. 나한테 신경꺼요"라며 하나님을 떠나면 그는 벌거숭이 인생이 되고, 희망도, 구원도 없습니다. 힘들고 어려워도, 병들고 가난해도, 실패하고 넘어져도, 성공하고 잘살아도, 평안하고 행복해도 하나님을 떠나면 안 됩니다. 큰일 납니다. "나는 하나님 편이다. 하나님은 내 편이다"라고 선포합시다.

둘째, 나도 남을 덮어 줘야 합니다. 왜 다른 사람을 덮어 줘야 합니까? 하나님의 덮어 주심으로 용서받고, 구원받았기 때문입니다. 우리는 수를 셀 수 없이 주기도문을 암송합니다. "우리가 우리에게 죄지은 자를 사하여 준 것같이 우리의 죄를 사하여 주옵시고……." 이 말씀의 뜻이 무엇입니까? 의역하면 "내가 다른 사람을 덮어 주는 것만큼만 나를 덮어 주십시오"라는 것입니다. 이 말씀의 뜻을 깨달은 스데반 집사는 자신을 향해 돌을 던지고 피투성이가 되게 한 원수들, 자기 생명을 빼앗아간 그 원수들의 죄를 용서해 달라고 기도했습니다. "저들이 하는 짓을 알지 못해 죄악을 저질렀습니다. 저들을 용서해 주십시오." 그는 불가능하기도 하고 힘들기도 한, 어려운 기도를 했습니다. 돌 던지는 그들을 보지 않고 주님의 덮어 주심, 용서하심을 보았기 때문입니다.

예수님을 위하여, 복음을 위하여 목숨을 바친 사람들을 순교자라 부릅니다. 우리의 최대 관심과 화두는 예수라야 합니다. 예수를 믿는 사람들은 '예수를 위하여! 복음을 위하여!' 목숨을 걸고 선한 싸움을 싸워야 합니다. 신앙을 지키기 위해선 순교도 해야 합니다. 그러나 세상일에는 목숨을 걸 필요도 없고, 편을 가를 필요도 없고, 적이 될 필요도 없습니다.

주님과 복음을 위해서는 목숨을 겁시다. 그러나 사상이나 정권이나 여당이나 야당 때문에 목숨을 걸지 맙시다.

지난 9월 텍사스주 달라스에서 총격 사건이 있었습니다. 31세 된 백인 여순경이 퇴근해 집으로 돌아오고 있었습니다. 아파트 3층이 자기 집인데 4층에서 잘못 내렸습니다. 착각한 것입니다. 집 문이 열려 있었습니다. 들어서다가 깜짝 놀랐습니다. 거실에 흑인 두 명이 앉아 노닥거리고 있었습니다. 당황한 경찰은 권총을 꺼내 방아쇠를 당겼습니다. 현장에서 한 명이 즉사했습니다. 자기 집은 3층인데 4층에 내렸고, 자기 집에 흑인이 침입했다고 착각해 권총을 쏜 것입니다. 달라스 연방 대법원이 그에게 흑인 살해죄를 적용해 징역 10년을 선고했습니다. 희생자는 형 보탐 진(26세)이었고, 동생 브랜트 진(18세)이 재판정에 와있었습니다. 선고가 끝나자 동생이 경찰관에게 다가가 "나는 당신을 용서한다. 당신의 남은 삶을 그리스도에게 바치기를 원한다" 하면서 울먹였고 그 경찰도 함께 울었습니다. 이 기사가 〈뉴욕 타임즈〉에 나가자 많은 미국인들이 감동을 받았다고 합니다. 너그러움, 용서, 덮어 줌, 이해, 이것이 그리스도의 정신이며 마음입니다.

지금 우리나라는 갈등, 분열, 분노, 증오로 국론이 분열되고 사회 분위기가 두 쪽으로 갈라졌습니다. 하나님의 덮어 주심이 필요합니다. 그렇다고 죄악도, 잘못도, 악도 그대로 덮어야 하는 것은 아닙니다. 예수님은 죽으심으로 우리를 덮어 주셨습니다. 십자가의 희생을 통해 덮으셨습니다. 그냥 덮어 놓고 덮으신 게 아닙니다.

어떤 사람이 보석 기계에 들어가 보석마다 붙어 있는 가격표를 뒤섞어 바꿔 달았습니다. 비싼 것은 싼 것에, 싼 것은 비싼 것에 달았습니다. 뒤바뀐 가격표만 보고 보석을 사면 어떻게 될까요? 지금 우리 사회는 가격표가 다 바뀌었습니다. 그래서 사회 혼란이 벌어지고 있습니다. 우리가 할 일은 가격표를 제자리에 되돌려 놓고 정돈하는 것입니다. 그런데 교회가 우왕좌왕하고, 잘못된 가격표를 되돌려 놓지 못한다면 무서운 재앙이 뒤따르게 될 것입니다.

저는 낮에 들고 다니던 휴대전화를 저녁에 반드시 충전합니다. 다음 날도 전화기를 사용해야 하기 때문입니다. 집에다 두기 위해 충전하는 사람은 없습니다.

왜 교회에 나옵니까? 충전하기 위해서입니다.

왜 충전합니까? 세상으로, 일터로 나가 사용하기 위해서입니다.

기독교인들이 교회 안에만 머물면 그곳은 수도원에 불과합니다. 일터로, 세상으로 나가야 합니다. 그리고 그곳에서 자기 구실을 다 해야 합니다.

하나님이 덮어 주시면 어떻게 됩니까? 따뜻합니다. 떳떳합니다. 허물과 죄를 덮고, 새 옷과 구원의 옷을 입혀 주시기 때문에 인생이 따뜻하고, 사는 게 따뜻하고, 떳떳하고, 당당합니다. 누구를 덮어 주십니까? 말씀드린 대로 아무나 아무렇게나 덮어 주지 않습니다. "하나님, 저는 벌거숭이입니다. 춥습니다. 부끄럽습니다. 잘못했습니다. 저를 용서하시고 덮어 주십시오. 새옷으로 덮어 주십시오"라고 소리치는 사람만 덮어 주십니다.

옛날 시골집 단칸방은 겨울이면 말 못하게 추웠습니다. 방 안에 있는 물이 얼 때도 있었습니다. 그런데 계속 이불을 차내고 잡니다. 긴

긴 겨울밤 동안 차내면 덮어 주고, 걷어차면 다시 덮어 주는 분이 있습니다. 그분은 어머니입니다.

왜 잠을 설치며 덮어 줍니까? 왜 계속해서 덮어 줍니까? 사랑하기 때문입니다. 아들이기 때문입니다. 그래서 차내면 덮어 주고, 걷어차면 또 덮어 줍니다. 그래서 어머니입니다.

하나님의 사랑을 어머니 사랑에 비길 수 있겠습니까? 왜 하나님은 덮고, 또 덮고, 또 덮어 주십니까? 나를 지으신 아버지이시기 때문입니다. 나를 사랑하기 때문입니다. 내가 하나님 편이기 때문입니다. 그래서 오늘도 나를 덮어 주고 계십니다.

누구를 덮어 주십니까? 자기 잘못을 인정하는 사람, 자기 잘못을 숨기지 않는 사람, "잘못했습니다. 다신 안 하겠습니다. 용서해 주십시오"라고 손들고 무릎 꿇는 사람을 덮어 주십니다.

마귀가 나를 덮으면 어떻게 됩니까? 질식합니다. 죽게 됩니다. 모든 게 끝장납니다. 되는 게 아무것도 없습니다. 예수님은 나를 덮어 주기 위해 십자가에 달려 죽으셨습니다. 우리도 다른 사람을 덮어 주려면 십자가 정신과 사랑으로 돌아가야 합니다. 다른 사람을 덮어 주는 것이 결코 쉽지 않습니다. 그러나 예수님을 닮고 따르기 위해 노력하는 것이 신앙생활입니다.

예수를 믿는 사람과 믿지 않는 사람의 차이가 무엇입니까? 얼굴입니까? 옷 색깔입니까? 생각하는 것, 말하는 것, 행동하는 것이 믿지 않는 사람과 똑같다면 누가 우리를 기독교인이라고 하겠습니까?

십자가로 돌아갑시다. 십자가가 본질이고 해법입니다. 십자가라야 덮을 수 있습니다.

"오직 예수! 오직 십자가! 덮어 주셔서 감사합니다. 덮어주는 사람이 되겠습니다." 아멘!

행복한 만남

🍁 **누가복음 1:39-45**

이때에 마리아가 일어나 빨리 산골로 가서 유대 한 동네에 이르러 사가랴의 집에 들어가 엘리사벳에게 문안하니 엘리사벳이 마리아가 문안함을 들으매 아이가 복중에서 뛰노는지라 엘리사벳이 성령의 충만함을 받아 큰 소리로 불러 이르되 여자 중에 네가 복이 있으며 네 태중의 아이도 복이 있도다 내 주의 어머니가 내게 나아오니 이 어찌 된 일인가 보라 네 문안하는 소리가 내 귀에 들릴 때에 아이가 내 복중에서 기쁨으로 뛰놀았도다 주께서 하신 말씀이 반드시 이루어지리라고 믿은 그 여자에게 복이 있도다

    누가복음 1장은 총 80절로 구성되어 있습니다. 80절은 5부분으로 나눕니다. 1-4절은 서론으로 누가복음을 받은 사람이 데오빌로라는 것, 5-25절은 세례요한이 태어날 것을 예고하고, 26-38절은 그리스도가 탄생하실 것을 예고하고, 39-56절은 예수를 잉태한 마리아와 세례요한을 임신한 엘리사벳의 만남과 엘리사벳의 찬송을 다루고, 57-80절은 세례요한의 탄생을 다루고 있습니다.

    오늘 다룰 주제는 예수 그리스도를 임신한 마리아와 세례요한을 임신한 엘리사벳의 만남 즉, 두 임산부의 만남을 조명하고 교훈을 찾는 것입니다.

    마리아는 나사렛 동네에 살고 있었고, 엘리사벳은 인근 산동네에

살고 있었습니다. 그 당시 나사렛은 이름 없는 작은 마을이었습니다. 예루살렘으로부터 약 70마일 정도 떨어져 있는 동네로 뒤편에는 레바논과 눈 덮인 헬몬산이 있는가 하면 앞에는 갈멜산이 자리 잡고 있는 산골이었습니다. 엘리사벳은 근처 산중에 살고 있었습니다. 그 동네는 부자도 없었고, 유명인사도 없었고, 권력을 가진 사람도 없었습니다. 그러나 그곳이 세례요한의 고향이 되고 예수 마을이 되었습니다. 다시 말하면 영적 마을이 된 것입니다. 바로 그 동네에서 마리아와 엘리사벳의 역사적 만남이 이뤄졌습니다. 두 여인의 만남과 의미를 살피고 교훈을 찾아보겠습니다. 세 가지 교훈을 살펴보겠습니다.

첫째로 엘리사벳과 마리아의 만남입니다.

누가복음 1장 36절은 '친족'이라고만 했습니다. 어떤 관계인지, 어떤 친족인가에 대해선 언급이 없습니다. 친족이란 가까운 사이, 친척이라는 뜻입니다. 친척끼리 만나는 것은 당연하고 자연스러운 일입니다. 우리는 한평생 동안 수많은 사람을 만납니다. 부부, 가족, 이웃, 친척, 친구, 외국 사람들을 만납니다. 친척, 친구, 친지여서 만나는 사람도 있고, 그냥 아는 사이여서 만나는 사람, 처음으로 만나는 사람도 있습니다. 꼭 만나야 할 사람도 있고, 만나선 안 될 사람도 있습니다. 그 만남 때문에 인생이 변하고, 성공한 사람도 있고, 그 만남 때문에 인생이 잘못되고 망가진 사람도 있습니다.

우리가 만나는 사람들 중에는 세 가지 경우가 있습니다. 첫째는 꼭 만나야 할 사람, 만나면 유익한 사람이 있고, 둘째는 만나거나 안 만나거나 별 의미가 없는 사람이 있고, 셋째는 절대로 만나선 안 될 사람, 해로운 사람, 만나면 안 될 사람이 있습니다. 사람이 사람을 만날 순 있겠지만 도움이 안 되고, 손해되고, 인생을 망칠 사람은 가까이하거나 만날 필요가 없습니다.

잠언 17장 12을 보면 "차라리 새끼 빼앗긴 암곰을 만날지언정 미련한 일을 행하는 미련한 자를 만나지 말 것이니라"는 말씀이 있습니다. 여기서 말하는 미련한 일이란 인생을 망치는 어리석은 일이라는 뜻입니다. 내 인생을 망치고, 신앙을 망치는 그런 사람을 왜 만나야 합니까?

청소년 범죄는 여러 가지가 복합되어 일어납니다. 가정적 원인, 사회적 원인 등 여러 가지가 있지만 가장 큰 원인은 친구 관계입니다. 청소년 비행이나 범죄는 단독 범행이기보다는 또래 집단이 어울려 일어납니다. 다시 말하면 나쁜 친구 때문에 탈선하거나 범행을 저지르게 된다는 것입니다. 어떤 친구를 사귀느냐, 어떤 친구를 가까이하느냐가 중요합니다.

이것은 청소년만의 문제가 아닙니다. 어른들의 경우도 마찬가지입니다. 술친구를 만나면 술 마시게 되고, 도박하는 사람을 자주 만나면 도박에 손대게 되고, 명품족과 만나면 명품점만 드나들게 됩니다. 하지만 믿음의 사람을 만나면 교회를 드나들고, 예수를 만나고, 바른 삶을 배우고 살게 됩니다.

본래 하나님이 사람을 지으실 때에는 남자와 여자가 부부가 되어 함께 살도록 했습니다. 창세기 2장 18절이 설명해 줍니다. "여호와 하나님이 이르시되 사람이 혼자 사는 것이 좋지 아니하니 내가 그를 위하여 돕는 배필을 지으리라"고 했습니다.

하나님이 창조하신 것들 가운데 나쁜 것, 좋지 않은 것은 단 하나도 없었습니다. 그래서 "좋았더라", "심히 좋았더라"가 일곱 차례 반복됩니다. 그런데 단 한 차례 "좋지 아니하니"(2:18)라고 했습니다. 그것은 아담(남자) 혼자 사는 것이 좋지 않다는 것입니다. 그래서 돕는 배필로 하와를 지으시고 둘이 하나가 되어 살라고 하신 것입니다. "홀로 사는 것이 좋지 않다", 이것이 하나님의 뜻이고 섭리입니다.

인간은 서로 기대고, 의지하고, 돕고 사는 존재입니다. 한문은 뜻글입니다. 글자마다 뜻이 있습니다. 사람 '人'자는 두 획으로 되어 있습니다. 남자(/)와 여자(\), 사람(/)과 사람(\), 나(/)와 너(\)가 만나는 것이 사람(人)입니다. 서로 만나고 돕고, 의지하고, 이해하고 사는 것이 인간입니다.

부부도 만남입니다. 부부에게 주시는 바울의 교훈이 있습니다.

> "아내들이여, 자기 남편에게 복종하기를 주께 하듯 하라……교회가 그리스도에게 하듯 아내들도 범사에 자기 남편들에게 복종할지니라 남편들아 아내 사랑하기를 그리스도께서 교회를 사랑하시고 그 교회를 위하여 자신을 주심같이 하라"(엡 5:22-33).

복종하라! 사랑하라! 복종하라와 사랑하라! 그 안에 깊은 뜻이 있습니다. 복종과 사랑이 극명하게 드러난 사건이 있습니다. 그것은 십자가입니다. 성부 하나님의 뜻에 절대복종하시기 위해 예수님은 십자가를 지셨습니다. "나의 원대로 마옵시고 아버지의 원대로 하옵소서"라며 복종하셨습니다. 그리고 인간을 사랑하시기 위해 십자가에서 죽으셨습니다. 복종과 사랑이 십자가에서 만난 것입니다. 그러니까 십자가를 떠난 복종이나 사랑은 오래가지 못합니다.

주님처럼 복종하라, 주님처럼 사랑하라. 이것이 바울의 교훈입니다.

사랑과 복종은 쉽지 않습니다. 왜 쉽지 않습니까? 십자가 정신이기 때문입니다. 그러나 복종과 사랑의 윤리가 무너지면 부부도, 가정도, 교회도, 국가도 흔들립니다.

엘리사벳과 마리아는 친척이어서 서로 만났습니다. 우리 친족, 친척은 누굽니까? TV프로그램 가운데 〈나는 자연인이다〉라는 프로그램이 있습니다. 최장수 프로그램이라고 합니다. 대부분의 자연인은 산에서 삽니다. 몇 가지 특징을 갖고 있습니다. 첫째는 숫자가 많습니다. 둘째는 산이 좋다고 합니다. 셋째는 아픈 사연, 깊은 사연이 있습니다. 사업 실패, 질병 등 입산한 이유가 있습니다. 넷째는 나름의 인생철학을 가지고 있습니다. 다섯째는 요리를 잘합니다. 여섯째는 가족을 떠나 있습니다.

그래서 가족이 그립고 외롭다고 합니다. 아무리 산이 좋고, 자연이 좋아도 가족과 헤어져 있으면 외롭고 아픕니다. 독불장군처럼 홀로 담을 쌓지 말고 이웃과 함께, 교회와 함께 어울려 서로 돕고 만나며 삽시다. 사소한 일로 다투고, 담을 쌓고, 원수 맺는 일은 하지 맙시다.

연말이 되면 해마다 실업 배구팀의 경기가 진행됩니다. 현대, 대한항공, 삼성, 인삼공사, 도로공사팀들이 실력을 겨룹니다. 어느 팀을 응원할까 하며 가족이 편을 갈라 싸우고, 친구끼리 편싸움을 할 필요가 있을까요? 제 경우를 이야기해보겠습니다. 모든 팀과 관련이 있습니다.

현대팀은 현대자동차를 타고 다니는 것, 대한항공팀은 그 비행기를 타고 다니는 것, 삼성팀은 삼성이 만든 핸드폰을 쓰고 있는 것, 인삼공사팀은 거기서 만든 인삼차를 마시는 것, 도로공사팀은 그들이 만든 고속도로를 주행하는 것, 이렇게 모든 팀이 다 인연이 있고 관계가 있습니다. 그런데 배구팀 때문에 편 가르고, 소리 지르고, 멱살잡이를 한다면 정상이겠습니까? 네 편, 내 편, 이렇게 편을 가르면 둘 다 깨집니다. 대한민국은 하나로 뭉쳐야 살고, 서로 물고, 할퀴고, 뜯고, 싸우면 무너집니다. 국론분열은 가장 무서운 적입니다.

둘째로 예수와 세례요한의 만남입니다.

예수를 임신한 마리아가 세례요한을 임신한 엘리사벳을 찾아가 문안할 때 복중의 세례요한이 뛰놀았다고 했습니다. 복중의 태아가 움직이고 뛰노는 것을 태동이라고 합니다. 그러나 세례요한의 태동은 성령의 감동으로 된 거룩한 태동입니다. 일반적 태동이 아니라 마리아의 태중에 있는 예수를 알고 기뻐서 뛰는 태동이었기 때문입니다.

엘리사벳과 마리아의 만남은 단순한 친족끼리의 만남이 아니라 복중에 있는 두 아이의 만남, 예수와 세례요한의 만남이었습니다.

임산부들을 위한 태교 프로그램이 있습니다. 태아를 위해 태교 음악을 들려준다든지 좋은 글을 읽어준다든지 태아와 대화를 하는 등 다양한 프로그램이 있습니다. 그러나 제일 좋은 태교는 신앙적 태교입니다.

태아를 위해 기도하고 찬송을 들려주고 성경을 읽어주고 설교를 듣게 해주고……. 이런 영적 태교는 태아에게 신앙적 영향을 주기 때문에 최상, 최고의 태교가 됩니다.

세례요한은 복중에서부터 예수를 알았고 기뻐했습니다. 그런 그가 장성한 사람이 된 후에도 광야에서 예수를 전한 사람이 되었습니다. "나보다 능력 많으신 분이 오신다. 나는 그의 신발 끈을 풀기도 감당하지 못한다. 그는 성령과 불로 너희에게 세례를 베푸실 것이다"라고 했습니다(마 3:11).

만남 중 가장 행복한 만남은 예수님을 만나는 것입니다. 우리를 만나 주시기 위해 인간의 몸으로 이 땅에 오셨습니다. 그리고 우리를 만나 주셨고 지금도 만나 주고 있습니다. 하나님이 인간을 직접 만나러 오신 날이 바로 성탄절입니다.

셋째로 예수님과 나와의 만남입니다.

1878년 2월 8일 비엔나에서 마르틴 부버(Martin Buber)가 태어났습니다. 45년 후인 1923년에 《나와 너》라는 책을 저술했습니다. 번역본으로 180쪽 정도니까 대작이 아닙니다. 그런데 이 책이 전 세계 철학자들과 신학자들에게 영향을 준 책으로 유명합니다. 이 책에서 그가 강조하는 것은 '모든 인간은 관계를 맺고 만남을 갖는 존재'라는 것입니다. 나와 너의 만남이 있고 나와 그것과의 만남이 있는데 형식적이고 피상적인 만남은 인격적 관계가 아니고 진정한 만남이 아니라고 합니다. 그리고 일시적 관계, 기계적 관계, 물질적 관계는 참 만남이 아니라고 합니다. 그러면서 참 만남은 하나님과의 만남이라고 말합니다.

최고, 최상의 행복은 하나님을 만나는 것입니다. 사람을 만나고 교제하는 것도 필요하고 의미가 있지만 하나님을 만나는 일에 비길 수는 없습니다.

내가 만일 하나님을 만나지 못했다면 하나님이 나를 만나 주지 않으셨다면 나는 어떻게 됐을까? 뭐가 됐을까? 이 생각을 할수록 감사, 감동, 감격을 주체할 수가 없습니다.

그렇다면, 왜 예수님을 만나면 행복합니까?

첫째는 나를 구원해 주셨기 때문입니다.

제 경우를 살펴보겠습니다. 오늘에 이르기까지 저를 낳아주신 부모님, 함께한 가족들, 저를 이끌어준 은사들, 제 목회를 도와준 많은 사람들, 제 건강을 돌봐준 사람들, 힘들고 어렵고 외로울 때 힘이 돼 준 사람들, 기도의 동지들, 그 이름과 숫자를 다 셀 수가 없습니다. 그러나 그 모든 이들은 나를 죄에서 구원해 준 사람들은 아닙니다.

나를 위해 십자를 지시고 생명을 버리시고 구원하신 분은 오직 한 분 예수 그리스도뿐입니다.

일찍이 이 진리를 깨닫게 된 바울은 고린도전서 15장 10절에서 "내가 나 된 것은 하나님의 은혜로 된 것이니"라고 했습니다. 내가 구원받은 것, 그리스도의 종이 된 것, 안 죽고 산 것, 지금껏 누리고 있는 것, 다 하나님의 은혜라는 것입니다.

　재판 판결 가운데 벌금형이라는 게 있습니다. 일정한 금액을 징수하는 형벌을 말합니다. 내가 지은 죗값을 돈으로 대신할 수 있습니까? 무기징역을 산다고 죄가 없어집니까? 가족이나 친구나 친척이 대신한다고 죄가 사해집니까?

　예수님은 이 땅에 오시고 십자가에 죽으시고 "믿으면 된다, 믿기만 하라"는 복음을 주셨습니다. 요한복음 3장 16절은 누구든지 저를 믿으면 멸망하지 않고 영생을 얻는다고 말씀하고 있습니다. '누구든지', '누구라도'가 중요합니다. 예수님을 만나면 누구든지 행복해집니다. 죄의 문제가 해결되기 때문입니다. 예수님을 만난 사람들은 죄 사함 받고 새 사람이 되고, 어부가 제자가 되고, 박해자가 전도자가 됐습니다. 병든 사람이 고침 받고, 버림받은 사람이 쓰임 받는 사람이 됐습니다.

　저도 예수님을 만나고 변했고 달라졌고 쓰임 받는 일꾼이 되었습니다. 그래서 어제도 오늘도 내일도 행복합니다.

둘째는 항상, 영원히 동행하시기 때문입니다.

　인생을 살다 보면 실패했을 때, 아플 때, 고독할 때, 고통스러울 때, 힘들 때, 곁에 가까이 함께해 줄 사람이 필요합니다. 그런 아픔들이 없으면 좋겠지만 그런 것들은 누구에게나 있게 마련입니다. 그때 누가 내 곁에 있어 줄 수 있습니까? 잠깐은 가능하겠지만 순간순간, 때마다, 일마다 그리고 영원히 누가 함께해 줄 수 있습니까?

　백년해로(百年偕老)라는 말이 있습니다. 부부가 사랑하고 평화롭게 긴 세월, 백 년처럼 산다는 뜻입니다. 그러나 백년해로는 못합니다. 어렵습니다. 서로 약속은 하겠지만 그 약속을 그대로 지키는 부부는 많지 않습니다.

그런데 예수님은 마태복음 28장 20절에서 "내가 세상 끝날까지 너희와 항상 함께 있으리라"고 말씀하셨습니다. 마태복음 1장 23절은 임마누엘로 시작됩니다. "처녀가 잉태하여 아들을 낳을 것이요 그의 이름은 임마누엘이라 하리라 하셨으니 이를 번역한 즉 하나님이 우리와 함께 계시다"라고 했습니다. 그리고 마태복음이 끝나는 28장 20절에서는 "내가 세상 끝날까지 너희와 항상 함께 있으리라"고 했습니다. 마태복음은 임마누엘로 시작해 임마누엘로 마무리됩니다. '항상'이란 말의 뜻은 '모든 날 동안', '모든 날 전체', '과거와 현재와 미래의 전체'를 의미합니다.

예수 밖에서의 실패는 회복이 어렵고, 예수 밖에서 겪는 고통, 질병, 아픔은 극복이 어렵습니다. 그러나 예수님 안에서 겪는 실패, 고통, 아픔, 절망, 좌절은 극복과 회복이 가능합니다. 주님이 함께하시기 때문입니다.

최우빈이는 초등학교 6학년(13세)인데 올림픽 유도경기에서 금메달을 따는 선수가 되는 게 꿈입니다. 그런데 늘 걱정이 있습니다. '유도경기에서 지면 어떻게 하나? 나는 유도 재능을 타고 났을까?' 어느 날 우빈이가 방송국 주선으로 김재범 유도코치를 만났습니다. 김재범 코치는 2008년 북경 올림픽과 2012년 런던올림픽 유도경기에서 금메달을 목에 건 선수이고 우빈이의 영웅입니다.

"우빈이는 뭐가 고민이야?" "저는 경기에서 지면 어떻게 하나, 유도 재능은 타고 났을까? 이게 고민이에요." 그런데 우빈이에게 김재범 코치가 들려준 말이 너무나 값진 교훈이었습니다. "우빈아, 유도할 때 맨 먼저 배우는 게 뭐야?" "낙법인데요."

유도의 기초는 낙법입니다. 전방낙법, 후방낙법, 측방낙법, 전방회전낙법 등 넘어지고 떨어지고 쓰러져도 다치지 않고 일어나는 훈련을 먼저 합니다. 세계적인 선수가 되려면 쓰러지고 넘어지고 떨어지고 깔리는 훈련부터 해야 된다는 것입니다.

다음 말도 멋있습니다. "우빈아, 재능을 타고 나는 것이 아니라 노력을 타고나야 한다." 김재범과 최우빈의 대화는 인생 문답이었고 철학적 대화였고 깊은 감동과 교훈을 주는 대화였습니다.

실패는 있을 수 있습니다. 고통도 절망도 좌절도 있을 수 있습니다. 그러나 낙법! 떨어지고 넘어져도 다시 일어서는 낙법을 터득하면 인생의 선수가 됩니다. 넘어지고 지치고 쓰러져도 다시 일어서는 노력이 있다면 회복과 재기가 가능한 것입니다.

우리에겐 노력보다 천만 배 더 강한 믿음이 있습니다. 그 믿음은 "주님이 나와 함께하신다", "영원히 항상 함께하신다"는 것입니다.

우리가 긴 시간 '만남'을 이야기했습니다만, 인간이 하나님을 만나는 것은 불가능합니다. 하나님은 영이시고 인간은 육체이기 때문이고 하나님은 거룩하시고 인간은 죄인이기 때문입니다. 그래서 하나님이 인간의 몸을 입고 인간세계에 오신 것입니다. 다음과 같은 대화를 구성해 보았습니다.

"주님, 왜 오셨습니까?"

"너를 만나러 왔다."

"언제까지 만나주시렵니까?"

"항상, 영원히 만나주겠다."

성탄절은 하나님이 나를 위해 이 땅에 오신 날입니다.

감사합시다! 찬양합시다!

"주님! 만나 주셔서 감사합니다. 영원히 함께하심을 찬양합니다." 아멘!

새로운 피조물

🍁 **고린도후서 5:17-19**

그런즉 누구든지 그리스도 안에 있으면 새로운 피조물이라 이전 것은 지나갔으니 보라 새 것이 되었도다 모든 것이 하나님께로서 났으며 그가 그리스도로 말미암아 우리를 자기와 화목하게 하시고 또 우리에게 화목하게 하는 직분을 주셨으니 곧 하나님께서 그리스도 안에 계시사 세상을 자기와 화목하게 하시며 그들의 죄를 그들에게 돌리지 아니하시고 화목하게 하는 말씀을 우리에게 부탁하셨느니라

하나님이 창조하신 모든 것을 피조물이라고 합니다. 그 피조물을 셋으로 구분할 수 있습니다.

첫째는 처음 피조물입니다. 하나님이 창조하신 처음 사람인 아담과 하와 그리고 모든 피조물들은 처음 피조물입니다. 그 첫 사람 아담과 하와도 지으신 만물도 다 선하고 아름다웠습니다. "하나님 보시기에 좋았더라"고 했습니다.

둘째는 타락한 피조물입니다. 이 기사는 창세기 3장 이하에 기록되어 있습니다. 처음 사람인 아담과 하와의 타락으로 사람도 자연도 저주를 받고 망가졌습니다. 모든 피조물이 타락한 것입니다(창 3:17-18).

셋째는 새로운 피조물입니다. 본문에서 바울은 "누구든지 그리스도 안에 있으면 새로운 피조물이라 이전 것은 지나갔으니 보라 새것

이 되었다"라고 했고 사도요한은 요한계시록 21장 5절에서 "보좌에 앉으신 이가 이르시되 보라 내가 만물을 새롭게 하노라"고 했습니다. 바울과 요한은 예수 그리스도께서 새로운 사람을 만들고 새로운 피조물을 만드신다고 했습니다. 타락한 피조물이 새 피조물이 된다는 것입니다.

이스라엘의 세 번째 왕 솔로몬 이야기를 해 보겠습니다. 그는 모든 것을 다 가진 왕, 모든 것을 다 누려본 왕, 모든 것을 다 해본 왕이었습니다. 그런 그가 전도서 1장 2절에서 "헛되고 헛되며 헛되고 헛되니 모든 것이 헛되도다"라고 했습니다. 전도서 안에 "헛되다"라는 단어가 무려 40회나 반복됩니다. '헛되고 헛되고'를 5번이나 반복한 것은 히브리 문법상 최상급 표현입니다. 철저하게, 완전하게 두말할 나위 없이 헛되다는 것입니다. 인생도, 세상도 모든 것은 다 헛되다는 것입니다.

초대교회 교부였고 콘스탄티노플의 주교였던 크리소스톰(Chrysostom)은 "인생이 헛되다는 것은 의미 있고 가치가 있는 것을 갖고 싶은데 갖지 못하기 때문"이라고 했습니다.

솔로몬은 전도서 1장 9절에서 "해 아래에는 새것이 없나니"라고 했습니다. "헛되다, 새것이 없다", 왜 그런 말을 했을까요?

솔로몬이 누굽니까? 당시 중동의 최고 맹주였습니다. 주변 국가들이 조공을 바쳤고 외교, 국방, 정치, 경제, 문화에 있어서 전성기를 누렸습니다. 잠언, 전도, 아가서를 썼고 잠언 3천 개, 노래 1천 5백 개를 썼습니다. 식물학, 동물학, 곤충학, 어류학을 통달한 천재였습니다. 성전 건축 7년, 왕궁 건축 8년, 이렇게 15년간 건축을 지휘하고 감독했습니다. 그의 왕궁에서 하루 소비하는 식량과 식품도 거창합니다. 밀가루 90석, 소 30마리, 양 100마리 그 외에도 사슴, 노루, 새들을 잡아 요리했습니다(왕상 4:22-23). 1만 4천 명이 먹고 남는 분량이었다니, 먹자 왕국이었습니다. 금으로 방패를 만들고 상아로 보좌를 만들고 그릇도 금으로 만들었습니다. 무역선을 만들어 무역에 진출했고 국경을 넓히고 국방력을 키웠습니다. 나쁜 짓도 많이 했습니다(대하 9:13-28). 애굽 바로의 딸 외에도 모압 여인, 암몬 여인, 에돔 여인, 시돈 여인, 헷 여인을 끌어들였고 후비가 700명, 첩이 300명이었습니다(왕상 11:1-3). 거기다 이방 처첩들이 가지고 온 우상을 섬기고 신전을 세웠습니다(왕상 11:4-8).

하나님은 이런 솔로몬을 책망하시고 경고하시고 징계하셨습니다(왕상 11:9-13). 권력을 휘두르고 부귀영화를 누리고 향락에 빠져 살던 그가 말년에 깨달은 것이 있었습니다. 그것은 다 헛되다, 헛것이라는 것이었습니다. 그는 고백합니다. "다 가져봤다, 그러나 쓸데없다. 다 누려봤다, 그러나 헛것이다. 다 해봤다, 그러나 남는 게 없다"라고 합니다. 그가 깨달은 것은 '다 헛되고 헛되고 헛되고 헛되고 헛되다는 것', '해 아래 새것은 없다'는 것이었습니다. 이 고백은 추상적 이야기가 아닙니다. 본인의 삶과 경험을 통해 얻은 고백입니다.

전도서 1장 14절에서 해 아래서 행하는 모든 일은 다 헛되고 바람을 잡으려는 것이라고 했고, 2장 1절에서는 즐거운 것도 낙을 누리는 것도 헛되다고 했습니다. 이런 고백이 전도서 전편에 흐르고 있습니다. 이러한 자신의 경험을 바탕으로 "해 아래 새것은 없다"라고 말합니다. 해 아래란 세상을 가리킵니다. 이 세상에 새것은 없다는 것입니다.

그러나 바울의 경우는 전혀 다릅니다. "누구든지 그리스도 안에 있으면 새로운 피조물이라 이전 것은 지나갔으니 보라 새것이 되었도다"(고후 5:17)라고 했습니다. 우리는 여기서 솔로몬의 "헛되다. 새것은 없다"와 바울의 "그리스도 안에 있으면 새로운 피조물이라"는 두 구절을 연결시켜 보아야 합니다. "이 세상, 땅 위에, 하늘 아래, 새것은 없다. 다 무의미하고 허무하고 헛되다. 그러나 누구든지 그리스도 안에 있으면 새로운 피조물이 될 수 있다"는 것입니다. 바울은 고린도후서 5장 17절에서 "이전 것은 지나갔다"라고 했습니다. 그 뜻은 이전 것이 지나가야 새것이 된다는 것입니다. 다시 말하면 이전 것을 버려야 새것이 될 수 있다는 것입니다. 율법도 버리고, 지식도 버리고, 불신도 버리고, 교만도 버리고, 낡은 습관도 버리고, 잘못된 행동도 버려야 합니다. 그것들을 버려야 새로운 존재가 된다는 것입니다. 우리는 무엇을 버려야 합니까?

바울은 에베소서 4장 22-24절에서 "너희는 유혹의 욕심을 따라 썩어져 가는 구습을 따르는 옛사람을 벗어 버리고 오직 너희의 심령이 새롭게 되어 하나님을 따라 의와 진리의 거룩함으로 지으심을 받은 새사람을 입으라"고 했습니다. "옛사람을 벗어 버리라", "이전 것은 지나갔다"를 주목해야 합니다. 나한테서 지나가야 할 것들은 무엇입니까? 내가 보내버려야 할 것들은 무엇입니까? 아직 벗어던지지 못한 것들은 무엇입니까? 내 영혼을 망치고 썩게 만드는 구습들은 무엇입니까? 그것들을 벗어버려야 새사람이 된다는 것입니다. 몸에서 악취가 풍기는데 새 옷을 갈아입는다고 악취가 없어집니까? 새사람이 되는 것은 겉치장으로 되는 것이 아닙니다. 영혼이 깨끗해져야 합니다.

철학 용어 가운데 허무주의라는 게 있습니다. 영어로 니힐리즘(Nihilism)이라고 합니다. 이 용어는 '아무것도 없다'는 뜻의 라틴어 니힐(Nihil)에서 유래되었다고 합니다. 허무주의는 무신론에서 출발합니다. 하나님도 없다, 산다는 것도 무의미하다는 것입니다. 그래서 쾌락을 좇고, 이기주의에 빠지고, 제멋대로 사는 것이 허무주의입니다. 그러나 그리스도 안에 있으면 위대한 반전이 일어납니다. 기독교는 '허무'의 종교가 아닙니다.

성경에는 '새'자가 앞에 오는 단어가 많습니다. 새 하늘, 새 땅, 새 노래, 새 피조물, 새 포도주, 새 사람, 새 생명, 새 술, 새 언약, 새 부대, 새 일, 새 예루살렘 등 새것이란 옛것, 낡은 것, 헌 것이 있었다는 전제하에서 나오는 말입니다. 성경이 말하는 새것은 저절로 되는 것이 아니라 그리스도 안에 있을 때 성립됩니다.

독일의 신학자 폴 틸리히(Paul Tillich)는 1886년 독일 루터교 목사의 아들로 태어났습니다. 그는 신학자 가운데 맨 먼저 '새로운 존재'(The New Being)라는 말을 사용했습니다. 그리스도를 떠나서는 새로운 존재가 없다는 것이 그의 지론입니다. 맞습니다.

새해가 되면 주고받는 인사가 있습니다. "새해 복 많이 받으십시오"입니다. 뭐가 새해입니까? 뭐가 새로워졌고 달라졌습니까? 한강이 달라졌습니까? 남산이 새로워졌습니까? 사는 집이 변했습니까? 작년 옛 모습 그대로입니다. 달라진 건 두 가지뿐입니다. 달력이 달라졌고, 나이가 달라졌습니다. 바울이 말한 새로운 피조물은 물질적, 물리적 변화가 아닙니다. 심령이 변하는 것, 내 영과 생각이 변하는 것을 뜻합니다.

사람이 타락하면 피조물도 타락합니다. 로마서 8장 22절은 피조물이 탄식하며 고통을 겪고 있다고 했고, 8장 23절에서는 사람도 탄식하며 속량을 기다린다고 했습니다. 범죄와 타락 때문에 사람도, 피조물도 탄식한다는 것입니다.

산이 병들고, 바다가 오염되고, 지하수가 더러워지고, 전염병으로 짐승이 떼죽음을 당하는 이유가 뭡니까? 사람 때문입니다. 사람이 산도 바다도 자연도 병들고 썩게 만들었습니다. 자연 때문이 아니라 사람 때문입니다.

미국 예일대학이 나라별로 공기의 질을 조사했습니다. 180개 국가 중에 한국은 173위였다고 합니다. 자연 파괴, 미세먼지, 공기 오염, 바닷물 오염, 이것 모두 스스로가 만든 것입니까? 아닙니다. 사람 때문입니다. 사람이 주범입니다. 사람 때문에 피조물이 탄식하고 병들어 가고 있습니다.

그러나 회복의 길이 있습니다. "그리스도 안에 있으면" 길이 열립니다. 예수 믿고 구원받은 상태가 '그리스도 안에'입니다. 우리의 확신과 고백이 필요합니다. "나는 그리스도 안에 있습니다. 나는 새로운 피조물입니다"라는 고백입니다.

그러면 새로운 존재, 새로운 피조물은 어떻게 살아야 합니까?

첫째로 바로 믿어야 합니다.

어떻게 믿어야 바로 믿을 수 있습니까?

첫째, 하나님과 화목해야 합니다. 고린도후서 5장 20절은 "하나님과 화목하라"고 했습니다. 역사든, 정권이든, 권력이든, 국가든, 개인이든 하나님을 대적하고 맞서면 다 무너졌습니다. 앞으로도 무너질 것입니다. 하나님과 대결할 수 있는 것은 아무것도 없습니다. 하나님과 화목하는 방법은 예수 그리스도의 십자가입니다.

에베소서 2장 13-19절에서 바울은 "그리스도의 피로 가까워졌다", "중간에 막힌 담을 허셨다", "십자가로 둘을 한 몸으로 하나님과 화목하게 하셨다", "원수 된 것을 십자가로 소멸하셨다", "아버지께 나아가게 하셨다"고 했습니다. 예수님의 십자가는 하나님과 인간이 인간과 인간이 화목할 수 있는 길을 터주신 것입니다. 하나님이 먼저 화목의 손을 내밀어 주신 것입니다. 먼저 손을 내밀어 주셨는데, 그렇다고 하나님이 약자입니까? 자존심이 상했습니까? 하나님이 패자입니까? 졌습니까? 아닙니다.

하나님과 화목한 사람은 사람과도 화목합니다. 우리에게 '화목'하는 직책을 주셨다고 했습니다. 화목하는 방법이 있습니다. 그것은 먼저 손을 내미는 것입니다. "미안합니다. 죄송합니다. 잘못했습니다.

용서해 주십시오"라고 먼저 말하는 것이 화목의 방법입니다. 먼저 말하는 사람, 먼저 손을 내미는 사람이 화해의 사람이고 진정한 승자입니다. 예수님의 십자가를 믿고 화목하는 것이 바로 믿는 것입니다.

둘째, 새 옷을 입어야 합니다.

로마서 13장 14절에서는 그리스도로 옷 입으라고 했고, 골로새서 3장 1-8절에서는 옛것을 벗어 버리고 새 옷을 입으라고 했습니다. "벗으라, 입으라"를 주목해야 합니다. 여러 곳에서 예수로 옷 입으라고 했습니다. 무슨 뜻입니까? "예수로 너를 감싸라, 덮어라", "바꿔 입어라"는 뜻입니다.

서양 사람들은 파티 문화에 익숙합니다. 그네들은 파티에 갈 때 반드시 입고 가는 옷이 따로 있습니다.

하나님과 화목한 사람들, 그리스도 예수 때문에 새사람 된 사람들은 새 옷을 입어야 합니다. 요한계시록은 그 옷을 어린양의 피로 희게 씻었다(계 7:14)고 했습니다. 예수로 옷 입은 사람들은 예수만 보이고 자신은 안 보입니다. "나와 세상은 간곳없고 구속한 주만 보이도다"라는 찬송이 새 옷 입은 사람들의 고백입니다. 내가 만든 새 옷이 아닙니다. 하나님이 만들어주신 새 옷으로 갈아입어야 합니다.

둘째로 바로 살아야 합니다.

바로 산다는 것은 하나님의 뜻대로 사는 것, 죄를 멀리하고 사는 것을 의미합니다. 구약의 므두셀라는 969세를 살았습니다. 그러나 아무것도 한 일이 없습니다. 예수님은 33년을 사셨습니다. 그러나 인류를 구원하셨습니다. 바울 사도는 60대 후반에 순교했습니다. 그러나 히브리서를 포함하면 신약성경 가운데 14권을 썼고, 네 차례 선교여행을 했고, 가는 곳마다 교회를 세우고 제자들을 가르쳤습니다. 그리고 기적을 행했습니다. 오래 살아도 가치 없게 사는 사람이 있고, 짧게 살아도 가치 있게 산 사람이 있습니다.

동태평양에 있는 섬, 갈라파고스의 땅거북은 180년을 살고, 홍해에 사는 해파리는 계속 세포가 재생되기 때문에 죽지 않고 산다고 합니다. 물곰은 1,500년을 산다고 합니다. 오래 살면 뭘 합니까? 무슨 의미가 있습니까?

건강이 복이지만 건강해서 죄짓고, 돈 많은 게 복이지만 그 돈 가지고 타락하고, 권력이 좋다지만 권력을 잘못 다루면 불행한 최후를 맞게 됩니다.

내가 가진 것과 누리는 것들을 바르게 관리해야 합니다.

바울은 에베소서 4장 14-32절에서 "속임수와 간사한 유혹에 빠져 요동하지 말라", "유혹의 욕심을 따라 썩어져 가는 구습을 따르는 옛 사람을 벗어 버리라", "새 사람을 입으라", "거짓을 버리라", "참말을 하라", "해가 지도록 분을 품지 말라", "마귀에게 틈을 주지 말라", "도둑질하지 말라", "더러운 말을 입 밖에도 내지 말라", "성령을 근심되게 하지 말라", "악의를 버리라"고 했습니다.

"하라"와 "하지 말라"가 명확합니다. 십계명도 "하라"와 "하지 말라"로 되어 있습니다. 성경의 교훈은 적당히가 없습니다. 그럭저럭해도 된다는 구절은 단 한 군데도 없습니다.

'하라'와 '하지 말라'를 합하면 '바로 살아라'가 됩니다.

우리 시대는 예수 믿는 사람들이 바로 살기 어려운 환경과 구조로 얽혀 있습니다. 유혹이 널려 있고 시련이 진을 치고 있습니다. 모든 게 만만치 않습니다. 그러나 이겨내야 합니다.

버섯 가운데 가장 색깔이 예쁘고 잘생기고 아름다운 버섯은 독버섯이라고 합니다. 뱀 가운데 가장 색깔이 예쁘고 잘생긴 뱀은 독사라고 합니다. 색깔이 곱다고, 아름답다고, 잘생겼다고, 멋있다고, 편하다고, 쉽다고 거기 빠지면 독이 퍼져 죽게 됩니다. 거기 빠지면 안 됩니

새로운 피조물

다. 그런 것을 좋아하면 안 됩니다.

　그리고 예수 믿고 교회 다니는 사람들은 바로 사는 모습을 보여줘야 합니다.

　'이렇게 사는 것이 기독교인이다. 이것이 예수 믿는 사람의 삶이다'를 보여줘야 합니다.

　교회 다닌 지 2년 된 초신자가 교인들한테 이런저런 일로 상처를 받았습니다. 그래서 아무개 때문에 교회를 다니지 않겠다고 했습니다. 그에게 "사람 보지 말고 예수님을 보라"고 했더니 그의 대답은 "예수님은 안 보이고 그 사람만 두 눈으로 교회 갈 때마다 보이는데, 어떻게 예수를 보아야 합니까?"였습니다.

　예수님은 마태복음 5장 13-15절에서 "너희는 세상의 소금이다. 빛이다. 등불이다"라고 하시면서 16절에서는 "너희 착한 행실을 보고 하늘에 계신 너희 아버지께 영광을 돌리게 하라"고 말씀하셨습니다.

　'아무개를 보니까 예수가 좋다, 예수 믿는 사람이 낫다. 본받을 게 많다. 나도 예수 믿어야겠다!' 그렇게 되라는 것입니다. 그러나 반대로 '저 사람 기독교인 맞아? 저 사람 예수 믿는 사람이야? 어느 교회 나가?'의 주인공이 되어선 안 됩니다. 칭찬은 못 들어도 욕을 먹으면 안 됩니다.

　어려움도 있습니다. 그 누구도 예수님처럼 되고, 닮고, 그렇게 살 수 없기 때문입니다. 그러나 예수님을 닮기 위해, 예수님을 따라가기 위해 노력하고 힘쓰고 안간힘을 다하는 것, 일평생 담금질하는 것, 포기하지 않고 노력하는 것, 그것을 신앙생활이라고 하는 것입니다.

　충신교인들에게 당부했던 것이 생각납니다. "출장을 가든, 이사를 가든, 이민을 가든, 거기서 충신교회 명예를 지키십시오. 어느 교회 다니다 왔느냐고 물으면 서울 이촌동에 있는 충신교회 다녔다고 말하십시오. 그러나 삶으로 본을 못 보인다면 '충'자도 꺼내지 마십시오"

라고…….

바로 믿고 바로 사는 것은 쉽지 않습니다. 어렵습니다.

그러나 포기하거나 그만두지 마십시오. 그리고 '오늘 거기서 나는 어떻게 살고 있는가? 뭘 하고 있는가?'를 생각해봅시다. 새로운 피조물, 새 사람, 새로운 존재는 완료형이 아닙니다. 미래 완료형입니다. 진행형입니다. 이미 새로운 존재, 새사람이 됐지만 계속 새사람이 돼가야 합니다. 바울은 고린도전서 9장 27절에서 "내가 내 몸을 쳐 복종하게 함은 내가 남에게 전파한 후에 자신이 도리어 버림을 당할까 두려워함이로라"고 했습니다.

숨차도, 힘들어도, 귀찮아도 가야 합니다. 서두르고 빨리 달리다 중단하는 것보다는 느리고 천천히 달려도 중단하지 않는 것이 훨씬 좋습니다.

올 한해 그리고 주님 앞에 서는 날까지 똑바로 걸어갑시다.

새사람 되고, 새로운 피조물 되고, 새 옷 입게 된 것을 감사합시다. "나는 새로운 피조물입니다." 아멘!

하루 한 오멜

🍁 **출애굽기 16:13-20**

저녁에는 메추라기가 와서 진에 덮이고 아침에는 이슬이 진 주위에 있더니 그 이슬이 마른 후에 광야 지면에 작고 둥글며 서리 같이 가는 것이 있는지라 이스라엘 자손이 보고 그것이 무엇인지 알지 못하여 서로 이르되 이것이 무엇이냐 하니 모세가 그들에게 이르되 이는 여호와께서 너희에게 주어 먹게 하신 양식이라 여호와께서 이같이 명령하시기를 너희 각 사람은 먹을 만큼만 이것을 거둘지니 곧 너희 사람 수효대로 한 사람에 한 오멜씩 거두되 각 사람이 그의 장막에 있는 자들을 위하여 거둘지니라 하셨느니라 이스라엘 자손이 그같이 하였더니 그 거둔 것이 많기도 하고 적기도 하나 오멜로 되어 본즉 많이 거둔 자도 남음이 없고 적게 거둔 자도 부족함이 없이 각 사람은 먹을 만큼만 거두었더라 모세가 그들에게 이르기를 아무든지 아침까지 그것을 남겨두지 말라 하였으나 그들이 모세에게 순종하지 아니하고 더러는 아침까지 두었더니 벌레가 생기고 냄새가 난지라 모세가 그들에게 노하니라

왜 설교제목이 "하루 한 오멜"인가, 그 뜻과 배경을 먼저 말씀드리겠습니다. 이스라엘 민족이 430년 살던 애굽을 떠나 가나안을 향한 행군을 시작했습니다. 성경학자들은 장정만 60만 명이었기 때문에 노인과 여자와 아이들을 합하면 200만 명은 넘었을 것이라고 말합니다. 애굽을 떠날 때 먹을 것을 가지고 떠났으나 그것은 금방 바닥이 났습니다. 거친 광야입니다. 먹을 것도 없고, 마실 물도 없습니다. 낮

에는 덥고 밤에는 춥습니다. 걸핏하면 모래바람이 붑니다. 여기서 백성은 불평이 시작됩니다. 그들에게 하나님은 특별 식량으로 '만나'를 매일 아침마다 내려 주셨는데, 한사람이 하루에 거둘 수 있는 양이 한 오멜이었습니다. 오멜은 물건의 양을 재는 도량형 단위입니다.

도량형이란 물건의 길이, 무게, 부피를 측정하는 자, 저울, 되 등을 말합니다. 성경 안에는 도량형 이름이 여러 가지로 나옵니다. 스아, 에바, 레섹, 고르, 호멜, 오멜 등입니다. 호멜과 오멜은 다릅니다. 호멜은 당나귀가 한 번에 질 수 있는 양이고, 오멜은 2.2리터 정도입니다. 한 되 2홉 정도로 보면 됩니다. 오멜은 성경에 6번만 언급됩니다. 2.2리터면 장정이 하루 먹기에 넉넉한 양입니다. 이스라엘 사람들에게 주신 하루 한사람 양식은 한 오멜이었습니다.

하루 한 오멜!

이 제목이 주는 교훈을 찾아보겠습니다.

우선, 모세의 인도로 출애굽한 이스라엘 민족이 당면한 문제 몇 가지를 살펴보겠습니다.

첫째, 안보 문제였습니다.

주변 부족들이 광야를 횡단하는 이스라엘 민족의 대이동을 주시하고 있었습니다. 그리고 틈을 노려 공격했습니다. 거기 대항하기 위해 이스라엘은 20세 이상 전쟁에 나갈 만한 남자를 조사했고 그 수는 60만 3천 5백 50명이었습니다(민 1장). 그리고 그들을 전쟁에 동원할 수 있도록 진을 편성했습니다. 전쟁 준비를 한 것입니다(민 2장).

이스라엘의 광야 진행을 방해하거나 공격한 부족은 아말렉(출 17:8-16), 에돔(민 20:14-20), 아모리(민 21장), 모압(민 22장), 미디안(민 31장) 등이었습니다. 이스라엘은 430년간 애굽에 있는 동안 단 한 번도 전쟁을 해본 일이 없었습니다. 그런 그들이 겹겹이 늘어선 광야 부족들과 싸우며 행군하는 일은 쉽지 않았습니다. 안보가 큰 문제였습니다. 그러나 애굽에서 나오게 하신 분이 하나님이셨습니다. 그 뜻은 하나님이 책임지신다는 것입니다. 안보는 국가 존폐를 결정합니다. 그래서 무엇보다 중요합니다. 정치, 경제, 교육, 문화, 이념보다 더 중요합니다.

그러나 안보의 최종 결정권은 하나님께 있다는 것이 성경의 교훈입니다.

"여호와께서 성을 지키지 아니하시면 파수꾼의 깨어 있음이 헛되도다"(시 127:1).

옳습니다. 최첨단 무기, 국방 강화가 필요하지만 하나님이 손을 떼시면 끝장납니다. 이스라엘은 광야 40년간 숱한 전쟁을 치렀지만 완전히 손을 들거나 망한 일이 없었습니다. 하나님이 함께하셨기 때문입니다.

둘째, 진로 찾기였습니다.
그 당시는 나침판도, 지도도 없었습니다. 표지판이나 이정표도 없었습니다. 어디로 가야 할지, 어느 방향을 잡아야 할지 막막했습니다. 그러나 그것도 하나님이 책임지셨습니다. 방향을 알려 주시기 위해 구름 기둥과 불 기둥을 세워 인도하셨습니다. 이 사건을 출애굽기 13장 21-22절에서 설명합니다.

"여호와께서 그들 앞에서 가시며 낮에는 구름 기둥으로 그들의 길

> 을 인도하시고 밤에는 불 기둥을 그들에게 비추사 낮이나 밤이나 진
> 행하게 하시니 낮에는 구름 기둥, 밤에는 불 기둥이 백성 앞에서 떠
> 나지 아니하니라."

섬세하고 놀라우신 하나님이십니다. 진로, 방향 문제도 하나님이 해결하셨습니다.

셋째, 먹고 사는 문제였습니다.

애굽에서 나올 때 가지고 나온 식량이 있었지만 얼마 못가 바닥이 났습니다. 한두 사람도 아니고 200만이 먹고 마시는 일은 큰 문제였습니다. 식량이 떨어지자 이스라엘 사람들은 원망을 시작했습니다. "애굽에 살도록 놔두지 왜 끌어냈느냐, 애굽에 있었으면 먹고 마시는 것은 걱정 없었을 텐데 광야에서 주려 죽게 하려느냐, 빵 달라, 물 달라, 고기 달라, 과일 달라" 하며 모세에게 대들고 죽이려 했습니다.

정치의 기본은 민생입니다. 이념이나 사상이 아닙니다. 백성이 편안하게 살도록 해주는 것, 경제 걱정 안 하게 해주는 것, 그것이 정치의 뼈대라야 합니다. 살기가 어려우면 민심은 이반되기 시작합니다.

광야! 그곳은 공장도, 은행도, 마트도 없습니다. 그런데 식량이 떨어지고 물이 떨어졌습니다. 폭동 전야였습니다. 그러나 그것도 하나님이 해결하셨습니다. '만나'라는 특별 식량을 마련해 주셨고, '메추라기'라는 고기를 마련해 주셨습니다.

오늘은 만나에 중점을 두고 말씀을 드리겠습니다.

'만나'가 무엇입니까? 본래 뜻은 "이것이 무엇이냐?"였다고 합니다. 아침에 일어나 보면 하얀 가루가 온 지면을 덮고 있었고, 그것을 바

라본 이스라엘 사람들이 "이것이 무엇이냐" 하며 놀랐다는 데서 만나라는 말이 나왔다는 것입니다. 만나의 모양은 둥글고 서리같이 세미하고, 깟씨 같고, 색깔은 희고, 맛은 꿀 섞은 과자와 같았습니다(출 16:31). 이 만나를 거두어 맷돌에 갈거나 절구에 찧고 삶거나 구워 음식을 만들었습니다(민 11:8).

만나에는 두 가지 문제가 있었습니다.

첫째, 40년 동안 똑같은 만나를 먹어야 했습니다. 음식은 기호품이기도 합니다. 맛도, 멋도, 재료도, 모양도, 조리방법도 달라야 맛이 있습니다. 밥으로 치면 쌀밥, 보리밥, 현미밥, 잡곡밥, 오곡밥 등 종류가 달라야 합니다. 그런데 만나는 1년도 아니고 40년 동안 똑같은 식재료였습니다. 식상할 수도 있고, 지루할 수도 있었을 것입니다.

둘째, 보관이 어려웠습니다. 그날 거둔 만나는 그날 소비해야 합니다. 단 다음날이 안식일이면 이틀 분을 거둬도 됩니다. 매일 한 오멜이 정량입니다. 출애굽기 16장 18절을 보면 "많이 거둔 자도 남음이 없고 적게 거둔 자도 부족함이 없이 각 사람은 먹을 만큼만 거두었더라"고 했습니다. 해가 뜨면 만나가 사라졌기 때문에 게을러도 안 되고, 욕심 부리고 이틀 분을 거둬두면 썩고 냄새나고 벌레가 생겼습니다.

이 만나 사건이 주는 교훈이 있습니다.

첫째로 원칙을 벗어나면 안 됩니다.
첫째, 양이 정해져 있습니다. 하루 한 오멜이 정해진 양입니다.
둘째, 공평합니다. 모세도 한 오멜, 여호수아도 한 오멜, 남자도 한 오멜, 여자도 한 오멜, 어른도 한 오멜, 아이도 한 오멜, 이렇게 공평과 형평의 원리가 철저하게 지켜졌습니다.

셋째, 욕심을 부려도 소용없습니다. 더 거두고 쌓아두고 비축해도 썩어 버리기 때문에 욕심이 통하지 않습니다. '과'(過)가 들어간 단어를 보면 좋지 않은 것들이 많습니다. 과욕, 과신, 과속, 과적, 과식, 과음, 과로, 과태, 과민 등이 있습니다.

톨스토이는 러시아가 낳은 세계적 대문호입니다. 그가 쓴 작품 가운데 《부활》, 《전쟁과 평화》 등은 대작입니다. 그러나 단편들도 많습니다. 써네스트 출판사가 7편의 단편을 묶어 펴냈습니다. 번역은 홍순미 씨가 했습니다. 그 가운데 1885년에 발표한 〈사람에게는 얼마만큼의 땅이 필요한가〉라는 작품이 있습니다. 수없이 들은 얘기여서 요점만 이야기하겠습니다.

주인공인 바홈에게는 꿈이 있었습니다. 끝이 안 보이는 땅을 사고 대농장의 주인이 되는 것이 그의 소원이고 꿈입니다. 어느 날 바시키르 부족의 촌장을 만나 제안을 받습니다. 1천 루블만 내면 하루 동안 발로 밟는 땅을 주겠다는 제안이었습니다. 1천 루블은 우리 돈으로 180만 원 정도입니다. 조건은 해지기 전에 떠났던 곳으로 돌아와야 된다는 것, 놀며 쉬며 걸었겠습니까? 조금만 더, 조금만 더, 한 평이라도 더……하다가 해가 지기 시작했습니다. 죽을힘을 다해 떠났던 곳으로 돌아오느라 지쳐 쓰러졌습니다. 그가 그토록 원하던 땅을 파고 그를 거기 묻었습니다. 그 땅 넓이는 3아르신, 길이는 2미터, 넓이는 1평 정도였습니다. 바홈에게 필요한 땅은 한 평이었습니다.

톨스토이는 이 단편을 통해 인간의 끝없는 욕망, 욕망의 노예가 맞는 최후가 어떤 것인가를 가르쳐 주고 있습니다. 뛰어라, 달려라, 한 평이라도 더 밟아라! 그 배후에는 악마가 있었다는 것입니다. 우리에겐 얼마만큼의 땅과 돈이 필요할까요?

여호수아 7장을 보면 아간 이야기가 나옵니다. 여호수아 군대가 여리고 성을 치고 점령한 후 많은 전리품을 빼앗았습니다. 임시창고에 쌓아두었습니다.

그런데 아간이 시날산 외투 한 벌과 은전 2백 세겔, 금덩이 하나를 몰래 숨겼습니다. 탐이 난 것입니다. 바벨론 산 외투 한 벌, 은전, 금덩이는 얼마나 비쌌겠습니까? 그런데 그 탐욕 때문에 아이성 전투에서 여호수아가 보낸 군대 중 36명이 전사하고 참패를 했습니다. 탐욕이 들통난 아간은 돌에 맞아 죽었고, 그가 훔친 물건은 백성이 보는 앞에서 불태워버렸습니다. 아간이 돌에 맞아 숨진 그곳을 '아골 골짜기'라 부르고 있습니다.

예수님의 제자였던 가룟 유다는 은전 30세겔을 받고 예수님을 팔았습니다. 출애굽기 21장 32절을 보면 당시 노예 한 사람의 목숨 값이 30세겔이었습니다. 노예 몸값을 받고 스승을 팔았습니다. 그 돈으로 잘 먹고 잘살았습니까? 아닙니다. 마태복음 27장 5절을 보면 은 30세겔을 성소에 던지고 스스로 목매 죽었다고 했습니다. 욕심은 나와 너 모두를 망칩니다.

고인이 된 이승만, 박정희, 김대중, 김영삼 전 대통령들, 그분들은 지금 몇 평이나 되는 땅에 묻혀 있을까요? 고 이병철, 정주영, 신격호 회장들, 그분들은 지금 얼마의 땅을 차지하고 있고 얼마의 돈을 가지고 있을까요?

열심히 일하고 돈을 벌고 부자가 됩시다. 그러나 돈이나 땅의 노예는 되지 맙시다. 탐욕은 버립시다. 돈은 선한 것도 악한 것도 아닙니다. 바로 쓰면 선한 것이 되고, 잘못 쓰면 악한 것이 됩니다.

착한 부자가 있고 악한 부자가 있습니다. 멋진 재벌이 있고 추한 재벌이 있습니다. 바로 사는 사람이 있고 제멋대로 사는 사람이 있습니다. 잘 쓰는 사람이 있고 잘못 쓰는 사람이 있습니다. 사람이 돈을 써야지 돈이 사람을 쓰면 안 됩니다. 여러분은 어떤 사람이 되시렵니까? 어떤 사람에게 박수를 보내시렵니까?

"돈은 악하다, 나쁘다." 그러지 마십시오. "돈이 최고다, 돈이면 다 된다." 그러지 마십시오. 돈은 선한 것도, 악한 것도 아닙니다. 어떻게 쓰느냐에 따라 나쁠 수도, 좋을 수도 있습니다. 다음 말씀을 기억합시다.

> "부하려 하는 자들은 시험과 올무와 여러 가지 어리석고 해로운 욕심에 떨어지나니 곧 사람으로 파멸과 멸망에 빠지게 하는 것이라 돈을 사랑함이 일만 악의 뿌리가 되나니 이것을 탐내는 자들은 미혹을 받아 믿음에서 떠나 많은 근심으로써 자기를 찔렀도다"(딤전 6:9-10).

이 말씀을 깊이 새깁시다.

둘째로 신령한 만나를 먹어야 합니다.
만나의 경우를 보면 사람이 농사짓고 가꾸고 거둔 양식이 아닙니다. 싫고 좋고가 없습니다. 선택도 불가능합니다. 이는 하나님이 만들어서 하늘에서 내린 양식입니다.

그 당시 광야에서 그것도, 40년 긴 세월 먹을 수 있는 것은 만나 외에는 없었습니다. 무슨 재주로, 누가, 어떻게 40년간 200만 명을 배부르게 할 수 있습니까? 입맛에 안 맞아도, 먹기 싫어도 먹어야 하는 양식이 만나였습니다. 밥투정하고 맛투정하느라 안 먹으면 죽는 것, 그래서 먹어야 하는 것이 만나였습니다.

느헤미야 9장 20-21절을 보면 '하나님이 선한 양식을 주사 40년 동안 그치지 않게 하셨고 부족함이 없었다'고 했습니다. 만나를 선한 양식이라고 했습니다. 시편 78편 24절에서는 "그들에게 만나를 비같이 내려 먹이시며 하늘 양식을 그들에게 주셨나니"라고 했습니다. 만나를 하늘 양식이라고 했습니다. 시편 105편 40절에서도 '하늘양식으로 그들을 만족하게 하셨다'고 했습니다.

예수님의 직접 하신 말씀을 찾아보면 이렇게 나옵니다. 요한복음 6장 32절에서 예수님은 "내 아버지께서 너희에게 하늘로부터 참 떡을 주시나니"라고 했고, 35절에서는 "나는 생명의 떡이니"라고 했습니다. 예수님 자신이 참 떡, 생명의 떡이시라는 것입니다. 그러면서 6장 27절에서는 "썩을 양식을 위하여 일하지 말고 영생하도록 있는 양식을 위하여 하라"고 했습니다.

결론이 나왔습니다. 광야에서 먹던 만나는 육신을 위한 양식입니다. 욕심을 부리면 썩고 냄새나고 벌레가 생겼습니다. 가나안 땅에 들어간 다음, 그 만나가 그쳤습니다. 그 양식 때문에 살지 말고 영원한 양식, 생명의 양식을 위해 일하라는 것입니다. 그것은 사는 목적, 일하는 목적, 돈 버는 목적, 부자 되는 목적과 가치를 바로 정하라는 뜻입니다.

선진국 사람은 배불러 죽고 후진국 사람은 배고파 죽는다고 합니다. 못살아서 죄짓는 사람보다 잘살아서 죄짓는 사람 수가 더 많습니다. 가난에 쪼들려 사는 아프리카 사람보다 문화, 문명, 과학, 교육, 경제 등 선진국 사람들이 불행지수와 불만지수가 더 높습니다.

왜 그럴까요? 진정한 만족은 그런 것이 아니기 때문입니다. 마태복음 4장 4절에서 예수님은 "사람이 떡으로만 살 것이 아니요 하나님의 입으로부터 나오는 모든 말씀으로 살 것이니라"고 했습니다. "떡을 먹어야 한다. 그러나 떡만 먹는다고 사는 게 아니다. 하나님의 말씀, 신령한 떡을 먹어야 산다"라는 뜻입니다. "돈을 많이 벌고 성공하고 건강하고……다 필요하다. 그러나 그것만으로 행복한 것은 아니다"라는 뜻입니다.

예수님이 바로 하늘에서 내려온 생명의 양식, 영원한 만나이십니다. 그리고 예수님의 말씀이 매일 먹어야 할 양식이고 만나입니다. 그 만나로 요리해 주는 것이 설교입니다. 그리고 성경이 만나입니다. 맛있게 기쁘게 감사하며 먹어야 합니다. 만나 먹고 소화불량 걸린 사람 없고, 만나 먹고 배탈 난 사람 없고, 만나가 모자라 굶어 죽은 사람 없고, 만나 사재기해서 부자 된 사람이 없었습니다. 만나를 매일 한 오멜씩 거두고 먹었던 것처럼 신령한 만나도 매일 먹어야 합니다.

20년 전 은혜 받았다며 지금도 그 은혜를 우려먹는 사람이 있습니다. 10년 전 어디서 은혜 받았다며 지금도 그 은혜가 살아 있는 줄로 여기는 사람이 있습니다. 아닙니다. 하루 한 오멜! 오늘 만나는 오늘 먹어야 합니다. 오늘 은혜는 오늘 받아야 합니다. 오늘 은혜 받고, 오늘 감격하고, 오늘 감사하고, 오늘 충만해야 합니다.

바울은 고린도후서 6장 2절에서 "보라 지금은 은혜 받을 만한 때요 보라 지금은 구원의 날이로다"고 했습니다.

지금, 오늘, 여기가 중요합니다. 오늘 그냥 교회를 떠나지 마십시오. 오늘 그냥 자리를 뜨지 마십시오. 오늘 주시는 만나를 먹고 나가십시오.

하루 한 오멜! 그날의 만나!

'오늘의 만나'를 맛있게 신나게, 먹어야 합니다.

레위기 24장 5-9절을 보면 성전 안에 떡상을 만들고 매일 떡 열두 덩이를 진설했습니다. 열두 덩어리는 이스라엘 열두 지파의 떡이라는 뜻입니다. 그리고 매 안식일마다 새 떡으로 바꿨습니다. 떡상의 의미는 매일 신령한 떡을 먹어야 한다는 것, 떡이 떨어지면 안 된다는 것입니다.

이스라엘 백성들은 날마다 하나님이 내려 주신 만나를 먹고 살았습니다. 우리도 날마다 생명의 양식, 신령한 만나를 먹어야 합니다. 하나님이 안 주셨으면 이스라엘은 광야에서 굶어 죽고 말았을 것입니다. "하나님이 주셔야 된다", "하나님이 하셔야 한다"가 우리네 믿음과 고백이 되어야 합니다. 그리고 스스로 하루하루 어떻게 살아야 할 것인가를 결단해야 합니다. 왜 돈을 버는가? 왜 성공해야 하는가? 왜 결혼하는가? 왜 가정을 이루는가? 왜 먹고 마시는가? 그 답을 찾아야 합니다.

주님은 "썩을 양식을 위하여 일하지 말고 영생하도록 있는 양식을 위하여 하라"(요 6:27)고 했습니다. 밥도 먹지 말고 돈도 벌지 말고 사업도 하지 말고 365일 교회에 앉아 있으라, 성경 읽고 기도만 하라는 뜻이 아닙니다.

"하나님을 잊지 말라, 멀리하지 말라, 삶의 목적과 가치를 하나님께 두라, 잘살아도, 성공해도, 출세해도, 돈 많이 벌어도, 실패해도, 넘어져도, 힘들어도 하나님을 떠나지 말라"는 뜻입니다.

하나님이 외면하시고 눈을 돌리는 순간 내 모든 것, 내 인생, 성공, 출세, 재물, 건강도 물거품이 된다는 것입니다. 이 진리를 잊지 맙시다.

오늘 여기서 들은 말씀을 잊지 맙시다. 오늘 하루만이라도, 아니 집에 갈 때까지만이라도, 아니 자동차 문을 열 때까지만이라도……아닙니다, 오래오래 마음에 새기고 머리에 입력시킵시다.

출애굽기 16장 4절에서는 만나를 일용할 양식이라고 했고 마태복음 6장 11절에서는 "오늘 우리에게 일용한 양식을 주시옵고"라고 했습니다.

하루 한 오멜! 만나 예수!

고치리라

🍁 **역대하 7:11-16**

솔로몬이 여호와의 전과 왕궁 건축을 마치고 솔로몬의 심중에 여호와의 전과 자기의 궁궐에 그가 이루고자 한 것을 다 형통하게 이루니라 밤에 여호와께서 솔로몬에게 나타나사 그에게 이르시되 내가 이미 네 기도를 듣고 이곳을 택하여 내게 제사하는 성전을 삼았으니 혹 내가 하늘을 닫고 비를 내리지 아니하거나 혹 메뚜기들에게 토산을 먹게 하거나 혹 전염병이 내 백성 가운데에 유행하게 할 때에 내 이름으로 일컫는 내 백성이 그들의 악한 길에서 떠나 스스로 낮추고 기도하여 내 얼굴을 찾으면 내가 하늘에서 듣고 그들의 죄를 사하고 그들의 땅을 고칠지라 이제 이곳에서 하는 기도에 내가 눈을 들고 귀를 기울이리니 이는 내가 이미 이 성전을 택하고 거룩하게 하여 내 이름을 여기에 영원히 있게 하였음이라 내 눈과 내 마음이 항상 여기에 있으리라

교우 여러분, 얼마나 마음 아프고 힘든 하루 하루를 보내십니까? 중국 우한발 폐렴(코로나 19)이 대한민국과 전 세계로 번지고 있습니다.
먼저, 감염으로 세상을 떠난 이들과 비통해하는 가족들에게 삼가 위로를 드립니다. 확진 판정을 받고 투병 중인 많은 사람들의 완쾌를 기도합니다. 감염현장에서 사투를 벌이며 봉사하는 의료진, 공무원, 자원봉사자들의 건강을 기도하고 진심으로 감사를 드립니다. 총체적 고통을 겪고 있는 기업인, 소상공인, 영세 사업자들을 위해서도 기도

드립니다.

　교회들이 겪고 있는 상황도 가슴이 아픕니다. 이런 일은 한국교회 역사상 처음 겪는 일입니다. 일본이 우리나라를 침략했을 때 침략자들이 교회 문을 닫았습니다. 그러나 교회가 스스로 닫지는 않았습니다.

　1919년 4월 15일 일본 헌병대가 제암리에 살고 있던 15세 이상의 교인들을 교회에 모이라고 했습니다. 그리고 밖에서 문을 걸어 잠그고 석유를 끼얹어 불을 지르고 총격을 가했습니다. 독립 만세를 불렀다는 이유 때문이었습니다. 남자 21명, 여자 2명 그리고 마을에서 6명, 전부 29명이 학살당했고 장례도 치르지 못했습니다. 그러나 당시 기독교 교인들은 신앙을 버리지 않고 독립운동에 참여했습니다. 애국운동을 계속한 것입니다.

　6.25 남침 때는 인민군들이 교회 문을 닫았습니다. 전라남도 영광군 염산교회에서는 77명의 교인이 공산군에게 학살당했고 각 처에서 순교자가 배출됐습니다. 그러나 교회는 제 손으로 문을 닫지 않았습니다. 그런데 2020년 상황은 다릅니다. 코로나 전염병으로 인해 교회 문을 닫고 있습니다. 교회 스스로 문을 닫았습니다. 교회도 사회적 책임이 있으니까 어쩔 수 없다지만 마음이 편하진 않습니다. 텅 빈 교회, 빈 의자를 바라보는 심정은 착잡합니다. 하나님께는 죄송하고 한편으로는 감사합니다. 북한은 인터넷이나 유튜브로도 예배드릴 수 없을 텐데, 우리는 마음 놓고 유튜브 예배를 드리고 있습니다. 그러나 이게 오래 가면 안 됩니다. 마음의 거리, 믿음의 거리가 멀어지면 안 됩니다. 그러면 큰일납니다. 문이 열려야 합니다. 빨리 끝나야 합니다. 친구들에게 보낸 저의 기도문을 소개합니다.

　　주님, 우리 모두 아픕니다. 그런데 왜 아픈가 그 까닭이 헷갈리는 게 더 아픕니다. 요나는 나 때문이라고 실토했는데, 우린 그게 모자랍니다. "나 때문이다"라는 이는 하나도 없고, 떠넘기기에 열을 올립니다. 하지만 돌이켜보면 다 나 때문이요. 그게 정답입니다. "나 때문이요"라면 마주할 수 있고, "너 때문이다"라면 가시 울타리만 높아집니다. 우린 사회적 책임보다 신앙적 책임이 우선입니다. 사회적 거리? 근원적 해법이 아닙니다. 믿음의 거리를 더 좁혀야 합니다. 주님, 우리 모두 아픕니다. 하오나 주님 십자가 보다는 덜 아픕니다. 십자가 아픔으로 우리를 고쳐주옵소서. 겨레와 나라를 다스려 주옵소서. 아멘.

요한계시록 3장 7절을 통해 이렇게 말씀합니다. "거룩하고 진실하사 다윗의 열쇠를 가지신 이 곧 열면 닫을 사람이 없고 닫으면 열 사람이 없는 그가 이르시되"라고.

누가 열고 닫을 수 있습니까? 누가 이 재앙을 멈출 수 있습니까? 해법이 뭡니까? 본문을 살펴보겠습니다.

솔로몬은 사울과 다윗의 뒤를 이은 이스라엘의 세 번째 왕이었습니다. 그가 나라를 다스린 기간은 40년이었습니다. 그는 경제 부흥과 국방 강화로 국력을 높였고, 탁월한 통치력과 지혜로 명성을 떨쳤습니다.

그가 한 일 가운데 가장 큰 일은 성전을 건축한 일이었습니다. 솔로몬의 성전 건축 기사는 열왕기상 5-9장에 그리고 역대하 2-7장에 기록되어 있습니다. 솔로몬이 성전을 건축한 것은 출애굽한 지 480년 되던 해였고, 왕이 된 지 4년째 되던 해였습니다. 솔로몬의 집권 초기였고, 하나님을 향한 믿음이 좋았던 때였습니다(왕상 6:1). 공사 기간은 7년이었습니다. 성전 공사가 끝난 뒤 솔로몬은 준공식을 거행하고 하나님께 성전을 봉헌했습니다. 그리고 장엄한 봉헌기도를 드렸는데, 그 기도 내용이 열왕기상 8장 22-60절과 역대하 6장 12-42절에 기록되어 있습니다. 긴 기도입니다.

위에서 말씀드린 대로 솔로몬의 집권 초기였고, 성전 건축의 감격이 넘쳤을 때였습니다. 그의 믿음이 순수하고 좋았을 때 드린 기도여서 구구절절 은혜가 넘칩니다. 솔로몬은 기도를 "간구하다, 빌다, 부르짖는다, 맹세하다, 기도하다"라고 했고, 23차례나 이 용어들을 반복해서 사용하고 있습니다. 절실한 기도를 드린 것입니다. 그 기도가 어떤 기도였는가를 살펴보겠습니다.

첫째로 하나님께 기도드렸습니다.

솔로몬은 자신의 기도 속에서 계속 하나님의 이름을 부르고 있습니다. "내 아버지 다윗의 하나님, 이스라엘의 하나님, 우리 조상의 하나님, 하늘에 계시는 하나님"이라고 불렀고 중요한 것은 "나의 하나님"이라고 부른 일입니다(대하 6:19). "나의 하나님!"은 가장 위대한 고백입니다.

나무, 돌, 철로 만들거나 새긴 신, 우상은 기도를 알지도 듣지도 못합니다. 그러나 하나님은 살아 계시기 때문에 들으시고 응답하신다는 것을 믿고 기도를 드린 것입니다. 기도의 대상이 누구냐가 중요합니다. 불교도 기도가 있고, 회교도 기도가 있습니다. 불교인들은 100일 기도를 하고, 회교도들은 메카를 향해 시간마다 기도를 합니다. 그러나 우리는 하나님께 기도드립니다. 다윗은 시편 34편 4절에서 "내가 여호와께 간구하매 내게 응답하시고 내 모든 두려움에서 나를 건지셨도다"라고 했고, 34편 6절에서는 "이 곤고한 자가 부르짖으매 여호와께서 들으시고 그의 모든 환난에서 구원하셨도다"라고 했습니다.

산울림, 메아리는 내가 지른 소리가 돌고 돌아 다시 나에게로 돌아오는 것을 말합니다. 그러나 기도는 산울림이 아닙니다. 메아리가 아닙니다. 하나님께 기도하면 응답하십니다.

둘째로 무릎 꿇고 손들고 기도했습니다.

역대하 6장 13절을 보면 "이스라엘의 모든 회중 앞에서 무릎을 꿇고 하늘을 향하여 손을 펴고"라고 했습니다. 왕은 무릎을 꿇을 일이 없습니다. 신하들이 왕 앞에 무릎을 꿇기 때문입니다. 두 손을 드는 것은 항복할 때, 환영할 때, 맹세할 때, 축복할 때입니다. 백성들이 다 보고 있는 자리에서 왕이 무릎을 꿇고 두 손을 들었습니다. 왕은 아무데서나 함부로 처신하고 행동하면 안 됩니다. 말도 조심하고 행동도 조심해야 합니다. 경거망동하면 안 됩니다. 그런데 솔로몬이 자기 왕권과 체면을 개의치 않고 백성 앞에서 무릎 꿇고 두 손을 든 이유는 하나님 때문입니다.

왕도, 대통령도, 장군도, 재벌도, 영웅도, 하나님을 넘어서려 들면 안 됩니다. 하나님을 대적하면 안 됩니다. 민주국가에서도 대통령의 권한은 큽니다. 하지만 군주시대 군왕의 권력은 절대적이었습니다. 입법, 사법, 행정권을 장악하고 있었습니다. 그런 왕이 무릎을 꿇고 두 손을 들었습니다. 그 뜻은 "하나님이 왕이십니다. 저는 신하에 불과합니다"라는 것입니다.

시편 145편은 다윗 왕이 읊은 시입니다. 그는 145편 1절에서 "왕이신 나의 하나님이여 내가 주를 높이고 영원히 주의 이름을 송축하리이다"라고 했습니다. 당시 최고, 최상의 권력자 다윗 왕이 하나님을 왕, 주라고 했습니다. 그러나 하나님을 멸시하고, 대들고, 인간을 절대화한 권력, 정권, 개인, 집단은 다 망했습니다. "무릎 꿇었다. 손들었다"는 것은 솔로몬의 겸손과 하나님에 대한 경외를 드러냅니다.

하나님 앞에서 겸손합시다. 자신을 낮춥시다. 하나님을 높입시다.

셋째로 재앙을 물리쳐 달라고 기도했습니다.

역대하 6장 28-29절을 보면 "만일 이 땅에 기근이나 전염병이 있거나 곡식이 시들거나 깜부기가 나거나 메뚜기나 황충이 나거나 적국이 와서 성읍들을 에워싸거나 무슨 재앙이나 무슨 질병이 있거나를 막론하고 한 사람이나 혹 주의 온 백성 이스라엘이 다 각각 자기의 마음에 재앙과 고통을 깨닫고 이 성전을 향하여 손을 펴고 무슨 기도나 무슨 간구를 하거든"이라고 했습니다. 솔로몬 당시는 위에서 언급한 재난도, 재앙도, 전염병도, 전쟁도 없었던 때입니다. 그러니까 이 기도는 예언적 성격을 띤 기도입니다. "앞으로 이러 이러한 일이 일어났을 때"라는 뜻입니다.

21세기는 최첨단 과학과 의학시대입니다. 그런데 지구촌 도처에서 일어나고 있는 재난과 재앙, 질병과 전쟁을 막지 못하고 있습니다. 예를 들겠습니다.

아프리카에서 시작된 4천억 마리의 메뚜기 떼가 동쪽으로 이동하고 있습니다. 하루 수백 킬로씩 빠른 속도로 이동합니다. 인도를 거쳐 파키스탄으로 중국으로 이동중이라고 합니다. 매일 메뚜기 떼들은 제 몸무게보다 두 배 넘는 농작물들을 먹어 치우기 때문에 사막이 되어버립니다. 인도의 555만 헥타르를 사막으로 만들었고, 파키스탄, 소말리아는 국가비상사태를 선포했다고 합니다. 우기가 되면 500배로 메뚜기 떼가 증가하게 된다고 합니다. 문제는 막을 길이 없다는 것입니다. 방충망도 안 되고 살충제도 안 됩니다. 21세기 과학은 아무 것도 아닙니다.

2019년 12월 중국 후베이성 우한에서 시작된 코로나 바이러스가 두 달 만에 전 세계로 퍼지고 있습니다. 중국, 일본, 한국은 물론 유럽으로 퍼지고 있습니다. 이탈리아, 독일, 프랑스, 스페인, 영국, 미국도 예외가 아닙니다. 남미, 아프리카도 번지고 있습니다. 그런데 아직 치료제도 없고 막아 낼 방법도 없습니다.

현대과학, 현대의학, WHO, 전문가들 모두 속수무책입니다. 하루 빨리 치료제가 개발되고 방역 방법이 나오기를 바랍니다만 시간이 걸릴 거라고 합니다. 여기서 솔로몬의 기도를 주목해야 합니다.

"전쟁, 기근, 재난, 재앙, 전염병을 막아 주십시오. 하나님께 무릎 꿇고 손들고 기도하면 물리쳐 주십시오. 성전에 나와 이 성전을 향하여 이 성전을 바라보고 기도하면 고쳐주십시오. 하나님, 고쳐주십시오!"

이 기도가 우리에게도 필요합니다.

넷째로 "고치리라"는 약속입니다.

역대하 7장 14절을 주목해봅시다. "내 이름으로 일컫는 내 백성이 그들의 악한 길에서 떠나 스스로 낮추고 기도하여 내 얼굴을 찾으면 내가 하늘에서 듣고 그들의 죄를 사하고 그들의 땅을 고칠지라"고 했습니다. 위대한 응답이고 약속입니다. 내 백성, 내 자녀니까 그들이 살려 달라고, 고쳐 달라고, 도와 달라고 부르짖고 기도하면 고쳐주시겠다는 것입니다.

전쟁, 재난, 재앙, 전염병으로 난리가 나고, 벼락이 쳐도 하나님을 바라보고, 소리치고, 울고, 통곡하면 살려 주신다는 것입니다.

길이 있습니다. 해법을 찾았습니다.

재난과 재앙 앞에 인간은 무력하고 무능합니다. 건방을 떨던 바벨탑도 무너졌고, 3백년 긴 세월 동안 기독교를 박해하던 로마제국도 무너졌습니다.

AD 541년부터 750년까지 30년간 동로마 수도 콘스탄티노플에 역병이 퍼져 하루에 1만 명이 사망했습니다. 그러나 로마도 막을 방법이 없었습니다. 흑사병, 발진티푸스, 콜레라, 에볼라, 사스, 메르스 등 질병이 휩쓸 때마다 "내가 고치리라"고 말한 사람은 없었습니다. 연구소도, 의사도, 박사도 그 말을 하지 못했습니다. 사람이 할 수 있는 일은 한계가 있기 때문입니다. 우리가 걱정하는 코로나도 예외가 아닙니다.

"손 씻어라, 마스크 써라, 사람 많은 데 가지 마라, 접촉을 피해라, 사회적 거리를 지켜라"고 합니다. 그러나 사람은 사회적 존재여서 사람을 만나야 하고, 어울려야 하고, 모여야 합니다. 그런데 늘 해오던 일을 안 하다 보면 스트레스가 쌓이고 정신적 불안이 형성됩니다. 그것을 집단 트라우마라고도 합니다. 그래서 심리적 방역이 필요하다는 말을 합니다. 심리치료, 정신치료가 필요하다는 것입니다. 불안하고 답답한 심리를 치료해야 된다는 것입니다.

심리적 방역, 심리적 안정을 어떻게 해야 합니까?

우리는 성경에서 그 답을 찾아야 합니다. "고치리라"는 짤막한 이 한 구절이 정답입니다. "고쳤다, 끝났다"가 아닙니다. 고치리라는 약속입니다. 고칠 수도 있고, 안 고칠 수도 있다는 개연성을 가지고 있습니다.

역대하 7장 14-22절을 다시 살펴보겠습니다. 고치시는 조건이 있습니다. "악한 길에서 돌이키라, 낮추라, 내 얼굴을 찾으라, 기도하라"입니다. "잘못했습니다. 정신 차리겠습니다. 하나님만 하실 수 있습니다. 회개하고 기도합니다"라며 무릎 꿇고, 손들고, 기도하면 고치시겠다는 것입니다. 안 고치시는 조건도 있습니다. 19-22절입니다. "내 율례와 명령을 버리고 다른 신들을 섬기고 경배하면", "죄짓고 우상숭배하고 믿음을 버리면" 그 뜻입니다. "너희에게 준 땅에서 뿌리를 뽑아버리겠다. 이 성전을 헐어 버리고 조롱거리가 되게 하겠다."

이스라엘 민족은 AD 70년 로마의 침공으로 나라가 망하고 전 세계로 흩어졌습니다. 뿌리가 뽑힌 것입니다. 그리고 전 세계에서 멸시받고 조롱당하는 민족이 됐습니다. 그리고 예루살렘 성전도 무너졌고 지금까지 복원하지 못하고 있습니다. 예루살렘 성전이 있던 곳은 팔레스타인이 점령하고 회교 사원이 자리 잡고 있습니다. 이스라엘 사람들은 그 근처에 접근하지도 못합니다.

고치리라! 이 말씀 속에 희망이 있고, 내일이 있고, 정신적 안정이 있고, 영적 방역이 있습니다. 지금 이 상황이 오래가면 안 됩니다. 영적 방어선이 무너지고 신앙이 주저앉게 되기 때문입니다. 교회 문을 닫았습니다. 교회에 못 나옵니다. 교회가 그립고, 예배가 그립습니다. 영상으로 예배를 드린다지만 예배드린 것 같지 않습니다. 그런데 두 달, 석 달, 넉 달 동안 교회 문을 닫으면 어떻게 될까요? 편합니다. 교회 안 가도 되고, 주차 때문에 신경 안 써도 되고, 시간도 절약되고, 복잡하지도 않고⋯⋯그러다가 코로나보다 더 악한 바이러스에 자신도 모르게 감염됩니다. 영혼이 죽어버립니다. 그러면 큰일 납니다. 그러면 안 됩니다. 육신이 전염병에 감염되는 것도 막고 이겨내야 합니다. 그러나 내 영혼이 악성 바이러스에 감염되는 게 더 무섭습니다.

예수를 믿는 사람과 믿지 않는 사람은 재난이나, 재앙이나, 고통이나, 실패나, 죽음을 대하는 입장과 태도가 달라야 합니다. 우리는 "고친다", "구원한다", "영생한다", "천국이 있다"는 보증수표를 받은 사람들입니다. 그러니까 달라야 합니다. 같으면 안 됩니다.

예수님이 하신 일들을 주목해야 합니다. 걷지 못하는 사람을 걷게 하셨습니다. 말 못하는 사람을 말하게 하셨습니다. 보지 못하는 사람을 보게 하셨습니다. 귀신을 내쫓으셨습니다. 바다의 풍랑을 잔잔케 하셨습니다. 죽은 사람을 살리셨습니다. 나를 구원하셨습니다. 주님만 하셨습니다.

그 주님이 말씀하십니다.

"내가 고치리라, 내가 고쳐 주리라!"

우리가 할 일이 있습니다. 솔로몬처럼 무릎 꿇고, 두 손 들고 "잘못했습니다. 잘하겠습니다. 용서해 주십시오. 고쳐 주옵소서"라고 기도해야 합니다. 이 기도가 내 기도, 우리 기도, 한국교회의 기도가 되어야 합니다.

처음 사랑을 버렸구나

🍁 **요한계시록 2:1-7**

에베소 교회의 사자에게 편지하라 오른손에 있는 일곱 별을 붙잡고 일곱 금 촛대 사이를 거니시는 이가 이르시되 내가 네 행위와 수고와 네 인내를 알고 또 악한 자들을 용납하지 아니한 것과 자칭 사도라 하되 아닌 자들을 시험하여 그의 거짓된 것을 네가 드러낸 것과 또 네가 참고 내 이름을 위하여 견디고 게으르지 아니한 것을 아노라 그러나 너를 책망할 것이 있나니 너의 처음 사랑을 버렸느니라 그러므로 어디서 떨어졌는지를 생각하고 회개하여 처음 행위를 가지라 만일 그리하지 아니하고 회개하지 아니하면 내가 네게 가서 네 촛대를 그 자리에서 옮기리라 오직 네게 이것이 있으니 네가 니골라 당의 행위를 미워하는도다 나도 이것을 미워하노라 귀 있는 자는 성령이 교회들에게 하시는 말씀을 들을지어다 이기는 그에게는 내가 하나님의 낙원에 있는 생명나무의 열매를 주어 먹게 하리라

요한계시록이 기록될 당시는 로마가 세계를 지배하고 있었습니다. 애굽, 바벨론, 앗수르, 메데, 파사, 헬라의 뒤를 이어 최대 강국을 형성했습니다. 로마는 3백 년 동안 기독교를 박해했습니다. 대표적인 박해자는 네로(AD 재위 54~68)와 도미티안(AD 재위 81~96) 황제입니다.

네로는 로마 대화재사건의 방화범을 기독교인이라고 누명을 씌워 박해했고, 도미티안은 황제를 신으로 숭배하게 했습니다. 기독교인을

화형시키고 맹수에게 찢겨 죽게 하고 섬으로 유배시켰습니다. 사도 요한도 도미티안 박해 때 체포되어 밧모섬에 유배당했습니다.

그 당시 밧모섬은 에베소와 고린도 중간 에게해에 속한 섬이었습니다. 현재 이름은 파트모스(Patmos)입니다. 길이는 17km, 폭은 10km정도이고 암석으로 된 작은 섬이었습니다. 밧모섬에 유배된 요한은 성령님의 계시를 받아 요한계시록을 기록하게 되었습니다.

이 요한계시록은 중요내용과 쓰게 된 동기가 있습니다.

첫째, 위로와 격려를 위해서입니다. 견디기 어려운 박해로 고난과 핍박을 받는 교인들에게 위로와 소망을 주기 위해 본서를 썼습니다.

둘째, 배교자들에게는 심판을 경고하기 위해서였습니다. 핍박이 겁나고, 사자굴이 두렵고, 죽는 것이 무서워 예수를 부인하고 권력에 무릎 꿇고 배교한 사람들에게 하나님의 심판이 있다는 것을 경고하기 위해서였습니다.

셋째, 순수한 믿음을 지키라는 것입니다. 힘들고 고통스럽지만 참고 견디라, 그리고 믿음을 버리지 말라는 것을 강조하고 있습니다.

넷째, 영원한 나라가 준비되어 있다는 것을 강조하고 있습니다. 지상왕국은 영원하지 않다, 오래 못 간다, 그러나 하나님의 나라는 영원한 왕국이다, 그 나라에 들어가야 한다는 것을 강조하고 있습니다.

다섯째, 예수 그리스도께서 세상을 심판하시기 위해 다시 오신다는 것, 깨어 준비해야 된다는 것을 강조했습니다. 즉, 종말을 예언하고 있습니다.

요한계시록 2~3장은 당시 소아시아에 있던 7교회에 보낸 편지로 구성되어 있습니다. 7교회는 에베소, 서머나, 버가모, 두아디라, 사데, 빌라델비아, 라오디게아 교회입니다. 그 당시 소아시아에는 7교회 외에도 밀레도, 아드라뭇데노, 앗소, 드로아, 골로새, 히아라폴리스 등 교회가 있었습니다. 그런데 7교회를 대상으로 삼은 것은 7은 완전수이고 7교회는 당시 소아시아 교회를 대표하는 교회들이었기 때문입니다.

본문 말씀인 2장 1-7절은 에베소 교회에 보낸 편지입니다. 당시 에베소는 아시아주의 수도였고 정치, 문화, 예술, 교통의 중심지였습니다. 여신을 숭배하는 신전, 로마 황제를 숭배하는 신전과 대형 원형극장이 있었습니다. 우상숭배와 세속문화가 판치는 곳이 에베소였습니다. 본문은 에베소 교회의 장점과 단점, 칭찬과 책망을 다루고 있습니다. 칭찬은 2장 2-3절과 6절에 나와 있습니다. '수고, 인내, 악한 자들을 용납하지 않은 것, 거짓 선지자의 정체를 드러낸 것, 부지런한 것, 니골로당을 미워한 것' 등을 칭찬하고 있습니다. 그러나 책망도 있습니다. 4-5절입니다. 요약하면 '처음 사랑을 버렸다', '어디서 떨어졌는지 생각하라', '회개하라', '회개하지 아니하면 내가 네게 가서 촛대를 옮겨 버리겠다'는 것입니다.

첫째로 처음 사랑이 뭡니까?

믿음과 사랑은 다른 단어입니다만 같은 의미로 보고 말씀을 진행하겠습니다. 처음 사랑이란 예수 처음 믿을 때 가졌던 순수한 처음 믿음을 의미합니다. 예수, 이름만 들어도 가슴이 뛰고 벅차고 설레고 감격스러웠던 그 믿음이 처음 사랑입니다.

사랑을 표현하는 단어가 있습니다. 첫째, 에로스입니다. 다른 사람을 배려하지 않고 자기만족을 구하는 자기중심적인 사랑, 자기애, 육체적인 사랑입니다. 둘째, 필레오입니다. 우정, 동료애를 의미합니다. 셋째, 스톨게입니다. 가족애입니다. 책임감, 유대감이 짙게 드러나는 사랑입니다. 모성애를 들 수 있습니다. 넷째, 아가페입니다. 하나님의 사랑을 표현할 때는 주로 아가페라는 단어를 사용했습니다.

본문이 말하는 처음 사랑은, 남녀 간의 사랑, 우정, 형제애를 말하는 것이 아닙니다. 갑순이와 갑돌이의 사랑이 아니고, 로미오와 줄리엣의 사랑도 아닙니다. 하나님의 사랑, 순수한 믿음을 의미합니다.

둘째로 왜 버렸습니까?

"어디서 어쩌다 버렸는가 생각하라"고 했습니다. 확인하라는 것입니다.

에베소 교회는 법대로 해야 한다, 원칙을 지켜야 한다면서 따지느라 처음 사랑을 버렸습니다.

자식을 예로 들어 보겠습니다. 키우다 보면 야단치고 호통치고 따질 일이 한두 가지가 아닙니다. 그런데 다 넘어가고 덮어주고 눈감아 주고 져줍니다. 받아주고 용서하고 잊어버려 줍니다. 내 자식이기 때문이고 사랑하기 때문입니다.

하나님과 나는 어떻습니까? 야단맞고 매 맞고 쫓겨날 일이 한두 가지입니까? 그런데 모르는 척 넘겨 주시고 덮어 주시고 용서해 주십니다. 사랑하는 자녀이기 때문입니다. 그러나 죄를 묵인하고 모른 척하시는 것은 아닙니다.

사랑이 식으면 언어가 바뀌고 표정이 달라지고 행동이 변합니다. 비판하고 판단하고 거칠어집니다. 믿음이 식으면 말도, 표정도, 행동도 달라집니다. 부정적이고 절망적이고 공격적이고 파괴적이고 비판적으로 바뀝니다.

예수님 당시 바리새파 사람들과 서기관들이 그랬습니다. 그들은 종교지도자, 주류사회 사람들이었습니다. 자기 잘못, 허물, 약점은 감추고 다른 사람의 허물과 잘못을 들추는 데 힘을 쏟았습니다.

마태복음 23장은 예수님이 바리새인들과 서기관들의 위선과 잘못을 책망한 말씀들로 채워져 있습니다. 몇 구절을 살펴보겠습니다. "그들은 말만 하고 행하지 아니하며"(3절). "화 있을진저 눈먼 인도자여"

(16절). "맹인 된 인도자여 하루살이는 걸러내고 낙타는 삼키는도다" (24절). "화 있을진저 외식하는 서기관들과 바리새인들이여 잔과 대접의 겉은 깨끗이 하되 그 안에는 탐욕과 방탕으로 가득하게 하는도다" (25절). "회칠한 무덤 같으니"(27절), "뱀들아 독사의 새끼들아"(33절).

준엄하고 추상같습니다.

그들의 위선과 독선을 질타하셨습니다. 그래서 에베소 교회도 책망받은 것입니다. 이단을 막아야 한다, 법을 지켜야 한다, 교회를 지켜야 한다, 원칙을 지켜야 한다며 사랑과 믿음을 잃어버렸습니다.

제아무리 좋은 일이라도 그것 때문에 믿음과 사랑을 잃어버리면 큰일 납니다.

셋째로 처음 사랑을 버리면 어떻게 됩니까?

"내가 네게 가서 네 촛대를 그 자리에서 옮기리라"(2:5)고 했습니다. '내가 네게 가서'는 문법상 '먼 훗날, 이다음, 천천히'가 아닙니다. 지금 가서 심판하신다는 것입니다. 촛대는 초를 세우는 받침대입니다. 요한계시록 1장 20절을 보면 일곱 촛대를 일곱 교회라고 했습니다. 초는 촛대에 꽂기 때문에 촛대를 옮기면 초도 옮기게 됩니다. 촛대는 곧 교회를 의미합니다. 그러니까 촛대를 옮긴다는 것은 교회를 심판하신다는 것입니다.

그 누구도 에베소 도시나 에베소 교회가 없어지리라고는 상상도 못했습니다. 그러나 지금은 기둥 몇 개만 남고 그 흔적만 남아 있습니다. 성경을 살펴보면 하나님은 심판하시기 전 경고하시고 타일렀습니다. 예언자들을 통해 "조심해라, 그러지 마라, 정신 차려라" 하고 경고하셨습니다.

경고를 듣고 깨닫고 돌이킨 사람들은 구원을 받았고 "설마, 심판이 어디 있어, 괜찮아, 지금껏 아무 탈 없었는데"라며 무시하고 회개하지 않은 사람들은 심판받았습니다.

창세기 19장 23-29절은 소돔과 고모라 성읍이 심판받은 기사의 내용입니다. 그 당시 사해를 중심으로 소돔, 고모라, 아드마, 스보임, 소알 등 다섯 성읍이 있었습니다. 그 가운데 소돔과 고모라는 동성애가 만연하고 음란과 타락이 가득찬 성읍이었습니다. 그 영향을 받아 다른 성읍들도 타락을 따라가고 있었습니다.

그대로 놔두면 범죄와 타락, 음란과 동성애가 사해를 건너 가나안도 오염시킬 위기를 맞게 되었습니다. 여기서 하나님은 유황불로 소돔과 고모라 그리고 다른 성읍들을 심판하셨습니다.

하나님의 인내는 한계가 있습니다.

하나님의 심판은 무섭습니다.

죄악의 바이러스는 국경이 없습니다. 감염 속도가 빠릅니다.

불과 4개월여 만에 코로나가 전 세계를 휩쓸고 있습니다. 선진국, 후진국을 가리지 않고 인종도 빈부도 가리지 않고 번지고 있습니다. 여기서 무엇을 깨달아야 합니까?

지금 세계는 소돔, 고모라보다 더 악합니다. 앞다퉈 국가 주도로 성평등법을 만들고 동성애를 조장하고 있습니다.

촛대를 옮기실까 겁납니다. 정신 차려야 합니다.

넷째로 회복해야 합니다.

2장 5절은 "어디서 떨어졌는지를 생각하고"라고 했습니다. '생각하라'의 뜻은 한 번만 생각하지 말고 왜 떨어졌는가, 어쩌다 떨어졌는가, 왜 버렸는가를 계속해서 생각하라는 것입니다. "만일 회개하지 않으면 내가 네게로 직접 가서 촛대를 옮기겠다"라고 했습니다.

왜, 어쩌다 처음 사랑을 버렸습니까? 너무 살기가 힘들어서, 삶에 쫓기다가, 되는 게 없어서, 병마에 시달리다가, 누군가에게 상처를 받아서……?

다른 경우도 있을 수 있습니다. 너무 살기가 편해서, 잘살아서, 현실에 만족해서, 갈 데가 많고 만날 사람이 많아서. 그러나 어떤 경우라도 믿음을 버리면 끝납니다. 내가 하나님을 버리면 하나님도 나를 버릴 수밖에 없습니다. 버려도 상관없습니까? 천만에요, 다 끝납니다.

회개도 내가 하고, 후회도 내가 합니다. 다른 사람이 대신할 수 없습니다. 회개와 후회는 다릅니다.

베드로는 예수님을 연거푸 세 번씩이나 저주하고 부인했습니다. 가롯 유다는 돈 받고 예수님을 팔아넘겼습니다. 둘 다 제자입니다. 두 사람의 죄질은 비슷합니다. 별 차이가 없습니다. 차이가 있다면 유다는 후회했고, 베드로는 회개했습니다. 후회한 유다는 스스로 목을 매고 자살했고, 회개한 베드로는 초대교회의 기둥이 됐습니다.

어리석은 사람은 후회하고 지혜로운 사람은 회개합니다. "회개하라"는 것은 '뉘우쳐라, 후회하라'가 아닙니다. '돌이켜라, 방향을 바꿔라, 처음 믿음, 처음 사랑을 되찾으라'는 것입니다. 그것이 회개입니다. 언제, 왜 그렇게 됐습니까? 어쩌다 그렇게 됐습니까? 하나님께로 돌아섭시다! 회개란 방향을 바꾸는 것, 하나님께로 돌아오는 것, 나쁜 과거로 되돌아가지 않는 것입니다.

서머나 교회 목회자였던 폴리갑은 사도요한의 제자였습니다. 4차 박해자였던 마르쿠스 아우렐리우스 로마 황제 때 체포되어 심문이 시작됐습니다.

"황제를 주라고 고백하라." "나에게 주는 한 분뿐이다." "네가 믿는 예수를 부인해라." "그럴 수 없다. 86년 동안 예수는 단 한 번도 나를 부인한 일이 없었다." "너를 불태워 죽이겠다." "내 몸은 불태워도 내 영혼은 불태우지 못한다."

결국 총독의 명령으로 그를 장작더미 위에 세우고 불을 질렀습니다.

"오! 주님이시여, 제물 되기 원합니다. 영광을 올립니다!"

이것이 그의 마지막 기도였습니다. 왜 미련하게 죽었을까요? 사는 길이 있었는데 왜 포기했을까요? 조금 더 살겠다고 예수를 부인하면 영원히 죽는다는 것을 깨달았기 때문입니다. 영원한 생명이 더 소중하다는 것을 믿었기 때문입니다.

예수님을 부인하고 몇 년이나 더 살 수 있을까요? 폴리갑은 영원히 사는 쪽을 선택했습니다.

이런 상황을 가정해 보겠습니다. 어떤 교인이 회사 취업 면접을 하게 됐습니다.

"종교가 있습니까?" "교회 다닙니다." "앞으로도 계속 다닐 겁니까?" "글쎄요." "우리 회사는 기독교인을 뽑지 않습니다. 어떻게 하시겠습니까?" "저는 그냥 들락날락하기 때문에 별 문제 될 게 없을 것 같습니다. 회사 방침을 따르겠습니다."

취업은 될 수 있겠지만 주님은 "촛대를 옮기겠다"라고 하실 것입니다.

나는 어떻게 해야 할까요? "예수냐, 세상이냐?" 선택을 해야 할 상황이라면 어떻게 해야 할까요? 어떻게 해야 합니까?

예수님의 대답을 찾아보겠습니다.

누가복음 12장 8-9절을 주목해봅시다. "내가 또한 너희에게 말하노니 누구든지 사람 앞에서 나를 시인하면 인자도 하나님의 사자들 앞에서 그를 시인할 것이요 사람 앞에서 나를 부인하는 자는 하나님의 사자들 앞에서 부인을 당하리라"는 말씀에서 시인한다는 것은 인정한다는 뜻이고 부인한다는 것은 인정하지 않는다는 뜻입니다. 이런 맥락에서 보면 주님을 사랑한다, 믿는다는 것은 주님을 인정하고 고백하는 것입니다. 다시 말하면 믿음은 고백으로 드러납니다. 고백은 얼버무리면 안 됩니다.

"나는 예수 믿는다. 예수 떠나면 죽는다. 예수는 나의 구원, 생명이시다. 예수 믿어야 산다."

이 고백과 결단이 필요합니다. 이 고백과 결단이라야 처음 사랑을 회복 할 수 있습니다.

요즘 교회들은 축복에 길들여 있어서 고난, 핍박, 시련, 고통 이런 말들은 좋아하지 않습니다. 그러나 그리스도인들은 내성을 키우고 야성을 길러야 합니다. 버티고 견뎌야 합니다. 그래야 이길 수 있습니다.

하나님의 사랑에 가장 근접한 사랑은 모성애입니다. 제가 좋아하는 TV프로그램은 〈나는 자연인이다〉와 〈스타킹〉입니다. 〈스타킹〉 프로그램의 경우 처음엔 수다 떨고 떠벌리는 오락 프로라고 생각했습니다. 제작자가 누군지 어느 방송이 만드는지도 잘 모르고, 아는 것은 씨름선수 강호동 씨가 MC라는 것뿐입니다. 그런데 인재를 개발하고 무대를 만들어주고 메시지가 있고 감동이 있어 가끔 시청하곤 합니다.

80년대 〈바다새〉라는 노래를 부른 김혜정이라는 가수가 아들 준영이와 함께 출연했습니다. 준영이는 자폐아인데 21세가 지났지만 지능은 5살입니다. 준영이의 불장난 때문에 아파트에 불이 나고 다른 집까지 번지는 바람에 몽땅 빚을 졌습니다. 그 빚을 갚기 위해 다시 노래를 시작했는데, 진행자가 김혜정 씨에게 "희망이 무엇이냐?"라고 물었습니다. 김혜정 씨의 대답은 "준영이보다 하루만 더 사는 것"이라고 했습니다. 그래야 준영이를 끝까지 돌볼 수 있기 때문이라고 했습니다. 부부가 싸우고, 부모자식이 싸우고, 형제가 싸우고, 부모가 자식을 버리고, 자식이 부모를 버리는 삭막한 세상에 던지는 신선한 메시지입니다.

그러나 하나님의 사랑엔 비길 수 없습니다. 부모가 자식을 위해 죽을 수는 있습니다. 그러나 죄를 사하진 못합니다. 다시 말하면 구원하지는 못합니다. 하나님의 사랑은 예수님이 죽으심으로 우리를 죄에서 구원하셨습니다. 그리고 말씀하십니다. "너를 위해 죽었노라. 너를 구원했노라. 지금도 너를 사랑하노라. 너를 버리지도, 떠나지도 않노라. 영원히 함께하노라"고 말입니다.

어떤 셰프가 한 말이 생각납니다.

"사랑 없는 음식은 사료일 뿐이다."

사람은 사료를 먹고 사는 존재가 아닙니다.

소문난 어느 맛집을 기자가 찾아갔습니다. 식자재 준비 과정과 요리 만드는 과정 등을 취재한 후 소문난 맛집이 된 비결을 물었습니다. 주인의 대답은 간단했습니다. "내 가족, 내 아들딸이 먹는 음식을 만든다는 마음으로 만들고 있다"였습니다. 부부도, 가족도, 교회도 처음에서 떠나면 의미도 가치도 없습니다. 진심과 진정성, 처음 사랑과 처음 믿음을 회복합시다.

다섯째로 회복 후에 주시는 보상이 있습니다.

"이기는 그에게는 내가 하나님의 낙원에 있는 생명나무의 열매를 주어 먹게 하리라"(2:7)고 했습니다. 본래 생명나무는 에덴동산에 하나님이 만들어 놓으신 나무였습니다. 그러나 아담과 하와가 타락한 후 따먹지 못하도록 막으셨습니다(창 3:22-24). 그런데 요한계시록 2장 7절에서는 처음 사랑을 회복하면 생명나무 열매를 먹게 해주신다고 했습니다. 회복을 약속하신 것입니다.

코로나19 때문에 미국은 가정폭력이 평소보다 30% 증가했고, 프랑스도 30%, 중국은 3배 이상 증가했다고 합니다. 그런데 한국은 오히려 평소보다 5% 감소했습니다. 우리 민족은 우수한 민족입니다. 코로나가 기승을 부려도 사재기 안 하고, 마스크 잘 쓰고, 사회적 거리두기 잘하고, 마트에서 멱살잡이 안 하고, 손 잘 씻고, 김정은이 미사일

쏘아대도 까딱도 안 하고……. 우리는 어려운 일을 하도 많이 겪어서 내성이 쌓여 있습니다.

미국, 영국, 프랑스, 이탈리아, 일본 그 어느 나라 국민보다 우리 민족이 잘 참고, 견디고, 버티고 이겨 냅니다. 일제 36년도, 6.25도, IMF도, 코로나19도 견디고 이겨 냈습니다. 그러나 앞으로가 문제입니다. 그동안 겪었던 고난보다 더 큰 시련이 온다면 어떻게 해야 합니까? 그런 일이 없기를 바라고 기도합니다만 개인적으로나 교회적으로 고난이 앞을 가로막는다면 어떻게 해야 합니까?

시편 18편 1절은 제가 좋아하는 요절입니다. "나의 힘이신 여호와여 내가 주를 사랑하나이다." 그걸로 끝나지 않고 2절에서는 '여호와는 나의 반석, 요새, 건지시는 이, 나의 하나님, 피할 바위, 나의 방패, 구원의 뿔, 나의 산성'이라고 고백하고 있습니다.

그 하나님이 나의 하나님이시니까 걱정없다, 겁나지 않는다는 것입니다.

"나의 힘이신 하나님!"

"절망의 바람아, 불어라. 고난의 눈보라야, 몰아쳐라. 환난의 폭풍아, 닥쳐오너라. 나의 힘이신 하나님 때문에 나는 이기고 또 이긴다."

이 고백과 찬양이 내 것이 되어야 합니다.

잃어버린 믿음을 다시 찾읍시다. 빨리 돌아섭시다. "거추장스럽다. 쓸모없다"라며 폐품 버리듯 버리지 맙시다. 순간과 영원을 바꿔치기 하지 맙시다.

회복합시다, 처음 사랑!

지킵시다, 처음 믿음!

저녁이 되고 아침이 되니

> **창세기 1:26-31**
>
> 하나님이 이르시되 우리의 형상을 따라 우리의 모양대로 우리가 사람을 만들고 그들로 바다의 물고기와 하늘의 새와 가축과 온 땅과 땅에 기는 모든 것을 다스리게 하자 하시고 하나님이 자기 형상 곧 하나님의 형상대로 사람을 창조하시되 남자와 여자를 창조하시고 하나님이 그들에게 복을 주시며 하나님이 그들에게 이르시되 생육하고 번성하여 땅에 충만하라, 땅을 정복하라, 바다의 물고기와 하늘의 새와 땅에 움직이는 모든 생물을 다스리라 하시니라 하나님이 이르시되 내가 온 지면의 씨 맺는 모든 채소와 씨 가진 열매 맺는 모든 나무를 너희에게 주노니 너희의 먹을 거리가 되리라 또 땅의 모든 짐승과 하늘의 모든 새와 생명이 있어 땅에 기는 모든 것에게는 내가 모든 푸른 풀을 먹을 거리로 주노라 하시니 그대로 되니라 하나님이 지으신 그 모든 것을 보시니 보시기에 심히 좋았더라 저녁이 되고 아침이 되니 이는 여섯째 날이니라

창세기 1장은 하나님이 천지와 인간을 창조하신 기사입니다. 1장 안에 반복되는 문장이 있습니다.

첫째, "이르시되"입니다.

옛날 성경은 "가라사대"라고 번역했고, 새번역 성경은 "이르시되"라고 번역했습니다. 구약에는 483회, 신약에는 378회로 합하면 861회

가 반복됩니다. 대부분 하나님이 하신 말씀을 "이르시되"라고 했습니다.

"이르시되"는 '말하다'의 높임말입니다. 아랫사람의 말은 '이르시되'로 표현하지 않습니다. "이르시되"는 '아마르'라는 단어입니다. "여호와께서 말씀하셨다"라고 할 때 "코 아마르 야훼"라고 했습니다. 예언자들이 전하는 말은 "내 말이 아니다, 하나님의 말씀이다, 들으라"는 뜻입니다.

창세기 1장에서 열 번씩이나 "하나님이 이르시되"를 반복한 이유가 있습니다. 손이나 기계로 창조하신 것이 아니고 말씀으로 창조하셨기 때문입니다. "되어라, 있으라, 나뉘어라." 하나님이 이르시면, 즉 말씀하시면 그대로 되었습니다. 사람은 절대 권력을 가졌다 해도 안 됩니다. 하나님만 가능합니다.

성경은 "이르시되"로 시작해 "이르시되"로 끝납니다. 창세기 1장이 "이르시되"로 시작되고, 요한계시록 22장 20절을 보면 "이르시되"로 끝납니다. "이것들을 증언하신 이가 이르시되 내가 진실로 속히 오리라 하시거늘 아멘 주 예수여 오시옵소서"라고 했습니다. 하나님이 이르신 말씀을 기록한 것이 성경입니다. 그래서 성경은 하나님의 말씀이라고 합니다.

둘째, "그대로 되니라"입니다.

6회 반복됩니다. "나뉘어라, 되어라, 비추어라"고 말씀만 하시면 그대로 되었습니다. 하나님만 가능합니다. 사람은 안 됩니다.

누가복음 7장 1-10절을 보면 로마군 장교 이야기가 기록되어 있습니다. 군인 백 명을 거느리는 백부장의 종이 중병에 걸려 죽게 되자 예수님께 사람을 보내 고쳐 주기를 간청했습니다. 예수님이 백부장 집으로 가고 있었습니다. 그런데 그가 다시 사람을 보내 번거롭고 수

고스럽게 오지 마시고 "말씀만 하사 내 하인을 낫게 하소서"라고 했습니다. 예수님은 백부장의 믿음을 극찬하시고 그의 하인을 고쳐주셨습니다. "말씀만 하시면 그대로 되리라"는 믿음을 보였기 때문입니다. "그대로 되리라!"에 "아멘"해야 합니다.

셋째, "좋았더라"입니다.

7회 반복됩니다. '좋았더라'의 뜻은 '완벽하다, 만족하다'는 것입니다. 하나님 보시기에 창조하신 모든 것들이 다 좋았다는 것입니다. 그런데 그토록 완벽하고 좋은 세상을 아담과 하와가 범죄로 망가트렸고 지금도 인간들이 자연을 망치고 세상을 망가트리고 있습니다. 망가진 인간, 세상, 자연은 누가 어떻게 회복합니까? 성경에서 답을 찾아야 합니다.

요한계시록 21장 5절을 보면 "보좌에 앉으신 이가 이르시기를 보라 내가 만물을 새롭게 하노라"고 했고, 새롭게 하신 그 만물을 새 하늘과 새 땅이라고 했습니다. 고린도후서 5장 17절도 "그런즉 누구든지 그리스도 안에 있으면 새로운 피조물이라 이전 것은 지나갔으니 보라 새것이 되었도다"라고 증언합니다. 회복의 주체는 예수 그리스도이십니다. 사람은 못합니다. 새로운 세상, 살기 좋은 세상, 좋은 세상은 하나님만 만드십니다.

넷째, "저녁이 되고 아침이 되니"입니다.

설교의 제목이기도 합니다. 이 문장 역시 6차례 반복됩니다(1:5, 8, 13, 19, 23, 31).

"저녁이 되고 아침이 되니"의 의미를 찾아보겠습니다. "저녁이 되고 아침이 되니"는 하루가 지났다는 것입니다. 하루를 표현하는 방법이 다릅니다. 우리는 '아침이 되고 저녁이 되니'라고 표현합니다. 아침에 해가 뜨고 저녁에는 해가 진다고 합니다. 그것을 하루라고 합니다. 그런데 유대인의 표현법은 "저녁이 되고 아침이 되니"라고 합니다. 저녁 해질 때부터 다음날 해질 때까지를 하루로 봅니다. 그래서 "저녁이 되고 아침이 되니"라고 표현한 것입니다.

이에 대한 몇 가지 교훈을 찾아보겠습니다.

첫째, 저녁도 아침도 하나님이 만드셨습니다. 시편 74편 16-17절에서 시인은 '낮도 주의 것, 밤도 주의 것'이라면서 '주께서 빛과 해를 마련하셨으며 여름과 겨울을 만드셨다'고 했습니다.

창세기 1장 3절은 "하나님이 이르시되 빛이 있으라 하시니 빛이 있었고"라고 했습니다. 그리고 1장 5절에서는 "하나님이 빛을 낮이라 부르시고 어둠을 밤이라 부르시니라"고 했습니다.

세 구절을 합하면 빛도, 낮도, 밤도, 해도, 달도 하나님이 만드셨다는 것입니다.

어거스틴은 "태양을 창조하기 전의 하루와 창조 이후의 하루는 다르다. 낮은 나타날 것이고 밤은 나타나지 않은 것이라"고 했습니다.

몇 천만 개의 원자력 발전소와 수력발전소, 화력발전소, 풍력발전소를 만들어야 지구를 밝힐 수 있을까요? 어림도 없습니다.

그런데 하나님은 말씀 한마디로 빛을 만드시고 낮과 밤을 주관하고 계십니다. 그뿐입니까? 요한복음 8장 12절에서 주님은 "나는 세상의 빛이니 나를 따르는 자는 어두움에 다니지 아니하고 생명의 빛을 얻으리라"고 말씀하셨습니다.

빛을 만드신 분이 말씀하십니다.

"나는 세상을 밝히는 빛이다. 생명을 살리는 빛이다. 나를 믿고 따르면 생명의 빛을 얻게 된다. 너도 빛의 사람이 된다."

일반적으로 빛은 여러 가지입니다. 햇빛, 전기불, 호롱불, 촛불, 반딧

불은 다 빛을 냅니다. 그러나 그것들은 꺼집니다. 그러나 요한복음 1장 9절은 "참 빛 곧 세상에 와서 각 사람에게 비추는 빛이 있었나니"라고 선언합니다.

누가 참 빛입니까? 어떤 빛이 꺼지지 않는 빛입니까?

예수 그리스도만이 영원히 꺼지지 않는 참 빛이십니다. 그 빛을 믿고 따르면 생명의 빛을 얻고 빛의 사람으로 살게 됩니다.

둘째, 저녁과 아침은 순환합니다.

태초부터 지금까지 밤과 낮은 순환하고 반복되고 있습니다.

위도상 위치 때문에 낮의 길이가 긴 곳도 있고 밤의 길이가 긴 곳도 있습니다. 위도상 48도에서 66도 사이에 위치한 나라들은 낮과 밤의 길이가 다릅니다. 하루 종일 해가 뜨지 않아 극야현상이 계속되는 나라들도 있고 반대로 해가 지지 않아 하루 종일 백야현상이 계속되는 나라들도 있습니다. 그러나 1년 365일 10년, 20년 계속해서 백야와 극야현상이 계속되는 곳은 없습니다.

러시아, 아이슬란드, 노르웨이, 스웨덴, 덴마크 등이 거기 포함됩니다만 그런 나라들도 밤이 있고 낮이 있고 여름과 겨울이 있습니다.

이러한 밤과 낮의 순환을 인생사에 빗대어 보겠습니다.

세상을 살다 보면 밤도 있고 낮도 있습니다. 저녁도 있고 아침도 있습니다. 저녁노을도 있고 밝은 아침 해도 있습니다.

저는 저녁노을보다는 아침 해가 좋습니다. 찬란하고 아름다워도 저녁노을은 금방 사라져버립니다. 그러나 저녁노을만큼 아름답진 못해도 떠오르는 아침 햇살이 힘이 있고 희망적이어서 좋습니다. 아침 해는 희망, 활기, 약동, 출발을 의미합니다.

솟아오르는 아침 해를 바라보면 가끔 이 시가 떠오릅니다.

해야 솟아라, 해야 솟아라
말갛게 씻은 얼굴 고운 해야 솟아라
산 너머 산 너머서 어둠을 살라 먹고
산 너머서 밤새도록 어둠을 살라 먹고
이글이글 앳된 얼굴 고운 해야 솟아라

　박두진의 시 한 구절입니다. 박두진이 노래한 해는 떠오르고 지고, 지고 떠오르기를 반복할 뿐입니다. 우리는 여기서 영원한 태양, 지지 않는 태양을 찾아야 합니다.
　말라기 4장 2절이 답을 줍니다. "내 이름을 경외하는 너희에게는 공의로운 해가 떠올라서 치료하는 광선을 비추리니 너희가 나가서 외양간에서 나온 송아지같이 뛰리라"고 했습니다.
　칼뱅은 의로운 해는 영혼과 육체를 고치시는 예수 그리스도를 말한다고 해석했습니다. 맞습니다.
　예수님이 3년간 공적 사역을 하시면서 고친 사람들은 셀 수 없이 많습니다. 마태, 마가, 누가, 요한복음에 기록된 치유 기사들은 예수님이 치료의 광선이라는 사실을 증거해 줍니다.
　마태복음 4장 23절을 보면 "예수께서 온 갈릴리에 두루 다니사 그들의 회당에서 가르치시며 천국 복음을 전파하시며 백성 중의 모든 병과 약한 것을 고치시니"라고 했고, 누가복음 6장 18절을 보면 "더러운 귀신에게 고난 받는 자들도 고침을 받은지라"고 했습니다. 그리고 누가복음 13장 11-17절을 보면 18년간 귀신들려 고통 받는 여자도 고치셨습니다.
　병원은 의술과 의료기계와 약으로 고칩니다만 예수님의 치료방법은 전혀 다릅니다. 이사야 53장 5절이 설명합니다. "그가 징계를 받으므로 우리는 평화를 누리고 그가 채찍에 맞으므로 우리는 나음을 받았도다"라고 했습니다. 예수님이 십자가에 못 박혀 죽으심으로 우리 영혼을 살리시고 질병을 고치셨다는 것입니다. 치료방법이 다릅니다.

일반적으로 밤은 어두움, 고통, 아픔, 절망으로 이해합니다. 밤의 특성이 있습니다. 그것은 "밤은 언제나 있다, 밤은 어디나 있다, 밤은 누구에게나 있다, 밤은 지나가고 아침이 온다"는 것입니다. 밤이 언제, 어디나, 누구에게나 있다면 밤 관리를 잘해야 합니다.

잠언 7장 9절을 보면 주색에 빠지는 때가 저물 때, 황혼 때, 깊은 밤, 흑암 중이라고 했습니다. 가룟 유다가 예수님을 배신하고 팔아넘긴 시간도 밤이었고 베드로가 예수님을 부인한 시간도 밤이었습니다.

밤 관리를 잘못하면 시험에 빠집니다. 악한 밤을 경계해야 합니다.

칠흑처럼 어두운 밤을 이겨낸 사람을 찾아보겠습니다.

바울과 실라가 빌립보 지방에서 전도하다가 억울한 누명으로 감옥에 수감되었습니다. 그 때 상황을 사도행전 16장 16-34절을 통해 설명하고 있습니다.

"옷은 찢어 벗기고 매로 치고 깊은 옥에 가두고 발에 차꼬를 채우고 든든히 지키고"라고 했습니다. 16장 25절은 이런 상황을 "한밤중에"라고 했습니다.

바울과 실라의 한밤중은 억울하고 분통 터지는 밤중이었습니다. 그런데 16장 25절을 자세히 보면 "한밤중에 바울과 실라가 기도하고 하나님을 찬송하매 죄수들이 듣더라"고 했습니다. 그리고 26절을 보면 "갑자기 큰 지진이 나서 옥터가 움직이고 문이 곧 다 열리며 모든 사람의 매인 것이 다 벗어진지라"고 했습니다. 만일 그때 거기서 바울과 실라가 하나님을 원망하고 신세 한탄으로 한숨을 내쉬고 있었다면 차꼬도 풀리지 않고 옥문도 열리지 않았을 것입니다.

하나님이 캄캄한 깊은 옥에 빛을 비추셨고 밝은 아침을 주신 것입니다. 그때나 지금이나 마귀는 차꼬를 채우고 옥문을 잠그고 지킵니다. 그러나 하나님은 차꼬를 풀어 주시고 옥문을 열어주십니다. 마귀는 문제를 만들고 사건을 만듭니다. 그러나 하나님은 문제를 푸시고 사건을 해결하십니다.

마귀는 철저하게 자신을 위장하기 때문에 식별이 어렵습니다. 고린도후서 11장 14-15절을 살펴보겠습니다. "사탄도 자기를 광명의 천사로 가장하나니"라고 했고, 사탄의 일꾼들도 자기를 의의 일꾼으로 가장한다고 했습니다.

에덴동산에서 뱀이 하와를 찾아와 유혹할 때 드라큘라처럼 생긴 모습으로 다가섰다든지 흉측한 모습으로 나타났다면 하와가 경계했을 것입니다. 그러나 그때 뱀은 가장 순하고 아름다운 모습으로 위장했습니다. 목소리는 감미로웠을 것입니다. 그리고 제시하는 조건들은 구구절절 매력 있는 것들이었습니다. 그러니까 하와가 뱀의 간교한 위장과 속임수에 넘어간 것입니다.

사탄의 전략은 그때나 지금이나 달라진 게 없습니다. 그 사람이 좋아하는 것, 술, 도박, 돈, 권력, 명예, 남자, 여자, 최고 조건으로 감미롭게 그럴싸하게 다가섭니다. 절대로 간첩은 자신이 간첩이라고 하지 않습니다. 도둑은 절대로 자신이 도둑이라고 안 합니다. 소매치기는 절대로 자신이 소매치기라고 안 합니다. 사기꾼은 절대로 사기꾼티를 안 내고 접근합니다.

주님도 마귀에게 시험을 받으셨습니다. 마귀가 시험을 걸 때마다 답을 성경에서 찾았습니다. "성경이 이렇게 말씀하셨다" 하면서 성경 말씀으로 마귀의 시험을 단호히 물리치셨습니다. 그리고 "사탄아, 물러가라 주 너의 하나님을 시험하지 말라"고 명령하심으로 시험을 이기셨습니다. "정체를 감추고 꼬리를 감추고 본색을 감춘 사탄아, 물러가라"는 명령이 우리에게도 필요합니다.

이단이나 사이비는 정체를 숨깁니다. 철저히 위장합니다. 의의 일꾼인 양 하나님의 종인 양 위장합니다. 성경대로 믿고 가르치고 배워야 합니다.

또한 올곧은 신앙생활을 제대로 하려면 세 가지 기둥을 세워야 합니다. 그것은 예수 중심, 성경 중심, 교회 중심입니다.

말씀을 총정리 하겠습니다.

첫째, 아침은 반드시 옵니다. 저녁은 가고 아침은 반드시 옵니다. 누구도 막지 못합니다. 저녁은 힘든 시간, 고통의 시간을 상징합니다. 그러나 제아무리 칠흑처럼 어두운 밤이라도 결국은 지나갑니다. 지역에 따라 밤이 긴 곳도 있고, 짧은 곳도 있습니다. 마찬가지로 사람에 따라 고통의 밤이 길 수도 있고, 짧을 수도 있습니다. 그러나 밤은 간다, 아침은 온다는 믿음으로 참고, 견디고, 기다리면 반드시 아침이 옵니다. 저녁은 어둡고 캄캄하고 답답한 시간입니다. 그렇다고 24시간, 365일, 10년, 20년 동안 밤이 없고 낮만 계속되면 살기 편하고 행복할까요? 아닙니다.

백야가 계속되는 나라의 사람들은 밤을 그리워합니다. 밤을 만들고, 잠을 자고, 쉬기 위해 커튼을 치고, 불을 끄고, 밤이 있는 나라로 여행을 떠납니다. 이처럼 저녁도 필요합니다. 그러나 저녁은 가고 아침이 옵니다. 그러니까 어둡다, 캄캄하다, 답답하다고 투정 부리지 말고, 원망하지 말고, 아침을 기다려야 합니다. 주님은 누가복음 21장 19절에서 "너희의 인내로 너희 영혼을 얻으리라"고 했습니다. 구원도 참고 견디는 믿음이 필요하다는 것입니다.

둘째, 저녁도 아침도 하나님이 다스리십니다. 하나님이 저녁과 아침을 만드셨기 때문입니다. "어둔 밤은 가라 흑암아, 떠나거라. 저녁은 가라"고 소리친다고 저녁이 갑니까? 없어집니까? "해야, 솟아라. 아침이여, 오너라" 하고 소리친다고 해가 솟아오릅니까? "절망이여, 가거라. 실패야, 떠나거라!" 그런다고 떠납니까? "성공이여, 오너라 행복이여, 오너라. 번영이여, 나에게로 오너라!" 소리친다고 그것들이 옵니까? 아닙니다. 안 옵니다. 못 옵니다. 하나님이 다스리시기 때문입니다.

마가복음 16장 9절을 보면 예수께서 안식 후 첫날 이른 아침에 살아나셨다고 했습니다. 어둔 밤, 죽음의 밤, 절망의 밤, 슬픔의 밤이 지나고 이른 아침에 주님이 살아나셨습니다. 그리고 믿는 사람들에게 부활의 새 아침을 선물로 주셨습니다. 요한계시록 22장 5절을 주목해봅시다.

> "다시 밤이 없겠고 등불과 햇빛이 쓸데없으니 이는 주 하나님이 그들에게 비치심이라 그들이 세세토록 왕 노릇 하리로다."

우리가 장차 들어갈 영원한 나라는 밤도 없고, 등불도 없고, 햇빛도 없습니다. 하나님이 빛이시기 때문입니다.

하나님이 만드신 시간, 하나님이 만드신 세상, 하나님이 주신 인생, 하나님이 맡기신 일터에 감사합시다. 관리를 잘합시다. 그리고 아침 인생이 됩시다. 저녁은 가고 아침은 옵니다! 아멘!

흔들리지 않는 나라

> **히브리서 12:25-29**
>
> 너희는 삼가 말씀하신 이를 거역하지 말라 땅에서 경고하신 이를 거역한 그들이 피하지 못하였거든 하물며 하늘로부터 경고하신 이를 배반하는 우리일까보냐 그때에는 그 소리가 땅을 진동하였거니와 이제는 약속하여 이르시되 내가 또 한 번 땅만 아니라 하늘도 진동하리라 하셨느니라 이 또 한 번이라 하심은 진동하지 아니하는 것을 영존하게 하기 위하여 진동할 것들 곧 만드신 것들이 변동될 것을 나타내심이라 그러므로 우리가 흔들리지 않는 나라를 받았은즉 은혜를 받자 이로 말미암아 경건함과 두려움으로 하나님을 기쁘시게 섬길지니 또는 감사하자 우리 하나님은 소멸하는 불이심이라

구약성경은 39권, 신약성경은 27권, 합하면 66권입니다. 각 권마다 쓴 사람이 있고 받은 사람이 있습니다. 그런데 히브리서는 누가 썼는지 누구에게 보냈는지 기록이 없습니다.

바울이 쓴 서신들을 보면 바울 자신이 썼다는 것을 밝히고 받는 대상이 누구인가를 밝히고 있습니다. 교회가 대상인 경우도 있고, 개인이 대상인 경우도 있습니다. 그런데 히브리서는 쓴 사람이나 받은 사람에 관한 기록이 없습니다. 그러나 성경을 연구하는 학자들은, 히브리서는 유대교에서 기독교로 개종한 기독교인들을 위해 바울이 기록한 것으로 보고 있습니다.

그렇게 주장하는 대표적인 학자는 메이어(Meyer)와 호프만(Hofmann) 등입니다.

저도 바울이 썼다고 봅니다. 이유는 바울이 쓴 다른 서신들의 강조점과 히브리서의 강조점이 유사하고 예수 그리스도가 십자가에 죽으시고 인간을 구원하신 구주이심을 강조하는 신학적 입장이 같기 때문입니다. 그러나 초대 교회 교부였고 신학자였던 오리겐은 "히브리서를 누가 기록했는지는 오직 하나님만 아신다"라고 했습니다.

누가 기록했느냐보다는 무엇을 교훈하고 있느냐가 더 중요합니다. 그렇다면 히브리서가 강조하는 중심 사상과 교훈을 찾아보겠습니다.

첫째, 예수 그리스도는 누구신가? 즉, 기독론을 다루고 있습니다. 예수 그리스도가 대제사장으로 속죄의 제사를 드리고 구원을 완성하셨다는 것을 강조합니다.

둘째, 어떻게 구원받는가? 즉, 구원론을 다루고 있습니다. 일관되게 오직 예수 그리스도를 믿음으로 구원받는 것을 강조합니다.

셋째, 믿음이란 무엇인가를 밝힙니다. 히브리서 11장은 '믿음'장으로 유명합니다. 11장 1절은 믿음을 가장 정확하게 정의합니다. "믿음은 바라는 것들의 실상이요 보이지 않는 것들의 증거니"라고 말입니다. 그리고 믿음으로 살았던 사람들이 어떻게 살았는가를 설명합니다. 에녹, 노아, 아브라함, 야곱, 요셉, 모세의 믿음을 이야기합니다.

넷째, 믿는 사람이 어떻게 살아야 하는가를 강조합니다.

12장 2절은 "믿음의 주요 또 온전하게 하시는 이인 예수를 바라보자"라고 말씀합니다. 믿음의 창시자, 영원한 대상이신 주님, 그리고 모든 것을 완성하시는 전능하신 주님을 바라보라는 것입니다. 바라본다는 것은 한눈팔지 않고 곁눈질하지 않고 바라보는 것입니다.

말씀드린 대로 히브리서는 '믿음'의 책입니다. 히브리서안에 '믿음'이라는 동사와 명사가 130여 차례 사용되고 있는 것만으로도 믿음의 중요성을 알 수 있습니다.

히브리서가 강조하는 믿음은 흔들리고 무너지는 믿음이 아니라 흔들리지 않는 믿음입니다. 영원하신 예수 그리스도만이 믿음의 대상입니다. 그래서 곁눈질하지 말고 한눈팔지 말라고 교훈합니다.

그렇다면 본문의 교훈을 살펴보겠습니다.

첫째로 하나님을 거역하지 말라는 것입니다.

25절을 통해 말씀합니다. "삼가 말씀하신 이를 거역하지 말라"고 했습니다.

'거역하다'의 뜻은 '외면하다, 비난하다, 거절하다, 거부하다'입니다. 피조물인 인간이 하나님을 거역하면 되는 일이 없습니다.

이사야 1장 2절은 "내가 자식을 양육하였거늘 그들이 나를 거역하였도다"라고 했고 히브리서 12장 25절은 "말씀하신 이를 거역하지 말라"고 했습니다.

거역하면 어떻게 됩니까? 성경 말씀을 주목해야 합니다.

역대하 24장 20절을 보겠습니다. "하나님이 이같이 말씀하시기를 너희가 어찌하여 여호와의 명령을 거역하여 스스로 형통하지 못하게 하느냐……너희가 여호와를 버렸으므로 여호와께서도 너희를 버리셨느니라"고 했습니다. 하나님을 거역하는 것은 하나님을 배반하는 행위이고, 하나님을 버리면 하나님도 그 사람을 버리신다는 것입니다. 그래서 형통하지 못하게 된다는 것입니다. 즉, 하나님을 거역하고 하나님을 버리면 되는 일이 없다는 것입니다.

시편 68편 6절도 주목해야 합니다. "오직 거역하는 자들의 거처는 메마른 땅이로다"라고 했습니다. 거역하는 자란 완고한 자, 소리치고 대드는 자, 반항하는 자, 제 고집대로 하는 자를 말합니다.

'메마른 땅'이란 사람이 살 수 없는 불모지, 물이 없는 땅, 버림받은 땅을 의미합니다. 그러니까 하나님을 거역하는 사람은 물 없는 땅, 버림받은 땅, 사람이 살기 어려운 땅에 살게 된다는 것입니다.

그 예를 찾아보겠습니다. 애굽을 탈출한 이스라엘 백성이 가나안을 향해 가고 있었습니다. 그런데 광야 40년을 지나면서 원망, 불평, 거역으로 나날을 보냈습니다.

그 이유는 첫째, 시간이 너무 오래 걸렸기 때문입니다. 금방 갈 줄 알았는데 40년이 걸렸습니다. 둘째, 길이 험하고 고통스러웠습니다. 볼거리, 먹거리, 놀거리가 없었습니다. 낮엔 덥고 밤에 추웠습니다. 집도 그늘도 없었습니다. 셋째, 광야 부족들이 걸핏하면 공격했습니다. 힘들고 지친 그들은 대들고 소리치고 작당하고 거역했습니다.

문제는 그 결과입니다.

민수기 14장 35절을 주목해야 합니다.

"나를 거역하는 이 악한 온 회중에게 내가 반드시 이같이 행하리니 그들이 이 광야에서 소멸되어 거기서 죽으리라."

무섭고 떨리는 말씀입니다. 결국 원망하고, 대들고, 소리치고, 거역하던 그들은 광야에서 다 죽었습니다. 가나안 땅에 못 들어갔습니다. "거역하지 말라!" 명심합시다.

둘째로 흔들리지 않는 나라를 주셨다는 것입니다.

28절은 "흔들리지 않는 나라를 받았은즉"이라고 했습니다. '받았다'는 것은 문법상 현재분사입니다. 앞으로 받는다가 아닙니다. 현재 받았다는 것입니다. 흔들리지 않는 나라는 하나님이 통치하시는 영원한 나라입니다. 그 나라가 흔들리지 않는 이유는 그 나라를 다스리시는 하나님이 흔들리지 않기 때문입니다. 우리는 그 나라를 받았습니다.

앞에서 말씀드린 것처럼 히브리서는 율법 종교를 믿던 유대인들 중에 기독교로 개종한 사람들에게 보낸 편지입니다. 그들에게 "흔들리지 말라, 흔들리지 않는 나라와 흔들 수 없는 나라를 받았으니 믿음을 지키라"고 강조하고 있습니다.

외줄을 타는 사람에게 물었습니다. "어떻게 고공에서 묘기로 줄을 탈 수 있느냐?" 그의 대답은 "고공이라 생각하지 않는다, 앞만 바라본다, 균형을 잡는다, 부단히 연습한다"라는 것이었습니다. 흔들리고, 중심을 못 잡고, 균형을 잃으면 줄에서 떨어집니다.

모세의 뒤를 이어 이스라엘의 지도자가 된 여호수아에게 주신 명령은 "강하고 담대하라, 우로나 좌로나 치우치지 말라"였습니다. '강하라'의 뜻은 손에 힘이 있는 상태를 의미하고(하자크), '담대하라'의 뜻은 무릎에 힘이 있는 상태를 뜻합니다(아마츠). 우로나 좌로 치우치지 않고, 흔들리지 않고 전진하려면 손과 발에 힘이 있어야 합니다.

히브리서 12장 12-13절도 같은 교훈을 줍니다. "피곤한 손과 연약한 무릎을 일으켜 세우고……저는 다리로 하여금 어그러지지 않고 고침을 받게 하라"고 했습니다. 그 뜻은 "맥 빠진 손, 기력 빠진 손, 불구된 손, 늘어뜨린 손, 긴장 풀린 손을 힘 있게 하라. 중풍 걸린 무릎, 마비된 무릎, 걷지 못하는 두 발을 고치고 똑바로 걸어라"입니다.

당시 기독교로 개종한 유대인들은 여러 가지 도전으로 인해 사는 게 힘들었습니다. 먹고 사는 게 힘들고, 박해를 견디는 게 힘들고, 유혹을 이겨내는 게 어려웠습니다. 그래서 그들은 힘을 잃고 흔들리고 있었습니다. 그들에게 주신 교훈은 "흔들리지 말라, 너희는 흔들리지 않는 나라 시민이다"입니다.

지진이 일어나면 땅도, 건물도 흔들립니다. 기류가 흔들리면 비행기가 흔들립니다. 폭풍이 몰아치면 배가 흔들립니다. 신앙이 흔들리면 가정도 흔들리고, 교회도 흔들리고, 국가도 흔들립니다. 흔들리는 것으로 끝나지 않고 무너진다는 데 문제가 있습니다.

우리를 흔드는 것들이 무엇입니까? 사소한 것들로 시작합니다. 지진도 미진이 먼저 일어납니다. 폭풍도 미풍으로 시작됩니다. 작은 것이 우리를 흔들기 시작합니다. 그래서 '별것 아니다'라며 무심히 지나쳐 버립니다. 빌딩이나 남산에 걸려 넘어진 사람은 없지만 조약돌에 넘어진 사람, 인도에 깔아 놓은 보도 블럭에 걸려 넘어진 사람은 수를 셀 수 없습니다.

작은 물방울이 20~30년 동안 떨어지면 바위에 구멍을 뚫습니다. 작은 유혹, 작은 시험, 작은 죄가 커져서 인생을 망치고 신앙을 파괴합니다. 누구나 흔들릴 수 있습니다. 그러나 기초가 흔들리면 무너집니다. 나무도 비바람에 흔들립니다. 그러나 뿌리가 흔들리면 말라죽습니다.

이스라엘 초대왕 사울도 흔들렸고, 두 번째 왕 다윗도 흔들렸습니다. 둘 다 잘못했습니다. 그런데 사울 왕조는 무너졌고 대가 끊겼지만, 다윗 왕조는 대를 잇고 메시아 명문가를 이뤘습니다. 이유는 간단합니다. 사울은 잘못을 부인하고 버텼기 때문이고, 다윗은 잘못을 시인하고 회개했기 때문입니다.

잠언 28장 13절을 통해 말씀합니다.

> "자기의 죄를 숨기는 자는 형통하지 못하나 죄를 자복하고 버리는 자는 불쌍히 여김을 받으리라."

다윗은 대처를 잘했습니다.
2019년 12월 중국 우한에서 코로나19가 시작될 때 이렇게까지 전 세계로 확산되리라고 본 사람도, 나라도 없습니다. 코로나바이러스는 전자현미경으로 들여다보아야 보이는 미세 바이러스입니다. 그런데 전 세계 확진자가 866만 명을 넘어서고, 사망자가 46만 명으로 진행형입니다.

그뿐입니까? 사람마다 엄청난 스트레스를 받고 있습니다. 대인기피증, 공포증에 시달립니다. 사람이 사람 만나는 것이 겁납니다. 예배도 무너졌습니다. 온라인으로 예배 드려도 된다구요? 아닙니다. 온라인으로 예배를 볼 수는 있지만 예배 드리는 것은 아닙니다. 드리는 예배라야 합니다. 온라인으로 사람 만나고 대화하고 소통해도 된다구요? 아닙니다. 사람은 대면적 존재입니다. 얼굴을 마주보고 손을 잡고 대화를 나누는 존재로 창조하셨습니다.

아담과 하와를 만드신 하나님이 그들에게 "그림자 보고 살아라. 영상보고 대화해라. 멀리 떨어져 거리 두고 만나지 말고 살아라"고 하셨습니까? 아닙니다. "함께 살아라"고 하셨습니다. 미국, 유럽 국가들, 아시아 여러 나라들이 코로나를 얕잡아 보다가 재앙이 터졌습니다. 그런데 코로나보다 더 무서운 것, 치명적인 것, 얕잡아 보다간 큰일 나는 것이 있습니다. 그것은 '죄'입니다. 죄는 개인, 가정, 국가, 전 세계를 파멸시키는 파괴력이 코로나보다 파괴력이 천만 배 더 강합니다.

산이 좋아 산에서 산다는 사람이 이런 말을 했습니다. "바다에 빠지면 죽고 산에 빠지면 산다"고 말입니다. 산에는 깨끗한 공기, 맑은 약수, 온갖 약초, 청정 나물들이 있어서 사람을 살린다는 것입니다. 그러나 사람의 영혼을 살리는 것은 산이 아닙니다.

"세상에 빠지면 죽고 예수에 빠지면 산다."

"죄에 빠지면 죽고 예수에게 빠지면 산다."

이게 해답입니다. 예수님이 구원이시고, 생명이시고, 영생이시고, 흔들리지 않은 나라입니다.

전 세계의 국가 수는 249개국이고 UN에 가입된 나라는 195개국입니다. 이 나라들이 아시아, 아프리카, 유럽, 아메리카, 오세아니아에 흩어져 있습니다. 현재 전 세계 인구는 76억이고 한국은 5천만입니다. 이 나라들은 다 흔들리는 나라들입니다. 정권이 바뀌고 통치자가 바뀔 때마다 흔들립니다. 정치도 흔들리고, 경제도 흔들리고, 교육도, 문화도, 예술도 다 흔들립니다. 미국도, 영국도, 프랑스도, 러시아도, 일본도, 한국도 흔들립니다. 그러나 흔들리지 않는 나라가 있습니다. 하나님이 다스리시는 영원한 나라입니다.

1741년 헨델이 대작 오라토리오 〈메시아〉를 작곡했습니다. 1742년 4월 13일 영국 더블린에서 초연된 이래, 전 세계에서 수백만 번 연주됐고 연주되고 있습니다. 헨델은 〈메시아〉 작품 속에서 예수 그리스도의 탄생, 고난, 죽음, 부활과 승리 그리고 영원한 왕국을 노래하고 있습니다. 그리고 예수 그리스도를 왕의 왕, 주의 주, 다스리시는 이, 영원한 통치자라고 고백하고 있습니다.

그렇습니다. 요한계시록 19장 6절은 "주 우리 하나님 곧 전능하신 이가 통치하시도다"라고 했습니다. 이 사상이 구약에서도 강조되고 있습니다. 시편 145편 1절에서 다윗은 "왕이신 나의 하나님이여 내가 주를 높이고 영원히 주의 이름을 송축하리이다"라고 했습니다.

다윗은 당시 중근동의 대왕이었습니다. 그런 왕이 "나의 왕은 하나님이십니다. 왕이신 하나님을 높이고 찬양합니다"라고 했습니다. 그래서 하나님이 다윗을 높이시고 함께하셨습니다. 그러나 "하나님이 어디 있어? 내가 왕이다"라며 거역하고 대든 나라와 왕들은 다 무너지고 사라졌습니다. 하나님을 얕잡아보는 왕, 대통령, 정권, 권력은 다 무너졌고 무너질 것입니다.

이사야 44장 6절을 통해서도 "이스라엘의 왕인 여호와, 이스라엘의 구원자인 만군의 여호와가 이같이 말하노라 나는 처음이요 나는 마지막이라 나 외에 다른 신이 없느니라"고 말씀하십니다.

우리는 하나님이 왕이신 나라의 백성입니다. 우리는 흔들리지 않는 나라의 백성입니다. 이런 우리에게 주시는 당부가 있습니다.

첫째, "은혜를 받자"입니다.

28절은 "우리가 흔들리지 않는 나라를 받았은즉 은혜를 받자"라고 했습니다. '은혜를 받자'를 '감사하자'로 번역한 학자도 있고 '은혜를 붙잡자'로 해석한 학자도 있습니다. 흔들리지 않는 나라를 선물로 주신 것을 감사하고 그 선물을 버리거나 놓치지 말고 붙잡고 지키라는 것입니다.

바울은 고린도후서 6장 1절에서 "하나님의 은혜를 헛되이 받지 말라"고 했습니다. "헛되이 받지 말라"는 것은 공허하게 만들지 말라, 무가치하게 만들지 말라, 무의미하게 만들지 말라는 것입니다. 우리는 이미 엄청난 은혜를 받았습니다. 그 은혜를 감사하고 지키고 나눠야 합니다. 그래서 다른 사람들이 나를 보면서 "아, 저 사람은 은혜를 받은 사람이다. 은혜의 사람이다. 은혜의 향기가 풍긴다. 보기만 해도 은혜가 된다"라는 평을 듣는 사람이 되어야 합니다.

둘째, "하나님을 기쁘시게 하라"입니다.

28절은 "경건함과 두려움으로 하나님을 기쁘시게 섬길지니"라고 했습니다. "기쁘시게 섬겨라!" 깊이 새겨야 할 말씀입니다. 억지로 하지 마라, 건성으로 하지 마라, 대충하지 말라는 뜻입니다. 그리고 진심으로 하라, 정성으로 하라, 웃으면서 하라, 기쁨으로 하라는 것입니다. "기쁘시게 하라"는 말씀의 뜻은 "받으시도록 하라"입니다. 우리는 다 일하고 있습니다. 집에서, 직장과 일터에서, 교회에서 일합니다.

중요한 관점은 그 일이 하나님과 상관이 있느냐, 없느냐입니다. 모든 일을 기쁨으로 하느냐, 억지로 하느냐에 따라 일하는 태도와 결과가 달라집니다. 보면 알 수 있습니다. 기쁨으로 하는지, 억지로 하는지, 좋아서 하는지, 마지못해 하는지……. 사람도 보면 아는데 하나님이 우리가 하는 일을 모르시겠습니까?

운동도 억지로 하면 중노동, 강제노동이 됩니다. 대통령 선거 운동에 앞장섰던 사람이 있었습니다. 그의 바람은 청와대에 들어가 일하는 것이었습니다. 그런데 그 사람은 청와대에 못 들어갔습니다. 사람들은 대통령이 알아주고, 불러주고, 일하는 것을 영광으로 여깁니다. 하나님의 일이 크든 작든 흔들리지 말고 기쁨으로 합시다. 흔들의자(rocking chair)는 앉아서 흔들거리면 기분도 좋고 편합니다. 그러나 365일 흔들의자에 앉아 흔들거리면, 굴러 떨어지거나 대형사고가 터지는 흉기가 됩니다.

예수 믿는 사람들은 흔들의자에 앉아 계속 흔들리면 큰일 납니다. 흔들리지 않는 비결은 성경대로 하는 것입니다.

디모데후서 3장 16절을 통해 말씀합니다. "모든 성경은 하나님의 감동으로 된 것으로 교훈과 책망과 바르게 함과 의로 교육하기에 유익하니"라고 말입니다. 성경은 두 가지 명령으로 구성되어 있습니다. 그것은 "하라"와 "하지 말라"입니다. 성경대로 하여 잘되고 성공하고 복 받은 사람들의 이야기와 성경대로 안 하고 실패하고 넘어지고 저주받은 사람들의 이야기로 짜여져 있습니다. 100% 성경대로 살고 순종하는 것은 어렵습니다. 그래서 겸손하게 두 손 들고 성령님의 도우심을 요청해야 합니다. "말씀을 깨닫게 해주십시오. 말씀을 실천하게 해주십시오. 말씀을 거역하지 않고 멀리하지 않게 해주십시오. 내 믿음과 삶이 흔들리지 않게 해주십시오. 그 어떤 것도, 어떤 환경도 나를 흔들지 못하게 해주십시오"라고 기도해야 합니다.

설교 후에 70장 찬송 "피난처 있으니"를 부릅니다. 이 찬송은 작사자도 작곡자도 미상입니다. 그러나 19세기에는 세계 20여 개 국가가 이곳에 가사를 붙여 애국가로 불렀고, 영국도 이 곡조에 가사를 넣어 국가로 부르고 있습니다. 70장 찬송은 시편 46편의 고백을 그대로 옮겨 가사를 만들었습니다.

> 피난처 있으니 환난을 당한 자 이리 오라
> 땅들이 변하고 물결이 일어나 산 위에 넘치되 두렵잖네
> 만유 주 하나님 우리를 도우니 피난처요
> 세상의 난리를 그치게 하시니 세상의 창검이 쓸데없네
> 높으신 하나님 우리를 구하니 할렐루야
> 괴롬이 심하고 환난이 극하나 피난처 되시는 주 하나님

아멘! 작사가, 작곡자가 누군지 모르지만 이 찬송은 신앙고백이고 승리의 선포입니다. "폭풍도, 비바람도, 고통도, 절망도, 환난도, 난리도, 창검도 겁나지 않는다. 하나님은 피난처, 흔들리지 않는 산성이시다. 그래서 나는 겁나지 않는다. 흔들리지 않는다"는 고백입니다.

"코로나도, 시험도, 유혹도, 환난도, 고통도, 폭풍도 물러가라. 나는 흔들리지 않는다. 흔들릴 수 없다. 절대로, 절대로, 절대로 흔들리지 않는다." 아멘!

제2부

다시 찾은 사람들

해법

🍁 **아모스 5:4-8**

여호와께서 이스라엘 족속에게 이와 같이 말씀하시기를 너희는 나를 찾으라 그리하면 살리라 벧엘을 찾지 말며 길갈로 들어가지 말며 브엘세바로도 나아가지 말라 길갈은 반드시 사로잡히겠고 벧엘은 비참하게 될 것임이라 하셨나니 너희는 여호와를 찾으라 그리하면 살리라 그렇지 않으면 그가 불 같이 요셉의 집에 임하여 멸하시리니 벧엘에서 그 불들을 끌 자가 없으리라 정의를 쓴 쑥으로 바꾸며 공의를 땅에 던지는 자들아 묘성과 삼성을 만드시며 사망의 그늘을 아침으로 바꾸시고 낮을 어두운 밤으로 바꾸시며 바닷물을 불러 지면에 쏟으시는 이를 찾으라 그의 이름은 여호와시니라

아모스서를 기록한 아모스 선지자는 예루살렘 남쪽 드고아에 살면서 짐승을 키우고 농사를 짓던 농부였습니다. 아모스의 예언 대상은 북왕국 이스라엘이었습니다. 당시 이스라엘 왕은 여로보암 2세로 13대 왕이었습니다.

주변 정세가 안정되고 정치 여건이 좋아져 국력이 강해지고 경제가 성장하면서 번영과 부강을 누리고 있었습니다. 그런가하면 향락과 사치가 유행하고 도덕과 윤리는 타락하고 부패와 부정이 만연하고 탐욕과 이기주의가 독버섯처럼 번지고 있었습니다.

더 큰 문제는 하나님을 떠나 우상을 숭배하고 물질을 숭배하는 영

적 타락에 빠져 있었습니다. 잘사는 것이 범죄의 단초를 제공한 것입니다. 겉으로 보기엔 태평성세인 것 같고 살기 좋은 세상이지만 속은 썩고 있었습니다. 그때 하나님은 아모스를 불러 그들에게 임할 심판을 경고하셨습니다.

하나님께서 이스라엘을 포기하지 못하시는 이유가 있습니다. 택한 백성이기 때문이고, 포기할 수 없는 백성, 내팽개쳐둘 수 없는 백성이기 때문입니다.

아모스서에는 두 기둥이 있습니다.

하나는 심판입니다. 죄를 낱낱이 지적합니다.

"제사를 받지 않겠다. 번제, 소제, 살진 짐승의 희생, 화목제, 네 노랫소리, 네 비파소리 다 싫증난다. 받지 않겠다"(5:22-23)는 것은 형식적인 제사, 마지못해 억지로 드리는 제사(예배)를 받지 않겠다는 것입니다. 심히 부패했다(호 9:9), 두 마음을 품었다(호 10:2), 멀리 떠났다(호 11:2), 예배도 잘못됐고 마음도 잘못됐고 신앙도 잘못됐다는 것입니다. 그리고 심판을 경고합니다.

심판의 내용을 살펴보겠습니다. "초장이 마르고 갈멜산 꼭대기가 마르리로다"(1:2). 가뭄재앙을 내린다는 것입니다. "궁궐들을 사르리라"(2:5). 부패한 권력을 불태워버린다는 것입니다. 깜부기 재앙, 팥중이 재앙, 전염병 재앙을 내리리라(4:9-10)는 농작물이 말라 죽고 깜부기가 휩쓸어 흉년이 든다는 것입니다. 그리고 전염병이 퍼진다는 것입니다. 메뚜기가 덮쳐 농작물을 먹어치우고 불재앙으로 폭염이 계속되어 흉년이 든다는 것입니다(7:2, 4). 더 무서운 심판은 9장 8절입니다. 범죄한 나라를 지면에서 멸하시겠다는 하나님의 심판을 들여다보면 무섭고 두렵고 떨립니다.

그러나 다른 기둥이 있습니다. 그것은 구원과 회복입니다.

아모스가 그 해법을 제시하고 있습니다. "이스라엘아 네 하나님 만나기를 준비하라"(4:12), "너희는 나를 찾으라 그리하면 살리라"(5:4), "여호와를 찾으라 그리하면 살리라"(5:6)고 했습니다. 아모스서의 핵심은 심판이 아니라 구원입니다. 본문의 교훈과 주제도 "하나님을 찾으라. 그러면 산다"입니다. 4절도, 6절도, 8절도 "찾으라"를 반복합니다.

인간은 본래 에덴동산에 살면서 하나님을 떠나면 안 되는 존재였습니다. 그런데 사탄이 하나님을 떠나도록 만들었습니다. 그리고 지금도 모든 수단과 방법을 동원해 하나님을 떠나도록 역사하고 있습니다.

성경 안에 "하나님을 멀리하라, 떠나라"고 한 구절은 단 한 곳도 없습니다. "떠나면 죽고 돌아오면 산다, 찾으면 살고 잃어버리면 죽는다"라고 말씀하십니다. 본문 말씀처럼 하나님을 찾으라고 말씀합니다.

호세아 선지자도 아모스와 동시대를 살면서 예언 활동을 했습니다. 시대상황은 아모스 시대와 같았습니다. 타락하고 부패하고 음란과 사치가 극에 달했습니다. 거기다 택한 백성 이스라엘은 하나님을 멀리하고, 떠나고, 거역하고, 우상숭배에 빠져 있었습니다. 호세아도 그들의 죄를 책망하고 하나님의 심판을 경고했습니다.

호세아가 경고하고 책망한 죄가 어떤 것인지 살펴보겠습니다. 아모스의 책망과 비슷합니다.

"하나님을 아는 지식을 버렸다"(호 4:6).

"하나님의 율법을 잊었다"(4:6).

"번성할수록 범죄한다"(4:7).

"하나님을 버리고 음행한다"(4:12).

"암소처럼 완강하다"(4:16).

"혼합하고 있다"(7:8).

"어리석은 비둘기 같이 애굽과 앗수르로 가고 있다"(7:11).

"하나님을 떠나 그릇 가고 거짓말을 하고 있다"(7:13).
"나를 부르지 않는다"(7:14).
"자기를 지으신 이를 잊어버렸다"(8:14).
"두 마음을 품었다"(10:2).

책망이 끝없이 반복됩니다. 그러나 아모스의 경우처럼 용서와 구원, 사랑과 회복의 메시지를 전합니다. 그 예를 찾아보겠습니다.

"에브라임이여 내가 어찌 너를 놓겠느냐 이스라엘이여 내가 어찌 너를 버리겠느냐"(11:8), "하나님께로 돌아와서……항상 너의 하나님을 바랄지니라"(12:6), "네 하나님 여호와께로 돌아오라 말씀을 가지고 돌아오라(14:2)"고 했습니다.

하나님께로 돌아오는 것은 '회개'입니다. 회개란 방향을 바꿔 하나님께로 돌아오는 것입니다. 회개의 문자적 의미는 '마음을 바꾸는 것, 잘못을 뉘우치는 것'입니다. 그러나 성경이 말하는 회개의 의미는 영적 음행에서 돌이키는 것, 죄로부터 완전히 돌아서는 것, 삶의 궤도를 바꾸는 것, 그리고 하나님께로 돌아오는 것입니다. 그러니까 회개란 뉘우치는 것도, 후회하는 것도 자책하는 것도 아닙니다. 180도 돌아서는 것, 가던 길을 안 가는 것, 죄짓는 일을 안 하는 것입니다. 그리고 하나님께로 돌아오는 것입니다. 예를 들겠습니다.

아버지를 떠난 둘째 아들 탕자가 있었습니다. 주색잡기, 여성 편력, 사치와 방탕으로 재산을 다 탕진하고 거지가 됐습니다. 그때 아버지가 생각났습니다. 그리고 자신의 방탕한 삶을 후회하기 시작했습니다. "나는 나쁜 놈이다. 나는 죄인이다. 나는 잘못 살았다." 그러나 거기서 멈췄다면 그는 타락한 자식으로 끝났을 것입니다. 그런데 그는 앞뒤 가리지 않고 이것저것 따지지 않고 일어나 아버지께로 돌아왔습니다. 그것이 회개입니다.

잘못했으니까 돌아와야 하고, 죄를 범했으니까 돌아와야 하고, 거지되고 다 망했으니까 돌아와야 하고, 죽게 되었으니까 돌아와야 합니다. 어떻게, 무슨 낯으로 돌아옵니까? 말씀을 가지고 돌아오라(호 14:2)고 했습니다. 돌아오면 용서하신다, 회개하면 용서하신다는 약속의 말씀을 믿고 돌아오라는 것입니다. 그리고 아버지의 사랑을 믿고 돌아오라는 것입니다.

'사랑'이라는 단어의 뜻은 넓고 많습니다. '너그러운 것, 감싸주는 것, 이해하는 것, 함께하는 것, 편들어 주는 것, 보살펴 주는 것'이 있습니다.

그러나 성경이 말하는 사랑의 의미는 용서하시고, 구원하시고, 회복해 주시는 것입니다. 즉 예수님의 십자가 죽음을 통한 대속과 구원이 사랑입니다.

아모스는 "찾으라"는 말을 반복해서 강조합니다. 4, 6, 8절에서 반복해서 찾으라고 합니다. "찾으라"의 원문의 뜻은 '믿음을 회복하라'는 것입니다. 잃어버린 믿음을 되찾고 하나님께로 돌아오라는 것입니다. 그러니까 다른 것은 찾지 말고 하나님을 찾으라는 것입니다.

당시 이스라엘은 하나님을 잃어버리고 다른 것을 찾고 있었습니다. 5장 5절이 그 사실을 설명합니다. "벧엘을 찾지 말며 길갈로 들어가지 말며 브엘세바로도 나아가지 말라"고 했습니다. 벧엘, 길갈, 브엘세바는 이스라엘과 영적 관계가 있는 곳입니다. 벧엘은 야곱이 하나님을 만나고 제단을 쌓은 곳이고(창 28:18), 길갈은 여호수아의 인도로 요단강을 건넌 이스라엘이 열두 개의 돌로 기념비를 세우고 진을 친 곳이고(수 4:20), 유월절 절기를 지킨 곳입니다(수 5:10). 그리고 브엘세바는 일찍이 아브라함이 하나님의 이름을 부르고 제단을 쌓은 곳이고(창 21:33), 이삭이 하나님을 만나 제단을 쌓고, 장막을 치고, 우물을 판 곳입니다(창 21:25). 그러니까 벧엘, 길갈, 브엘세바는 하나님을 만난 곳, 하나님께 제단을 쌓고 경배를 드린 곳, 그래서 거룩한 처소였습니다. 그런데 이스라엘은 그곳에서 우상을 숭배하고 죄를 범하고 있었습니다. 그들에게 "그곳으로 찾아가 우상숭배하고 하나님을 찾지 않으면 사로잡히게 되고 멸망하게 될 것이라"고 경고하고 있습니다. 엉뚱한 곳으로 가지 말라, 기발한 것을 찾지 말라, 신기한 것을 좋아하지 말라, 하나님을 찾으라는 것입니다. 만일 하나님을 버리고 멀리 떠나면 어떻게 됩니까? 본문 말씀의 경고를 살펴보겠습니다.

이스라엘의 대표 작물은 포도, 무화과, 올리브입니다. 그런데 가뭄이 계속되고, 깜부기가 덮치고, 메뚜기떼가 달려들어 휩쓸어 버린다는 것입니다(4:9). 거기다 전염병이 퍼집니다(4:10, 구 번역 성경은 염병으로 번역했습니다). 불로 징벌하고(7:4), 그리고 이러한 재앙을 한 사람도 피할 수 없고(9:1), 지면에서 멸하리라고 했습니다(9:8).

무서운 경고입니다. 그래서 설교자들이 아모스서를 본문으로 삼아 설교하기를 꺼려합니다. 저도 1982년 "나를 찾으라 그리하면 살리라"(암 5:1-8)는 제목으로 설교한 이후 오늘 두 번째 아모스서를 본문으로 설교를 하게 됐습니다. 38년 만입니다. 그러나 사실은 이럴 때일수록 아모스서를 읽고 경청해야 합니다.

세계 도처에서 재앙이 일어나고 있습니다. 아프리카 소말리아에서 일어난 메뚜기 떼가 파키스탄과 인도를 거쳐 중국으로 이동하고 있습니다. 시속 145km, 하루 이동거리 150km, 하루에 먹어치우는 식량 35,000명 분. 5천억 마리가 금방 1조 마리로 증가할 것이라고 합니다. 잡아서 구워 먹는 메뚜기가 아닙니다. 참새만큼 크다고 합니다. 세계 도처에 폭설, 폭우, 폭풍, 폭염이 반복되고 있습니다. 호주는 날씨가 섭씨 42~44도를 넘어서기도 했습니다. 중국과 일본은 폭우와 홍수가 겹쳐 난리를 치르고 있습니다. 코로나 전염병이 전 세계를 휩쓸고 쉽게 사그라질 기미가 보이지 않습니다. 거기다 최근 중국과 몽골에서는 흑사병 환자가 발견됐습니다. 우리는 이러한 세계적 재앙과 재난을 바라보면서 하나님의 메시지를 찾아야 합니다.

"나를 찾으라. 나를 만나라", "너희들의 힘으로 안 된다. 몸부림치고 발버둥 쳐도 안 된다. 올바른 해법을 찾아라" 하시는 하나님의 메시지를 찾고 들어야 합니다. 무섭고 두렵고 떨리고 겁나기 때문에 하나님을 찾아야 합니다.

사람의 힘이나 현대 과학의 힘으로 안 되니까 하나님을 찾아야 합니다. 누가 무슨 힘으로 폭한, 폭풍, 폭우, 폭서, 폭설을 막을 수 있습니까? 어떻게 재난과 재앙, 전염병을 막을 수 있습니까?

중국은 10만 마리의 오리를 준비했다고 합니다. 오리가 메뚜기를 좋아하기 때문에 잡아먹게 하기 위해서랍니다. 그것도 해법이 안 됩니다. 메뚜기 떼가 오리를 잡아먹을 것입니다. 우리는 성경에서 해법을 찾고 해답을 찾아야 합니다. 그것이 정답이기 때문입니다. 예언자들을 통해 야단치고 책망하고 심판을 선포하는 것은 심판하기 위해서가 아닙니다. 구원하시기 위해서입니다.

요한복음 3장 17절을 통해 말씀합니다. "하나님이 그 아들을 세상에 보내신 것은 세상을 심판하려 하심이 아니요 그로 말미암아 세상이 구원을 받게 하려 하심이라"고 했습니다. 구원이 목표이고 목적이라는 것입니다. 호세아서가 밝혀 줍니다. 여호와께로 돌아오면 반역을 고치고 진노를 그치겠다는 것(호 14:1-4)은 아모스의 경우도 같습니다.

"나를 찾으라 그리하면 살리라"(암 5:4).

칼뱅은 "살리라"의 뜻은 "생명을 부여하신다"는 것이라고 해석했습니다. 즉 구원하신다는 뜻입니다. 아모스는 하나님을 찾은 사람들이 어떤 회복을 받게 되는가를 밝히고 있습니다. 다윗의 무너진 장막을 일으키겠다, 틈을 막고 허물어진 것을 일으켜 주겠다, 기업이 잘되게 해주겠다, 농사가 잘되게 해주겠다, 내가 준 땅에서 뽑히지 않게 해주겠다(암 9:11-15)는 뜻은 국가를 지키고 기업을 일으켜주고 재앙을 막아주고 가정이 복을 누리게 해주시겠다는 것입니다.

누가 이런 약속을 할 수 있으며 지킬 수 있습니까. 선거철이 되면 대통령, 국회의원 후보들이 황금빛 공약을 내세웁니다. 그러나 단 한 명도 그 공약을 지킨 사람은 없습니다. 이유는 그들이 거짓된 사람들이기 때문입니다. 사람은 거짓말하고, 속이고, 기만하고, 날조하지만 하나님은 그러지 않습니다. 변함도 없으시고 약속을 지키십니다. 불안하니까, 힘드니까, 어려우니까 하나님을 찾고 만나야 합니다.

지구 한 바퀴를 도는 길이가 4만km라고 합니다. 그런데 인체 내 혈관 길이는 12만km라고 합니다. 모세혈관 수는 1500억 개입니다. 과학자 빌 브라이언은 인체 내 세포 수를 1천조 즉, 1경이라고 했습니다. 전능하신 창조주 하나님이 하셨습니다. 그 하나님께로 돌아오면 해답이 있습니다. 성경이 말하는 결정적 회복과 해법은 예수 그리스도이십니다.

구약의 경우는 장차 메시아이신 그리스도가 오셔서 인간을 구원하시고 세상을 회복하신다는 것을 강조하고 신약은 예수 그리스도를 영접하고 믿으면 새 사람, 새로운 세상이 된다는 것을 밝히고 있습니다.

코로나로 모든 게 무너지고 막혔습니다. 하늘길도, 바닷길도 막혔습니다. 경제도, 교육도, 예술도 무너졌습니다. 교회 예배도 무너졌습니다. 얼마 동안 공예배가 어려울 것 같습니다. 교회라고 해서 코로나 예외 지대가 아닙니다. 조심해야 합니다. "교회는 괜찮을 거야. 그

동안 별 탈 없었어. 하나님이 계시는데"라며 방심하거나 소홀히 하면 안 됩니다. 교회도 사회적 책임이 있기 때문에 방역수칙을 철저히 지키고 협력해야 합니다. 그러나 정부가 "모여라, 모이지 마라"를 명령하는 것은 바람직하지 않습니다. "수련회 하지 마라, 부흥회 하지 마라, 기도회 하지 마라, 구역예배 하지 마라, 성경공부 하지 마라, 성가대 하지 마라, 그것을 어기면 벌금을 물리고 문책한다." 세계 어느 나라에 이런 일이 있습니까? 하나님이 기뻐하시겠습니까? 교회를 향해 이런 식으로 지시하고 명령하지 말고 권고하고 요청해야 합니다. 공예배 회복이 빨리 이뤄지도록 기도해야 합니다.

장신대에서 예배학을 강의한 정장복 교수에게 문자를 보냈습니다. "코로나로 공예배가 무너지고 온라인 예배가 당연시 되는가 하면 코로나 이후에도 온라인 예배를 준비해야 된다는 얘기가 공론화되고 있습니다. 어떻게 생각하시는지요?"

답글은 이렇습니다. "온라인 예배는 총탄을 피하기 위한 일시적인 장소 변경인데 그것이 일상화된다면 걱정스런 부분입니다. 전 세계의 성전 문이 닫힌 상황에서 하루 빨리 성전 예배가 회복되게 해달라고 기도하고 있습니다."

온라인 예배를 드리는 사람들에게 권합니다. 미리 준비하십시오. 가족이 함께 예배에 동참하십시오. 성전 예배와 똑같이 일어서고, 앉고, 기도하고, 찬송 부르고, 헌금 드리고, 단정한 자세를 갖추고……. 그렇게 예배드려야 합니다. 헌금의 경우도 예배와 함께 드려야 합니다. 헌금도 예배인데 사람은 안 나오고 헌금만 나오면 그게 예배가 되겠습니까? 헌금은 공과금, 세금 납부가 아닙니다. 헌금은 하는 게 아니고 드려야 합니다. 온라인 예배에도 장점이 있습니다. 세계 어디서나 예배할 수 있습니다. 교회 안 가도 되고 편합니다. 그러나 편한 것과 평안한 것은 다릅니다.

온라인 예배, 얼마나 편합니까? 그러나 영혼이 평안한 것은 아닙니다. 예배드린 기쁨이 있고, 감격이 있고, 감사가 넘치고, 평안이 있습니까? 만족합니까? 은혜가 됩니까? 편하다는 것은 외적인 것, 가시적인 것, 물리적인 것이 충족됐을 때 성립됩니다. 평안하다는 것은 내적인 것, 정신적인 것, 영적인 것, 눈에 보이지 않는 것이 채워질 때 성립됩니다.

참 평안한 것은 몸이 편해서 이뤄지는 것이 아닙니다. 리모컨 버튼만 누르면 차문이 열리고, TV가 켜지고, 로봇이 청소하고, 음식 만들고, 치료하고, 모든 정보는 컴퓨터가 알려주면 영혼이 평안합니까? 아닙니다. 편하긴 합니다만 평안은 아닙니다.

말씀의 결론을 정리하겠습니다. 왜 하나님을 찾아야 합니까? 살기 위해, 문제 해법을 찾기 위해 하나님을 찾아야 합니다. 언제 찾아야 합니까? 이사야 55장 6절을 통해 말씀합니다. "너희는 여호와를 만날 만한 때에 찾으라 가까이 계신 때에 그를 부르라"고 했습니다. 시간적으로는 지금, 공간적으로는 여기서 하나님을 찾고 만나라는 것입니다. 내일로 미루지 마십시오. 이 다음으로 미루지 마십시오. '지금, 여기서'라야 합니다.

어떻게 찾아야 합니까? 다른 데서 찾지 말고, 다른 방법 찾지 말고, 다른 생각 하지 말고, 다른 것 찾지 말고, 잘못된 것 버리고 지금 여기서 하나님을 찾아야 합니다. 지금 여기서 하나님 이름을 불러야 합니다. 지금 여기서 "잘못했습니다. 바로 살겠습니다"라고 고백해야 합니다. 그렇게 하면 "내가 너희를 살리겠다"라고 약속하셨습니다. 걱정하지 말고, 불안에 떨지 말고 하나님을 찾으면 됩니다. 해법이 있습니다. 해법은 어렵지 않습니다. 사는 길이 있고 문제를 푸는 길이 있습니다.

"아버지 하나님의 사랑을 믿습니다. 용서를 믿습니다. 능력을 믿습니다. 구원의 손을 내밀어 주십시오. 지금, 여기서" 아멘!

비로소 그리스도인

> **사도행전 11:19-26**
>
> 그때에 스데반의 일로 일어난 환난으로 말미암아 흩어진 자들이 베니게와 구브로와 안디옥까지 이르러 유대인에게만 말씀을 전하는데 그중에 구브로와 구레네 몇 사람이 안디옥에 이르러 헬라인에게도 말하여 주 예수를 전파하니 주의 손이 그들과 함께 하시매 수많은 사람들이 믿고 주께 돌아오더라 예루살렘 교회가 이 사람들의 소문을 듣고 바나바를 안디옥까지 보내니 그가 이르러 하나님의 은혜를 보고 기뻐하여 모든 사람에게 굳건한 마음으로 주와 함께 머물러 있으라 권하니 바나바는 착한 사람이요 성령과 믿음이 충만한 사람이라 이에 큰 무리가 주께 더하여지더라 바나바가 사울을 찾으러 다소에 가서 만나매 안디옥에 데리고 와서 둘이 교회에 일 년간 모여 있어 큰 무리를 가르쳤고 제자들이 안디옥에서 비로소 그리스도인이라 일컬음을 받게 되었더라

설교 제목 앞에 있는 '비로소'라는 말뜻을 먼저 살펴보겠습니다. '비로소'란 '드디어, 이제야, 처음으로'라는 뜻입니다. 자세한 배경설명은 설교 안에서 말씀드리도록 하겠습니다. 사도행전이란 책 이름의 뜻은 초대교회 사도들의 사역과 행적을 기록한 책이라는 것입니다. 사도행전은 베드로와 바울의 행적을 중점적으로 취급합니다. 그 외에도 많은 사람들의 사역을 다루고 있습니다. 스데반, 빌립, 야고보, 요한, 바나바, 디모데, 루디아, 아볼로 등 여러 사람들의 행적을 이야

기하고 있습니다. 사도행전은 별명도 여러 가지가 있습니다.

첫째, 성령행전입니다. 사도행전 2장에 의하면 오순절에 초대교회 교인들이 한 곳에 모여 기도할 때 성령이 강림하셨고, 성령 충만한 제자들이 교회를 세우고, 복음을 전하기 시작했습니다. 그리고 기적이 일어나고 방언이 터졌습니다. 베드로가 설교할 때 뜨거운 회개의 역사가 일어나고 하루에 3천 명이 세례를 받는 기적이 일어났습니다.

초대교회는 날마다 성령의 역사가 일어났습니다. 사도행전 2장에서 시작된 성령의 역사는 사도행전이 끝나는 28장까지 이어지고 있습니다. 그래서 성령행전입니다.

둘째, 교회행전입니다. 예루살렘에서 시작된 초대교회가 유다와 사마리아와 로마까지 퍼져나간 과정과 역사를 밝히고 있기 때문에 교회행전이라고 합니다.

셋째, 선교행전입니다. 예수님이 승천하실 때 주신 선교 명령은 예루살렘, 유다, 사마리아, 땅끝까지 가서 복음을 전하라는 것이었습니다. 이 명령을 따라 스데반 집사가 복음을 전하다가 순교했고, 빌립 집사는 사마리아에서 복음을 전했습니다. 베드로는 예루살렘을 중심으로, 바울은 안디옥, 구브로, 루스드라, 빌립보, 데살로니가, 베뢰아, 아덴, 고린도, 에베소, 아가야 등 당시 소아시아 방방곡곡을 두루 다니며 복음을 전했습니다. 마지막엔 로마에 들어가 복음을 전했습니다. 이러한 선교행적을 자세하게 기술하고 있기 때문에 선교행전이라 부릅니다.

사도행전 11장 19-26절은 안디옥 교회 설립에 관한 기사입니다. 안디옥은 당시 로마에 속한 도시였고, 세 번째 큰 도시로 인구가 50만이 넘는 대도시였습니다. 지금까지 사도들과 교인들의 전도 대상은 유대인들이었습니다. 그런데 안디옥에서는 전도 대상이 이방인으로 바뀐 것입니다. 20절을 보면 헬라인에게도 주 예수를 전파했다고 했습니다.

안디옥은 교통과 무역의 중심지여서 사치와 향락이 판치고 아데미와 아폴로를 숭배하는 우상 신전이 있었습니다. 그곳에서 집중적으로 복음을 전하고 교회를 세운 것입니다. 안디옥 교회 설립이 주는 몇 가지 의미가 있습니다.

첫째, 이방 나라인 로마 대도시에 최초로 교회가 세워졌다는 것입니다. 결코 쉬운 일이 아니었습니다.

둘째, 세계 선교의 출발점이 됐다는 것입니다. 사도행전 13장을 보면 안디옥 교회가 사울과 바나바를 선교사로 파송합니다. 그런데 13장 4절을 보면 "성령의 보내심을 받아"라고 했습니다. 올바른 선교를 하려면 성령의 부르심을 받고, 보내심을 받고, 성령이 함께 역사해야 합니다. 아무나, 아무렇게나 가도 안 되고, 보내도 안 되고, 해도 안 됩니다.

사울과 바나바는 로마 통치 지역인 실루기아~구브로~바보~버가~비시디아 안디옥~이고니온~루스드라~더베 등지를 돌며 전도했습니다. 안디옥이 선교 거점이 된 것입니다.

셋째, 예수 믿는 사람들을 최초로 그리스도인이라고 부른 곳이 안디옥입니다. 이번 설교의 제목은 "비로소 그리스도인"입니다. 평소 유대인들은 예수 믿는 사람들을 '나사렛 사람들', '갈릴리 사람들'이라고 불렀습니다. 예수 믿는 사람들은 서로 '성도', '형제'라고 불렀습니다. 그런데 안디옥 교회에서는 최초로 그리스도인이라고 부르기 시작했습니다.

신약성경 안에 그리스도인이란 이름은 세 군데만 언급하고 있습니다. 사도행전 11장 26절에서는 '비로소 그리스도인'이라고 했고 사도행전 26장 28절에서는 "아그립바가 바울에게 이르되 네가 적은 말로 나를 권하여 그리스도인이 되게 하려 하는도다"라고 했습니다. 베드로전서 4장 16절에서는 "만일 그리스도인으로 고난을 받으면 부끄러워하지 말고 도리어 그 이름으로 하나님께 영광을 돌리라"고 했습니다.

그리스도인(christianos)이란 그리스도의 것, 그리스도에게 속한 사람이라는 뜻입니다. 안디옥에서 시작된 이름이 지금은 전 세계에서 기독교인의 공식 이름으로 통용되고 있습니다.

그렇다면 '누가 그리스도인인가? 그리스도인의 사명은 무엇인가?'에 대해 조명해보겠습니다.

첫째로 누가 그리스도인입니까?

아무개에게 물었습니다.

"기독교인이신가요?" "교회 다니고 있습니다."

"기독교인이시군요." "절에도 가끔 가요."

"교회는 오래 다니셨나요?" "햇수로는 30여 년 됐고요."

"어느 교회 나가고 계신가요?" "여기저기 왔다 갔다 들락날락해요."

"정한 교회가 없으시군요." "귀찮게 뭣하러 정합니까?"

이 애매모호한 대답을 어떻게 생각하십니까? 그러면 안 됩니다.

"예, 예수를 믿습니다. 충신교회 교인입니다. 열심히 봉사하고 있습니다. 예수 믿어야 구원받습니다. 저희 가정은 3대째 신앙을 지키고 있습니다."

이래야 정답입니다. 그렇다면, 누가 그리스도인입니까? 세 종류의 사람이 있습니다.

첫째, 교인입니다.

등록하고 예배시간에 출석하고 교회 교적부에 이름이 기록된 사람이 교인입니다.

둘째, 신자입니다.

예수 그리스도를 구주로 믿고 고백하는 사람, 구원의 확신을 가진 사람이 신자입니다.

셋째, 제자입니다.

예수 그리스도를 위해 일하는 사람, 예수 그리스도가 구주이심을 증거하는 사람, 예수 그리스도의 영광을 위해 일하는 사람, 예수 그리스도가 최고의 가치이고 예수 없으면 살 수 없고 예수를 위해서라면 생명도 내놓을 수 있는 사람. 그가 제자입니다.

나는 어느 단계에 서 있습니까?

예수님의 최종목표는 제자를 세우는 일이었습니다.

마태복음 28장 19-20절이 그 증거입니다.

"그러므로 너희는 가서 모든 민족을 제자로 삼아 아버지와 아들과 성령의 이름으로 세례를 베풀고 내가 너희에게 분부한 모든 것을 가르쳐 지키게 하라 볼지어다 내가 세상 끝날까지 너희와 항상 함께 있으리라."

제자를 삼으라, 그들을 가르치라, 지키게 하라!

제자란 여러 가지 뜻이 있지만 '따르는 사람'이라는 것입니다. 가르침을 거부하는 사람, 제멋대로 하는 사람, 따르지 않는 사람은 제자가 아닙니다.

배운 대로 따르고 배운 대로 사는 사람이 제자입니다. 문제는 그게 쉽지 않다는 것입니다. 그래도 따라가야 제자입니다.

예를 들겠습니다. 어느 날 예수님께서 베드로에게 말씀하셨습니다.

"누구든지 제 목숨을 구원하고자 하면 잃을 것이요 누구든지 나를 위하여 제 목숨을 잃으면 찾으리라"(마 16:25).

베드로는 이 말씀을 따르다가 순교의 잔을 마셨습니다. 바울은 이 말씀을 따르기 위해 "나는 날마다 죽노라"(고전 15:31)고 고백했고 그대로 했습니다.

그러나 날마다 죽는 게 쉽습니까? 아닙니다. 어렵습니다. 날마다 자신과 싸워야 합니다.

내 생각, 내 고집, 내 주관, 내 주견, 내 가치관을 내려놓아야 합니다. 진통을 겪어야 합니다. 그러나 힘들어도 따라야 제자가 될 수 있습니다. 따르다가 포기하면 제자가 되지 못합니다.

누가 그리스도인입니까? 예수에게 속한 사람입니다. 다시 말하면 예수에게 잡힌 사람, 예수 편에 선 사람, 예수의 소유가 된 사람입니다.

당시 로마 사람들이 보는 기독교인들은 다루기 힘든 사람들, 로마와 동화되지 않는 사람들, 자기들끼리 똘똘 뭉치는 사람들, 황제 숭배를 거부하고 예수를 섬기는 사람들이었습니다. 그래서 택한 방법이 화형시키고, 맹수 밥이 되게 하고, 왕따시키고, 무인도로 유배시키고 그리고 생명을 빼앗고 짓밟았습니다.

일본 사람들이 36년간 조선을 침탈하고 온갖 만행을 저질렀습니다. 그리고 신사참배를 강요했습니다. 유교, 불교, 천도교는 신사참배를 반대하지 않았습니다. 그러나 기독교만 신사참배는 우상숭배 하는 범죄다, 하나님만 섬기고 숭배해야 된다며 거부했습니다. 그러는 기독교인을 투옥시키고 교회에는 불을 지르고 그들을 처형했습니다.

우리는 소속이 다릅니다. 이 땅 소속이 아닙니다. 그래서 바울은 빌립보서 3장 20절에서 우리 시민권은 하늘에 있다고 했습니다. 우리는 대한민국 국민입니다. 그래서 국민으로서의 의무를 다해야 하고 대한민국 헌법을 지키고 수호해야 합니다. 그런가 하면 그리스도인은 하나님 나라의 시민입니다. 그 나라 시민으로서 의무를 다하고 법을 지켜야 합니다. 그 나라는 영원하고 흔들리지 않고 무너지지 않습니다. 우리는 그 나라의 국민이고 시민입니다. 그 나라의 시민권을 가지고 있습니다.

둘째로 그리스도인의 사명은 무엇입니까?

어떻게 살아야 하고 무엇을 해야 합니까? 기독교인답게 사는 것이 무엇입니까? 왜 안디옥 교회 교인들을 그리스도인이라고 불렀는지에 대한 설명은 없습니다. 그러나 본문을 살펴보면 짐작되는 부분이 없는 것은 아닙니다. 11장 20절을 보면 "주 예수를 전파하니"라고 했습니다. 교회가 해야 될 본질입니다.

안디옥 교회는 문학, 철학, 과학, 예술, 역사 얘기를 안 하고 예수를 말하고 전하고 가르쳤습니다. 그래서 예수를 말하고 전하는 사람들이라는 뜻으로 그리스도인이라고 불렀습니다. 교회는 예수 그리스도를 이야기하고 가르치는 곳입니다. 다른 것을 기대하면 안 됩니다.

요즘 교회들이 현대화해야 한다, 문화적 교회가 돼야 한다며 별별 일을 다 하고 있습니다. 그것은 교회의 본질이 아닙니다.

안디옥 교회는 예수를 전하고(20절), 가르쳤습니다(26절). 그리고 착했습니다(24절). 비난받고 손가락질 당하는 일을 안 했습니다. 그 사람들을 그리스도인이라고 한 것입니다.

교회가 뭘 해야 합니까? 예수 그리스도를 가르치고 전해야 합니다. 그리스도인이 뭘 해야 합니까? 교회를 통해 예수 그리스도를 만나고 믿고 배우고 따라야 합니다. 세상 얘기 듣고 교양을 높이고 삶의 질을 높이는 배움터는 동서남북에 널려 있습니다. 그런 것을 배우려면 그런 곳을 찾아가면 됩니다. 교회가 그런 것을 따라가고 문화 교실이나 대학 강의실이 되면 안 됩니다.

그리스도인은 어떻게 살고 어떤 사람이 되어야 합니까? 말씀드린 대로 바나바는 안디옥 교회의 지도자 목회자였습니다. 그는 '착한 사람, 성령과 믿음이 충만한 사람'(24절)이었습니다. 인물이 출중하고 외모가 준수하고 명문대학을 나오고 학문이 뛰어나고 인기를 몰고 다니는 유명인이 아니었습니다. 그런 얘기는 한마디도 없습니다. 그리스도인의 덕목은 그런 게 아닙니다. 그리스도인의 이력서는 달라야 합니다. 착하지도 않고 꼼수 부리고 믿음도 없고 성령님도 모르는 사람이라고 이력서에 기재되면 되겠습니까?

폼페이는 고대 로마의 문화, 휴양, 향락의 도시였습니다. 당시 그곳 인구는 2만 명 정도였고 고급 저택과 귀족들의 별장지였습니다. 1만 명을 수용하는 원형극장이 있었고, 그곳에서는 검투경기가 개최되었으며 와인 생산지여서 술을 많이 마셨습니다. 그런데 주후 79년 8월 24일 베수비우스 화산이 폭발해 24시간 만에 폼페이가 사라져버렸습니다. 훗날 발굴로 드러났는데 도시 전역에 성적 유적들과 음화들이 들어차 있었습니다. 한마디로 음란이 판친 도시였습니다.

당시 로마 귀족이나 군 장교들 가운데 로마 여자를 배우자로 찾지 않고 유대인 처녀들을 아내로 맞은 사람도 있었다고 합니다.

유대인들의 도덕성과 성 윤리가 로마보다는 깨끗했기 때문입니다. 로마에 역병이 창궐해 시체 더미가 길을 덮을 때 기독교인들만 거리로 나가 환자를 돌보고 시체를 거뒀습니다. 로마 사람보다 실천윤리가 더 높았기 때문입니다.

이즈음에서 우리 얘기로 돌아와야 합니다. 지금 우리가 처한 상황을 보면, 교회를 향해 동서남북에서 화살을 쏘고 공격의 칼을 휘두르고 있는 것을 알 수 있습니다. 공격 받을 일을 안 하면 공격이 그칠 것입니다. 그러나 기독교인이라는 사람들, 교회 지도자라는 사람들이 교회를 공격하고 매도하고 칼질을 하는 것은 문제가 있습니다. 예수를 믿는 사람들, 그리스도를 따르는 사람들, 그리스도에게 속한 사람들이 그리스도인입니다. 그들이 교회입니다. 즉, 내가 교회이고 사람이 교회입니다. 내가 교회인데 내가 교회를 욕하면 어떻게 되겠습니까? 누워서 침 뱉는 꼴이 됩니다.

삼단논법으로 정리해 보겠습니다. "교회가 썩었다. 내가 교회다. 고로 내가 썩었다"가 됩니다. 교인은 교회를 비난하면 안 됩니다. 그리스도인이라는 사람들이 교회를 욕하면 안 됩니다. 더욱이 지도자라는 사람이 그러면 안 됩니다. 한국 교회가 하는 일이 없다고 비난하는데, 아닙니다.

병원, 학교, 대학, 복지시설의 70-80%를 기독교가 세우고 운영하고 있습니다. 교회는 라면 상자나 돈 봉투 하나 전달하고 사진 찍고 신문에 기사 내는 얄팍한 봉사를 하지 않습니다. 모든 교회가 다 나서서 사회를 섬기고 이웃을 섬기고 있습니다. 그리스도인은 그리스도인다워야 합니다. 하는 일이 없어서 교회가 욕먹는 게 아니고, 바르게 믿지 못하고 바르게 살지 못하기 때문입니다. 바나바처럼, 데살로니가 교회처럼 칭찬받는 교회가 되어야 합니다. 바로 믿고! 바로 살고! 그렇게 해야 합니다.

주님은 마태복음 5장 13-14절에서 "너희는 세상의 소금이니……세상의 빛이라"고 말씀하셨고, 누가복음 14장 34-35절에서는 "소금이 좋은 것이나 소금도 만일 그 맛을 잃으면 무엇으로 짜게 하리요 땅에도, 거름에도 쓸데없어 내버리느니라"고 했습니다. 소금은 맛을 낼 때, 빛은 비출 때 가치가 있습니다. "소금이다, 빛이다"의 뜻은 '소금처럼 되어라, 빛처럼 살아라'입니다. 많은 사람들이 살맛이 없다고 합니다. 앞길이 안 보인다, 안개가 낀 것 같다고 합니다. 이때 교회와 그리스도인들이 소금처럼 간을 맞추고 맛을 내야 합니다. 그리고 여기 저기 어둔 곳을 밝히고 길을 보여 줘야 합니다. 모든 국민으로부터 "교회가 있어서 살맛난다. 교회 때문에 세상이 밝아졌다"라는 평을 들는 날이 오도록 해야 합니다. 그것은 내가 어떤 그리스도인이 되느냐로 결정됩니다. 동네에서 이웃들로부터, 직장에서 동료들로부터 "역시 기독교인이다. 그래도 기독교인이다. 결국 기독교인이 다르다"라는 평을 들어야 합니다. 그리고 이 일은 오늘도 내일도, 언제 어디서나 일어나야 합니다.

미국은 청교도들이 세운 나라입니다. 청교도들이 철저한 신앙의 기초 위에 미국을 세웠습니다. 그 청교도 신앙과 정신을 지키고 전승해오는 동안 미국은 막강한 나라였습니다. 그런데 미국이 청교도 신앙을 버리고 타락하기 시작했습니다. 겉으로 보기엔 기독교 국가인 것처럼 보이지만 속은 부패하고 타락했습니다. 코로나 사태만 봐도 선진국이 아닙니다. 우리나라는 어떻습니까? 더 걱정입니다. 수적으론 기독교인이 1천만 명입니다. 5천만 인구의 5분의 1이 기독교인입니다. 우리 한 사람, 한 사람이 그리스도인이 되면 나 때문에 좋은 나라가 되고 살기 좋은 사회가 될 것입니다. 그러나 그리스도인이라는 허울만 쓴 채 그리스도인다운 삶을 살지 못한다면 금방 살맛이 없고, 살고 싶지 않고, 캄캄한 대한민국이 되고 말 것입니다. 대통령도 책임이 있고, 총리도 책임이 있고, 장관들도 책임이 있고, 국회의원도 책임이 있고, 교육자들도 책임이 있습니다. 그러나 그리스도인의 책임이 더 크고 중합니다.

이 나라가 소돔 고모라처럼 유황불 심판을 받으면 되겠습니까? 이 나라가 폼페이처럼 불바다가 되고 잿더미가 되면 되겠습니까? 책임은 그리스도인인 나한테 있습니다. 우리가 어떤 그리스도인이 되느냐에 따라 심판과 구원은 결정됩니다. 어느 날 누군가가 "당신은 기독교인입니까?"라고 물으면 "예, 나는 기독교인입니다. 예수를 믿습니다"라고 주저하지 말고 대답합시다. 그리고 "역시 기독교인이다. 그래도 기독교인이다. 그래서 기독교인이라야 한다. 결국 기독교인이다"라는 칭찬을 만들어 냅시다. "내가 보니 당신은 기독교인입니다. 역시 기독교가 좋습니다. 나도 기독교인이 되고 싶습니다. 당신을 닮고 싶습니다." 이런 칭찬의 주인공이 됩시다.

"나는 예수를 믿습니다. 예수에게 속했습니다. 그리스도인입니다." 아멘!

골방을 측량하라

🍁 **에스겔 41:5-11**

성전의 벽을 측량하니 두께가 여섯 척이며 성전 삼면에 골방이 있는데 너비는 각기 네 척이며 골방은 삼 층인데 골방 위에 골방이 있어 모두 서른이라 그 삼면 골방이 성전 벽 밖으로 그 벽에 붙어 있는데 성전 벽 속을 뚫지는 아니하였으며 이 두루 있는 골방은 그 층이 높아질수록 넓으므로 성전에 둘린 이 골방이 높아질수록 성전에 가까워졌으나 성전의 넓이는 아래 위가 같으며 골방은 아래층에서 중층으로 위층에 올라가게 되었더라 내가 보니 성전 삼면의 지대 곧 모든 골방 밑 지대의 높이는 한 장대 곧 큰 자로 여섯 척인데 성전에 붙어 있는 그 골방 바깥 벽 두께는 다섯 척이요 그 외에 빈 터가 남았으며 성전 골방 삼면에 너비가 스무 척 되는 뜰이 둘려 있으며 그 골방 문은 다 빈 터로 향하였는데 한 문은 북쪽으로 향하였고 한 문은 남쪽으로 향하였으며 그 둘려 있는 빈 터의 너비는 다섯 척이더라

    그때가 에스겔은 30세에 하나님의 부르심을 받아 선지자가 되었고 22년간 예언활동을 했습니다.
    이스라엘이 바벨론의 침략으로 망하고 수많은 사람들이 포로로 끌려갔습니다. 그때 에스겔도 포로로 끌려갔고 5년이 지난 어느 날 바벨론 그발 강가에서 하나님의 부름을 받아 선지자가 되었습니다. 그때가 BC 593년이었습니다. 그러니까 포로 된 에스겔이 포로 된 이

스라엘을 향한 예언이 에스겔서입니다. 그래서 예언의 주된 목적은 포로생활에 지친 포로민들을 위로하는 것입니다. 그렇다고 무조건 위로하는 것이 아닙니다. 에스겔서의 내용을 요약해보겠습니다.

첫째, 죄를 지적하고 책망합니다. 왜 나라가 망했는가? 왜 포로가 되었는가? 그것은 하나님을 배반하고 범죄했기 때문이고 하나님만 섬기고 사랑하겠다던 약속을 깨뜨리고 우상을 숭배한 죄 때문이라고 지적합니다.

둘째, 회개를 촉구합니다. 에스겔 14장 6절을 보겠습니다.

"그런즉 너는 이스라엘 족속에게 이르기를 주 여호와의 말씀에 너희는 마음을 돌이켜 우상을 떠나고 얼굴을 돌려 모든 가증한 것을 떠나라."

하나님께로 돌아오라, 마음을 돌이켜라, 방향을 바꾸라, 태도를 바꾸라고 촉구합니다.

셋째, 회복을 선포합니다. 하나님의 본심은 재앙, 진노, 징계가 아닙니다. 모든 예언서가 동일합니다. 회개하고 돌아오면 용서하시고 회복하시는 것이 하나님의 본심입니다.

에스겔은 회개하고 돌아오면 어떻게 회복하시는가를 밝혀줍니다. 하나님을 배반하고 우상숭배하고 죄짓고 제멋대로 살다가 무너지고 포로가 되고 다 망해버린 이스라엘이지만 하나님이 살리신다는 것입니다.

예레미야 29장 11절을 보겠습니다.

"여호와의 말씀이니라 너희를 향한 나의 생각을 내가 아나니 평안이요 재앙이 아니라 너희에게 미래와 희망을 주는 것이니라."

이것이 하나님의 본심이고 회복의 약속입니다.

누가, 어떻게, 언제 회복합니까? 코로나의 경우도 누가 종식시킬 수 있습니까? 하나님이 하셔야 합니다. 하나님이 하실 수 있습니다.

단, 조건이 있습니다. 그것은 회개하고 하나님께로 돌아와야 합니다.

에스겔서 40-42장을 읽어나가노라면 반복되는 두 단어를 발견하게 됩니다. 그것은 '측량'이라는 말과 '골방'이라는 말입니다. 에스겔서 40-42장 사이에는 '측량'이라는 단어가 37회, 그리고 '골방'이라는 단어가 9회 반복됩니다.

측량과 골방을 나누어 말씀드리겠습니다.

첫째로 측량을 살펴보겠습니다.

측량이란 면적, 거리, 모양, 높이, 깊이를 계산하고 재는 것입니다. 그 방법은 여러 가지입니다. 목측은 눈으로 재는 것, 보측은 걸음으로 재는 것, 계측은 기계나 장비로 재는 것입니다. 또 드론 측량, 항공 측량, 위성 측량 등이 있습니다. 측량이 시작된 것은 BC 1400년 경 이집트에서 토지의 경계를 정하기 위해서였다고 합니다.

그러나 측량하지 못하는 것도 있습니다.

첫째, 사람의 마음입니다. 마음은 모양도 없고 위치도 잘 모르고 자주 변합니다. 그래서 측량하기가 어렵습니다. 마음이 얼마나 변덕스러운지, 얼마나 빨리 변하는지 다른 데서 찾지 말고 자기 마음을 들여다보면 알 수 있습니다.

둘째, 하나님입니다. 시편 145편 3절은 "여호와는 위대하시니 크게 찬양할 것이라 그의 위대하심을 측량하지 못하리로다"라고 했습니다. 하나님의 능력, 사랑, 위대하심은 드론으로, 항공 측량으로, 위성으로도 측량할 수 없습니다. 오직 믿음으로만 헤아림이 가능합니다.

바벨론의 침략으로 예루살렘 성이 불타고 무너졌습니다. 성전도 무너졌습니다. 그런데 하나님은 이스라엘이 바벨론으로부터 해방되고 회복될 환상을 보여 주셨습니다. 예를 들면 에스겔 37장의 마른 뼈들이 살아나 군대가 되는 환상도 이스라엘의 회복을 예언한 환상입니다. 에스겔 40-42장에서는 회복될 예루살렘성과 성전을 보여 주시면서 측량하라고 하셨습니다. 그것은 국가도, 교회도 늘 정확하게 측량해야 된다는 것을 교훈합니다.

하나님이 바벨론 왕 벨사살을 측량하신 사건이 있었습니다(단 5장). 당시 바벨론은 세계 최대의 강국이었고 황제를 신으로 숭배했습니다. 어느 날 벨사살이 왕궁에서 거창한 술잔치를 벌이고 있었습니다. 그날 술잔은 예루살렘 성전에서 노략해 온 성전 그릇들이었습니다. 왜 성전 그릇을 술잔으로 사용했을까요? "너희가 믿는 신은 없다. 내가 신이다. 너희가 거룩하다고 취급하는 이 그릇들은 술잔에 불과하다"라며 술을 따라 마셨습니다. 신성모독죄를 범한 것입니다.

그때 손가락이 나타나더니 벽에 글씨를 쓰기 시작했습니다. 생각해보십시오. 한창 술판을 벌이고 있는데 손가락이 나타나 벽에 글씨를 쓰고 있으니 간담이 녹고 기절초풍할 일이 벌어진 것입니다.

다니엘 5장 6절을 보면 벨사살의 반응이 나옵니다. "왕의 즐기던 얼굴빛이 변하고 그 생각이 번민하여 넓적다리 마디가 녹는 듯하고 그의 무릎이 서로 부딪친지라"고 했고 7절은 소리 질렀다고 했고 9절은 "벨사살 왕이 크게 번민하여 얼굴빛이 변하였고 귀족들도 다 놀라니라"고 했습니다.

그때 벨사살이 포로인 다니엘을 불렀습니다. 다니엘은 그 글씨에 대해 "메네 메네 데겔 우바르신"이라고 설명하고 그 뜻을 해석했습니다. 히브리어서 왕이나 다른 사람들은 읽을 수도 없었습니다. '메네 메네'의 뜻은 '세어보고 세어보니'이고 '데겔'은 '저울에 달아보다'이고

'우바르신'은 '나뉘어지다, 조각나다'입니다.

다니엘이 그 글씨의 뜻을 해석했습니다. 하나님이 당신과 당신의 나라를 세어보고 무게를 달아보니 너무 모자란다, 함량미달이다, 부족하다며 이 나라가 망하고 메데와 바사가 일어날 것(27-28절)이라고 해석했습니다.

건방 떨고 잘난 척하고 교만하고 하나님을 훼방한 벨사살은 그날 밤, 바사군의 공격을 받아 죽고 바벨론은 망하고 말았습니다. 세어보고 달아보고……이것은 하나님이 벨사살과 그의 권력을 측량하신 것을 말합니다.

성경을 정경(바른 책)이라고 합니다. 영어로는 캐논(canon)인데 히브리어 '카네'에서 유래했다고 합니다. 그 뜻은 측량이라고 합니다.

하나님은 오늘도 측량하십니다. 국가도, 권력도, 교회도, 기업도, 집단도, 개인도 측량하십니다. 그리고 모자라면 심판하십니다.

둘째로 골방을 살펴보겠습니다.

열왕기상 6-8장은 솔로몬이 성전을 건축한 기사입니다. 그런데 솔로몬의 성전에도 골방이 있었고 에스겔이 환상으로 본 성전에도 골방이 있었습니다.

그 골방들 가운데 제사장만 들어갈 수 있는 골방이 있는데 그 골방은 거룩한 방이라고 불렀습니다. 제사장만 들어가 거기서 지성물을 먹고 옷을 갈아입고 제사에 사용할 제물들을 보관했습니다.

골방이란 큰 건물 안에 있는 작은 방, 눈에 잘 띄지 않는 작은 방을 말합니다. 이스라엘 문화는 골방 문화, 가정 문화입니다. 그에 비해 헬라 문화는 광장 문화, 원형극장 문화입니다. 유태인들은 가정에서 자녀를 교육하고 회당에서 가르쳤습니다. 그에 비해 헬라인들은 광장에서 토론하고 민주주의의 꽃을 피웠고 발전시켰습니다.

한국 문화는 사랑방 문화입니다. 사랑방에서 글을 배우고 세상을 논했습니다. 그러나 서양 문화는 컨벤션 문화이고 광장 문화입니다.

기독교 문화는 어떻습니까? 역시 골방 문화입니다.

예루살렘에 있는 마가의 작은 다락방, 골방에서 최후의 만찬이 있었고 예수님이 승천하신 후 제자들이 마가의 다락방(골방, 사랑방)에 모여 기도하다가 성령님의 강림을 체험하게 됩니다. 그리고 거기서 초대 기독교가 시작됩니다. 골방에서 기도하다가 성령님의 능력을 받고 골방에서 교회가 시작됐다는 것을 주목해야 합니다. 예수님도 골방을 말씀하셨습니다.

마태복음 6장 6절을 보겠습니다.

"너는 기도할 때에 네 골방에 들어가 문을 닫고 은밀한 중에 계신 네 아버지께 기도하라 은밀한 중에 보시는 네 아버지께서 갚으시리라."

골방은 은밀한 방이고 드러나지 않는 방입니다. 그 골방에서 기도하라고 말씀하셨습니다.

당시 바리새파 사람들은 길거리와 사람들이 오가는 광장에서 소리 내어 기도했습니다. "나는 이렇게 기도한다"는 것을 자랑하기 위해서였습니다. 기도는 하나님이 들으시기 때문에 사람의 관심이나 시선은 문제가 아닙니다. 골방 기도는 하는지 안 하는지 사람은 모르지만 하나님은 아십니다. 그래서 "은밀한 중에 보시는 네 아버지께서 갚으신다"라고 하신 것입니다.

솔로몬 성전에도, 에스겔 성전에도 골방이 있었습니다. 그런데 현대교회에는 골방이 없습니다. 대강당, 회의실, 세미나실, 사무실, 강의실은 있는데 골방이 없습니다. 만일 제가 교회를 짓는다면 골방 30개를 만들 것입니다. 에스겔 성전에는 30개의 골방이 있었습니다(41:6).

그처럼 골방 30개를 만들고 24시간 골방마다 불이 꺼지지 않고, 기도 소리가 그치지 않고, 세계 선교를 위해, 나라를 위해, 한국교회를 위해, 가정을 위해, 다음세대를 위해, 자신을 위해 기도하는 골방을 만들고 싶습니다.

현대교회는 웅장하고 화려한 시설들을 갖추고 있지만 골방이 없습니다. 골방이 많아야 합니다. 골방은 좁고 작아서 답답합니다. 많은 사람이 들어가지 못합니다. 그러나 골방에서 역사가 시작되고 일어납니다. 그래서 주님은 골방에서 기도하라고 하신 것입니다.

코로나19가 시작되면서 취한 조치가 사회적 거리두기였습니다. 신체 방역을 하기 위해 거리두기, 사람 안 만나기, 마스크 쓰기, 교회도 문 닫는 등 방역 조치를 취했습니다. 그런데 8개월이 지나면서 전문가들은 심리 방역이 무너지고 있다며 걱정하고 있습니다. 불안, 공포, 피로감, 우울감, 대인기피 현상이 깊어지고 있다고 합니다. 자살자도 있다고 합니다.

미국의 경우 코로나로 사회 불안이 고조되면서 역사상 총기가 가장 많이 팔렸다고 합니다. 뉴욕 타임즈 보도에 의하면 총기 판매가 2천만 건이 넘었다는 것입니다. 총으로 불안이 해결됩니까? 총으로 코로나를 막을 수 있습니까? 더 큰 문제는 코로나 때문에 전 세계 교회의 영적 방역이 무너지고 있다는 것입니다. 교회 못 가고, 예배 못 드리고, 만나지 못하고, 이러다 보니 영적 방역에 구멍이 뚫리고 있습니다. 온라인 예배를 드리고 있지만, 온라인으로 예배를 드리는 사람도 있고, 온라인으로 예배를 구경하거나 보는 사람이 있습니다. 전 세계 기독교인 가운데 교회 안 나가고 온라인으로 바른 예배드리는 사람이 몇 프로나 될까요? 한국 교회 교인들 중에서 바른 예배를 드리는 사람이 얼마나 될까요?

예배가 무너지면 영적 방역이 무너지고, 영적 방역이 무너지면 다 무너집니다. 영적 방역이 무너지지 않으려면 하나님과의 거리를 좁혀야 합니다. 거리를 두면 안 됩니다. 하나님을 만나야 합니다. 그러기 위해 골방으로 들어가야 합니다.

K장로님 아들이 건축업에 성공하고 대저택을 짓고 있었습니다. 공사가 거의 끝나고 입주를 앞둔 어느 날, 아들네 집을 방문했습니다. 초현대식 인테리어로 꾸민 집 안을 둘러보던 아버지가 "기도방이 없구나"라고 하자 아들이 "아버지, 집 안이 다 방인데, 방마다 기도하면 되지요"라고 하니 "아니다, 골방이 필요하다. 하나님과 단 둘이 이야기 나눌 골방이 있어야 한다"고 했습니다. 곧바로 아들은 다용도실 칸을 막고, 문을 따로 내고, 기도 골방을 만들었습니다. 골방을 만들라고 하신 장로님도, 그리고 순종하여 골방을 만든 아들도 위대한 그리스도인입니다.

이웃집에 골방이 있나 없나, 아무개네 집엔 골방이 있을까 없을까, 두리번거리지 마십시오. 내 집에 골방이 있는가 없는가, 내 안에 골방이 있는가 없는가가 중요합니다. 그리고 골방의 의미는 공간적인 것보다는 영적인 데서 찾아야 합니다.

기도가 있는가, 없는가? 기도하는가, 안 하는가? 골방에 들어가는 횟수는 얼마나 되는가? 골방에 얼마 동안 머물러 있는가 이것이 중요합니다.

왜 골방을 잃어버렸습니까? 왜 골방을 떠났습니까?
초대 한국 교회는 골방이 많았습니다. 가난해서 골방에서 예배드렸고, 순수해서 골방에서 기도했습니다. 그런데 현대 교회는 넉넉하고, 문화화하고, 시설이 현대화되니 갈 데가 많고, 할 일이 많아서 골방이 사라졌습니다. 골방은 교회의 심장입니다. 심장이 약해지면 큰일 납니다. 심장이 멎으면 끝납니다. 교회가 커질수록 골방은 작아지고 없어집니다.

외식하는 바리새인들은 서서 손들고 정한 시간에 큰 소리로 기도했습니다. 그러다 보니 자연히 곁에 있는 사람을 의식하게 되고 기도를 과시하고, 자랑하고 사람에게 보이려는 기도를 하게 된 것입니다. 그래서 예수님은 그들에게 "골방에서 기도하라"고 하셨습니다.

누가복음 18장 9-14절을 보면 바리새인과 세리의 기도 이야기가 나옵니다. 바리새인은 "서서 따로 기도하여 이르되 하나님이여 나는 다른 사람들 곧 토색, 불의, 간음을 하는 자들과 같지 아니하고 이 세리와도 같지 아니함을 감사하나이다 나는 이레에 두 번씩 금식하고 또 소득의 십일조를 드리나이다"라고 하며 하나님을 불렀습니다. 하지만 사실은 곁에 있는 사람에게 들으라고 한 자랑과 과시의 기도였습니다. 세리의 기도는 달랐습니다. "멀리 서서 감히 눈을 들어 하늘을 쳐다보지도 못하고 다만 가슴을 치며 이르되 하나님이여 불쌍히 여기소서 나는 죄인이로소이다"라고 했습니다. 두 기도에 대한 주님의 평가가 중요합니다. "바리새인의 기도는 기도가 아니다. 세리가 의롭다 하심을 받았다"입니다.

골방은 구경꾼이 없습니다. 자랑할 사람도 없습니다. 오직 하나님만 보입니다. 그래서 골방에서 기도하라고 하신 것입니다. 골방에서 기도하라는 것은 세상과 담을 쌓아라, 이웃과 만나지 마라, 혼자 살아라, 그런 뜻이 아닙니다.

기독교 고전 가운데 마틴 루터의 《탁상담화》가 있습니다. 루터가 식탁에서 친구들, 제자들, 신학자들과 나눈 일상대화를 훗날 엮어 책으로 펴낸 것인데 그것을 탁상담화(Table Talk)라고 합니다. 기독교 교리 전반을 다루고 신학적 주제와 그리스도인의 삶을 다루고 있습니다.

그런데 그 유명한 책이 사랑방, 골방 탁상에서 만들어진 것입니다.

지금 우리에겐 골방이 필요합니다. 산더미처럼 겹겹이 쌓인 문제들을 어디서, 어떻게 풀 수 있습니까? 정부가 풉니까? 방역 당국이 풉니까? 과학자들이, 정치인들이 풉니까? 못합니다. 안 됩니다. 그래서 골방이 필요합니다. 골방을 회복해야 합니다. 오해하지 마십시오. 교회를 뜯어고쳐 골방을 꾸리라는 게 아닙니다. 집집마다 칸을 막고 골방을 만들라는 얘기가 아닙니다. 하지만 골방을 만들 수 있는 집은 만드십시오. 새로 교회 짓고, 집 짓고, 빌딩 지을 때, 공장 지을 때 골방을 만들 수 있는 사람은 골방을 만드십시오. 그러나 더 중요한 것은 자신 안에 골방을 만드는 것, 영혼의 골방을 만드는 것입니다.

힘들고 지칠 때, 괴롭고 속상할 때, 억울하고 답답할 때, 막막하고 길이 안보일 때, 벼랑 끝에 섰을 때, 그때 누굴 찾아야 합니까? 누굴 만나야 합니까? 어디로 가야 합니까? 골방입니다. 거기서 하나님을 만나야 합니다.

엘리야 선지자는 믿음과 용기, 정의감과 도전 정신으로 무장한 사람이었습니다. 그런 그가 아합 왕과 왕비 이세벨의 죽이겠다는 협박이 두려워 호렙산으로 도망쳤습니다. 호렙산 깊숙이 들어가 죽기를 기다리는 엘리야에게 나타난 현상이 있었습니다.

먼저 급하고 강한 바람이 산을 가르고 바위를 부수는 현상이 나타났습니다. '아! 하나님이 바람으로 역사하시겠다는 응답이구나'라고 생각했습니다. 그러나 하나님은 거기 계시지 않았습니다. 그 후에 지진이 일어났습니다. 그러나 하나님은 지진 가운데도 계시지 않았습니다. 지진 후에 불이 타올랐지만, 거기도 계시지 않았습니다. 그 후에 세미한 소리가 들렸습니다. 하나님은 세미한 소리로 엘리야에게 하나님의 계획을 말씀하셨습니다. 세미한 소리란 가느다란 소리, 잘 들리지 않는 소리, 작은 소리, 귀 기울여야 들을 수 있는 소리입니다. 골방으로 들어가 세미한 음성에 귀를 기울입시다.

영혼의 골방, 나만의 골방은 어디입니까? 있습니까, 없습니까? 몇 개나 됩니까? 얼마나 자주 들어갑니까? 왜 들어갑니까? 가정 골방, 교회 골방, 개인 골방의 문을 닫지 맙시다.

교회 문도 닫고, 골방 문까지 닫으면 어떤 일이 벌어질까요? 영적 방역이 무너질 것이고, 하나님의 세미한 음성은 듣지 못할 것이고, 일은 더 꼬일 것이고, 고통은 커질 것이고, 절망과 아픔은 눈덩이처럼 불어날 것입니다.

골방을 만듭시다. 골방을 회복합시다. 골방으로 들어갑시다. 거기서 하나님을 만나고, 힘을 얻고, 재충전하고, 일터와 삶의 현장으로 나갑시다. "골방을 측량하라!" 아멘.

다시 찾은 사람들

🍁 **누가복음 15:1-7**

모든 세리와 죄인들이 말씀을 들으러 가까이 나아오니 바리새인과 서기관들이 수군거려 이르되 이 사람이 죄인을 영접하고 음식을 같이 먹는다 하더라 예수께서 그들에게 이 비유로 이르시되 너희 중에 어떤 사람이 양 백 마리가 있는데 그중의 하나를 잃으면 아흔아홉 마리를 들에 두고 그 잃은 것을 찾아내기까지 찾아다니지 아니하겠느냐 또 찾아낸즉 즐거워 어깨에 메고 집에 와서 그 벗과 이웃을 불러 모으고 말하되 나와 함께 즐기자 나의 잃은 양을 찾아내었노라 하리라 내가 너희에게 이르노니 이와 같이 죄인 한 사람이 회개하면 하늘에서는 회개할 것 없는 의인 아흔아홉으로 말미암아 기뻐하는 것보다 더하리라

어느 날 예수님께서 말씀을 전하고 계셨습니다. 평소 예수님을 시기하고 비방하는 바리새인과 서기관들도 거기 있었고, 죄인이라고 지탄받는 세리들도 있었습니다. 자칭 자신들은 의롭다고 떠벌리는 바리새인들은 왜 예수는 죄인들을 가까이하는가, 왜 음식을 나누는가, 예수도 죄인이기 때문이라며 수군거리고 있었습니다(15:1-2).

그들에게 예수님께서 세 가지 비유를 들어 말씀하셨는데 그 이야기가 누가복음 15장 3-32절에 기록되어 있습니다.

세 가지 비유의 첫째는 잃어버린 한 마리 양(15:4-7), 둘째는 잃어버

린 한 드라크마(15:8-10), 셋째는 잃어버린 한 아들(15:11-32)에 관한 이 야기입니다.

세 비유의 공통점이 있습니다. 그것은 "잃어버렸다가 다시 찾았다" 는 것입니다. 다른 점도 있습니다. 그것은 짐승-금속-사람이라는 점입 니다. 드라크마는 은이고, 양은 짐승이고, 아들은 사람입니다. 그 가 치도 각각 다르고 용도도 다릅니다. 그리고 잃어버린 장소도 다릅니 다. 드라크마는 집 안에서, 양은 들판에서, 아들은 함께 살다가 잃어 버렸습니다.

세 비유를 통한 교훈을 살펴보겠습니다.

첫째로 잃어버린 양 이야기입니다.

성경에는 500회 이상 양에 대한 언급이 있습니다. 예수님 당시 양 은 이스라엘의 주된 가축이었습니다. 고기는 먹고, 젖으로는 버터를 만들고, 털과 가죽으로는 옷을 만들고 장막의 덮개로 사용했습니다.

더 중요한 것은 제물로 사용했다는 것입니다. 번제, 속죄제, 속건제, 화목제를 드릴 때 양을 제물로 사용했고, 요한복음 1장 29절에서는 예수님을 "세상 죄를 지고 가는 하나님의 어린 양"이라고 했습니다.

목자들이 양을 치는 곳은 일반적으로 해발 500m가 넘는 고원지대 였습니다. 거기서 길을 잃으면 찾기가 어렵습니다. 양은 순한 짐승이 고 자율행동이 불가능합니다. 그래서 일일이 목자가 돌봐야 합니다.

때로 양도 마주 보고 싸웁니다. 그러나 치고 패는 싸움은 아닙니 다. 머리를 마주 대하고 힘겨루기를 합니다. 그런데 시간이 지나면 왜 이러고 서 있는지 잊어버린다고 합니다.

잃은 양, 길 잃은 양은 길을 잃고 헤매는 죄인을 의미합니다. 목자 는 잃은 양을 찾기 위해 99마리를 들판에 놔둔 채 찾아 나섭니다. 찾 아내기까지 찾아다닙니다. 물량가치, 소유가치, 유물사관으로 보면

99마리가 더 크고 비쌉니다. 한 마리 정도는 버리거나 포기해도 됩니다. 그러나 영적 가치, 생명가치로 보면 잃어버린 한 마리가 더 불쌍하고 소중합니다. 예수님의 관심은 99마리보다 한 마리에 있었습니다.

15장 6절에서 목자는 "나의 잃은 양을 찾아내었노라"고 했습니다. 한눈팔고 다른 데 관심을 두다 보면 길 잃은 양이 됩니다. 그 양은 웅덩이에 빠질 수도 있고 절벽에서 떨어질 수도 있고 맹수의 밥이 될 수도 있습니다. 베드로는 "근신하라 깨어라 너희 대적 마귀가 우는 사자같이 두루 다니며 삼킬 자를 찾나니"(벧전 5:8)라고 했습니다.

양떼를 떠나고 목자를 떠나면 마귀가 덤빕니다. 그래서 힘들고 고달프고 아프고 어려워도 주님을 떠나면 안 됩니다. 쉽거나 어려워도, 성공하거나 실패해도, 잘살거나 못 살아도, 건강하거나 병들어도 예수님을 떠나면 큰일납니다.

둘째로 잃어버린 드라크마 이야기입니다.

성경에는 다양한 화폐가 등장합니다. 데나리온, 렙돈, 므나, 고드란트, 세겔, 앗사리온, 달란트 등입니다. 달란트는 금으로 만든 화폐인데 1달란트는 금 34kg 정도였습니다. 현재 금 시세로는 20억이 넘습니다. 드라크마는 당시 헬라 은화였고 노동자 하루 품값이 1드라크마였습니다.

결혼할 때 남자는 여자에게 드라크마 열 개를 줄에 꿰어 선물로 줍니다. 신부는 그 드라크마를 머리에 핀처럼 꽂아 장식했습니다. 그러니까 본문이 말하는 드라크마는 단순한 돈이 아니고 사랑의 징표였습니다. 그 드라크마 하나를 잃어버린 것입니다. 그 드라크마는 약속의 징표이고 사랑의 징표이기 때문에 하나라도 잃어버리면 안 됩니다. 그래서 등불을 켜고 집을 쓸고 부지런히 찾았습니다. 그 당시 유대인의 가옥구조는 대부분 창문이 없었기 때문에 낮에도 집 안이 어두웠습니다. 그래서 드라크마를 찾기 위해 등불을 켠 것입니다.

하나님이 우리를 사랑하시고 구원하셨다는 것을 징표로 주신 선물이 있습니다. 그것은 바로 십자가입니다. 자칫 잘못하면 여인이 드라크마를 잃어버린 것처럼 우리가 예수님의 십자가를 잃어버리게 됩니다. 잃어버려도 되는 것이 있고, 잃어버리면 안 되는 게 있습니다. 예수, 십자가, 믿음, 은혜는 잃어버리면 안 됩니다. 등불을 켜고 집 안을 쓸고 기어이 드라크마를 찾아낸 것처럼 찾아내야 합니다.

내가 잃어버린 드라크마는 무엇입니까? 왜 잃어버렸습니까? 어쩌다가 잃어버렸습니까? 어디서 잃어버렸습니까? 언제 잃어버렸습니까?

셋째로 잃어버린 아들 이야기입니다.

양이나 드라크마에 비해 이야기가 깁니다. 사람 이야기이기 때문입니다. 잃어버린 아들은 잃어버렸다기보다는 제 발로 나갔습니다. 드라크마는 여인의 실수로 잃어버렸고, 양은 분별력이 없어서 잃어버렸습니다. 그러나 둘째 아들은 자신이 판단하고, 결정하여 아버지를 떠났습니다. 그것도 몽땅 돈까지 챙기고 떠났습니다. 그러니까 드라크마나 양과는 차이가 있습니다. 그 아들은 먼 나라로 가서 허랑방탕하여 그 재산을 낭비했습니다(15:13). 허랑방탕을 주경가들은 이렇게 해석합니다.

첫째는 구원받지 못할 짓이다. 둘째는 구원의 방해 요소다. 셋째는 거칠게 사는 것이다. 넷째는 쾌락에 빠지는 것이다. 다섯째는 타락한 것이다.

버는 것은 힘들고 시간이 걸리지만 쓰는 것은 쉽고 빠릅니다. 더욱이 허랑방탕, 주색잡기는 돈이 빠져 나가는 게 빠릅니다. 그래서 얼마 못가 거지가 되고 노숙자가 됐습니다. 하나님을 떠나면 영적 거지가 되고 노숙자가 됩니다. 이 아들 비유에서 주목할 교훈이 있습니다.

첫째, "여기서 주려 죽는구나"(17절)에 대한 것입니다.

자신의 처지를 발견했습니다. 이런 상황을 철학에서는 존재발견, 실존확인이라고 합니다. 이대로 있다간 굶어 죽게 될 것이라는 사실을 발견한 것입니다. 아버지를 떠난 사람의 불행, 타락하고 방탕한 사람의 비극을 발견한 것입니다. 요한복음 15장 5절에서 주님은 말씀하셨습니다.

"나를 떠나서는 너희가 아무것도 할 수 없음이라."

예수님 떠나면 살길도 없고, 출구도 없습니다.

옛날에 부르던 부흥성가가 떠오릅니다. "물을 떠난 고기는 혹시 산다 하여도 예수 떠난 심령은 사는 법이 없어요"라는 노래입니다. 그렇습니다. 혹시 사는 길이 있다고 하더라도 비참하고 불행한 패배자로 살게 될 것입니다.

먹을 것도 없고, 잠잘 곳도 없고, 만나주는 사람도 없고, 도와주는 사람도 없고……이렇게 사는 것은 사는 게 아닙니다. 예수님을 떠나면 되는 것도 없고, 사는 것도 아닙니다. 빨리 자신의 영적 위치, 신앙의 자리를 발견해야 합니다. 그리고 나는 힘이 없고, 죽게 됐다, 길이 없다는 것을 깨달아야 합니다.

암도 초기에 발견하고 조치를 취하면 치료가 가능하지만, 시간이 지나고 때를 놓치면 치료가 힘들다고 합니다. 여기서 이대로 굶어 죽으면 안 된다, 살 길을 찾아야 한다, 이것이 둘째 아들의 자아발견이었습니다.

둘째, 아버지의 존재를 깨달았습니다.

아들은 '아버지는 부자다. 품꾼도 많다. 가서 품꾼으로 써달라고 매달려야지'라고 생각했습니다. 그리고 설마 못된 놈, 집 나간 놈, 신세 망친 놈, 제 발로 뛰쳐나간 놈, 재산 다 탕진한 놈이라며 내치진 않을 거라는 믿음이 있었습니다. 아버지에 대한 새로운 이해를 한 것입니다. 용서와 사랑을 믿은 것입니다. 하나님은 어떤 아버지이십니까? 우리를 사랑하시고, 용서하시고, 구원하시는 하나님이십니다. 몇 군데 말씀을 살펴보겠습니다.

이사야 41장 9절입니다. "너는 나의 종이라 내가 너를 택하고 싫어하여 버리지 아니하였다 하였노라"고 했고, 이사야 43장 25절에서는 "나 곧 나는 나를 위하여 네 허물을 도말하는 자니 네 죄를 기억하지 아니하리라"고 했고, 호세아 11장 8절에서는 "에브라임이여 내가 어찌 너를 놓겠느냐 이스라엘이여 내가 어찌 너를 버리겠느냐 내가 어찌 너를 아드마같이 놓겠느냐 어찌 너를 스보임같이 두겠느냐 내 마음이 내 속에서 돌이키어 나의 긍휼이 온전히 불붙 듯하도다"라고 했습니다. 구절마다 설명을 할 순 없지만 요약하면 버릴 수 없다, 포기할 수 없다, 모른 척할 수 없다, 내팽개쳐 둘 수 없다는 것입니다.

이스라엘 민족은 둘째 아들보다 더 나쁜 민족이었습니다. 하나님을 배신했고, 떠났고, 다른 신들을 섬겼고, 제멋대로 했습니다. 버림받아 마땅한 민족이었습니다. 그래도 버릴 수 없다는 것입니다. 왜 버리지 않습니까? 왜 포기하지 않습니까? 왜 그토록 집착하십니까? 그 이유는 명확하고 분명합니다. 이스라엘을 선택하셨기 때문이고, 약속 때문입니다.

신명기 7장 7절을 보면 "여호와께서 너희를 기뻐하시고 너희를 택하심은 너희가 다른 민족보다 수효가 많기 때문이 아니니라 너희는 오히려 모든 민족 중에 가장 적으니라"고 했습니다. 소수민족, 보잘것 없는 민족이어서 선택하셨다는 것입니다. 그렇다면, 하나님은 왜 우리를 버리지 않고 찾으십니까?

첫째, 창조하셨기 때문입니다. 그냥 창조하신 것이 아닙니다. 단순 창조가 아닙니다. 하나님의 형상대로 지으시고 코에다 생기를 불어넣으셨습니다. 사람만 그렇게 했습니다.

둘째, 구원하셨기 때문입니다. 요한복음 3장 16절은 "하나님이 세상을 이처럼 사랑하사 독생자를 주셨으니"라고 했고, 십자가에 죽으심으로 우리를 구원하셨습니다. 사도행전 20장 28절은 "하나님이 자기 피로 사신 교회"라고 했고, 히브리서 9장 12절은 "오직 자기의 피로 영원한 속죄를 이루사 단번에 성소에 들어가셨느니라"고 했습니다. 피는 생명입니다. 그 생명으로 구원한 사람들입니다. 얼마나 존귀합니까? 그래서 버리시지 않습니다.

셋째, 약속 때문입니다. 세 구절을 예로 들겠습니다. 이사야 44장 21절입니다. "야곱아 이스라엘아 이 일을 기억하라 너는 내 종이니라 내가 너를 지었으니 너는 내 종이니라 이스라엘아 너는 나에게 잊혀지지 아니하리라"는 말씀은 내가 너를 창조했다, 너는 내 종이고 내 소유다, 그래서 너를 버리거나 잊을 수가 없다는 말씀입니다. 이사야 49장 16절 말씀입니다.

"내가 너를 내 손바닥에 새겼고 너의 성벽이 항상 내 앞에 있나니."

손바닥은 하루 수십 번 들여다봅니다. 새겼기 때문에 지워지지도 않습니다. 잊을 수 없다, 걱정 말라는 것입니다. 마태복음 28장 20절입니다.

"볼지어다 내가 세상 끝날까지 너희와 항상 함께 있으리라."

마태복음은 "하나님이 우리와 함께 계시니라"는 임마누엘로 시작됩니다(1:23). 그리고 세상 끝날까지 항상 함께하시겠다는 임마누엘로 끝납니다(28:20). 세상 끝날은 재림하셔서 이 세상을 심판하시는 날을 의미하고 그 이후 영원히라는 뜻입니다. 그리고 항상이라는 말의 뜻은 '모든 날 전체', '하루하루' 그리고 과거, 현재, 미래 전체를 의미합니다.

임마누엘! 그래서 든든합니다. 겁날 것이 없습니다. 걱정할 필요가 없습니다. 그 약속 때문에 떠나시지 않고, 버리지 않으시고, 함께하십니다.

다시 본문으로 돌아가 총정리를 하겠습니다. 양은 목자가 찾아 나섰고 다시 찾았습니다. 드라크마는 주인이 다시 찾았습니다. 그러나 아들은 아버지가 찾아 나서지 않고 기다렸습니다. 왜 그랬을까요?

첫째, 인간은 스스로 깨닫고, 뉘우치고, 결단하는 자유의지를 가지고 있기 때문입니다. 하나님이 그렇게 창조하셨습니다. 잘못을 깨닫고, 인정하고, 돌아서서 아버지께로 돌아오는 것이 회개입니다. 제 발로 걸어 나갔으면 제 발로 걸어서 돌아와야 합니다.

둘째, 아버지는 돌아온 아들을 용납했습니다. 돌아온 아들에게 "제 발로 가출하고, 주색잡기에 빠져 재산 다 말아 먹고, 상거지 되고 죽게 되니까 제 발로 돌아왔다"라고 하지 않았습니다. "나쁜 놈이다, 불효자식이다, 탕자다", 이렇게 하지 않았습니다. 흔히 우리가 둘째 아들을 탕자라고 호칭합니다만 그것은 제삼자가 붙인 이름입니다. 본문에는 탕자라는 용어가 없습니다. 아버지는 단 한 번도 "탕자다, 나쁜 놈이다, 불효자식이다", 이렇게 하지 않았습니다. 오히려 15장 24절을 보면 "이 내 아들은 죽었다가 다시 살아났으며 내가 잃었다가 다시 얻었노라"고 했습니다. 다시 살아난 아들, 다시 찾은 아들을 탕

다시 찾은 사람들 143

자라고 할 수 없습니다. 우리는 죄인이었습니다. 그러나 지금은 용서받은 죄인, 돌아온 아들입니다.

달려가 입을 맞춘 것은 관계의 회복을 의미하고, 제일 좋은 옷을 입혀준 것은 허물을 덮어주는 것을 의미하고, 가락지를 끼워준 것은 아들의 명분을 확인한 것이고, 신을 신겨준 것은 신분을 회복시켜 주었다는 것이 주경가들의 해석입니다. 잔치를 벌인 것은 하나님 나라의 축제의 예표입니다.

아들 비유의 정점은 24절입니다. "죽었다가 다시 살아났다"는 것입니다. 바울은 에베소서 2장 1절에서 "허물과 죄로 죽었던 너희를 살리셨도다"라고 표현했습니다.

육체의 욕심을 따라 살았고, 세상 풍조를 따랐고, 제 마음대로 살았고, 허물로 죽은 우리를 살리셨고, 다시 일으켜주시고 하늘에 앉도록 해주셨다는 것입니다(엡 2:3-6).

세 비유가 강조하는 것은 단 한 사람의 죄인도 버리거나 포기하지 않으시고 구원하시는 하나님의 사랑과 구원입니다. 그래서 잃은 양을 찾은 후에 "이와 같이 죄인 한 사람이 회개하면 하늘에서는 회개할 것 없는 의인 아흔아홉으로 말미암아 기뻐하는 것보다 더하리라"(15:7)고 했고, 잃은 드라크마를 찾은 후에는 "죄인 한 사람이 회개하면 하나님의 사자들 앞에서 기쁨이 되느니라"고 했고 아들을 찾은 후에는 "네 동생(내 아들)은 죽었다가 살아났으며 내가 잃었다가 얻었기로 우리가 즐거워하고 기뻐하는 것이 마땅하다"(15:32)라고 했습니다.

세 비유는 단순히 양을 찾고, 돈을 찾고, 사람을 찾은 이야기가 아닙니다. 단 한 사람이라도 버리지 않고 찾으시는 하나님의 사랑을 이야기하고 있습니다.

양이나 드라크마는 잃었다가 다시 찾았다고 했고, 아들에 있어서는 잃었다가 찾았다가 아니라 죽었다가 다시 살아났다고 했습니다. '다시 찾았다'와 '다시 살아났다'는 것은 그 의미와 뜻이 전혀 다릅니다.

아들 이야기가 주는 메시지는 무엇입니까?
첫째, 하나님은 지금도 찾으신다는 것입니다.
그 이유는 지금도 계속 하나님을 떠난 사람들이 있고, 떠나려는 사람들이 있기 때문입니다.
얼마 동안 찾으십니까? '찾을 때까지'입니다. 이것은 하나님의 기다림이고 참으심입니다. 찾기까지 찾으시고 돌아올 때까지 참고 기다리십니다.
둘째, 돌아와야 합니다.
은전이나 양은 제 발로 걸어서 돌아올 수 없습니다. 그래서 찾아 나섰습니다. 그러나 아들은 사람입니다. 금속이나 짐승이 아닙니다.
빨리 깨닫고 돌이켜 돌아와야 합니다. 머뭇거려도 안 되고, 주저해도 안 됩니다. 미뤄도 안 됩니다. 지금 돌아와야 합니다. 더 망가지기 전에, 더 무너지기 전에 돌아와야 합니다. 지금 어디 있느냐는 문제가 되지 않습니다. 어떻게 살았느냐, 뭘 했느냐도 문제가 되지 않습니다.
아버지는 돌아온 아들의 지난 행적을 묻지도, 따지지도, 규명하지도 않았습니다. "드나들던 클럽 이름이 뭐냐, 만나던 여자들이 누구누구냐, 마시던 술은 어떤 것이냐, 돈은 어떻게 탕진했느냐, 거지꼴로 살지 왜 돌아왔느냐" 하면서 캐묻고 따지지 않았습니다.
이것이 하나님의 사랑이고 용서입니다. 이에 대한 성경 말씀을 찾아보겠습니다.
시편 103편 12절을 보겠습니다.

> "동이 서에서 먼 것같이 우리의 죄과를 우리에게서 멀리 옮기셨으며."

동과 서가 만나지 못하는 것처럼 멀리 멀리 옮겨 주셨다는 것입니다. 멀리 옮겼기 때문에 다시 찾지도 만나지도 못합니다.
이사야 43장 25절도 보겠습니다.

> "나 곧 나는 나를 위하여 네 허물을 도말하는 자니 네 죄를 기억하지 아니하리라."

여기에서 '도말'은 '지워버리고 없애버리는 것'이고 기억하지 않는다는 것은 과거를 잊어버린다는 것입니다.

돌아온 둘째 아들을 맞이한 아버지가 그랬습니다. 단, 조건이 있습니다. 돌아올 때 그렇게 하십니다. 회개할 때 그렇게 하십니다. 고집을 부리고 돌아오지 않으면 용서도 구원도 회복도 없습니다. 중요한 것은 결단입니다.

마음이 떠난 사람이라면, 몸이 떠난 사람이라면, 믿음이 떠난 사람이라면, 하나님 아버지를 떠난 사람이라면, 지금 여기서 돌아와야 합니다. 그것이 살 길이기 때문입니다.

지금 아버지 하나님이 나를 찾고 계십니다. 부르고 계십니다. "제가 여기 있습니다"라고 대답하고 지금 돌아와야 합니다. 그래야 회복하고, 그래야 용서받고, 그래야 구원받기 때문입니다.

"주님! 지금, 여기서 돌아왔습니다."

아멘!

기록된 사람들

🍁 **말라기 3:16-4:2**

그때에 여호와를 경외하는 자들이 피차에 말하매 여호와께서 그것을 분명히 들으시고 여호와를 경외하는 자와 그 이름을 존중히 여기는 자를 위하여 여호와 앞에 있는 기념책에 기록하셨느니라 만군의 여호와가 이르노라 나는 내가 정한 날에 그들을 나의 특별한 소유로 삼을 것이요 또 사람이 자기를 섬기는 아들을 아낌 같이 내가 그들을 아끼리니 그 때에 너희가 돌아와서 의인과 악인을 분별하고 하나님을 섬기는 자와 섬기지 아니하는 자를 분별하리라 만군의 여호와가 이르노라 보라 용광로 불 같은 날이 이르리니 교만한 자와 악을 행하는 자는 다 지푸라기같을 것이라 그 이르는 날에 그들을 살라 그 뿌리와 가지를 남기지 아니할 것이로되 내 이름을 경외하는 너희에게는 공의로운 해가 떠올라서 치료하는 광선을 비추리니 너희가 나가서 외양간에서 나온 송아지같이 뛰리라

말라기 선지자는 구약의 마지막 선지자였고, 말라기서는 구약의 마지막 예언서입니다.

이스라엘 민족은 하나님의 은혜로 70년간의 바벨론 포로 생활을 끝내고 이스라엘 땅으로 돌아왔습니다. 그러나 그 이후의 생활이 문제였습니다. 두 가지가 문제였습니다.

첫째, 신앙이 무너졌습니다.

이스라엘의 조상은 아브라함입니다. 그는 철저한 하나님의 신앙의 사람이었고 자손들에게도 그 신앙을 물려줬습니다. 그러나 후대 사람들은 그 신앙을 저버리고 제멋대로 죄짓고 살다가 주전 586년 나라가 망하고 바벨론의 포로로 끌려갔습니다. 길고 지루한 70년간 동안 포로로 살다가 돌아왔습니다.

그랬으면 정신 차리고 신앙생활을 바로 해야 하는데, 그 세월이 흐를수록 신앙이 무너졌습니다. 그 실례를 역대하 29-31장에서 찾아보겠습니다. 이스라엘(남왕국) 13대왕 히스기야 때 있었던 일을 예로 들어보겠습니다. 그들은 성전 문을 닫고 모이지 않았습니다(29:3), 성전은 온갖 더러운 것들과 쓰레기로 가득 차 있었고(29:5), 성소를 등지고 성전 안의 등불을 꺼버리고 번제를 드리지 않고(29:7), 게으르고(29:11), 사방에 우상 신전을 만들고(29:16), 매년 지키는 유월절 절기도 지키지 않고(30:1), 레위인과 제사장은 성전을 떠나 딴짓을 하고 있었고, 절기도 제사도 성전도 외면하고 있었습니다. 신앙이 무너진 것입니다. 하나님을 향한 믿음이 무너지니까 성전에 나오지 않고 예배가 무너졌습니다.

믿음이 무너지면 나타나는 첫 번째 증상은 교회에 나오기 싫고 교회가 멀어지고 예배가 귀찮아집니다. 그러나 그러면 큰일납니다. 미국에 있는 바나 조사연구기관(Barna Research Group)이 코로나 이후 교인들의 신앙 동향을 조사했습니다. 미국 기독교인 30퍼센트가 교회에 나오지 않고 온라인 예배도 드리지 않는다는 것입니다. 온라인 예배는 어쩔 수 없는 타협이지 바른 예배가 아닙니다. 제대로 신앙생활을 하기 원하면 성전으로 나와야 합니다. 신앙이 무너지면 예배가 무너지고, 예배가 무너지면 신앙이 무너집니다.

미국 교인들이 교회 안 나오는 이유는 "재미가 없다, 기대할 게 없다, 교회에 문제가 있다, 시간이 없다, 관심이 없다" 등이었습니다. 그러나 밥을 재미로 먹습니까? 잠을 재미로 잡니까? 예수를 취미로 믿고, 예배를 재미로 드리고, 교회를 재미 삼아 다닙니까? 아닙니다. 그러면 안 됩니다. 예배를 회복해야 합니다. 코로나 백신 개발보다 더 급한 것은 무너진 신앙을 회복하는 것입니다.

둘째, 세속화했습니다.

신앙이 무너지니까 사치가 극을 치닫고 윤리가 무너졌습니다. 실례를 찾아보겠습니다. 이사야 3장은 그 당시 여인들의 사치를 책망합니다. "딸들이 교만하여 늘인 목, 정을 통하는 눈으로 다니며 아기작거리고 걸으며 발로는 쟁쟁한 소리를 낸다"(3:16)라고 했고, 그들이 장식한 발목 고리, 얼굴 가리개, 화관, 발목 사슬, 띠, 향합, 호신부, 반지, 코 고리, 목도리, 손 주머니, 손 거울, 세마포 옷, 머리 수건, 너울을 제하실 것이라고(3:18-23) 했습니다. 그 당시 이런 치장이나 액세서리는 이방 여인들과 신전 안의 무녀들이 하는 것이었습니다. 그런데 하나님의 딸들이 세속에 물들어 가고 있었습니다. 그때나 지금이나 단정한 차림은 필요하지만 사치스러운 치장은 피해야 합니다.

호세아도 백성들의 세속화를 책망합니다. 번성할수록 범죄한다(호 4:7), 백성이나 제사장이 똑같이 범죄했다(4:9), 음행과 포도주에 마음을 빼앗겼다(4:11), 음란한 마음에 미혹되어 하나님을 버리고 음행하였다(4:12), 이스라엘이 더러워졌다(5:3)고 했습니다. 하나님보다 세상이 더 좋다, 하나님보다 물질이 더 좋다, 하나님보다 향락이 더 좋다는 것이 세속화입니다.

호세아서 외에도 모든 예언서가 당시 이스라엘 사람들의 죄를 책망했습니다. 기독교의 가장 큰 적은 바로 '세속화'입니다. 그 파도에 교회가 휩쓸리고 좌초당하면, 그리고 교회가 본질을 회복하지 못하고 세속화 물결에 떠밀려 가면 무너져버릴 것입니다.

말라기서는 두 기둥으로 구성돼 있습니다.

첫째 기둥은 경고와 책망입니다.

말라기 1-4장까지를 보면 구구절절 잘못을 책망합니다. '나를 공경하느냐, 나를 두려워하느냐(1:6), 더러운 떡을 나의 제단에 드리고 여호와의 식탁은 경멸히 여기고 있구나(1:7), 너희가 손으로 드리는 것을 받지 않겠다(1:10), 내 이름을 더럽히는도다(1:12), 흠 있는 것을 속여 내게 드리는구나(1:14), 여호와를 괴롭게 하는도다(2:17), 완악한 말로 나를 대적하는구나'(3:13) 등등 하나님을 떠나고 소홀히 여기고 제사를 아무렇게나 드리고 속이고 대적하고, 세속화하고 타락했습니다.

둘째 기둥은 구원과 회복입니다.

모든 예언서가 그렇듯 말라기의 예언도 그 중심은 구원과 회복입니다. 3장 16절을 주목해봅시다.

> "그때에 여호와를 경외하는 자들이 피차에 말하매 여호와께서 그것을 분명히 들으시고 여호와를 경외하는 자와 그 이름을 존중히 여기는 자를 위하여 여호와 앞에 있는 기념 책에 기록하셨느니라."

성경에는 두 종류의 사람이 등장합니다. 하나님을 대적하는 사람과 경외하는 사람입니다. 대적하는 사람들은 하나같이 심판을 받았습니다. 하나님을 대적한 나라 역시 다 멸망했습니다. 그러나 하나님을 경외하는 사람들은 용서받고 구원받고 회복되었습니다.

말라기 3장 16절이 그 사실을 재확인합니다. 그 이름을 기념책에 기록하신다고 했습니다.

기념책이 뭡니까? 출애굽기 32장 33절을 보면 "누구든지 내게 범죄하면 내가 내 책에서 그를 지워 버리리라"고 했고, 누가복음 10장 20절을 보면 주님은 제자들에게 "귀신들이 너희에게 항복하는 것으로 기뻐하지 말고 너희 이름이 하늘에 기록된 것으로 기뻐하라"고 말씀하셨습니다.

요한계시록 3장 5절을 보면 "이기는 자는 이와 같이 흰옷을 입을 것이요 내가 그 이름을 생명책에서 결코 지우지 아니하고 그 이름을 내 아버지 앞과 그의 천사들 앞에서 시인하리라"고 했습니다. 요한계시록 20장 15절은 "누구든지 생명책에 기록되지 못한 자는 불 못에 던져지더라"고 했습니다.

주경가들은 기념책은 인간의 행실을 기록한 책이고 생명책은 구원받은 사람들의 이름을 기록된 책이라고 해석합니다.

그러니까 인간의 언어, 행실, 삶도 기록이 되어 있고 구원받은 사람들의 이름도 기록이 되어 있다는 것입니다. 아담 이후 지금까지 살다가 죽었거나 살고 있는 사람의 수가 수천억일 텐데 무슨 방법으로 낱낱이 다 기록을 할 수 있느냐고 반문할 수 있습니다.

컴퓨터나 정보통신이 발달되기 이전에는 그런 의심이 가능했습니다. 그러나 지금은 아닙니다. 컴퓨터가 기억할 수 있는 용량 단위인 1테라바이트는 1,024기가바이트에 해당하고 고화질 사진 25만 장, 영화 250편, 500시간 길이의 동영상, 서류캐비닛 1,300개에 상응하는 서류 6만5천 페이지를 저장할 수 있습니다. 그리고 2~3년 안에 영화 10억 개를 저장할 수 있는 장치가 개발된다고 합니다. 데이터 저장은 무제한 무한대의 양을 담을 수 있다고 합니다.

하물며 하나님의 저장능력은 그런 것들과 비교가 되지 않습니다.

저의 경우 단 한 번도 인터넷이나 SNS 공간에 개인적인 정보를 올린 일이 없습니다. 그런데 인터넷 창을 검색하면 신상과 정보가 깨알처럼 드러납니다. 그러나 하나님의 저장능력엔 비길 수가 없습니다.

하나님은 피할 수도 없고, 숨길 수도 없고, 감출 수도 없고, 속일 수도 없습니다. 하나님을 피할 수 있다고 여기는 사람들에게 일찍이 다윗이 경고를 했습니다. 시편 139편입니다.

> "나를 아시나이다……앉고 일어섬을 아시고 멀리서도 나의 생각을 밝히 아시오며……나의 모든 길과 내가 눕는 것을 살펴 보셨으므로 나의 모든 행위를 익히 아시오니……내 혀의 말을 알지 못하시는 것이 하나도 없으시니이다……내가 주의 영을 떠나 어디로 가며 주의 앞에서 어디로 피하리이까 내가 하늘에 올라갈지라도 거기 계시며 스올에 내 자리를 펼지라도 거기 계시니이다……바다 끝에 가서 거주할지라도 거기서도 주의 손이 나를 인도하시며……내 내장을 지으시며 나의 모태에서 나를 만드셨나이다."

"하나님은 모르실 거야, 기억 못 하실 거야, 숨으면 될 거야, 감추면 될 거야, 어떻게 알겠어?"

아닙니다, 그렇지 않습니다. 다 아십니다. 다 기억하십니다. 숨길 수도, 감출 수도 없습니다. 히브리서 4장 13절을 보겠습니다. "지으신 것이 하나도 그 앞에 나타나지 않음이 없고 우리의 결산을 받으실 이의 눈앞에 만물이 벌거벗은 것같이 드러나느니라"고 했습니다.

구체적으로 본문을 살펴보겠습니다.

첫째로 누가 기념책에 기록됩니까?

3장 16절을 보면 '여호와를 경외하는 자들'이라고 했고, '그 이름을 존중히 여기는 자'라고 했습니다. 하나님을 믿고 섬기는 사람들, 그리고 하나님의 이름을 높이고 자랑하는 사람들을 말합니다. 이스라엘 사람들은 하나님의 이름을 부를 때 '엘'이라는 단어를 앞에 넣곤 했습니다.

'엘 로이'는 '보시는 하나님', '엘 샤다이'는 '전능하신 하나님', '엘 베릿'은 '언약의 하나님', '엘 올람'은 '영원하신 하나님', '엘 엘욘'은 '최고로 높으신 하나님'입니다.

구약시대의 사람들은 감히 함부로 하나님의 이름을 부르지도 못했습니다. 그러나 하나님이신 예수 그리스도가 사람이 되어 이 땅에 오신 이후부터는 주님을 자유롭게 부를 수 있게 되었습니다.

로마서 10장 13절은 "누구든지 주의 이름을 부르는 자는 구원을 받으리라"고 했습니다. '누구든지'는 구원의 보편성을 의미하고 '이름을 부른다'는 것은 예수님을 믿고 구주라고 고백하는 것을 말합니다.

예수 그리스도의 거룩한 이름을 부를 수 있다는 것은 큰 은혜입니다. 예수님을 구주로 믿고 고백하는 사람은 구원을 받고 그 이름이 기념책, 생명책에 기록이 되는 것입니다.

예수를 믿고 구주로 고백했기에 내 이름도 생명책에 기록되어 있습니다.

둘째로 기록된 사람들이 누리는 복이 있습니다.

첫째, 하나님의 소유로 삼으시고 아끼십니다. 17절을 보겠습니다. "만군의 여호와가 이르노라 나는 내가 정한 날에 그들을 나의 특별한 소유로 삼을 것이요 또 사람이 자기를 섬기는 아들을 아낌같이 내가 그들을 아끼리니"라고 했습니다. 이사야 43장 1절도 같은 의미의 말씀을 전하고 있습니다. "내가 너를 구속하였고 내가 너를 지명하여 불렀나니 너는 내 것이라"고 했고, 43장 2절에서는 "네가 물 가운데로 지날 때에 내가 너와 함께할 것이라 강을 건널 때에 물이 너를 침몰하지 못할 것이며 네가 불 가운데로 지날 때에 타지도 아니할 것이요 불꽃이 너를 사르지도 못하리니"라고 했습니다.

왜 그렇게 하십니까? 하나님의 것, 하나님의 소유이기 때문입니다. 주경가는 이것을 가리켜 '상호소유(相互所有)의 신비'라고 했습니다.

다시 말하면 하나님은 우리를 소유로 삼으시고 우리는 하나님을 소유한다는 것입니다. '나는 주 안에, 주님은 내 안에'인 것입니다. 하나님의 소유! 그래서 아끼고 사랑하고 지키고 보호하시는 것입니다. 나는 내 것이 아닙니다. 내 것이라고 장담할 것이 없습니다. 뭐가 내 것입니까? 생명입니까? 재산입니까? 건강입니까? 아닙니다. 없습니다. 하나님의 소유가 되면 내가 가진 것들도 하나님의 소유입니다.

"내가 지키고 보호할 수 있는 것은 없습니다. 나는 하나님의 소유입니다"라고 고백하고 다 맡기면 편합니다. 왜 움켜쥐고 고생해야 합니까? 내 것이 아닙니다. "내 것"이라고 고집하면 인생이 피곤해집니다. 나는 하나님의 소유입니다.

둘째, 치료의 광선으로 치료하십니다. 4장 2절을 보겠습니다. "내 이름을 경외하는 너희에게는 공의로운 해가 떠올라서 치료하는 광선을 비추리니 너희가 나가서 외양간에서 나온 송아지 같이 뛰리라"고 했습니다.

여기서 말하는 의로운 해는 빛 되신 예수 그리스도를 의미하고, 치료의 광선은 치료하시는 능력을 의미합니다.

1895년 독일 의사 빌헬름 콘라트 뢴트겐이 음극선을 연구하다가 유리, 나무, 종이, 알루미늄 등 고체를 통과하는 빛을 발견했습니다. 그것이 오늘날의 X레이입니다. 그의 이름을 따서 뢴트겐선이라 부르기도 했습니다. X레이는 촬영, 치료에 획기적인 기여를 했고, 지금도 하고 있습니다.

1960년 5월 미국의 물리학자 시어도어 메이먼 박사가 인공 및 레이저를 개발했습니다. 이 레이저로 치료, 수술, 프린터, 토닝 등 모든 분야에 활용하고 있습니다.

그런데 주전 440년경, 지금으로부터 2500여 년 전 치료의 광선이 있다고 했습니다. 그 치료의 광선은 빛이신 예수 그리스도이시고 영혼도 육체도 치료하시고 앞으로도 치료하십니다.

일찍이 출애굽기 15장 26절은 "나는 너희를 치료하는 여호와임이라"고 했고, 마태복음 4장 23-24절에서는 "백성 중의 모든 병과 모든 약한 것을 고치시니……앓는 자 곧 각종 병에 걸려서 고통당하는 자, 귀신 들린 자, 간질하는 자, 중풍병자들을 데려오니 그들을 고치시더라"고 했습니다. 출애굽기 15장 26절과 말라기 4장 2절과 마태복음 4장 23-24절은 '하나님이 치료의 광선이시다, 그 광선으로 고치신다, 예수 그리스도는 영혼도 구원하시고 육체도 치료하신다'는 것입니다. 죄를 용서하시고 구원하시는 예수님, 치료의 광선, 은혜의 광선, 사랑의 광선으로 고치시는 예수님! 오늘도 주님은 구원하시고 치료하십니다. "의사는 싸매고 하나님은 치료하신다"라는 말이 있습니다. 병원이나 의사나 의학이 하는 일에는 한계가 있습니다. 병원이나 의사는 할 수 있는 일이 있고, 할 수 없는 일이 있습니다.

삼성그룹 이건희 회장이 세상을 떠났습니다. 지병으로 장기간 동안 삼성의료원에 입원해 있었습니다. 그곳은 우리나라 최고의 의료기관입니다. 돈이 없었습니까? 치료비가 모자랐습니까? 명의들이 없었습니까? 그런데 세상을 떠났습니다. 그래서 성경은 하나님만 치료의 광선, 영원한 치료자, 구원자이시라고 말씀합니다.

셋째로 우리가 할 일이 있습니다.

첫째, 내 이름이 기록에 있는가를 확인해야 합니다. 다시 말하면 기록된 내 이름이 지워지지 않도록 해야 합니다. 말라기 4장 1절을 보겠습니다.

"교만한 자와 악을 행하는 자는 다 지푸라기 같을 것이라 그 이르는 날에 그들을 살라 그 뿌리와 가지를 남기지 아니할 것이로되."

내 이름이 기록에 남느냐, 지워지느냐는 나 하기에 달려있습니다. 교만한 자, 악을 행하는 자는 뿌리가 뽑히고 가지도 남지 않는다는 것이 본문의 교훈입니다.

어느 날, 전도하러 나갔던 70인이 돌아와 성과를 보고하고 있었습니다. "주의 이름을 댔더니 귀신들이 물러갔습니다"라고 말입니다. 그들로서는 대단한 사건이었습니다. 그들에게 주님은 "귀신들이 너희에게 항복하는 것으로 기뻐하지 말고 너희 이름이 하늘에 기록된 것으로 기뻐하라"고 하셨습니다. 생명책에 기록된 것을 더 자랑하고 기뻐하라는 것입니다. 내 이름이 생명책, 기념책에 기록되어 있는 것을 기뻐합시다. 감사합시다.

둘째, 법도를 지켜야 합니다. 4장 4절을 보면 "너희는 내가 호렙에서 온 이스라엘을 위하여 내 종 모세에게 명령한 법 곧 율례와 법도를 기억하라"고 했습니다. 출애굽한 이스라엘이 어떻게 하나님을 섬길 것인가, 어떻게 살 것인가, 이에 대해 호렙산(시내산)에서 모세를 통해 십계명과 법도를 주셨습니다(출 19-20장). 그것을 잊지 말고 기억하라는 것입니다. 그리고 4장 6절에서는 마음을 하나님께로 돌이키라고 했습니다. 4절과 6절을 종합하면 '하나님 말씀을 잃어버리지 말라, 그리고 딴 데 바라보지 말고 하나님을 바라보아라. 시선도, 마음도 하나님께로 향하라'는 것입니다. 4장 6절 끝부분 말씀을 주목해야 합니다. 두렵고 떨리는 말씀입니다. "돌이키지 아니하면 두렵건대 내가 와서 저주로 그 땅을 칠까 하노라"고 말씀하십니다. 내가 직접 와서 그 땅과 거기 사는 백성을 치게 될 것이라는 것입니다. 그러나 우리는 걱정할 것이 없습니다. 하나님을 바라보고 인정하고 그 이름을 부르며 높이면 됩니다. 힘들더라도 말씀을 거역하지 말고 말씀대로 살기 위해 노력하면 됩니다.

4장 2절의 끝부분 말씀을 결론으로 삼겠습니다. "너희가 나가서 외양간에서 나온 송아지 같이 뛰리라"고 했습니다. 우리에 갇혀 있다 풀려난 송아지가 푸른 초원을 달리고 기뻐 뛰는 것처럼 그 이름이 생명책에 기록된 사람들, 고침받은 사람들, 구원받은 사람들이 푸른 초원을 달리고, 뛰고, 노래 부르게 된다는 것입니다.

감사합시다. 기뻐합시다.

생명책에 내 이름이 있습니다. 아멘!

독생자의 영광

🍁 **요한복음 1:9-14**

참 빛 곧 세상에 와서 각 사람에게 비추는 빛이 있었나니 그가 세상에 계셨으며 세상은 그로 말미암아 지은 바 되었으되 세상이 그를 알지 못하였고 자기 땅에 오매 자기 백성이 영접하지 아니하였으나 영접하는 자 곧 그 이름을 믿는 자들에게는 하나님의 자녀가 되는 권세를 주셨으니 이는 혈통으로나 육정으로나 사람의 뜻으로 나지 아니하고 오직 하나님께로부터 난 자들이니라 말씀이 육신이 되어 우리 가운데 거하시매 우리가 그의 영광을 보니 아버지의 독생자의 영광이요 은혜와 진리가 충만하더라

신약성경은 모두 27권입니다. 그 가운데 마태, 마가, 누가, 요한복음을 4복음서라고 부릅니다. 4복음서는 동일하게 예수님에 관한 기사를 다루고 있습니다. 그러나 예수님을 설명하는 관점엔 차이가 있습니다. 마태는 예수님을 유대인의 왕으로 봅니다. 그래서 족보를 기술할 때 다윗 왕의 후손으로 태어난 사실을 밝히고 있습니다. 마가는 예수님을 종으로 설명합니다. 그래서 마가복음에는 족보 기록이 없습니다. 종은 족보가 없기 때문입니다. 누가는 예수님을 아담의 후손으로 설명합니다. 그래서 3장 23-38절에 예수님의 족보를 기술하면서 아담의 후손이라는 점을 강조합니다.

그러나 요한복음은 예수님이 태초에 계신 말씀이라고 설명합니다.

그래서 요한복음은 영적이고 신비적이고 우주적이고 장엄합니다. 요한복음은 예수님의 제자인 요한이 기록한 책입니다. 요한은 요한복음 외에도 요한일·이·삼서와 요한계시록을 기록했습니다. 요한복음을 기록한 장소는 에베소였고 기록한 때는 주후 90-100년 어간으로 보고 있습니다.

요한복음은 "태초에 말씀이 계시니라"로 시작됩니다. 그리고 1장에서 예수님을 여러 가지 대명사로 호칭하고 있습니다. 말씀(1:1), 생명(1:4), 빛(1:4, 1:9), 독생자(1:14), 어린 양(1:29), 하나님의 아들(1:34) 등입니다. 여기서는 1장 14절 "말씀이 육신이 되어 우리 가운데 거하시매 우리가 그의 영광을 보니 아버지의 독생자의 영광이요 은혜와 진리가 충만하더라"는 이 구절을 중심으로 말씀을 살펴보겠습니다.

독생자라는 용어는 요한만의 독특한 표현입니다. 성경 다른 곳에는 독생자라는 말이 없습니다. 요한복음 1장 14절, 1장 18절, 3장 16절, 3장 18절 그리고 요한일서 4장 9절에서 독생자라는 용어를 사용했습니다(5회). 그리고 '독생자의 영광'이라는 표현을 했습니다(1:14). 그러나 독생자 예수 그리스도의 생애를 살펴보면 영광스러운 생애가 아니었습니다. 그 이유를 찾아보겠습니다.

첫째, 하나님이 사람이 되셨기 때문입니다. 1절은 "태초에 말씀이 계시니라……이 말씀은 곧 하나님이시니라"고 했고, 14절은 "말씀이 육신이 되어 우리 가운데 거하시매"라고 했습니다. 하나님이 친히 사람이 되시고 이 땅에 오셨습니다.

가령 산골 청년이 독학으로 공부해서 대학 총장이 됐다거나 농사짓던 아무개가 성공해서 대통령이 됐다면 영광일 수 있습니다. 그러나 하나님이 인간의 몸으로 이 세상에 오셨는데, 그게 무슨 영광스러운 사건이 될 수 있습니까?

둘째, 환영받지 못했습니다. 하나님이 사람이 되시고 이 땅에 오셨다는 것은 얼마나 엄청난 사건입니까? 그러나 사람들은 환호하고 감격하고 영접하지 않았습니다. 11절을 보면 "자기 땅에 오매 자기 백성이 영접하지 아니하였으나"라고 했습니다. 당시 유대 나라 왕이었던 헤롯은 아기 예수를 죽이려 했습니다.

셋째, 출생과 성장이 고생의 연속이었습니다. 출생지는 베들레헴 마구간이었습니다. 가난한 목수 요셉과 마리아의 집에서 자랐고 애굽으로 피난하셔야 했습니다. 요셉은 재벌도, 권력자도, 명문가 출신도 아니었습니다. 그런 부모와 가정환경에서 성장했습니다.

넷째, 기성 종교 지도자들의 박해를 받았습니다. 예수 반대파들, 기성 종교인들의 반대와 방해가 계속됐습니다. 바리새파 사람들과 사두개파 사람들이 앞장섰습니다.

다섯째, 십자가를 지셨습니다. 죄를 짓고 벌을 받는 것은 당연한 일입니다. 그 당시 십자가형은 흉악범, 정치범, 파렴치범에게만 내리는 형벌이었는데 예수님은 지은 죄가 없었습니다. 그 당시 최종 재판 판결을 책임진 빌라도 총독도 "이 사람은 죄가 없다"라고 했습니다.

요한복음 19장 6절을 보면 빌라도가 "나는 그에게서 죄를 찾지 못하였노라"고 했습니다. 히브리서 9장 28절에서는 "많은 사람의 죄를 담당하시려고 단번에 드리신 바 되셨고 구원에 이르게 하기 위하여 죄와 상관없이"라고 했습니다. 그리고 베드로전서 1장 19절에서는 "흠 없고 점 없는 어린양 같은 그리스도"라고 했습니다. 죄를 찾을 수도 없고, 죄와 상관도 없고, 흠도 없고, 점도 없는 예수님이 고난당하시고 십자가에 죽으셨습니다.

유대 역사학자 요세푸스의 글에 의하면 채찍은 가죽 끝에 동물의 뼛조각이나 납덩이를 매단 것으로 채찍에 맞으면 살점이 떨어지고, 피가 솟구치고, 뼈가 드러났다고 합니다. 유대인들은 40번 이상 채찍

질을 하지 못하게 했지만, 로마 군인들은 죄수가 실신할 때까지 때렸다고 합니다. 그 채찍에 맞으셨습니다. 면류관은 당시 로마 황제들이 썼던 것인데, 보석으로 치장해 만들었습니다. 그런데 예수님은 가시나무로 엮은 면류관을 쓰셨습니다. 옆구리에는 창으로 찔렸으며 양손, 양발에는 쇠못을 박았습니다.

예수님이 겪으신 이런 고통이 어떻게 독생자의 영광이 될 수 있습니까? 영광이기보다는 독생자의 패배, 절망, 비극이라고 하는 게 맞습니다. 그런데 왜, 독생자의 영광이라고 했을까요? 다음과 같은 이유 때문입니다.

첫째로 예언의 성취 때문입니다.

누가복음 2장 7절을 보면 "여관에 있을 곳이 없음이러라"고 했습니다. 요세푸스의 기록에 의하면 유월절 절기가 되면 전국 각지에서 100만 인파가 예루살렘에 모여들었습니다. 잠자리도, 먹는 것도, 통행도 힘들었습니다. 그때 상황으론 마구간을 구한 것도 다행이었습니다. 그러나 누가복음 2장 13절을 보면 천군 천사가 축하 찬송을 불렀다고 나옵니다. 찬송 가사는 "하나님께는 영광, 사람에게는 평화"였습니다. 그리고 목자들과 동방박사가 탄생을 축하했습니다.

아기 예수의 탄생은 평범한 사건이 아닙니다. 하나님께는 영광을, 사람들에게는 평화를 주는 그리스도의 탄생입니다. 이런 탄생은 전에도 없었고, 앞으로도 없습니다. 단 한 번뿐인 역사적 사건입니다. 그래서 '영광'스런 탄생인 것입니다. 인류 역사와 세계 역사상 한 아기의 탄생을 천사가 축하한 사건은 없었습니다. 보통 아기가 아니었기 때문에, 평범한 출생이 아니었기 때문입니다. 그리고 수천 년 전에 이미 구약에서 아기 예수의 탄생을 예언했습니다. 아기 예수의 탄생은 평범한 탄생이 아닙니다. 평범한 자연인의 탄생이라면 예언자들이 예언할 이유가 없습니다. 몇 군데 실례를 찾아보겠습니다.

창세기 3장 15절은 "내가 너로 여자와 원수가 되게 하고 네 후손도 여자의 후손과 원수가 되게 하리니 여자의 후손은 네 머리를 상하게 할 것이요 너는 그의 발꿈치를 상하게 할 것이니라"고 했습니다. 예수님이 장차 여자의 후손으로 태어나 마귀를 멸하신다는 예언입니다. 그런데 갈라디아서 4장 4절을 보면 "때가 차매 하나님이 그 아들을 보내사 여자에게서 나게 하시고"라고 했습니다. 구약 창세기의 예언이 성취된 것입니다. 이사야 7장 14절은 "그러므로 주께서 친히 징조를 너희에게 주실 것이라 보라 처녀가 잉태하여 아들을 낳을 것이요 그의 이름은 임마누엘이라 하리라"고 했습니다.

마태복음 1장 21절을 보면 "아들을 낳으리니 이름을 예수라 하라 이는 그가 자기 백성을 그들의 죄에서 구원할 자이심이라"고 했고, 22절은 "이 모든 일이 된 것은 주께서 선지자로 하신 말씀을 이루려 하심이니"라고 했습니다. 이사야 7장 14절의 예언이 성취되었음을 마태복음 1장 21-22절이 증거합니다. 미가서 5장 2절을 보면 "베들레헴 에브라다야 너는 유다 족속 중에 작을지라도 이스라엘을 다스릴 자가 네게서 내게로 나올 것이라 그의 근본은 상고에, 영원에 있느니라"고 했습니다. 이는 예수 그리스도가 베들레헴에서 태어나신다는 예언입니다. 그런데 그대로 성취됐습니다.

마태복음 2장 1절을 보면 "헤롯 왕 때에 예수께서 유대 베들레헴에서 나시매"라고 했습니다. 예수님의 탄생에 관한 구약의 예언들이 마치 두 개의 톱니바퀴가 맞물리는 것처럼 신약에서 성취된 것입니다. 이런 탄생은 전에도, 후에도 없습니다. 그래서 독생자의 영광인 것입니다.

둘째로 십자가와 부활 때문입니다.

　역사적 인물들 가운데 국가나 민족을 위해 살다가 죽은 사람들은 있었습니다. 그러나 인간의 죄를 대속하고 구원하기 위해 십자가를 진 경우는 예수님 밖에 없습니다. 애국하다가, 좋은 일 하다가 죽은 사람은 있습니다. 그러나 다시 살아난 사람은 없습니다. 오직 예수 그리스도뿐입니다.

　목수의 아들, 나사렛 예수, 유대 나라 주류사회에 끼지도 못한 예수, 그러나 예수님의 영광은 부모 때문도 아니고 고향 때문도 아닙니다. 예수님의 영광은 십자가와 부활 때문입니다.

　당시 유대 문중의 타락과 범죄를 걱정하는 사람들은 많았습니다. 예언자들이 죄를 책망하고 걱정했습니다. 그러나 백성을 대신해 죽은 사람은 없었습니다. 그러나 예수님은 죽으러 오셨고, 죽으셨습니다. 그리고 부활하셨습니다. 만일 예수님이 가난한 목수 집에 태어나 가난하게 살다가 뜻한 바가 있어서 국가를 위해 죽는 것으로 끝났다면 무슨 의미가 있습니까?

　예수님만 죽었습니까? 이사야도, 예레미야도, 호세아도, 세례요한도 죽었습니다. 뜻 있고 값지게 살다가 죽었습니다. 그러나 그 누구도 부활한 사람은 없습니다. 오직 예수님만 죽으신 후 다시 살아나시고 죄를 대속하셨습니다. 그래서 독생자의 영광이 되는 것입니다. 재림의 영광은 더 크고 놀랍습니다. 베들레헴 탄생과는 전혀 다릅니다. 심판주로 오십니다. 구름타고 천군 천사가 호위하며 만왕의 왕으로 오십니다. 영광의 절정을 보게 될 것입니다.

　전 세계 기독교인 수를 24억 8천만(기독교, 천주교 합)으로 봅니다. 76억 인구의 3분의 1 정도가 예수님의 성탄을 기뻐하고 있습니다. 수십억 사람들이 축하하는 생일은 예수님 외에는 없습니다. 독생자의 영광입니다.

그렇다면 우리의 할 일은 무엇입니까?

첫째, 성탄을 기뻐하고 찬양합시다.

지방 모 교회 목사님이 보낸 상담편지 내용을 소개합니다. "성탄절을 앞두고 교회에 장식을 하려고 하는데 과소비하면 안 된다, 시절이 좋지 않다, 검소해야 한다, 장식이 무슨 의미가 있느냐라는 의견과 예수님 탄생하신 날이니까 잘해야 한다는 의견이 엇갈리고 있는데 어떻게 해야 합니까?"라는 질문이었습니다. "교회 장식보다 더 중요한 것은 마음의 장식입니다. 그러나 1년에 한 번 맞이하는 성탄절! 누구 생일입니까? 내 생일, 내 기념일, 내 집 돌잔치는 검소하게 줄이더라도 예수님 생일은 장식을 하십시오"라고 답했습니다.

옛날 한국 초대교회는 돈 들여 장식하지 않고 교인들 손으로 직접 했습니다. 트리를 직접 세우고 장식을 매달았습니다. 만국기를 직접 만들어 걸고 색종이를 접고 오려서 간판을 만들었습니다. 12월 24일 성탄전야는 주일학교 축하 행사가 열렸습니다. 성극, 합창, 독창, 춤, 성경 암송이 어우러졌고 성탄일은 축하 음악예배, 1년간 교회 생활에 대한 시상식을 했습니다. 그리고 떡국을 끓이고 잔치를 벌였습니다. 성탄전야에는 집집마다 돌면서 새벽송을 불렀습니다. 추위도 아랑곳하지 않았습니다.

그런데 '연말연시 조용하게 가족과 함께'라는 관제 캠페인이 시작되면서부터 성탄절 문화가 바뀌기 시작했습니다. 서울 시청과 광화문 거리를 밝히던 불도 꺼버렸습니다. 공영방송에선 크리스마스 캐럴도 내보내지 않습니다. 교회들도 잠잠합니다. 그러나 문화에 밀리고 여론에 밀리면 안 됩니다. 성탄을 기뻐하고 다음 세대, 후손들에게 성탄의 감격과 감동을 물려줘야 합니다.

둘째, 성탄의 뜻을 실천합시다.

'왜 오셨는가? 오셔서 어떻게 사셨는가? 어떤 일을 하셨는가? 그리고 나는 무엇을 해야 하는가?'를 생각하고 성탄의 뜻과 정신과 가르침을 실천해야 합니다. 그것이 행사보다 더 중요합니다.

양을 치던 목자들은 마구간을 찾아가 경배했습니다. 천사들은 하늘에서 찬양과 영광을 올려드렸습니다. 동방박사들은 먼 나라에서 찾아와 황금과 유향과 몰약을 드렸습니다. 시므온이라는 사람은 예수님을 보기 전에는 죽을 수도 없다며 날마다 기다렸습니다(눅 2:26). 이처럼 목자들처럼 일터에서 축하할 수 있습니다. 천사들처럼 찬송으로 영광을 드릴 수 있습니다. 동방박사처럼 가장 소중한 것, 예수님이 기뻐하시는 것을 드릴 수 있습니다. 반대로 헤롯 왕은 아기 예수를 죽이기 위해 군대를 동원하고 영아 학살령을 선포했습니다.

2천 년 교회사를 보면 제2, 제3의 헤롯은 계속 존재했습니다. 앞으로도 있을 것입니다. 예수가 싫은 사람들, 기독교가 없어지거나 추락하기를 바라는 사람들, 반기독교 세력과 공격 세력들은 지금도 있고 앞으로도 있을 것입니다.

그러나 예수님은 살아 계십니다. 권력도 무너지고 정권도 무너지지만 예수 생명은 역사할 것입니다. 무엇으로, 어떤 방법으로 성탄의 뜻을 실천해야 합니까? 직접 베들레헴으로 찾아갈 필요는 없습니다. 거기 마구간에 계시지 않기 때문입니다.

저희 집안 얘기를 하겠습니다. 남자는 네 사람(저와 아들, 사위 둘), 여자는 열하나입니다(제 처, 두 딸, 며느리 그리고 손녀가 일곱입니다). 남자 4명, 여자 11명. 여자수가 훨씬 많습니다. 막내 손녀와 있었던 일을 이야기해보겠습니다. 늦둥이로 태어나 선교사인 아빠 따라 미국, 캐나다, 중국, 한국을 오가며 자랐습니다. 초등학교 4학년입니다. 어느 날 보니까 머리가 치렁치렁 너무 길어 보였습니다. "머리가 너무 긴 것 같다. 짧게 자르면 좋겠다"라고 했더니 자르면 안 되고 더 길게 길러야 된다는 것입니다. 어른이신 할아버지 말씀인데 눈도 깜짝 안 하고 허리에 닿을 때까지 길러야 한다는 대답이 당돌하고 어처구니없었습니다. 그래서 왜 길러야 하는가를 물었습니다. 사연이 있었습니다.

어느 날 인터넷에서 소아암을 치료받는 아이들 이야기를 보게 되었다고 했습니다. 특히 여자아이들은 머리가 다 빠져 있었습니다. 그런데 그 아이들을 위해 가발을 만들어 주고 있는 기사를 보게 됐습니다. 그래서 머리를 길러서 가발 만드는 데로 보내기로 했다는 것입니다. 가발을 만들려면 머리가 허리까지 내려오도록 길러야 된다는 것입니다. 대견하고 미안했습니다. 그래서 "고맙다, 착하다, 예쁘다"라며 토닥여주었습니다.

우리 모두는 뭔가 할 수 있는 일이 있고 해야 할 일이 있습니다. 큰 일이 아니어도 됩니다. 주님 나신 성탄절에 내가 할 수 있는 일, 한 가지만이라도 정하고 실천하십시오. 신문이나 TV에 나지 않더라도, 다른 사람이 알아주지 않더라도 "참 잘했다"라고 자신을 칭찬할 수 있는 그 일을 하십시오. 뜻있고 보람 있는 그런 일을 하십시오.

셋째, 예수님을 선물합시다.

누가복음 2장 15-18절을 보면 천사들은 목자들에게 성탄소식을 전했고, 목자들은 곧바로 마구간을 찾아가 천사가 들려준 성탄소식을 전했습니다. 그러니까 목자들은 최초로 성탄소식을 전한 메신저였고 최초로 성탄을 선포한 설교자들이었습니다.

예수님의 탄생, 고난, 십자가, 부활, 승천, 재림을 가감 없이 그대로 믿는 것이 순수 복음 신앙입니다. 그리고 그대로 전하는 것이 순수 복음의 선포입니다. 신앙도, 신학도 순수성을 회복해야 합니다.

구주로 오신 예수님을 목자들처럼 이야기하고 선포합시다. 직장에서 동료에게, 친구에게, 가족에게, 전화로, 문자로, 카톡으로, 만나서

전합시다. 그리고 실천합시다. 그것이 독생자 예수님의 성탄을 맞는 바른 자세입니다.

"독생자의 영광! 메리 크리스마스!"

주의 이름

> **시편 44:4-8**
>
> 하나님이여 주는 나의 왕이시니 야곱에게 구원을 베푸소서 우리가 주를 의지하여 우리 대적을 누르고 우리를 치러 일어나는 자를 주의 이름으로 밟으리이다 나는 내 활을 의지하지 아니할 것이라 내 칼이 나를 구원하지 못하리이다 오직 주께서 우리를 우리 원수들에게서 구원하시고 우리를 미워하는 자로 수치를 당하게 하셨나이다 우리가 종일 하나님을 자랑하였나이다 우리는 하나님의 이름에 영원히 감사하리이다 (셀라)

　시편의 본래 이름은 '찬양의 책'이었는데 훗날 히브리어로 쓴 성경을 헬라어로 번역하면서 시편으로 부르기 시작했습니다(70인역). 시편은 150편으로 구성되어 있는데 다윗의 시 73편, 고라 자손의 시 12편, 아삽의 시 12편, 솔로몬의 시 2편, 모세(90장), 헤만, 에단 등의 시 각 1편씩 그리고는 무명의 시로 되어 있습니다. 시편이 다루고 있는 주제는 "감사, 찬양, 참회, 기도, 예언(2장)" 등입니다.

　시편의 용도는 다양합니다. 일상생활에서, 성전예배 때 시편을 애송했고 초대교회의 사도들도 시편을 애송하고 인용했습니다. 시편 150편을 보면 시편을 노래할 때 나팔, 비파, 수금, 소고, 현악, 퉁소, 제금으로 찬양하라고 했고 춤추며 찬양하라고 했습니다. 요즘으로 말하면 오케스트라를 의미합니다.

시편 44편은 고라 자손이 부른 노래입니다. 표제는 고라 자손이 마스길 인도자를 따라 부른 노래라고 되어 있습니다. '마스길'이란 교훈시라는 뜻이고 지휘자의 지휘를 따라 부른 노래였습니다.

시편 44편을 노래한 고라 자손이 어떤 사람들인가를 살펴보겠습니다. 민수기 16장을 보면 고라에 관한 기사가 기록되어 있습니다. 당시 모세, 아론, 고라는 레위 지파였습니다. 그런데 모세는 최고 지도자, 아론은 제사장, 고라는 성막 문지기였습니다. '나는 뭐야? 나는 천덕꾸러기야?'라는 불평과 불만이 쌓였는데, 그는 그런 류의 사람들을 찾다가 놀랐습니다. 모세와 아론에 대한 불만 세력이 의외로 많았기 때문입니다. 250명을 모았습니다. 그리고 모세와 아론을 공격하고 반기를 들었습니다.

문제는 하나님의 진노입니다. 땅바닥이 갈라져 고라 일당과 모든 소유가 매몰되고(민 16:32) 불이 나와 250명을 불살랐습니다(민 16:35). 무서운 비극이었습니다. 이 광경을 지켜보고 있던 백성들이 "이럴 수가 없다. 어떻게 이런 불행한 사건이 벌어질 수 있느냐. 이건 모세와 아론 때문이다. 모세와 아론, 당신들이 이 백성을 죽였다"라고 하며 원망하고 대들었습니다(민 16:41).

그들에게 하나님의 진노가 다시 임했습니다. 염병이 번져 14,700명이 죽는 참사가 벌어졌습니다(민 16:49). 그런데 그때, 고라의 아들들은 죽지 않고 살아남았습니다(민 26:11). 그 이유를 주경가들은 고라의 반역에 아들들이 함께하지 않았기 때문이라고 했습니다. 그리고 그 후손들이 모세 시대로부터 470년 후인 다윗 시대까지 성막을 지키고, 성전에서 문을 지키며, 찬송하는 직무를 계속했습니다. 고라의 후손으로 사무엘 선지자가 태어나기도 했습니다(대상 6:33-34).

고라의 반역사건이 주는 교훈이 있습니다. 첫째는 다른 사람과 비교하지 말고 맡은 일에 충성하라. 둘째는 나쁜 일은 하지도 말고, 가담하지도 말라. 셋째는 바른길로 돌아서면 하나님이 쓰신다는 것입니다.

본문 내용을 살펴보겠습니다. 시편 44편은 고라 자손이 부른 노래입니다. 국가나 개인이 어려움을 당했을 때 하나님께 호소하고 구원을 요청하는 기도 찬송시입니다. 세 가지 주제로 나눠 살펴보겠습니다.

첫째로 옛날 일을 회상합니다.

1절을 보면 "주께서 우리 조상들의 날 곧 옛날에 행하신 일을 그들이 우리에게 일러주매 우리가 우리 귀로 들었나이다"라고 했습니다. 조상들이 후손들에게 지난 역사를 얘기했고, 그 이야기를 들으며 자랐다는 것입니다.

이스라엘 사람들은 구전으로 자손들에게 역사를 가르쳤습니다. 가정 식탁에서, 회당에서, 성전에서 역사를 가르쳤습니다. 후손들은 그 역사를 들으며 자랐습니다. 애굽에서 430년 동안 종살이 하던 이야기, 홍해를 건넌 이야기, 광야 40년간 겪었던 이야기, 요단강 건너 가나안 땅에 들어간 이야기를 가르치고 배웠습니다. 그리고 이스라엘의 역사는 곧 하나님의 역사라는 것을 가르쳤습니다.

430년이란 기나긴 세월 동안 애굽의 종살이를 견딜 수 있었던 것도, 서슬 퍼런 바로 왕과 맞서 이길 수 있었던 것도, 홍해 바다를 육지로 건널 수 있었던 것도, 광야에서 살아남은 것도, 가나안 땅에 들어가 나라를 세운 것도, 하나님의 역사였다고 배웠습니다. 그리고 고라의 자손들은 귀가 닳도록 자기네 조상들이 반역죄를 범하고 당한 진노 이야기를 들었을 것입니다. 그리고 계속 교훈으로 가르쳤을 것입니다. 그래서 1절에서 조상들로부터 들었다고 한 것입니다.

이스라엘 사람들은 후손들에게 고난의 역사를 가르칩니다. 그리고 어떻게 그 고난의 역사를 극복했는가를 가르칩니다. 고라 자손의 경우 조상들이 저질렀던 나쁜 역사를 이야기하지 않았다면 불행한 역사를 반복했을 것입니다. 그러나 그들은 자존심과 수치심을 버리고 지나간 이야기를 후손들에게 가르쳤습니다.

시편 44편은 그 사실을 노래하고 있습니다. 역사는 바로 보고, 바로 이해하고, 바로 가르쳐야 합니다. 역사를 왜곡하거나 잘못 가르치면 후손들이 길을 잃고 방황하게 됩니다. 그리고 나라가 망가집니다.

둘째로 하나님의 구원을 찬양합니다.

3절에서 "칼로 땅을 차지한 것이 아닙니다. 사람의 팔이 구원한 것이 아닙니다. 오직 주의 오른손과 주의 팔과 주의 얼굴빛으로 구원하셨습니다"라고 노래합니다. 앞에서 말씀드렸습니다만 애굽에서 430년 동안, 바로의 박해를 어떻게 견딜 수 있었습니까? 홍해를 건널 때, 광야 40년 동안 숱한 고난과 역경을 누가 면하게 해줬습니까? "칼로 이긴 것이 아니다. 우리 힘으로 한 것이 아니다. 내 손이 아니라 주의 오른손이 하신 것이다. 내 팔이 아니라 주의 팔이 하신 것이다. 내 힘이 아니라 하나님의 힘이 구원하셨다"라는 것을 노래합니다.

그뿐입니까? 우리 조상들이 못된 짓을 하다가 땅이 갈라져 죽고, 불에 타 죽고, 염병으로 죽었지만 그래도 하나님이 우리를 용서하시고, 사랑하시며, 구원해 주셨다는 고백을 본 시편은 담고 있습니다. 특히 주의 오른손, 주의 팔, 주의 얼굴빛으로 하셨다는 고백을 주목해야 합니다. 주의 손, 주의 팔, 주의 얼굴은 살아 계심과 능력, 권세, 권위를 의미합니다. 강하신 주의 손이 나를 구원하시고 지키신다는 것을 노래하고 있습니다.

시편 138편 7절에서는 "내가 환난 중에 다닐지라도 주께서 나를 살아나게 하시고 주의 손을 펴사 내 원수들의 분노를 막으시며 주의 오른손이 나를 구원하시리이다"라고 했고, 8절에서는 "주의 손으로 지으신 것을 버리지 마옵소서"라고 했습니다. 다윗의 시입니다. 나를 창조하시고 구원하셨기 때문에 버리거나 포기하거나 방치하실 수 없다는 것입니다. 우리가 할 일은 하나님의 손을 붙잡는 것입니다.

　뉴욕에서 목회하시던 노만 빈센트 필 목사님은 "문제를 붙잡고 있는 당신의 손으로 하나님의 손을 붙잡으시오. 그리하면 당신의 문제가 하나님의 문제가 될 것이오"라고 했습니다.

　모세의 지팡이가 하나님의 지팡이가 되는 이치와 같습니다. 미디안 광야에서 양을 칠 때 사용하던 지팡이가 있었습니다. 그런데 모세가 하나님의 부름을 받고 애굽으로 들어갈 때 출애굽기 4장 20절을 보면 "모세가 그의 아내와 아들들을 나귀에 태우고 애굽으로 돌아가는데 모세가 하나님의 지팡이를 손에 잡았더라"고 했습니다. 사사로운 지팡이가 능력을 행하는 하나님의 지팡이가 된 것입니다. 그 지팡이로 바로를 이긴 것입니다.

　내 손으로 안 됩니다. 내 팔로는 안 됩니다. 내 얼굴 가지곤 안 됩니다. 내 지팡이로는 안 됩니다. 주의 오른손, 주의 지팡이로 가능합니다. 문제도, 구원도, 하나님이 해결하셨다는 것을 시인은 노래하고 있습니다.

셋째로 주의 이름을 찬양하고 있습니다.

　5절을 보겠습니다. "우리가 주를 의지하여 우리 대적을 누르고 우리를 치러 일어나는 자를 주의 이름으로 밟으리이다"라고 했습니다. 누가 대적입니까? 애굽이 대적이었고, 바로 왕이 대적이었습니다. 그리고 광야에서는 아말렉, 미디안, 모압, 암몬, 블레셋 등이 대적이었습니다. 그런데 다 이겼습니다. 시인은 대적을 눌렀다, 밟았다고 표현했습니다. 전쟁에 지면 짓눌리고 짓밟힙니다. 그러나 이기면 적을 누르고 짓밟게 됩니다. 그것은 승자의 특권이기도 합니다.

시인은 어떻게 대적을 누르고 짓밟을 수 있었는가를 설명합니다. 5절을 보면 '주를 의지하여', '주의 이름으로'라고 했습니다.

다윗도 같은 고백을 했습니다. 시편 18편 29절에서 "내가 주를 의뢰하고 적군을 향해 달리며 내 하나님을 의지하고 담을 뛰어넘나이다"라고 했습니다. 고라 자손보다 하나님의 능력을 의지하고 달리고 이기며 산 사람은 다윗입니다. "달렸다, 담을 넘었다"는 것은 개선가입니다. 이것이 우리의 고백과 노래가 되어야 합니다. 우리는 1년 넘게 코로나에 쫓기며 살았습니다. 그리고 지겹도록 신조어를 들었습니다. 마스크 써라, 거리두기 지켜라, 모이지 마라, 만나지 마라, 확진자, 백신개발 등. 그러나 1년이 지났지만 코로나는 새로운 양상으로 더 번지고 있습니다. 우리는 여기서 '인간은 별것 아니다, 과학도 별것 아니다'라는 한계를 발견하게 됩니다.

그러나 시인은 "주를 의지하고, 주의 이름으로 적군을 이겼습니다. 짓밟았습니다. 담도 뛰어넘었습니다"라고 노래합니다. 우리는 여기서 '주의 이름'을 깊이 살펴야 합니다. 주의 이름의 능력을 확인해야 합니다.

다윗은 소년 시절부터 주의 이름과 능력을 체험했습니다. 골리앗과의 싸움을 예로 들어보겠습니다. 골리앗의 키는 295cm, 체중은 200kg 정도, 갑옷은 80kg, 창날무게는 7kg, 머리에는 놋 투구를 쓰고 갑옷을 입고 다리는 놋쇠로 만든 각반을 신고 손에는 창을 들고…… 그 모습을 상상해 보십시오. 완전 무장입니다. 거기 비해 다윗은 10대 소년입니다. 키는 165cm, 몸무게 60kg 정도(평균치로 계산), 무기는 돌멩이 5개, 갑옷도, 방패도, 칼도, 창도 없었습니다. 골리앗과 대결이 가능합니까?

세계적으로 키 큰 사람들이 있었습니다. 청나라 거인 첨세채는 240cm, 중국인 장춘차이는 242cm, 터키인 술탄 쾨센은 251cm, 미국인 로버트 퍼싱 워들로는 272cm였습니다. 그러나 골리앗보다 크지 않았습니다. 다윗의 선포를 주목해야 합니다.

사무엘상 17장 45절입니다.

> "너는 칼과 창과 단창으로 내게 나아 오거니와 나는 만군의 여호와의 이름 곧 네가 모욕하는 이스라엘 군대의 하나님의 이름으로 네게 나아가노라."

17장 46절에서는 "내가 너를 쳐서 네 목을 베고"라고 했고 17장 47절에서는 "전쟁은 여호와께 속한 것인즉 그가 너희를 우리 손에 넘기시리라"고 했습니다.

골리앗이 한 말을 살펴보겠습니다. 사무엘상 17장 43절을 보면 "네가 나를 개로 여기고 막대기를 가지고 내게 나아왔느냐 하고 그의 신들의 이름으로 다윗을 저주하고"라고 했습니다. 골리앗이 들먹인 신은 '신들'입니다. 그 뜻은 잡신, 다신, 없는 신, 우상입니다. 헬라 신화, 로마 신화에 등장하는 신들도 숫자가 많습니다. 사람이 만든 신이기 때문입니다.

그러나 다윗이 믿는 하나님은 유일신, 전능하신 하나님, 창조하신 하나님, 능력과 권능으로 다스리시는 하나님, 언제나 계시고 이기게 하시는 하나님, 한 분이신 하나님이십니다. 같은 신이 아닙니다. 살아 계신 하나님의 이름으로 이긴 것입니다. 다윗의 고백은 분명합니다. 주는 나의 힘, 방패, 산성, 피난처, 요새, 구원……

신약성경에서 주의 이름을 찾아보겠습니다. 사도행전 3장에는 나면서부터 걷지 못하는 사람을 베드로가 고친 기사가 있습니다. 6절을 보면 "은과 금은 내게 없거니와 내게 있는 이것을 네게 주노니 나사렛 예수 그리스도의 이름으로 일어나 걸으라" 하고 그의 오른손을 잡아 일으키니 발과 발목이 곧 힘을 얻고 뛰어 서서 걸으며 걷고 뛰고 하나님을 찬송했다고 했습니다. 그리고 3장 16절에서는 그 이름을 믿음으로 이 사람을 성하게 하였다고 했습니다.

예수님의 이름이, 그 이름의 능력이, 그 이름을 믿음으로 '걷지 못하는 사람'을 고친 것입니다. 사도행전 4장 12절도 주목해야 합니다. "다른 이로써는 구원을 받을 수 없나니 천하 사람 중에 구원을 받을 만한 다른 이름을 우리에게 주신 일이 없음이라"고 했습니다.

로마서 10장 13절도 중요합니다. "누구든지 주의 이름을 부르는 자는 구원을 받으리라"고 했고, 요한복음 14장 14절에서 주님은 "내 이름으로 무엇이든지 내게 구하면 내가 행하리라"고 하셨습니다. 요한복음 16장 24절도 같은 말씀입니다.

> "지금까지는 너희가 내 이름으로 아무것도 구하지 아니하였으나 구하라 그리하면 받으리니 너희 기쁨이 충만하리라."

주의 이름으로 이기고 주의 이름으로 구원받고 주의 이름으로 응답받고 주의 이름으로 기뻐하게 된다는 것입니다.

사람마다 이름이 있습니다. 그 이름은 태어나기 전이나 후에 부모가 지어줍니다. 내가 지은 이름이 아닙니다. 그래서 그 이름이 마음에 들 수도 있고, 들지 않을 수도 있습니다. 마음에 들지 않는다는 이유로 이름을 바꾸는 사람도 있습니다.

제 이름은 아버님이 지어주신 이름입니다. 50여 년 전 저를 잘 아는 분이 성명철학을 연구했다는 사람을 만나 제 이름을 대며 물었답니다. "이 이름 어때?" 물론 목사라는 사실은 말하지 않고 물었습니다. 그러자 그의 대답은 "돈은 붙지 않겠고 사람은 많이 거느리겠군"

이었다고 합니다.

　이름 때문에 돈이 붙습니까? 이름 때문에 출세합니까? 김대통령, 이재벌, 박총장, 오미녀라고 이름 지으면 그대로 될까요? 아닙니다. 그대로 안 됩니다. 이름과 삶이 다르고 이름과 얼굴이 다릅니다.

　히틀러 정권하에서 유태인 6백만 명을 학살한 주범은 아히히만입니다. 1960년 이스라엘 모사드에 의해 체포되고 재판을 받게 됐습니다. 법정에서 그는 "유태인을 학살한 것은 인정한다. 그러나 죄는 아니다. 그 이유는 히틀러의 명령을 따랐을 뿐이기 때문이다"라고 했습니다.

　당시 미국에서 발행되는 잡지 〈뉴요커〉의 특파원으로 아히히만의 재판을 지켜본 한나 아렌트(hannah Arendt)는 "악의 평범성"이라고 표현했습니다. 즉, 흉악한 인물이 아니라 평범한 관료였다는 것입니다. 드라큘라처럼 생긴 것도 아니고 악마의 얼굴도 아니었습니다. 집에서는 평범한 가장으로, 가족과 저녁식사를 하며 자녀들과는 학교 이야기를 나누는 평범한 사람이었습니다. 그러나 그는 살인마였고 악마였습니다. 얼굴과 삶이 다른 이중 인간이었습니다.

　그러나 이름도, 마음도, 삶도 같은 분이 있습니다. 전에도, 오늘도 그리고 내일도 동일하신 분이 있습니다. 우리가 믿는 주 예수 그리스도이십니다. 성경 인물들 가운데 하나님이 이름을 바꿔 준 사람들이 있습니다. 예를 들겠습니다. 아브람(존귀한 자의 아비)은 아브라함(열국의 아비)으로(창 17장), 사래(공주)는 사라(열국의 어미)로(창 17장), 야곱(발뒤꿈치를 잡은 자)은 이스라엘(하나님과 겨뤄 이긴 자)로(창 32장) 바꿔주셨습니다. 그리고 이름을 바꾸고 난 다음 그들의 삶도 변했습니다. 생각이 변하고, 말이 변하고, 가치관이 변하고, 생활 태도가 변하고, 신앙이 좋은 쪽으로 변했습니다.

　모세가 40일간 시내 산에 머물며 하나님이 주신 십계명, 두 돌판을 받았습니다. 그리고 산 아래로 내려오는데 모세 얼굴에 광채가 빛나 가까이할 수가 없었습니다. 출애굽기 34장 30절의 이야기입니다. 모세가 시내 산에서 성형수술을 했겠습니까? 메이크업을 했겠습니까? 그가 하나님 얼굴을 대면했기 때문입니다. 주님의 얼굴, 주님의 이름 때문입니다.

주의 이름으로 기도합시다. 주의 이름으로 악한 세력을 물리칩시다. 악한 영, 거짓의 아비, 꾀이는 자, 시험하는 사탄을 물리칩시다. 절망, 고통, 좌절, 실패, 질병도 주의 이름으로 물리칩시다. 주의 이름으로 이기고 내 삶의 복판에 승리의 깃발을 꽂읍시다.

주님의 이름을 높이고 찬양하고 선포합시다. 아멘!

길

> 🍁 **요한복음 14:1-6**
>
> 너희는 마음에 근심하지 말라 하나님을 믿으니 또 나를 믿으라 내 아버지 집에 거할 곳이 많도다 그렇지 않으면 너희에게 일렀으리라 내가 너희를 위하여 거처를 예비하러 가노니 가서 너희를 위하여 거처를 예비하면 내가 다시 와서 너희를 내게로 영접하여 나 있는 곳에 너희도 있게 하리라 내가 어디로 가는지 그 길을 너희가 아느니라 도마가 이르되 주여 주께서 어디로 가시는지 우리가 알지 못하거늘 그 길을 어찌 알겠사옵나이까 예수께서 이르시되 내가 곧 길이요 진리요 생명이니 나로 말미암지 않고는 아버지께로 올 자가 없느니라

사복음서 가운데 요한복음에만 있는 독특한 문장이 있습니다. 그것은 "나는……이다"라는 것입니다. 예수님이 자신을 표현하실 때 "나는……이다"라고 말씀하셨는데 예를 찾아보겠습니다.

첫째는 "나는 생명의 떡이다"(6:35)입니다. 둘째는 "나는 세상의 빛이다"(8:12)입니다. 셋째는 "나는 양의 문이다"(10:7)입니다. 넷째는 "나는 선한 목자다"(10:11, 14)입니다. 다섯째는 "나는 부활이요 생명이다"(11:25)입니다. 여섯째는 "나는 길, 진리, 생명이다"(14:6)입니다. 일곱째는 "나는 참 포도나무다"(15:5)입니다.

무려 7차례나 반복됩니다. 구약의 경우는 출애굽기 3장 14절에서

"나는 스스로 있는 자이니라"고 말씀하셨습니다. 모세가 하나님의 보내심을 받고 애굽으로 들어가기 전에 물었습니다. "제가 애굽에 들어가면 '누가 보내서 왔느냐'라고 물을 텐데 하나님을 누구라고 설명할까요?"라고 말입니다. 그때 하나님의 대답이 "나는 스스로 있는 자이니라"였습니다. 영어 성경은 "나는 나이다"(I am that I am)라고 번역했습니다.

본문 말씀에서 예수님은 "나는 길이다. 진리다. 생명이다"라고 하셨습니다. 여기서는 "나는 길이다"라는 말씀을 중심으로 교훈을 찾겠습니다.

'길'이란 무엇입니까? 사전적 의미는 '사람이 오고 가는 이동을 위해 만든 공간적 교통시설'입니다. 사람이 다니면 인도, 차가 다니면 차도, 기차가 다니면 철도, 비행기가 다니면 항로, 배가 다니면 해로, 그 규모와 모양도 각각 다릅니다. 우리나라의 경우 최초의 고속도로는 1968년 12월에 개통한 경인 고속도로였습니다. 경부 고속도로는 1968년 12월 1일에 착공해 19개월 만에 완공하고, 1970년 7월 7일 준공 테이프를 끊었습니다. 당시 건설 경비는 430억이었습니다. 고속도로를 만든다고 발표하자 반대가 빗발쳤습니다. "차도 없는 나라에서 무슨 고속도로가 필요하냐. 시기상조. 예산이 없다. 과시용이다. 정치용이다." 그러나 박정희 대통령은 뚝심으로 밀어붙였습니다. 그토록 반대하던 그 사람들이 경부 고속도로를 달리며 무슨 생각을 했을까요? 그들은 한 치 앞도 못 보는 사람들이었습니다.

430억을 투자한 경부 고속도로는 현재 12조가 넘는 가치가 되었고, 정부가 보유한 재산 중 가장 비싼 재산이 되었다고 합니다. 현재 우리나라 고속도로는 33개로 동서남북을 관통하고 있고 계속 새 도로를 만들고 있습니다.

그러나 고속도로가 곧 인생길은 아닙니다. "내가 길이다"라고 말씀하신 예수 그리스도만 길입니다. 석가도, 공자도 "내가 길이다. 나를 믿으라"고 말하지 못했습니다.

'子曰 朝聞道 夕死可矣'(자왈 조문도 석사가의)라는 말이 있습니다. 그 뜻은 공자께서 이르기를 "아침에 도를 깨달으면 저녁에 죽어도 좋다"라는 것입니다. 도를 깨닫는 것, 바른 길을 깨닫는 것이 중요하다는 뜻입니다. 그러나 도를 깨달았으면 그대로 살아야지, 왜 죽어야 합니까? 예수님은 "내가 길이다. 나를 믿으면 영원히 산다"라고 말씀하셨습니다. 얼마나 확실하고 분명한 선포입니까? 공자가 말한 길은 윤리적, 도덕적 길입니다. 그러나 예수님이 말씀하신 길은 예수님 자신이고, 생명의 길이고, 영원한 길입니다. 같은 길이 아닙니다.

두 가지 교훈을 찾겠습니다.

첫째로 바른 길이라야 합니다.

"아는 길도 물어 가라"는 말이 있습니다. 옛날엔 길 표시도 없고, 이정표도 없고, 길을 안내하는 책자도 없었습니다. 그래서 사람에게 물어서 길을 찾아갔습니다. 문제는 한국 사람의 숫자 개념이 애매하다는 것입니다. "거기까지 거리가 얼마나 돼요?" "30-40km 될 것입니다." 10km 차이가 납니다. "그 건물 값이 얼마나 될까요?" "40-50억 될 것입니다." 10억 차이가 납니다. "거기, 어떻게 찾아가야 돼요?" "한참 가다가 우회전하고 한참 가다가 좌회전하고 한참 가다가 사거리에서 우회전하고 한참 가다가 좌회전하고……." 어지러워서 어디로 갑니까? 그래서 만든 것이 표지판이고 길 안내 지도입니다. 그리고 더 편리하게 만든 것이 GPS(Global Position System)이고 내비게이션입니다.

GPS란 인공위성에서 발사하는 전파를 받아서 위치를 파악하는 자동위치 추적 장치입니다. 위성이 보내주는 전차를 받아서 위치를 추적하는 장치를 내비게이션이라고 합니다. 빠르고 정확하게 휴대폰으로도 길 안내를 받을 수 있어서 너무나 편리합니다. 그런데 내비게이션도 때로 망령을 부리고 길 안내를 잘못할 때가 있습니다. 기계에 이상이 생기면 오류가 발생합니다. 길 안내가 틀릴 때가 있습니다.

이런 GPS나 내비게이션은 인생길을 안내해 주지 못합니다. 내 영혼의 길 안내, 영혼의 내비게이션은 성경입니다. 그래서 바울은 "성경은 하나님의 감동으로 된 것으로 교훈과 책망과 바르게 함과 의로 교육하기에 유익하니"(딤후 3:16)라고 했습니다.

예수님이 말씀하신 내비게이션을 한군데 찾아보겠습니다. 마태복음 7장 13-14절입니다.

> "좁은 문으로 들어가라 멸망으로 인도하는 문은 크고 그 길이 넓어 그리로 들어가는 자가 많고 생명으로 인도하는 문은 좁고 길이 협착하여 찾는 자가 적음이라."

주님이 직접 주신 길 안내입니다.

두 길이 있습니다. 멸망으로 가는 길은 문도 크고 길이 넓습니다. 그래서 많은 사람이 그 길로 갑니다. 그러나 생명으로 가는 길은 문도 좁고 길이 협착해서 가는 사람이 적습니다. 넓은 길, 세상길은 가기가 쉽고 편합니다. 그러나 협착한 길은 가는 것이 어렵습니다. '좁다, 협착하다'는 것은 고난, 핍박, 박해, 고통을 의미합니다. 그렇지만 좁은 길이 사는 길이기 때문에 좁은 길로 가라고 하신 것입니다.

예를 들겠습니다. 성경 읽어라, 기도해라, 교회 나와라, 헌신해라, 전도해라, 똑바로 믿어라, 교회 섬겨라, 이런 말을 듣지 않아도 됩니다. 아무데나 가도 되고, 아무렇게 살아도 상관없고, 멋대로 놀아도 되고, 어떤 간섭도 받지 않아도 됩니다.

그러나 그것은 바른길이 아닙니다. 내 맘대로 가는 길은 멸망으로 가는 길입니다. 넓고 편하다고 좋은 것이 아닙니다. 좁고 힘들고 어렵더라도 좁은 길로 가는 것이 우리의 정도(正道)입니다. 잠깐 편하고 자유롭고 신나는 길을 가다가 영원한 지옥에 들어가는 것은 행복도, 성공도 아닙니다.

주님 말씀대로 갑시다. 주님이 가라는 길로 갑시다. 그리고 내가 가는 길, 내가 선택한 길이 잘못된 길이라면 빨리 돌아서야 합니다. 바른길로 돌아설 줄 아는 사람이 지혜로운 사람입니다.

마태복음 2장을 보면 동방박사들이 아기 예수님을 찾아 경배하기 위해 먼 길을 떠나 예루살렘에 도착했습니다. 모든 정보가 집중되어 있는 헤롯 왕궁을 방문하고 유대인의 왕으로 태어나신 아기 예수가 어디서 나셨는지 물었습니다. 그리고 그 아기에게 경배하러 왔노라고 했습니다. 헤롯이 깜짝 놀랐습니다.

"아니, 나 말고 왕이 태어나다니!"

모든 정보망을 총동원해 예수가 태어난 곳을 확인하게 했습니다. 박사들에게는 "아기 예수를 만나거든 자세히 알려달라. 나도 가서 경배하겠다"라고 했습니다. 물론 거짓이었고 속임수였습니다.

베들레헴을 찾아가 아기 예수께 경배 드리고 돌아가는 박사들에게 하나님은 꿈을 통해 헤롯에게로 가지 말라고 지시하셨습니다. 마태복음 2장 12절이 중요합니다.

> "그들은 꿈에 헤롯에게로 돌아가지 말라 지시하심을 받아 다른 길로 고국에 돌아가니라."

늘 다니던 길, 익숙한 길, 편한 길, 빠른 길, 남들이 다 다니는 길이라고 하더라도 성경이 그것은 길이 아니다, 그 길로 가면 안 된다는 길은 가지 않는 것이 옳습니다. 돌아가더라도, 힘들더라도, 초행길이더라도 바른길로 가야 합니다. 우리 모두는 길을 가는 사람들입니다. 서두르지 말고 확실하게, 덤비지 말고 차분하게, 좁고 험해도 흔들리지 말고 바르게 걸어갑시다.

주전 950년경 이스라엘 사해 동남편 우스 땅에 욥이라는 사람이 살고 있었습니다. 그는 이방인이었으나 하나님을 신뢰하는 돈독한 신앙인이었고, 존경받는 갑부였습니다. 그의 소유는 양 7천, 낙타 3천, 소 5백 겨리, 암나귀 5백, 현 시가로 150억이 넘습니다. 거기다 10남매를 둔 행복한 가장이었습니다. 그런데 어느 날 까닭을 모르는 재난을 겪게 됩니다.

스바 사람들이 쳐들어와 짐승떼를 약탈하고 종들을 죽였습니다(욥 1:15). 불벼락이 떨어져 양떼와 종들이 불타버렸습니다(1:16). 갈대아 사람들이 쳐들어와 낙타를 빼앗고 종들을 죽였습니다(1:17). 갑자기 태풍이 불어 집이 무너지고 10남매가 몰사했습니다(1:19). 발바닥에서 정수리까지 종기가 번져 질그릇 조각으로 몸을 긁고 있었습니다(2:8). 그의 아내는 "하나님을 욕하고 죽으라"며 악담을 퍼붓고 가출해버렸습니다(2:9). 친구들이 위문 차 찾아와 다 죗값이라며 언어폭력으로 괴롭혔습니다.

이런 상황에서 욥은 "내가 가는 길을 그가 아시나니 그가 나를 단련하신 후에는 내가 순금같이 되어 나오리라"고 했습니다(욥 23:10).

욥은 용광로보다 더 뜨겁고 힘든 단련을 겪으면서 그 이유를 발견했습니다. 이 단련들은 하나님이 자신을 순금으로 만드시기 위해 용광로에 넣으신 것이라고 깨달았습니다. 단련이란 쇠붙이를 불에 집어넣어 달군 후 두드리고 다시 넣고 두드려 단단하게 만드는 것을 뜻합니다. 순금을 만들려면 천연광석을 2,000도 넘는 용광로에 넣고 3-4번 단련해야 됩니다. 용광로에 안 들어가면 순금이 못 됩니다.

시편 66편 10절도 주목해야 합니다. "하나님이여 주께서 우리를 시험하시되 우리를 단련하시기를 은을 단련함 같이 하셨으며"라고 했고, 66편 12절에서는 "우리가 불과 물을 통과하였더니 주께서 우리를 끌어내사 풍부한 곳에 들이셨나이다"라고 했습니다. 하나님은 이스라엘 백성을 40년 동안 광야라는 용광로에서 단련하신 후 가나안 땅에 들어가게 하셨다는 것입니다. 욥은 용광로 고난을 통과했습니다.

용광로를 거친 뒤 욥은 어떻게 변했습니까? 신앙이 변했습니다.

"내가 주께 대하여 귀로 듣기만 하였사오나 이제는 눈으로 주를 뵈옵나이다"(욥 42:5).

눈으로 주를 뵙는다는 것은 하나님과의 대화를 통해 영안이 밝아졌고 하나님의 능력과 섭리를 믿게 되었다는 것입니다.

믿음이 새로운 차원으로 변한 것입니다. 재산은 전보다 배로 주셨습니다. 그러니까 현시가 3백억 갑부가 됐습니다. 아들 7, 딸 3, 10남매를 주셨습니다. 그리고 210세까지 살았습니다. 그런데 집 나간 아내에 대한 언급은 없습니다. 그 후 돌아왔는지 다른 여자와 결혼했는지에 대해서는 말이 없습니다.

맹인이었던 헬렌 켈러는 "세상은 고통으로 가득하다. 그러나 그것을 극복하는 사람도 가득하다"라고 했습니다. 헬렌 켈러도 고난을 넘어서고, 극복하고, 통과한 사람이었습니다.

바른길이라면 힘들더라도 참고 갑시다. 고난과 연단의 길이라도 뚜벅뚜벅 걸어갑시다.

둘째로 완주해야 합니다.

조선 후기 시조 작가 김천택의 시조가 있습니다.

잘 가노라 닫지 말고 못가노라 쉬지 마라
부디 긋지 말고 촌음을 아껴 쓰라
가다가 중지 곧 하면 아니 감만 못하니라

잘 간다고 달리지 마라, 못 간다고 그만두지 마라, 가던 길 중단하지 말고 끝까지 가라는 뜻입니다.

바울은 디모데후서 4장 7절에서 "나는 선한 싸움을 싸우고 나의 달려갈 길을 마치고 믿음을 지켰으니"라고 했습니다. 유대 교권 지도자들과 싸워야 했고, 마귀와 싸워야 했습니다. 전도하랴, 교회 세우랴, 목회하랴, 편지 써 보내랴, 선교지 찾아가랴, 힘들었습니다. 거기다 극심한 안질로 시력도 희미했습니다. 그런 바울이 달렸다, 다 마쳤다고 고백했습니다.

거북이와 토끼 이야기는 이솝우화에 나오는 이야기입니다. 토끼가 이기는 것이 정설이고 정답입니다. 그런데 거북이가 이겼습니다. 이건 역설이고 비상식입니다. 이 이야기가 주는 교훈은 '잘난 척하지 마라, 앞섰다고 방심하지 마라, 자만하지 마라, 최선을 다하라'입니다. 거북이와 토끼가 경주 후 어떻게 살고 있나 궁금하시지요? 누가 만든 이야기가 있습니다.

거북이는 대 스타가 되어 여기저기 초청강연을 다니고 토끼 이기기 아카데미를 만들어 후학들을 양성하고 있답니다. 토끼는 자식들에게 절대로 거북이 놈하고는 상종도 하지 말라 당부하고 두 귀를 더 늘어뜨린 채 한숨만 쉬고 있다고 합니다.

구약의 창세기 5장 25-27절에 나오는 므두셀라는 969세를 살았습니다. 역사상 최장수한 사람입니다. 그런데 그는 한 일이 없습니다. 자식 낳고, 가정 꾸리고 그러다가 죽었습니다. 그런데 예수님은 33년 동안 살다가 십자가에 죽으시고 인류를 구원하셨습니다. 요한복음

19장 30절을 보면 "다 이루었다"라고 했습니다. 므두셀라는 969세를 살았지만 "다 이루었다"가 없습니다. 얼마나 오래 사느냐보다 어떻게 사느냐가 중요합니다. 얼마나 많은 일을 하느냐보다 어떤 일을 하느냐가 중요합니다. 얼마나 빨리 하느냐보다 끝까지 완주하느냐가 중요합니다.

마라톤 선수가 시속 110km로 선두를 달리다가 숨이 차다고 포기하면 안 되는 것처럼 10여 년 달리고 충성하다가 그만두는 것보다 느리더라도 10년, 50년 아니 끝날까지 변덕부리지 않고 정진하는 신앙이 바른 자세입니다. 중단하지 맙시다. 포기하지 맙시다. 서둘지 맙시다. 끝까지 갑시다.

존 번연은 1628년 영국 베드퍼드에서 가난한 가정의 아들로 태어났습니다. 집이 가난해 신학교도 제대로 다니지 못했습니다. 그러나 그는 훗날 베드퍼드 교회 설교자가 되었고 60여 권의 책을 썼습니다. 그중 하나가 《천로역정》(The Pilgrim's Progress)이라는 책입니다.

순례자(기독도)가 장차 망하게 될 세상(장망성)을 떠나 천국 가는 길을 출발했습니다. 출발부터가 쉽지 않습니다. 가족들이 말립니다. 동네 사람들이 비아냥거리고 반대합니다. 그래도 떠났습니다. 가는 길에서 별별 사람을 다 만나고 별별 일을 다 겪게 됩니다. 가는 길이 쉽지 않습니다. 가면서 만나는 사람들은 고집, 변덕, 유약, 지식인, 무지, 게으름, 거만, 위선, 의혹, 겁쟁이 등 별난 사람들입니다. 그리고 약속한 것처럼 방해하고 유혹하고 가로막습니다. 가는 길에 깊은 수렁도 만나고 마귀가 직접 나서서 협박하고 위협합니다. 그래서 그만둘까, 되돌아갈까 하며 흔들릴 때마다 전도자가 나타나 그를 도와줍니다.

길에서 만난 전도자와 이런 얘기를 나눕니다. "저쪽에 있는 좁은 문이 보입니까?" "안 보이는데요." "찬란한 빛은 보입니까?" "예, 보입니다." "그러면 저 빛을 바라보고 계속 걸어가십시오. 저 빛 가까이 가면 좁은 문이 보일 것입니다. 그 문을 두드리십시오. 그러면 그 다음 어떻게 해야 할지를 알려 줄 것입니다."

순례자는 유혹과 싸우고 악마와 싸우고 방해와 싸우고 반대와 싸웁니다. 그리고 천국에 들어갑니다. 이것이 《천로역정》의 큰 줄거리입니다.

우리들의 이야기로 끝을 맺어야 합니다. 바로 가고, 끝까지 가는 것이 중요합니다. 그리고 먼 길을 떠나려면 준비가 필요합니다. 이스라엘 백성이 모세의 인도로 애굽을 떠날 때 "허리에 띠를 띠고 발에 신을 신고 손에 지팡이를 잡고 급히 먹으라"(출 12:11)고 했습니다. 베드로가 감옥에 갇혀 있을 때 천사가 나타나 띠를 띠고 신을 신으라, 겉옷을 입으라고 했습니다(행 12:8).

애굽에서 해방시키시고 가나안을 향한 먼 길을 떠날 때, 감옥문을 여시고 베드로가 그곳을 떠나야 할 때 길 떠날 준비를 하게 하셨습니다. 그런가 하면 히브리서 12장 1절은 "무거운 것과 얽매이기 쉬운 죄를 벗어버리고 인내로써 우리 앞에 당한 경주를 하며"라고 했습니다.

전쟁에 나가는 군인은 완전 무장을 해야 합니다. 운동경기에 나서는 선수는 운동복을 입어야 합니다. '무거운 것'이란 짓누르는 것을 말하고 '얽매이다'의 뜻은 꼼짝 못 하게 하는 올무입니다.

먼 길 떠나는 우리에게 짓누르는 것은 무엇입니까? 나를 얽매이는 것은 무엇입니까? 먼 길을 가려면 무거운 것은 내려놓고, 얽매는 것은 벗어버려야 합니다. 그것이 습관일 수도 있고, 생활 태도일 수도 있습니다. 나만 아는, 나만 가지고 있는 그 어떤 것일 수도 있습니다. 다 내려놓고 벗어버리고 간편복으로 갈아입읍시다.

바울은 "너희는 유혹의 욕심을 따라 썩어져 가는 구습을 따르는 옛 사람을 벗어 버리고"(엡 4:22)라고 했고, "하나님을 따라 의와 진리의 거룩함으로 지으심을 받은 새 사람을 입으라"(엡 4:24)고 했습니다.

옷 보따리를 가져갈 필요가 없습니다. 먹거리를 챙겨갈 필요가 없습니다. 보석상자를 가져갈 필요도 없습니다. 거기 가면 다 있습니다. 믿음의 간편복을 입고 머뭇거리지 말고 갑시다. 주저하지 말고, 중단하지 말고, 포기하지 말고 갑시다. 방해하더라도, 가로막더라도, 시험하더라도, 힘들더라도, 가던 길을 끝까지 갑시다. 그리고 도착하는 그 날 "주님, 저 도착했습니다"라고 말씀드리고 영원히, 영원히 또 영원히 주님과 함께 거기서 삽시다. 아멘!

1 대 450

> 🍁 **열왕기상 18:20-24**
>
> 아합이 이에 이스라엘의 모든 자손에게로 사람을 보내 선지자들을 갈멜 산으로 모으니라 엘리야가 모든 백성에게 가까이 나아가 이르되 너희가 어느 때까지 둘 사이에서 머뭇머뭇하려느냐 여호와가 만일 하나님이면 그를 따르고 바알이 만일 하나님이면 그를 따를지니라 하니 백성이 말 한 마디도 대답하지 아니하는지라 엘리야가 백성에게 이르되 여호와의 선지자는 나만 홀로 남았으나 바알의 선지자는 사백오십 명이로다 그런즉 송아지 둘을 우리에게 가져오게 하고 그들은 송아지 한 마리를 택하여 각을 떠서 나무 위에 놓고 불은 붙이지 말며 나도 송아지 한 마리를 잡아 나무 위에 놓고 불은 붙이지 않고 너희는 너희 신의 이름을 부르라 나는 여호와의 이름을 부르니 이에 불로 응답하는 신 그가 하나님이니라 백성이 다 대답하되 그 말이 옳도다 하니라

　아라비아 숫자로 설교 제목을 정한 것은 처음입니다. 1은 엘리야 선지자 한 사람이고 450은 바알 우상을 섬기는 선지자 숫자입니다. 주목할 것은 엘리야와 바알 선지자 450명이 오순도순 대화를 나눈 것도 아니고 세미나를 한 것도 아니라는 것입니다. 생명을 내건 대결이었습니다.

　권투, 레슬링, 유도, 태권도의 경우 체급이 있고 단이 있습니다. 같은 체급과 단끼리 경기를 합니다. 축구, 배구, 농구, 야구도 수준이 맞

는 팀끼리 경기를 합니다. 선수 숫자도 양 팀이 같습니다.

그런데 엘리야는 450명, 그것도 아합 왕과 이세벨의 전폭적 지지와 보호를 받는 사람들과 싸워야 했습니다. 쉬운 싸움이 아니었습니다. 왜 싸워야 했는가, 어떻게 싸웠는가, 그 결과는 어떻게 됐는가를 살펴보겠습니다.

먼저 배경을 살펴보겠습니다.

이스라엘의 왕조사는 사울 왕으로부터 시작됩니다. 사울, 다윗, 솔로몬에 이르는 120년은 통일왕국이었습니다. 4대 왕인 르호보암 때 이스라엘 나라가 남, 북으로 분열되었습니다. 남왕국 유다의 초대 왕은 르호보암이었고 마지막 왕은 시드기야였습니다. 분열된 지 344년 만인 BC 586년에 바벨론의 침공으로 망했습니다. 북왕국 이스라엘의 초대 왕은 여로보암이었고 마지막 왕은 호세아였습니다. 208년 만인 BC 722년에 앗수르의 침공으로 망했습니다. 아합은 북왕국 이스라엘의 7대 왕이었고 22년간 나라를 다스렸습니다. 그때 예언 활동을 하던 선지자가 엘리야였습니다.

열왕기상 16-22장은 아합 왕과 그의 처 이세벨 그리고 엘리야 선지자의 행적을 다루고 있습니다. 이 세 사람이 어떤 인물들이었는가를 살펴보겠습니다.

아합은 어떤 사람입니까? 북왕국 7대 왕이었고 22년간 통치자로 군림한 나쁜 왕, 폭군이었습니다. 그는 이전 다른 왕들보다 여호와 보시기에 악을 더 행했고(왕상 16:30), 이세벨을 아내로 삼고 바알을 섬기고 예배하고(16:31), 사마리아에 바알 신전을 건축하고, 제단을 쌓고(16:32), 그것도 모자라 아세라 우상을 만들어 섬기고 하나님을 노하시게 했습니다. 이세벨과의 정략결혼, 우상숭배, 우상 신전 건립, 우상 종교의 국교화 등 어느 것 하나도 하나님 마음에 드는 게 없었습니다.

나봇이라는 선량한 백성의 포도원을 강탈하기 위해 그를 처형했습니다(21:13). 한마디로 독재가, 폭군, 우상숭배자, 탐욕자였습니다. 22년이라는 긴 세월 동안 장기 집권하면서 역대 왕들 가운데 가장 포악하고 탐욕스럽고 타락한 왕이었습니다. 그러나 결정적 문제는 하나님 보시기에 악을 행한 사람, 하나님이 버린 왕이었다는 것입니다.

이세벨은 어떤 사람입니까? 바알을 숭배하는 주변국 시돈 왕 엣바알의 딸입니다. 뱃속에서부터 뼛속 깊이 우상숭배가 스며 있는 여자였습니다. 아합이 그녀를 아내로 취한 것은 탁월한 외모와 시돈과의 교류를 위한 전략 때문이었습니다. 이세벨의 행악을 살펴보겠습니다. 하나님의 선지자들을 학살했고(18:4), 엘리야를 죽이겠다고 협박하고(19:2), 소시민 나봇의 포도원을 강탈하기 위해 음모를 꾸미고 불량배를 동원해 나봇을 죽이고 포도원을 빼앗았습니다. 그뿐만이 아닙니다. 바알 신당을 세우고 왕도, 신하도 바알 신을 숭배하도록 했습니다. 열왕기상 21장 23절은 "여호와께서 말씀하여 이르시되 개들이 이스르엘 성읍 곁에서 이세벨을 먹을지라"고 했습니다. 악녀, 음녀였고 비극의 주인공이었습니다. 요한계시록 2장 20절은 이세벨을 꾀는 자, 행음하게 하는 자, 우상의 제물을 먹게 하는 자라고 했습니다.

엘리야는 어떤 사람입니까? 갑자기 등장합니다. 이름의 뜻은 '여호와가 하나님이시다'입니다. 아합과 이세벨은 바알이 신이라고 믿었고, 엘리야는 여호와 하나님이 참신, 살아 계신 신이라고 믿고 선포했습니다. 그는 요단강 동편 길르앗에 살았고 수많은 기적을 행했습니다. 그러나 엘리야 사역의 중심은 아합 왕과 맞서 영적 전쟁을 벌인 것입니다. 절대 권력을 가진 아합 왕과 엘리야의 싸움이 가능하겠습니까? 그런데 엘리야가 나섰습니다. 아합과 이세벨의 폭정과 박해가 심해지고, 우상숭배가 극으로 치닫게 될 때 엘리야가 나선 것입니다. '하나님만이 살아 계신 참 신이시다'와 '바알이 참 신이다'의 대결이 시작된 것입니다.

엘리야가 이런 제안을 합니다. "바알 선지자 450명과 아세라 선지자 400명, 합 850명과 갈멜산에서 진위를 가리자. 제단에 제물을 쌓아 놓고 불로 응답하는 신이 참신임을 드러내자. 지는 편은 생명을 내어 놓기로 하자." 이렇게 말입니다. 이 대결은 이기기 어려운 싸움이었고 생명을 건 싸움이었습니다. 그 이유는 다음과 같습니다.

첫째, 숫자에서 밀립니다. 바알 선지자가 450명, 거기다 아세라 선지자는 400명입니다. 바알은 남신이고 아세라는 여신입니다. 바알 신과 아세라 신이 만나야 비도 오고 풍년이 든다고 믿었습니다. 아세라 선지자들은 갈멜산 대결에 참여하지는 않았지만 바알 신을 섬기는 선지자 450명과 싸워야 합니다.

둘째, 아합 왕과 이세벨이 배후에 있습니다. 그들이 배후 조종을 하고 권력과 돈으로 지원하고 있습니다. 그러니까 이 싸움은 왕과 선지자의 싸움이고 한 사람과 450명의 싸움입니다. 어떻게 그 싸움을 이길 수 있습니까? 불가능한 대결이었습니다. 그러나 결과는 엘리야의 승리였습니다. 바알 선지자들이 하루 종일 소리를 지르고, 춤을 추고, 옷을 찢어도 그들의 제단에 불은 떨어지지 않았습니다.

그러나 엘리야의 제단에는 하나님이 내리신 불이 임했습니다. 제물과 물 한 방울까지 다 태워버렸습니다. 열왕기상 18장 36-39절을 주목해야 합니다.

"저녁 소제 드릴 때에 이르러 선지자 엘리야가 나아가서 말하되 아브라함과 이삭과 이스라엘의 하나님 여호와여 주께서 이스라엘 중에서 하나님이신 것과 내가 주의 종인 것과 내가 주의 말씀대로 이 모든 일을 행하는 것을 오늘 알게 하옵소서 여호와여 내게 응답하옵소서 내게 응답하옵소서 이 백성에게 주 여호와는 하나님이신 것과 주는 그들의 마음을 돌이키심을 알게 하옵소서 하매 이에 여호와의 불이 내려서 번제물과 나무와 돌과 흙을 태우고 또 도랑의 물을 핥은지라 모든 백성이 보고 엎드려 말하되 여호와 그는 하나님이시로다 하니."

엘리야가 어떻게 이겼습니까? 하나님이 이기게 하셨습니다. 엘리야의 하나님은 나의 하나님이십니다. 그렇다면 아합도, 이세벨도, 450명도 문제될 게 없습니다. 나도 이길 수 있습니다.

역대하 20장을 보면 여호사밧 왕과 아람과의 전쟁기사가 있습니다. 여호사밧은 남왕국 유다의 네 번째 왕이었습니다. 주변에 있던 모압, 암몬, 마온이 연합군을 편성하고 유다를 침공했습니다. 그 숫자를 '큰 무리'라고 했습니다(2절). 큰 무리란 하나, 둘, 셋, 세기 어려운 엄청난 숫자를 의미합니다. 그 당시 모압, 암몬, 마온 부족들은 평원과 산지를 누비며 전쟁을 일삼는 부족들이었습니다. 그러나 유대 나라는 군대 수도 적고 전쟁 준비도 없었습니다. 거기다 여호사밧의 전쟁 준비는 허술하기 짝이 없습니다. 금식을 선포하고 기도했습니다(20:3-4).

전쟁을 하려면 잘 먹고, 비상식량을 준비하고, 무기를 점검해야 합니다. 그런데 왕과 백성은 금식하고 기도했습니다. 20장 12절을 보면 "우리를 치러 오는 이 큰 무리를 우리가 대적할 능력이 없고 어떻게 할 줄도 알지 못하옵고 오직 주만 바라보나이다"라고 했고, 20장 13절을 보면 "유다 모든 사람들이 그들의 아내와 자녀와 어린이와 더불어 여호와 앞에 섰더라"고 했습니다. 왕과 모든 백성, 아이들까지 기도에 동참한 것입니다. 금식하고, 기도하고, 이것이 여호사밧 왕의 전쟁 준비입니다.

하나님의 응답이 레위 사람 야하시엘을 통해 임했습니다. 역대하 20장 15-17절이 그 내용을 설명합니다.

"두려워하거나 놀라지 말라 이 전쟁은 너희에게 속한 것이 아니요 하나님께 속한 것이니라……이 전쟁에는 너희가 싸울 것이 없나니 대열을 이루고 서서 너희와 함께한 여호와가 구원하는 것을 보라……여호와가 너희와 함께하리라."

참으로 위대한 응답입니다. 이 응답의 말씀을 들은 후 왕도 백성도 엎드려 하나님께 경배하고 레위 사람들은 큰 소리로 하나님을 찬송했습니다(19절). 여호사밧의 전략은 금식하고 기도하고 찬송하는 것이었습니다.

그 결과가 중요합니다. "그 노래와 찬송이 시작될 때에 여호와께서 복병을 두어 유다를 치러 온 암몬 자손과 모압과 세일산 주민들을 치게 하시므로 그들이 패하였느니"(20:22)라고 했고, 20장 30절은 "여호사밧의 나라가 태평하였으니 이는 그의 하나님이 사방에서 그들에게 평강을 주셨음이더라"고 했습니다. 감격적 사건이었습니다.

엘리야와 여호사밧의 승리가 주는 교훈이 있습니다. 그것은 크다고 이기고 작다고 지는 것이 아니라는 것, 강하다고 이기고 약하다고 지는 것이 아니라는 것, 많다고 이기고 적다고 지는 것이 아니라는 것입니다. 작고 약해도 이길 수 있다는 것입니다.

예를 들겠습니다. 1976년 6월 5~10일까지 중동 지역에서 6일 전쟁이 있었습니다. 이집트, 요르단, 시리아, 레바논, 이라크, 쿠웨이트 연합군과 이스라엘의 전쟁이었습니다.

그 당시 두 진영의 병력을 비교해 보겠습니다.

	이스라엘	아랍
정규군	5만 명	24만 명(5배)
예비군	214,000명	307,000명
항공기	300대	957대(3배)
전 차	800대	2,504대(3배)

세 배, 다섯 배로 아랍연합군이 많았습니다.

당시 이스라엘 국방장관은 모셰 다얀이었습니다. 그는 언론에 "최첨단 무기를 전군에 배치했다. 전쟁준비는 끝났다"라고 정보를 흘렸습니다. 아랍의 첩보기관들이 신무기의 정체를 파악하기 위해 안간힘을 썼지만 파악하지 못했습니다.

전쟁이 시작되기 전부터 이스라엘은 정규방송 시간에 계속해서 아모스서 9장 14-15절을 방송으로 내보냈습니다.

> "내가 내 백성 이스라엘이 사로잡힌 것을 돌이키리니 그들이 황폐한 성읍을 건축하여 거주하며 포도원들을 가꾸고 그 포도주를 마시며 과원들을 만들고 그 열매를 먹으리라 내가 그들을 그들의 땅에 심으리니 그들이 내가 준 땅에서 다시 뽑히지 아니하리라 네 하나님 여호와의 말씀이니라."

하나님이 이스라엘을 이기게 하신다, 우리는 이 땅에 포도원과 과원을 만들고 이 땅을 지키며 여기서 살 것이라는 말씀을 선포한 것입니다. 그리고 모셰 다얀은 "하나님이 6일 동안 천지를 창조하시고 일

1 대 450

곱째 되는 날은 안식하셨다, 우리도 6일 동안에 전쟁을 끝내고 제7일에는 안식일을 지키자"라고 했습니다. 그리고 그대로 6일 만에 아랍연합군을 이기고 전쟁을 끝냈습니다.

이스라엘이 6일 전쟁에서 승리한 요인은 두 가지입니다.

첫째, 애국심입니다. 전 국민이 참여했습니다. 전 세계 유태인들이 성금을 송금했습니다. 미국에 유학중인 젊은이들이 전쟁에 참전해야 된다며 속속 귀국했습니다. "전쟁에 나가면 죽을 수도 있는데 뭣 하러 귀국하느냐"라는 질문에 "이 한 목숨 죽어서 나라를 구한다면 기꺼이 참전한다"라고 답했습니다. 우리 사정은 어떻습니까? 대한민국이 누구 나라입니까? 어떤 나라여야 합니까? 어느 나라 편을 들어야 합니까? 어느 나라를 지켜야 합니까? 어느 나라를 사랑해야 합니까?

둘째, 신앙입니다. 이스라엘 사람들은 구약만 믿는 사람들입니다. 그러나 하나님이 이 나라를 주셨다고 믿고 있습니다. 그래서 그들은 자기네 나라를 거룩한 땅(Holy Land), 성지라고 부릅니다. '이 전쟁은 거룩한 전쟁이다. 성지를 빼앗기면 안 된다. 하나님이 주신 나라를 끝까지 지켜야 한다'는 신앙이 저들을 똘똘 뭉치게 했고 이기게 했습니다.

유태인들은 아이들이 학교에 가기 전부터 집에서 가정교육을 시킵니다. 성경, 예절, 역사를 가르칩니다. 학교에서는 오전수업은 주로 성경교육, 정신교육, 역사교육을 시킵니다. 머리가 맑은 시간에 소중한 것을 가르치기 위해서입니다. 그리고 오후에 다른 과목을 가르칩니다. 국가를 가르치고 민족을 가르칩니다. 우리네 교육현장은 어떻습니까? 교육이 무너지면 국가가 무너지고, 신앙이 무너지면 다 무너집니다.

우리들의 이야기로 말씀을 정리하겠습니다. 아합은 누굽니까? 이세벨은 누굽니까? 그들은 철저한 무신론자들입니다. "하나님은 없다.

존재하지 않는다, 바알이 참 신이다, 바알을 숭배해야 한다." 이것이 아합과 이세벨의 사상이고 종교입니다.

아합과 이세벨은 하나님을 믿는 종교를 말살하기 위해 온갖 술수와 방법을 총동원했습니다. 하나님을 섬기는 선지자들을 닥치는 대로 죽였습니다. 이처럼 포악하고 간악하고 추악한 아합과 이세벨을 어떻게 이길 수 있습니까?

답이 있습니다. 엘리야처럼 하면 됩니다. 엘리야가 한 일을 살펴보겠습니다. 맨 먼저 갈멜산 제단을 수축했습니다. 이미 갈멜산에는 하나님께 제사드리고 경배하는 제단이 있었습니다. 그런데 아합과 이세벨이 모이지 못하게 하고 제사도 드리지 못하게 하고 모조리 잡아다 죽이는 박해 때문에 갈멜산 제단이 무너져 있었습니다.

그 제단을 수축했습니다(왕상 18:30). 그리고 이스라엘 12지파를 상징하는 돌 12개를 제단에 세우고 여호와의 이름을 의지하여 제단을 쌓았습니다(20:31). 제물을 그 위에 올려놓았습니다. 그리고 하나님께 불로 응답해 달라고 기도했습니다. 맨 먼저 한 일은 무너진 제단을 수축한 것입니다. 제단은 제사 드리는 곳, 제물을 바치는 거룩한 곳입니다. 구약시대는 짐승을 제물로 드렸습니다. 신약시대는 짐승 대신 자신을 산 제물로 드리라고 했습니다. 구약의 제사는 신약에서 예배가 됩니다.

코로나로 2천 년 동안 드려오던 교회의 예배 제단이 무너졌습니다. 심지어 성찬식도 온라인으로 하는 교회가 등장했습니다. 장신대 최진봉 예배학 교수는 "비대면 예배상황에서 온라인 성찬 시행은 성찬에 대한 몰이해와 성찬 감상주의 또는 성찬 절대주의가 낳은 현상"이라고 했고 합동신대 김병훈 교수는 "성찬은 한 공동체에 모이는 것이 마땅하고, 온라인 세례가 안 되듯 온라인 성찬도 바람직하지 않다"라고 했습니다.

엘리야는 무너진 제단을 수축했습니다. 그리고 이스라엘 모든 백성이 제사에 참여한다는 뜻으로 열두 돌을 세웠습니다. 그리고 제사를 드렸습니다. 모든 제사는 하나님께 드립니다. 제사를 통해 하나님을 만나고 관계를 회복합니다. 갈멜산의 대결은 제사 대결 즉, 예배 대결이었습니다. 어떤 신이 예배를 받으시는가, 예배에 생명을 걸었습니다.

교회문을 활짝 열고 다 같이 모여 예배드리는 날이 속히 오길 기도합니다. 그러나 그보다 더 중요한 것은 불로 응답하시는 예배를 드리는 것입니다. 예배는 형식이 아닙니다. 영과 진리로 예배하라고 했습니다(요 4:24). 영은 하나님을 만나는 통로이고 곧 생명입니다. 그러니까 생명을 다해 예배하라는 것입니다. 제사드릴 때 짐승을 잡고 그 피 곧 생명을 바치는 것처럼 생명을 바치는 예배, 피를 바치는 예배를 드리라는 것입니다.

갈멜산 예배는 두 가지였습니다. 받으시는 예배와 응답 없는 예배, 대상이 있는 예배와 없는 예배, 경건한 예배와 시끄러운 예배, 하나님께 드리는 예배와 사람끼리 떠들고 소리 지른 예배! 그날 승리는 살아 계신 하나님을 예배한 엘리야의 승리였습니다.

450명이 졌습니다. 다수가 졌습니다. 아합과 이세벨이 졌습니다. 권력이 졌습니다. 불의한 세력, 사탄의 세력이 졌습니다. 엘리야는 예배로 이겼습니다. 1대 450의 대결에서 엘리야 한 사람이 이겼습니다. 450명은 세상 권력이 도왔고 엘리야는 하나님이 도와주셨습니다. 두 가지를 기억합시다.

첫째, 생명 드리고 생명 걸고 생명 바쳐 예배드립시다. 둘째, 오늘도 하나님은 나를 이기게 하신다는 것입니다.

바울의 고백으로 말씀을 맺겠습니다.

"우리를 사랑하시는 이로 말미암아 우리가 넉넉히 이기느니라"
(롬 8:37).

"우리에게 승리를 주시는 하나님 감사하노니"(고전 15:57).

우리는 이미 이겼습니다. 지금 이기고 있습니다. 앞으로도 이길 것입니다. 아멘.

제3부

다
아십니다

말씀 신앙

> **사도행전 27:20-26**
>
> 여러 날 동안 해도 별도 보이지 아니하고 큰 풍랑이 그대로 있으매 구원의 여망마저 없어졌더라 여러 사람이 오래 먹지 못하였으매 바울이 가운데 서서 말하되 여러분이여 내 말을 듣고 그레데에서 떠나지 아니하여 이 타격과 손상을 면하였더라면 좋을 뻔하였느니라 내가 너희를 권하노니 이제는 안심하라 너희 중 아무도 생명에는 아무런 손상이 없겠고 오직 배뿐이리라 내가 속한 바 곧 내가 섬기는 하나님의 사자가 어젯밤에 내 곁에 서서 말하되 바울아 두려워하지 말라 네가 가이사 앞에 서야 하겠고 또 하나님께서 너와 함께 항해하는 자를 다 네게 주셨다 하였으니 그러므로 여러분이여 안심하라 나는 내게 말씀하신 그대로 되리라고 하나님을 믿노라 그런즉 우리가 반드시 한 섬에 걸리리라 하더라

말의 높임말을 말씀이라고 합니다. 말은 사상이나 감정을 표현하고 의사를 소통하는 수단입니다. 사람만이 말을 하고 글씨를 씁니다. 말씀이란 존경하는 사람이나 웃어른이 하는 말을 지칭합니다. 성경은 하나님의 말씀입니다. 하나님의 영감을 받은 사람들이 기록했기 때문입니다. 디모데후서 3장 16절을 보면 "모든 성경은 하나님의 감동으로 된 것으로 교훈과 책망과 바르게 함과 의로 교육하기에 유익하니" 라고 했습니다. 하나님의 감동을 받은 사람들이 기록했다는 것입니

다. 성경은 개인의 자서전도 아니고 소설이나 전기도 아니고 하나님의 말씀을 기록한 책입니다. 그래서 성경, 거룩한 책입니다.

창세기에서 요한계시록까지 기록된 기간은 1,500년입니다. 기록한 사람들은 40여 명입니다. 현재 전 세계에 6,500여종의 언어가 있는데 2,500여 언어로 성경을 번역했습니다.

본래 성경은 히브리어와 헬라어로 기록했기 때문에 번역이 필요합니다. 앞으로도 성경은 계속 번역될 것이고 가장 많이 읽는 책으로 존재할 것입니다. 이유는 하나님의 말씀이기 때문입니다. 중요한 것은 하나님의 말씀을 대하는 자세입니다.

성경 안에 등장하는 사람들은 순종한 사람과 불순종한 사람, 그대로 한 사람과 안 한 사람으로 나뉩니다. 말씀대로 한 사람들은 복 받고 성공했지만, 안 한 사람들은 저주받고 실패했습니다.

성경 안에서 말씀대로 믿고, 살고, 일한 사람들을 찾아보겠습니다. 바울 이야기를 하겠습니다. 본명은 사울이고 고향은 길리기아 다소였습니다. 그 당시 인구가 50만이었고 교육과 무역의 도시였습니다. 그 도시의 유지였던 조상 덕에 태어날 때부터 로마 시민권을 가지게 되었고, 5세부터 가말리엘에게서 율법을 공부했습니다. 시쳇말로 금수저로 태어난 사람이었습니다. 그는 히브리의 종교, 헬라의 철학, 로마의 문화, 삼대 문명에 익숙한 사람이었습니다. 그는 네 차례나 선교여행을 했고, 신약 성경 안에 13권의 서신을 썼습니다. 당대 최고의 지성, 신학자, 선교사, 목회자였습니다. 그런데 그는 이 모든 것을 다 내려놓습니다.

그 이유를 빌립보서 3장 8절에서 설명합니다. "모든 것을 해로 여김은 내 주 예수를 아는 지식이 가장 고상하기 때문이라 내가 그를 위하여 모든 것을 잃어버리고 배설물로 여김은 그리스도를 얻고"라고 했습니다. 내가 가진 것, 누리는 것을 포기하는 것이 쉽습니까? 그런데 다 버렸습니다. 예수 그리스도를 만났기 때문입니다. 오늘 우리가 주목할 대목은 바울의 말씀 신앙입니다.

사도행전은 28장으로 구성되어 있습니다. 그런데 8장부터 바울에 관한 기사가 시작되고 28장까지 계속됩니다. 사도행전은 바울행전이라 해도 과언이 아닙니다. 바울이 유대인들의 고발로 재판을 받기 위해 로마로 호송되고 있었습니다. 바울은 로마시민권을 가지고 있었기 때문에 로마 황제의 재판을 받을 수 있었고 바울의 비전은 로마에 가서 복음을 전하는 것이었기 때문에 로마 황제의 재판을 요구했습니다.

사도행전 27-28장은 바울이 로마로 가면서 겪었던 일, 로마에 가서 한 일들에 관한 기사입니다. 바울이 타고 가던 배에는 276명이 타고 있었습니다. 무역상들, 여행객들, 그리고 바울을 호송하는 백부장과 선원들이 승선하고 있었습니다. 그런데 그 배가 풍랑을 만나게 되었습니다. 유라굴로라는 풍랑이었습니다. 그레데 섬을 지나는데 그 섬에는 2100미터 높이의 이다산이 있었습니다. 그 산에서 갑자기 동북풍과 함께 돌풍이 불어 바닷물을 뒤집고 소용돌이를 만들었습니다. 배가 돌풍에 휘말렸습니다. 그때 상황을 27장 14-21절을 통해 설명합니다.

유라굴로라는 광풍이 크게 일어났다(14절), 배가 밀려 쫓겨 갔다(15절), 짐을 바다에 풀어버렸다(18절), 배의 기구를 버렸다(19절), 여러 날 동안 해도 별도 보이지 않고 큰 풍랑이 그대로 있으매 구원의 여망마저 없어졌다(20절), 여러 사람이 오래 먹지 못했다(21절). 한마디로 살 희망, 구원의 희망이 없었습니다. 무역상품, 기구들, 연장들, 이 모두를 다 버렸습니다. 선장도, 선주도, 백부장도 대책이 없었습니다.

1912년 4월 10일 영국을 떠난 타이타닉호가 뉴욕을 향해 가고 있었습니다. 당시 최고 최대의 초호화 유람선이었습니다. 높이 30m, 너비 28m, 길이 269m, 무게 46,328t, '침몰 불가능한 배'라는 별명을 가질 정도였습니다. 그런 배가 4월 15일 북대서양에서 빙하와 충돌하고 침몰했습니다. 그 배에는 2,224명이 승선하고 있었고 1,513명이 사망했습니다. 구조된 사람은 711명이었습니다. 여행가방, 보석상자, 돈지갑 모두 그대로 놔둔 채 침몰했습니다. 누구나 죽을 때 가져갈 것이 없습니다. 그냥 갑니다. 욕심 부리지 맙시다.

바울이 탔던 알렉산드리아호도, 타이타닉호도, 우리네 인생도 속수무책입니다. 우리는 여기서 바울의 믿음에 주목해야 합니다.

"이제는 안심하라 너희 중 아무도 생명에는 아무런 손상이 없겠고 오직 배뿐이리라"(27:22).

이런 장담의 근거가 무엇입니까?

"내가 속한 바 곧 내가 섬기는 하나님의 사자가 어제 밤에 내 곁에 서서 말하되"(27:23).

"바울아 두려워하지 말라, 네가 가이사 앞에 서야 하겠고 또 하나님께서 너와 함께 항해하는 자를 다 네게 주셨다 하였으니"(27:24).

"바울아, 걱정마라. 네가 로마에 가서 가이사의 재판을 받아야 한다. 너 때문에 이 배에 탄 사람들도 다 구원해주겠다"라는 것입니다. 엄청난 계시였고 약속입니다. 중요한 것은 그다음입니다.

"여러분이여 안심하라 나는 내게 말씀하신 그대로 되리라고 하나님을 믿노라 그런즉 우리가 반드시 한 섬에 걸리리라"(27:25-26).

말씀 신앙   205

"말씀하신 그대로 되리라고 하나님을 믿노라"는 바울의 말씀 신앙이 보석처럼 빛나고 있습니다.

만일 그때 바울이 말씀을 믿지 못하고 절망하고 포기했다면, 그리고 다른 방법으로 살 길을 찾았다면 276명은 다 죽고 말았을 것입니다. 그러나 바울은 하나님의 말씀을 그대로 믿었습니다. "그대로 되리라고 하나님을 믿노라"는 이 믿음 때문에 276명이 구원받았고 바울은 로마에 갈 수 있었습니다.

당시 예루살렘은 세계의 중심도시가 아니었습니다. 그러나 로마는 당시 세계의 문화, 교통, 무역, 정치의 중심이었습니다. 복음의 세계화를 이루려면 로마로 가야 했습니다. 하나님은 바울의 비전을 이루어 주시기 위해 로마로 가게 해주셨고 영적 지도력을 세워주시기 위해 풍랑을 일으키셨고 구원해주신 것입니다.

배가 떠날 때만 해도 바울은 재판을 받으러 가는 죄수였습니다. 그러나 풍랑이 일어나고 파선의 위험이 높아지면서 바울은 그 배의 지도자가 되었습니다. 선주도, 선장도, 백부장도, 선원들도, 선객들도 바울의 말을 고분고분 따르게 됐습니다. 영적 권위와 지도력을 갖게 된 것입니다.

창세기에 나오는 노아도 말씀 신앙의 사람이었습니다. 하나님의 말씀 그대로 믿고 순종했습니다. 그의 행적을 찾아보겠습니다. 어떤 날 노아에게 "홍수로 세상을 심판하려고 한다. 방주를 만들라"고 하셨습니다. 120년 뒤에 있을 홍수를 준비하라고 하신 것입니다. 그런데 노아는 그대로 했습니다.

"하나님이 자기에게 명하신 대로 다 준행하였더라"(창 6:22).

"여호와께서 자기에게 명하신대로 다 준행하였더라"(7:5).

"명하신 대로"(7:9), "그에게 명하신 대로"(7:16) 하라는 대로 했습니다. 120년 동안 그대로 했습니다. 쉬운 일이 아닙니다.

그 결과는 창세기 7장 23절입니다.

"지면의 모든 생물을 쓸어버리시니 곧 사람과 가축과 기는 것과 공중의 새까지라 이들은 땅에서 쓸어버림을 당하였으되 오직 노아와 그와 함께 방주에 있던 자들만 남았더라."

그대로 하고 구원받았습니다.

아브라함도 말씀대로 했습니다. 어느 날 고향, 친척 아비집을 따라 이사를 가라고 하셨습니다(창 12장). 하란에서 이사 가야 할 가나안은 800km, 걸어가면 1개월 이상 걸리는 거리입니다. 사막을 통과해야 하고, 강도 건너야 합니다. 짐승 떼와 종들과 가족이 함께 가야 합니다. 그리고 가야 할 그 땅에 대한 자세한 정보도 없습니다.

창세기 12장 1절을 보면 "내가 네게 보여줄 땅으로 가라"고 했습니다. '보여줄 땅'이란 문법상 미래 완료형입니다. 지금은 안 보이지만 앞으로 보인다는 뜻입니다.

칼뱅은 "신앙이란 눈을 감고 귀를 기울이는 것이다"라고 했습니다. "안 보이지만 가라"는 말씀에 아브라함은 "왜? 어떻게?"라고 토를 달지 않았습니다.

창세기 12장 4절을 보면 아브라함이 여호와의 말씀을 따라갔다고 했습니다. 말씀 신앙은 단순합니다. 간결합니다. 하라면 하고, 가라면 갑니다. 따지고 캐고 대들지 않습니다. 이 신앙 때문에 아브라함은 믿음의 조상이 되었고, 축복의 통로가 되었습니다.

창세기 22장에는 아브라함이 100세에 낳은 아들 이삭을 번제로 바친 기사가 나옵니다. 사랑하는 독자 이삭을 번제로 바치라고 하셨고(창 22:2), 아브라함이 아침에 일찍 일어나 이삭을 데리고 갔으며(22:3), "네가 나의 말을 준행하였음이니라"(22:18)고 하셨습니다. 따지지 않고 앞뒤 가리지 않고 머뭇거리지 않고 그대로 했습니다. "준행하였더라"는 그대로 실천했다는 것입니다.

창세기 22장 17-18절은 아브라함에게 주신 복의 약속입니다.

"네 씨가 크게 번성하여 하늘의 별과 같고 바닷가의 모래와 같게 하리니."

전 세계에 거주하는 유태인은 1300만 정도입니다. 이스라엘 600만, 미국과 캐나다 500만, 전 세계에 200만 정도입니다. 그런데 노벨상 수상자 3분의 1이 유태인이고 전 세계 돈의 30%를 유태인이 소유하고 있고, 미국 내 억만장자 40%가 유태인이고, 모든 분야에서 그들은 뛰어납니다.

작가로는 앙드레 지드, 카프카, 하이네, 정신분석에는 프로이트, 과학 분야에는 아인슈타인, 영화 분야에서는 스필버그 감독, 음악에는 번스타인, 미 상하의원으로 40여 명이 넘고, 미술 분야의 샤갈 등이 있습니다.

"천하 만민이 복을 받으리니"(22:18)라는 말씀은 그의 후손으로 천하 만민을 구원하실 메시아가 태어난다는 것입니다. 그 이유가 "네가 나의 말을 준행하였음이니라"입니다.

그 말씀 신앙의 원리를 말씀드리겠습니다.

첫째로 그대로 믿어야 합니다.
바울의 선포를 다시 살펴보겠습니다.

"나는 내게 말씀하신 그대로 되리라고 하나님을 믿노라"(행 27:25).

신명기 4장 2절에서는 "내가 너희에게 명령하는 말을 너희는 가감하지 말고"라고 했고, 요한계시록 22장 18-19절에서는 예언의 말씀 외에 더하지 말고, 제하지 말라고 했습니다. 이단이나 거짓 선지자들은 제멋대로 더하거나 빼버립니다. 그러나 성경은 그것을 금합니다.

처녀 마리아를 방문한 천사가 "네가 잉태하여 아들을 낳을 것이라"고 했습니다. 가당치도 않은 예고였습니다. 그러나 마리아는 주의 여종이오니 말씀대로 내게 이루어지이다"라고 대답했습니다. 가감 없이 이루어지길 바라는 마리아의 믿음이었습니다. 그대로 믿어야 니다.

둘째로 말씀이 생각나야 합니다.
예수님이 빌라도 법정에서 재판 받으시던 날 밤, 베드로가 세 번씩 예수님을 모른다, 상관도 없다며 저주하고 부인했습니다.

그런데 마태복음 26장 75절을 보면 "이에 베드로가 예수의 말씀에 닭 울기 전에 네가 세 번 나를 부인하리라 하심이 생각나서 밖에 나가서 심히 통곡하니라"고 했습니다. 말씀이 떠오르고 생각났습니다. 만일 그때 거기서 말씀이 생각나지 않았다면 베드로는 회개하지 못했을 것이고 사도가 되지 못했을 것입니다.

순간순간 그때 거기서 말씀이 생각나야 합니다. 그 말씀이 떠올라야 합니다. 그런데 읽지도 않고, 듣지도 않으면 떠오르거나 생각날 수가 없습니다. 어려울 때, 힘들 때, 외로울 때, 병들었을 때, 길이 막혔을 때, 넘어졌을 때 말씀이 생각나야 합니다. 성공했을 때, 복 받았을 때, 돈 벌었을 때, 길이 열렸을 때도 말씀이 떠오르고 생각나야 합니다. 그때마다 말씀이 떠오르고 생각나려면 저장되어 있는, 입력되어 있는 말씀이 많아야 합니다.

컴퓨터가 입력된 정보를 기억하고 저장하는 용량을 표현하는 용어들이 있습니다. 예를 들면 비트, 바이트, 기가바이트, 브론토바이트 등입니다. 브론토바이트는 지금까지 나온 용량 가운데 최고치를 표시하는 단위입니다. 전 세계 인류, 역사, 문화, 정치, 경제, 사회, 교육에 관한 모든 정보를 다 기억하고 저장합니다. 단 입력하고 저장된 정보라야 합니다. 하나님 말씀도 평소 듣고 읽고 배운 말씀들이 입력되어 있어야 떠오르고 생각이 나는 것입니다.

시인은 시편 1편 2절에서 "오직 여호와의 율법을 즐거워하여 그의 율법을 주야로 묵상하는도다"라고 했고, 19편 10절에서는 "순금보다 더 사모할 것이며 꿀과 송이꿀보다 더 달도다"라고 했습니다.

셋째로 말씀을 실천해야 합니다.

마태복음 5, 6, 7장을 산상보훈이라고 합니다. 예수님이 산에서 말씀하신 보석 같은 교훈들이기 때문입니다. 산상보훈을 끝내시면서 결론으로 주신 말씀이 있습니다.

> "나의 이 말을 듣고 행하는 자는 그 집을 반석 위에 지은 지혜로운 사람 같으리니 비가 내리고 창수가 나고 바람이 불어 그 집에 부딪치되 무너지지 아니하나니 이는 주추를 반석 위에 놓은 까닭이요 나의 이 말을 듣고 행하지 아니하는 자는 그 집을 모래 위에 지은 어리석은 사람 같으리니 비가 내리고 창수가 나고 바람이 불어 그 집에 부딪치매 무너져 그 무너짐이 심하니라"(마 7:24-27).

'들으면 뭐하냐? 배우면 뭐하냐? 말씀을 듣고 행해라, 그래야 네 인생의 집이 무너지지 않는다'는 뜻입니다. 바로 듣고, 바로 깨닫고, 바로 행해야 합니다. 이것이 말씀 신앙의 중심입니다.

시편 49편 20절을 통해 말씀합니다.

"존귀하나 깨닫지 못하는 사람은 멸망하는 짐승같도다."

설교를 예로 들어 보겠습니다. 설교는 하나님 말씀의 재해석이고 선포입니다. 그래서 설교는 바로 듣고, 깨닫고 실천해야 합니다. 영적 건강과 설교는 밀접한 관계가 있습니다. 건강한 사람은 어떤 음식을 먹어도 맛있고 소화가 잘됩니다. 설교는 영혼의 양식입니다. 내 영혼이 건강하면 말씀이 다 맛있고 답니다. 그러나 건강이 나쁘면 말씀이 쓰고 맛이 없습니다. 은혜를 '받았다, 못 받았다'도 건강의 문제와 상관이 있습니다. 같은 본문, 같은 내용, 같은 설교인데 왜 누구는 은혜를 받고, 누구는 은혜를 못 받습니까? 왜 같은 날, 같은 장소에서 선포된 말씀인데 누구는 감동을 받고, 누구는 감동을 받지 못합니까?

음식 먹는 것과 설교도 비슷합니다. 편식도 나쁩니다. 먹을 때마다 맛있다고 말하고 먹으면 맛있습니다. 맛없다고 열흘, 한 달 동안 안 먹으면 어떻게 됩니까? 먹지 않고 맛만 보면 어떻게 됩니까? 건강이 유지됩니까? 설교의 경우도 한 번, 열 번, 스무 번 먹지 않으면 영양실조에 걸립니다. 영이 메마르고, 신진대사가 안 되고, 기력이 떨어집니다.

저는 본래 위가 작습니다. 그래서 식사량이 적습니다. 또 저희 부부 둘이 삽니다. 어떻게 때마다 고급요리를 해먹을 수 있습니까? 라면, 우거짓국, 냉면, 찌개를 골고루 만들어 먹고는 합니다. 그때마다 "아! 맛있게 먹었어요, 고마워요, 잘 먹었어요"라고 합니다.

말씀에 토 달지 말고 "잘 먹겠습니다. 잘 먹었습니다"라고 말합시다.

불편한 질문을 하겠습니다. 왜, 뭣 하러 성경을 읽습니까? 왜, 뭣 하러 성경을 공부합니까? 유식해지기 위해서입니까? 신학 지식을 쌓기 위해서입니까? 아닙니다. 성경을 읽었으면 그대로 살기 위해 노력해야 합니다. 성경을 공부했으면 실천하기 위해 몸부림쳐야 합니다. 단 한 가지도 달라지지 않고 변한 것이 없다면, 읽고 공부한 것이 무슨 의미가 있습니까? 성경을 많이 읽고 공부합시다. 그리고 변합시다. 달라집시다.

야고보서 2장 17절이 결론입니다.

"행함이 없는 믿음은 죽은 것이라."

"듣고 읽고 배우고 행하고!" 아멘!

새 살이 돋아나게 하리라

🍁 **예레미야 30:17-22**

여호와의 말씀이니라 그들이 쫓겨난 자라 하매 시온을 찾는 자가 없은즉 내가 너의 상처로부터 새 살이 돋아나게 하여 너를 고쳐 주리라 여호와께서 말씀하시니라 보라 내가 야곱 장막의 포로들을 돌아오게 할 것이고 그 거처들에 사랑을 베풀 것이라 성읍은 그 폐허가 된 언덕 위에 건축될 것이요 그 보루는 규정에 따라 사람이 살게 되리라 그들에게서 감사하는 소리가 나오고 즐거워하는 자들의 소리가 나오리라 내가 그들을 번성하게 하리니 그들의 수가 줄어들지 아니하겠고 내가 그들을 존귀하게 하리니 그들은 비천하여지지 아니하리라 그의 자손은 예전과 같겠고 그 회중은 내 앞에 굳게 설 것이며 그를 압박하는 모든 사람은 내가 다 벌하리라 그 영도자는 그들 중에서 나올 것이요 그 통치자도 그들 중에서 나오리라 내가 그를 가까이 오게 하리니 그가 내게 가까이 오리라 참으로 담대한 마음으로 내게 가까이 올 자가 누구냐 여호와의 말씀이니라 너희는 내 백성이 되겠고 나는 너희들의 하나님이 되리라

구약 성경에 있는 예레미야서와 예레미야애가, 두 책은 선지자 예레미야가 기록한 책입니다. 예레미야가 태어난 곳은 예루살렘 북동쪽 4.8km 지점에 있는 아나돗입니다. 그의 아버지는 제사장 힐기야였고 베냐민 지파 후손이었습니다. 예레미야는 20세에 선지자로 부름받고 40년간 예언 활동을 계속했습니다. 물론 결혼도 하지 않은 채였습니다.

예레미야는 이사야, 에스겔, 다니엘과 함께 4대 예언자였습니다. 예언자란 하나님의 말씀을 받아 전하는 사람입니다. 그래서 예레미야서 안에는 "여호와의 말씀이", "여호와가 이같이 말씀하셨다", "여호와의 말이니라"가 157회나 반복됩니다. 그것은 "나는 내 말 하는 게 아니다, 하나님의 말씀을 대언한다"라는 뜻입니다. 예레미야 예언의 핵심을 간추려 보겠습니다.

첫째, 바벨론의 침략으로 남 왕국 유다가 망하고 수많은 사람이 포로로 붙잡혀 간 것은 영적 타락과 부패에 대한 하나님의 심판이라는 것입니다. 둘째, 회개할 생각은 안 하고 인간적인 방법을 동원하고 벗어나려는 수단을 찾는 것은 해법이 아니고 또 다른 범죄가 된다는 것입니다. 셋째, 회개하고 하나님께로 돌아오면 회복이 임한다는 것입니다. 넷째, 장차 오실 메시아가 영원한 회복과 구원을 이루신다는 것이 예언의 중심 골자입니다.

모든 예언자들의 예언이 그러하듯 예레미야도 "범죄하면 심판 받는다, 그러나 회개하면 용서하시고 회복해 주신다"는 것을 예언하고 있습니다. 예레미야 30장은 하나님의 회복을 다루고 있습니다. 그 가운데 회복을 약속하는 대표 구절은 30장 17절입니다.

> "여호와의 말씀이니라 그들이 쫓겨난 자라 하매 시온을 찾는 자가 없은즉 내가 너의 상처로부터 새 살이 돋아나게 하여 너를 고쳐 주리라."

수술 후 새 살이 돋아나는 것은 치료가 잘 되고 있다는 증거입니다. 그리고 새 살이 완전히 돋아나면 치료가 끝납니다.

예레미야 당시 유대 나라는 절망에 빠져 있었습니다. 바벨론의 침공으로 예루살렘은 불타고 무너졌습니다. 백성은 포로로 끌려갔습니다. 포로 기간이 길어지자 하나님을 원망하고, 의심하고, 멀리하고,

스스로 살길을 찾아야 된다며 신앙을 버리고 무너지기 시작했습니다. 그 상황을 "네 상처는 고칠 수 없고 네 부상은 중하도다"(30:12)라고 했고, "네 상처에는 약도 없고 처방도 없도다"(30:13)라고 했습니다. 그리고 "네 악행이 많고 네 죄가 많기 때문에"(30:14)라고 했습니다. 고칠 수도 없고, 약도 없고, 처방도 없는데, 그 이유는 죄 때문이라는 것입니다.

여기서 잠깐 우리네 상황을 돌아보겠습니다. 코로나19 사태가 1년 반을 넘어서고 있습니다. 세계적인 부자 빌 게이츠는 백신이 있기 때문에 2022년 말 안에 코로나가 종식될 것이라고 했습니다. 그의 말대로 되기를 진심으로 바랍니다. 누가 "아니오"라고 하겠습니까? 빌 게이츠는 전염병 대처를 위해 '빌 앤드 멀린다 게이츠'라는 자선단체를 설립했습니다. 그리고 코로나 퇴치를 위해 그 재단에 10억 7천만 달러를 기부했습니다. 우리 돈으로 1조 2천억이 넘습니다. 한국도 이런 부자가 많으면 얼마나 좋을까요! 그러나 빌 게이츠가 한 말은 절대적 가치가 아닙니다. 그렇게 되기를 바라는 희망일 뿐입니다. 이유는 빌 게이츠는 예언자도 아니고 코로나를 좌지우지 할 수 있는 절대자가 아니기 때문입니다. "코로나가 끝나게 해주겠다. 새 살이 돋아나게 해주겠다"는 말은 하나님만 하실 수 있습니다. "새 살이 돋아나게 해주겠다"는 얼마나 감동적인 약속입니까? 할퀴고, 상처받고, 만신창이 된 유대 나라를 살리고 회복해 주신다는 것입니다.

구체적으로 말씀을 살펴보겠습니다.

첫째로 상처 받고 무너진 원인입니다.
모든 예언자들의 공통된 견해는 "범죄했기 때문이다. 타락했기 때문이다. 하나님을 떠났기 때문이다"입니다. 예레미야의 관점도 같습니다. 예를 찾아보겠습니다.

"나를 멀리하고 가서 헛된 것을 따라 헛되이 행하였느냐"(2:5), "내 땅을 더럽히고 내 기업을 역겨운 것으로 만들었으며"(2:7), "그들이 나무를 향하여 너는 나의 아버지라 하며 돌을 향하여 너는 나를 낳았다 하고"(2:27), "너희가 확실히 나를 속였느니라"(3:20), "자기 하나님 여호와를 잊어버렸음이로다"(3:21), "여호와를 버리고 너희 땅에서 이방 신들을 섬겼은즉 이와 같이 너희 것이 아닌 땅에서 이방인들을 섬기리라"(5:19), "사람을 믿으며 육신으로 그의 힘을 삼고 마음이 여호와에게서 떠난 그 사람은 저주를 받을 것이라"(17:5)고 기록되어 있습니다.

이런 구절은 수를 셀 수 없습니다. 그때나 지금이나 심판의 원인은 같습니다. 이사야 59장 1-2절도 관점이 같습니다.

> "여호와의 손이 짧아 구원하지 못하심도 아니요 귀가 둔하여 듣지 못하심도 아니라 오직 너희 죄악이 너희와 너희 하나님 사이를 갈라놓았고 너희 죄가 그의 얼굴을 가리어서 너희에게서 듣지 않으시게 함이니라."

하나님을 떠나고, 우상숭배하고, 교만하고, 회개하지 않고, 예배를 소홀히 하고……이런 것들이 심판의 원인이었습니다.

하나님께서 우리에게 코로나를 통해 어떤 메시지를 주고 계실까요? 거리 둬라, 마스크 써라, 모이지 마라, 온라인으로 예배해라, 백신 개발해라. 그것이 하나님의 메시지일까요?

방역 책임자들, 정부가 하라는 대로 1년 반 동안 그대로 다 했습니다. 그런데 코로나는 계속 번지고 있습니다. 이쯤에서 우리는 '우리들의 잘못이 무엇인가? 뭘 해야 되는가?'를 반성해야 합니다.

이사야 55장 7절을 보겠습니다. "악인은 그의 길을, 불의한 자는 그의 생각을 버리고 여호와께로 돌아오라 그리하면 그가 긍휼히 여기시리라 우리 하나님께로 돌아오라 그가 너그럽게 용서하시리라"고 했습니다. 정확한 해법입니다. '회개하고 하나님을 찾아라. 그게 사는 길이고 해법이다'라는 것입니다.

언제부턴가 '회개'란 말이 사라졌습니다. 요즘 사람들은 "성공해라, 잘한다, 복 받아라" 하면 좋아하지만 "회개해라, 돌이켜라"고 말하면 싫어한다고 합니다. 그래서 그런 말을 안 한다고 합니다. 중병 걸린 환자가 있는데, 그 사람더러 "병원에 가지 마라, 약 먹지 마라, 치료하지 마라"고 말한다면 그게 축복입니까? 회개란 책망이 아닙니다. 하나님께로 돌아오라는 것입니다. "하나님 떠나라, 네 멋대로 살아라, 죄짓고 살아라"고 한다면 그게 바른 가르침이 되겠습니까?

성경은 웅변합니다. 하나님께로 돌아온 사람은 살았고, 하나님으로부터 떠난 사람은 죽었습니다. 하나님을 만난 사람은 살고 외면한 사람은 죽었습니다. 성경에 등장하는 수많은 사람은 두 부류로 구분됩니다. 하나님을 만난 사람과 떠난 사람입니다.

에서와 야곱은 이삭이 낳은 쌍둥이 형제입니다. 야곱은 어려울 때, 힘들 때, 외로울 때, 쫓길 때, 위기를 당할 때마다 하나님을 찾고 만났습니다. 그리고 문제를 풀었습니다. 그러나 에서는 그 반대였습니다. 창세기 36장 6절을 보면 에서가 아내들과 자녀들과 모든 사람들과 모든 가축과 모든 짐승과 모든 재물을 이끌고 그의 동생 야곱을 떠나 다른 곳으로 갔다고 했습니다. 다른 곳으로 갔다는 것은 하나님을 떠나 다른 곳으로 갔다는 뜻입니다. 하나님을 떠난 에서는 하나님 없는 이방 부족의 조상이 됐고 이스라엘 민족을 공격하는 에돔 족속의 조상이 됐습니다. 그러나 야곱은 아버지 고향, 신앙의 고향으로 돌아왔습니다.

창세기 31장 17-18절을 보면 "야곱이 일어나 자식들과 아내들을 낙타들에게 태우고 그 모은 바 모든 가축과 모든 소유물 곧 그가 밧단아람에서 모은 가축을 이끌고 가나안 땅에 있는 그의 아버지 이삭에게로 가려 할새"라고 했습니다. 에서는 떠났고 야곱은 돌아왔습니다. 에서는 하나님을 떠났고 야곱은 하나님께로 돌아왔습니다.

회개란 가던 길을 멈추고 '이 길로 가면 안 되지, 더 가면 벼랑이지'라는 것을 깨닫고 돌이켜 하나님께로 돌아오는 것입니다.

인간에겐 두 가지 자유가 있습니다. 하나님으로부터 떠나는 자유와 하나님께로 돌아오는 자유입니다. 떠나면 죽고 돌아오면 삽니다.

둘째로 몇 가지 사례를 살펴보겠습니다.

히스기야는 남 왕국 유다의 제13대 왕입니다. 다윗 왕 다음으로 존경받고 사랑받는 왕이었습니다. 선정을 베풀어 나라를 평안하게 다스렸습니다. 그런데 그가 죽을병에 걸렸고, 아무도 고치지 못했습니다.

이 절망적 상황을 당한 히스기야는 회개하고 기도를 드렸습니다. 그 기사가 이사야 38장에 기록되어 있습니다.

"너는 네 집에 유언하라 네가 죽고 살지 못하리라 히스기야가 얼굴을 벽으로 향하고 여호와께 기도하여 이르되"(38:1-3).

결과는 응답입니다.

"내가 네 기도를 들었고 네 눈물을 보았노라"(38:5).

히스기야는 명의를 동원하고 명약을 개발하고 복용하지 않았습니다. 기도했습니다. 눈물을 흘리고 회개했습니다.

사는 길, 회복하는 길이 하나님께 있다고 믿었기 때문입니다.

최고 통치자인 왕은 백성에게 눈물을 보이면 안 됩니다. 약자로 보이기 때문입니다. 그러나 그는 하나님 앞에서 통곡했습니다. 울었습니다. 회개의 눈물을 쏟은 것입니다.

히스기야는 하나님을 만나고 문제를 풀었습니다.

코로나 이후 신조어들이 등장했습니다. 예를 들면 '대면'은 'CONTACT', '비대면'은 'UNTACT', '온라인대면'은 'ONTACT' 등입니다. 그러나 다른 신조어가 있습니다. 그것은 제가 만든 신조어입니다. '하나님 대면'은 'GOD TACT'입니다. 다해보았지만 안 될 때가 있습니다. 그래서 GOD TACT, 하나님을 만나야 합니다.

하나님을 온라인으로 만날 수 있습니까? 카톡이나 문자로 만나도 됩니까? 대면해야 합니다. 어떻게 대면합니까? 기도로 만나고 예배로 만나야 합니다.

출애굽기 15장 22-27절을 보면 마라에서 쓴 물을 단물로 고친 기사가 나옵니다. 썩은 물에 나무를 꺾어 던지라는 말씀대로 했더니 물이 고쳐지고 마실 수 있는 단물이 됐습니다.

주경가들은 이 나무가 예수 그리스도의 십자가를 상징한다고 해석합니다. 맞습니다. 예수 그리스도의 십자가는 죄, 질병, 고통을 해결합니다.

출애굽기 15장 26절에서는 "나는 너희를 치료하는 여호와임이니라"고 했습니다. '나는 너희를 치료하는 의사다'라는 뜻입니다. 이런 신앙의 눈으로 보면 코로나 해법은 백신이 아닙니다. 하나님께 해법이 있습니다.

과학적 접근이나 의료적 방법을 무시할 필요는 없습니다. 그러나 그것만으로는 해결이 안 됩니다. 백신 접종 이후에도 신종, 변종 바이러스가 퍼지고 있는 것이 그 실례입니다.

셋째로 회복을 찾아봅시다.

30장 17절을 다시 보겠습니다. "내가 너의 상처로부터 새살이 돋아나게 하여 너를 고쳐주리라"고 하셨습니다. 그리고 18절은 고치시는 내용을 구체적으로 명시하고 있습니다.

"여호와께서 말씀하시니라 보라 내가 야곱 장막의 포로들을 돌아오게 할 것이고 그 거처들에 사랑을 베풀 것이라 성읍은 그 폐허가 된 언덕 위에 건축될 것이요. 그 보루는 규정에 따라 사람이 살게 될 것이라."

22절은 더 중요합니다.

"너희는 내 백성이 되겠고 나는 너희들의 하나님이 되리라."

하나님은 자기 백성을 포기하지 않습니다. 회개하고 돌아온 자녀를 버리지 않습니다.

몇 군데 구절을 찾아보겠습니다.

이사야 43장 1절은 "내가 너를 구속하였고 내가 너를 지명하여 불렀나니 너는 내 것이라"고 했고, 이사야 49장 15절은 "여인이 어찌 그 젖 먹는 자식을 잊겠으며 자기 태에서 난 아들을 긍휼히 여기지 않겠느냐 그들은 혹시 잊을지라도 나는 너를 잊지 아니할 것이라"고 했고, 49장 16절에서는 "내가 너를 내 손바닥에 새겼고 너의 성벽이 항상 내 앞에 있나니"라고 했고, 호세아 11장 8절은 "에브라임이여 내가 어찌 너를 놓겠느냐 이스라엘이여 내가 어찌 너를 버리겠느냐"라고 했습니다. '절대로, 결코, 어떤 경우에도 버리지 않는다, 포기하지 않는다, 내버려두지 않는다'는 것입니다. 단, 조건이 있습니다. 그것은 돌이켜 하나님께로 돌아오는 것입니다.

인간은 전능자도, 초월적 존재도 아닙니다. 할 수 있는 것보다 할 수 없는 것이 더 많습니다. 그 사실을 인정하고 겸손해야 합니다. 하나님이 하신다는 것은 믿음이고 사람이 다 할 수 있다는 것은 교만입니다. "우리는 다 못합니다. 하나님이 하셔야 합니다. 교만을 회개합니다. 하나님이 해결해주십시오"라고 고백해야 합니다.

그리고 하나님을 경외해야 합니다. 경외란 믿고 높이는 것입니다. 환자가 의사를 신뢰해야 치료가 성립되는 것처럼 하나님을 믿고 높이고 맡겨야 합니다.

베드로전서 5장 7절을 통해 말씀합니다.

"너희 염려를 다 주께 맡기라 이는 그가 너희를 돌보심이라."

현대인은 염려가 많습니다. 그리고 다 아픕니다. 마음도 아프고, 몸도 아픕니다. 배고파 죽는 사람보다 마음이 고파 죽는 사람이 더 많다고 합니다. 힘들고, 외롭고, 불안하고, 아픈 것이 현대인의 모습입니다.

코로나 블루(Corona blue)라는 말이 있습니다. 코로나19와 우울감(blue)의 합성어입니다. 사회적 거리두기가 장기화되고 대면이 제한되면서 사회적 고립으로 우울감과 무기력증, 불안과 공포, 심리적·경제적 불안이 겹치는 우울 증상을 코로나 블루라고 합니다.

예를 들겠습니다. 미국 인구를 3억 정도로 봅니다. 그런데 미국인이 보유한 총 기수는 3억 9천 3백만 정이랍니다. 전 세계 총기 보유량의 43%를 미국이 보유하고 있습니다. 특히 코로나19 이후 총기 구매량이 10배로 불어났다고 합니다. 총기 구매이유는 불안해서, 자신을 지키기 위해서입니다.

그러나 2020년 미국에서 총기사고로 죽은 사람은 4만 3천 536명이었습니다. 총기가 미국인을 지켰습니까? 코로나를 막았습니까? 불안에서 해방시켰습니까?

5월 15일 통계에 의하면 미국의 코로나 누적 감염자 수는 3,362만 6,097명이고, 누적 사망자 수는 59만 8,540명입니다. 최첨단 과학과 의료를 자랑하는 미국입니다. 최고의 선진국가, 3억 9천 3백만 개의 총기를 개인이 보유한 나라, 그런데 왜 코로나를 막지 못합니까? 재난을 왜 막지 못합니까? 전 세계 코로나 백신 개발의 27%를 미국이 하고 있습니다. 그런데 왜 코로나를 해결하지 못합니까? 인간은 전능자도, 신도 아니고 백신만으로 해결되는 것이 아니기 때문입니다. 앞으로도 하나님을 외면하고 무시하고 백신 만세만 부른다면, 재앙은 계속될 것입니다.

하나님은 나를 지으신 분이십니다. 나를 잘 아십니다. 앉는 것, 일어서는 것, 생각하는 것, 뜻하는 것, 아픈 것, 힘든 것, 다 아십니다. 그리고 고치시고 해결하실 수 있습니다.

두 구절을 다시 기억해 봅시다.

"나는 너희를 치료하는 여호와니라"(출 15:26).

"내가 너의 상처로부터 새 살이 돋아나게 하여 너를 고쳐주리라" (렘 30:17).

상처! 누구나 있습니다. 그러나 하나님이 고치시고 새 살이 돋아나게 하신다고 약속하셨습니다.

눈에 보이지 않는 내적 상처가 있습니다. 우울증, 양극성 장애, 불안장애, 분노조절장애, 조현병 등은 눈에 보이지 않습니다. 눈에 보이는 상처, 외적 상처도 있습니다. 이 모든 상처를 고치시고 새 살이 돋아나게 하시는 하나님은 나의 하나님이시고 내 아버지이십니다. 치료의 광선으로 치료하십니다.

1895년 독일의 물리학자 빌헬름 뢴트겐이 X레이를 발견했습니다. 1901년에는 노벨물리학상을 받기도 했습니다. X레이는 질병치료에 엄청난 기여를 했고, 지금도 하고 있습니다.

고대 이집트에선 태양광선으로 백혈병을 치료했고 BC 6세기 경 인도에서는 햇빛을 이용해 병을 치료했다고 합니다. 그러나 주전 440년 경 말라기 선지자는 장차 예수 그리스도가 치료의 광선으로 오셔서 인간의 죄와 질병과 역사와 문화와 환경과 삶을 고치신다고 예언했습니다.

"새 살이 돋아나게 하리라." 아멘.

"치료의 광선으로 치료하리라." 아멘.

마태복음 4장 24절이 결론입니다.

"앓는 자, 각종 병에 걸려 고통당하는 자, 귀신 들린 자, 간질하는 자, 중풍병자들을 데려오니 그들을 고치시더라." 아멘.

주님! 새 살이 돋아나게 하소서. 내 삶, 가정, 일터, 이 나라에 치료의 광선을 비춰 주소서.

지금, 여기서 나를 고쳐 주옵소서. 아멘!

더 넘치는 삶을 위한 기도

 에베소서 3:14-21

이러므로 내가 하늘과 땅에 있는 각 족속에게 이름을 주신 아버지 앞에 무릎을 꿇고 비노니 그의 영광의 풍성함을 따라 그의 성령으로 말미암아 너희 속사람을 능력으로 강건하게 하시오며 믿음으로 말미암아 그리스도께서 너희 마음에 계시게 하시옵고 너희가 사랑 가운데서 뿌리가 박히고 터가 굳어져서 능히 모든 성도와 함께 지식에 넘치는 그리스도의 사랑을 알고 그 너비와 길이와 높이와 깊이가 어떠함을 깨달아 하나님의 모든 충만하신 것으로 너희에게 충만하게 하시기를 구하노라 우리 가운데서 역사하시는 능력대로 우리가 구하거나 생각하는 모든 것에 더 넘치도록 능히 하실 이에게 교회 안에서와 그리스도 예수 안에서 영광이 대대로 영원무궁하기를 원하노라 아멘

신약 성경 27권 가운데 바울이 쓴 책이 13권입니다. 13권 속에서 신론, 인간론, 구원론, 교회론, 성령론, 생활론 등 전체를 다루고 있습니다. 바울의 서신들을 보면 바울이 논리학, 수사학, 변증학, 철학과 율법을 깊이 연구한 학자였음을 발견하게 됩니다. 그리고 세계를 바라보는 세계관도 탁월했고, 히브리어와 헬라어에도 능통한 사람이었습니다.

에베소서는 당시 에베소 교회에 보낸 편지입니다. 에베소 교회는 바울이 3차 전도여행 때 세운 교회였고, 1대 목회자는 바울, 2대 목회

자는 사도요한, 3대 목회자는 디모데였습니다. 에베소서가 강조하는 것은 세 가지입니다. 그것은 구원론, 교회론, 생활론입니다. "예수 그리스도를 믿음으로 구원받는다. 그리고 구원은 하나님의 은혜이다", "교회는 그리스도가 세우셨고 주인이시다, 예수 그리스도는 교회의 머리이시고 교회는 그의 몸이며 지체이다" 그리고 "구원받은 사람들은 사회생활, 교회생활, 가정생활을 바르게 해야 된다"는 것을 강조하고 있습니다.

5-6장을 보면 남편과 아내, 부모와 자녀, 상전과 종들에게 어떻게 처신하고 살 것인가를 구체적으로 밝히고 있습니다. 3장 14-21절에서는 하나님의 사랑이 어떤 사랑인가를 설명하면서 그 사랑이 충만하기를 기도하고 있습니다. 15절에서는 "아버지 앞에 무릎을 꿇고 비노니"라고 했습니다.

유대인들의 전통적 기도 자세는 세 가지였습니다. 첫째는 서서 하는 기도로 일반적 기도 자세, 둘째는 엎드려 하는 기도(창 24:52), 셋째는 무릎 꿇고 하는 기도입니다.

솔로몬 왕이 성전을 건축하고 하나님께 봉헌하며 기도를 드릴 때 "무릎을 꿇고 하늘을 향하여 손을 펴고"(대하 6:13) 기도했습니다. 백성이나 신하는 왕 앞에서 무릎을 꿇어야 합니다. 그러나 왕은 함부로 아무데서나 무릎을 꿇지 않습니다. 그런데 솔로몬은 하나님 앞에 무릎을 꿇었고, 두 손을 들었습니다. 이것은 자기 비하, 낮춤, 항복을 의미합니다.

바울도 무릎 꿇고 기도했습니다. 기도는 내용도 중요하지만, 자세도 중요합니다.

예를 들어보겠습니다. 누가복음 18장 11-13절은 바리새인과 세리의 기도를 설명하고 있습니다. 바리새인은 이렇게 기도했습니다.

"서서 따로 기도하여 이르되 하나님이여 나는 다른 사람들 곧 토색, 불의, 간음을 하는 자들과 같지 아니하고 이 세리와도 같지 아니함을 감사하나이다 나는 이레에 두 번씩 금식하고 또 소득의 십일조를 드리나이다"라고 기도했습니다. 이 사람의 기도는 조리 있고, 당당하고, 자랑거리가 많습니다. 그러나 세리의 기도는 "멀리 서서 감히 눈을 들어 하늘을 쳐다보지도 못하고 다만 가슴을 치며 이르되 하나님이여 불쌍히 여기소서 나는 죄인이로소이다"(눅 18:13)였습니다.

이 두 기도에 대해 주님은 "내가 너희에게 이르노니 이에 저 바리새인이 아니고 이 사람이 의롭다 하심을 받고 그의 집으로 내려갔느니라 무릇 자기를 높이는 자는 낮아지고 자기를 낮추는 자는 높아지리라"(눅 18:14)고 하셨습니다. 기도 내용은 바리새인의 기도가 유창하고, 조리 있고, 길고, 자랑도 많고, 화려합니다. 세리의 기도 내용은 허술합니다. "나는 죄인입니다. 나는 나쁜 놈입니다"라는 기도에서 볼 것이 없습니다. 그런데 이 기도가 상달되고, 응답받고, 죄 사함을 받았습니다. 자기 자랑하지 말고, 자기를 내세우지 말고, 다른 사람을 낮추지 말고, 겸손하고, 진정성 있는 기도를 드립시다.

이제 바울의 기도를 살펴보겠습니다.

첫째로 "속사람을 능력으로 강건하게 하시오며"(16절)입니다.

겉사람, 육체의 건강은 예방과 관리, 영양공급과 운동 등으로 지킬 수 있습니다. 그러나 속사람인 영의 건강은 그런 것들로 지킬 수 없습니다. 바울은 본문에서 성령의 능력으로 강건케 해주시라고 기도하고 있습니다. 겉사람은 눈에 보입니다. 음식을 먹고, 사람을 만나고, 활동합니다. 그러나 속사람은 눈으로 볼 수 없습니다. 신령한 양식을 먹어야 하고, 하나님과 교제해야 합니다. 겉사람은 관리를 소홀히 하거나 방치하면 피부가 노화하고, 뼈들이 약해지고, 굽거나 부러집니다. 기력이 약해지고 질병으로 고통받게 됩니다. 속사람도 그렇습니다. 제대로 관리를 못하면 망가집니다. 속사람이 망가지면 인격도 망가지고, 신앙도 망가지고, 사는 것도 망가집니다. 그래서 겉사람보다 속사람이 더 소중합니다.

바울은 고린도후서 4장 16절에서 "그러므로 우리가 낙심하지 아니하노니 우리의 겉사람은 낡아지나 우리의 속사람은 날로 새로워지도다"라고 했습니다. 그러면서 에베소서 3장 16절에서는 성령으로 속사람이 강건하게 된다고 했습니다. 그 뜻은 성령님이 내 안에 내주하시면서 내 속사람을 다스리시고, 이끄시고, 강건하게 해주신다는 것입니다.

성령님은 내 안에 계시면서 내 생각, 내 계획, 내 행동을 통제하시고, 조절하시고, 인도하십니다. 내 맘대로 못하게 하십니다. 내 뜻대로 못하게 하십니다. 내 인생의 키를 잡고 계시면서 바른 길로, 건강한 길로 인도해 주십니다. 그래서 바울은 성령의 능력으로 속사람이 강건케 된다고 한 것입니다.

둘째로 "뿌리가 박히고 터가 굳어져서"(17절)입니다.

기초가 약하면 고층 건물이 못 올라갑니다. 뿌리가 약하면 거목이 되지 못합니다. 뿌리가 약하고 터가 약한 믿음은 쉽게 무너지고 흔들립니다. 그러면 어떻게 뿌리 깊은 믿음, 흔들리지 않는 믿음, 무너지지 않는 믿음이 될 수 있습니까? 결심하면 됩니까? 맹세하면 됩니까? 각서를 쓰면 됩니까? 아닙니다.

본문을 주목해 봅시다. 17절입니다. "그리스도께서 너희 마음에 계시게 하옵시고"라고 했습니다. 예수 그리스도께서 내 속사람, 내 마음에 계셔야 됩니다. 내가 예수를 믿는 것이 아닙니다. 예수님이 믿게 해주셨습니다. 내가 먼저 예수를 알고 바라본 것이 아닙니다. 예수님이 나를 알아보시고 불러 주셨습니다. 찬송가 90장 가사대로 "주 예수 내가 알기 전 날 먼저 사랑했네"입니다. 그렇습니다. 나는 주님을 조금만 알고, 주님은 나를 다 아십니다. 그래서 믿고, 맡기고, 따라갑니다.

지구는 돌고 돕니다. 그러나 흔들리진 않습니다. 믿음도 강할 수도 있고, 약할 수도 있습니다. 그러나 흔들리면 안 됩니다. 바울은 고린도전서 15장 58절에서 "그러므로 내 사랑하는 형제들아 견실하며 흔들리지 말고 항상 주의 일에 힘쓰는 자들이 되라"고 했습니다. 그리고 하나님의 나라는 흔들리지 않는 나라라고 했습니다(히 12:28).

최근 중국 광둥성 선전에 있는 75층 건물이 흔들리는 사건이 있었습니다. 높이 660m이고, 세계에서 아홉 번째 가는 고층 빌딩입니다. 3일 만에 한 층씩 올린 건물로 소문이 나기도 했습니다. 빌딩이 흔들리자 입주자 15,000명이 긴급 대피했습니다. 얼마나 불안했을까요? 아직 원인 규명은 안 된 상태입니다.

기초가 약하면 집이 무너집니다. 뿌리가 약하면 나무가 뽑힙니다. 주님은 베드로에게 "시몬아, 시몬아, 보라 사탄이 너희를 밀 까부르듯 하려고 요구하였으나 그러나 내가 너를 위하여 네 믿음이 떨어지지 않기를 기도하였노니 너는 돌이킨 후에 네 형제를 굳게 하라"(눅 22:31-32)고 하셨습니다.

사탄은 베드로도 흔들었습니다. 그러나 주님은 무너지지 않도록 베드로를 붙들어 주셨습니다. 사탄의 전략은 처음엔 산들바람으로, 감미로운 바람으로 흔들어 봅니다. 넘어질 때까지 계속 흔듭니다. 그때 주님을 불러야 합니다. 흔들릴 때, 몸을 가누기 힘들 때, 내 영혼이 쓰러지고 넘어지려 할 때 주님 손을 잡아야 합니다. 나는 약하나 주님은 강하시기 때문입니다. 강하신 주님을 붙잡고 흔들리지 맙시다.

셋째로 "그리스도의 사랑을 알고"(18절)입니다.

그리스도인들이 예수 그리스도의 사랑을 제대로 알고 이해하기를 기도하고 있습니다. 바울은 주님의 사랑을 지식에 넘치는 사랑이라고 표현했습니다(18절). 하나님의 사랑은 인간의 지식만으로는 다 알 수도, 이해할 수도 없다는 것입니다. 그러면서 그 사랑의 너비와 길이와 높이와 깊이가 어떠한가를 깨달아 하나님의 충만하신 사랑으로 충만하게 되기를 기도한다고 했습니다.

'사랑'이란 두 글자를 한마디로 정의하긴 어려우나 사랑의 종류를 세 가지로 나눕니다. 첫째, 에로스입니다. 에로스는 그리스 신화에 나오는 사랑의 신입니다. 육체적이고 성적인 사랑을 의미합니다. 둘째, 필리아입니다. 인간애, 우정 등을 의미합니다. 셋째, 아가페입니다. 인간을 사랑하신 하나님의 사랑을 표현할 때 아가페라는 단어를 사용했습니다. 사랑과 희생, 조건 없는 내어줌, 십자가의 사랑이 아가페입니다.

하늘이 얼마나 높은가를 잴 수 있습니까? 바다 깊이를 잴 수 있습니까? 땅이 얼마나 넓은가를 잴 수 있습니까? 혹시 잴 수 있다고 해도, 하나님의 사랑은 측량할 수가 없습니다.

성경주석학자 브루스(Bruce)는 "하나님의 사랑의 너비, 깊이, 높이, 길이는 잴 수 없다. 하나님의 사랑은 십자가를 통한 구속 사역을 의미한다"라고 했습니다. 하나님의 사랑, 십자가 사랑! 그 사랑은 조건적이지 않습니다. 무엇을 했기 때문에, 누구이기 때문에 주신 사랑이 아닙니다. 사랑받을 조건이 없기 때문에, 사랑받을 자격이 없기 때문에, 죄인이기 때문에 사랑하셨습니다.

그 사랑을 어떻게, 무엇으로 그 넓이, 높이, 깊이, 길이를 잴 수 있습니까? 나한테 사랑받을 자격이 있습니까? 사랑받을 일을 했습니까? 없습니다.

그럼에도 불구하고, 그래서 주신 사랑이 십자가 사랑입니다. 바울은 이러한 십자가의 사랑을 은혜라고 했고, 값없이 주신 것이라고 했습니다. 그리고 그 사랑을 깨닫고 알게 해달라고 기도했습니다.

넷째로 "더 넘치도록"(20절)을 위해 기도하고 있습니다.

3장 20절에서 바울은 "우리 가운데서 역사하시는 능력대로 우리가 구하거나 생각하는 모든 것에 더 넘치도록 능히 하실 이에게"라고 했습니다.

바울은 '충만'이라는 낱말을 즐겨 사용했습니다. 에베소서와 골로새서에서 6차례 반복해 사용했습니다(엡 1:9, 23, 3:19, 4:13; 골 1:19, 2:9). 충만의 뜻은 꽉 차 있는 것, 완성된 것, 넘치는 것입니다.

'넘치다'는 것은 현대인의 꿈입니다. 그런데 다 모자라고 부족합니다. 예를 들겠습니다.

물이 부족합니다. 세계 미래학회 보고에 의하면 전 세계 7억 명이 물 부족에 시달리고 있고, 머잖아 30억 명이 물 부족으로 고통받게 될 거라고 합니다. 한국도 UN이 정한 물 부족 국가입니다. 물은 흔한 것이 아닙니다. 머지않아 물난리가 날 것입니다. 지구를 물이 덮고 있지만 그것의 90% 이상이 염분 섞인 바닷물이고 얼음덩어리입니다. 사용할 수 있는 물은 말라 가고 오염되어 가고 있다는 것입니다.

식량도 부족합니다. 영국 가디언의 보도에 의하면 21세기말까지 세계 식량생산의 3분의 1이 위기를 맞게 될 것이라고 했습니다. 온실가스 배출과 코로나 후유증이 세계의 식량부족을 재촉한다는 것입니다.

자원도 부족합니다. 환경파괴는 가속되고 석유자원은 고갈되고 이런 현상이 도처에서 벌어지고 있습니다. 모자랍니다. 부족합니다. 풍요 속의 빈곤이라는 말이 있습니다. 미국의 경우 1960년대 초까지만 해도 소비가 미덕인 시절이 있었습니다. 그러나 지금은 아닙니다. 곧 미국 국가 부채가 30조 달러가 된다고 합니다.

대한민국은 어떻습니까? IMF 발표에 의하면 2026년이 되면 대한민국 빚이 1,682조 4천 억이 된답니다. 1,700조 빚을 지게 됩니다. 빚내서 축제를 벌이고 있는 꼴입니다.

돈도 있고, 집도 있고, 차도 있고, 직장도 있고, 가족도 있습니다. 그래서 아무런 문제가 없습니까? 모자라는 것은 없습니까? 우리는 가난하고 힘든 세월을 겪으며 살았습니다. 흉년 들고 보릿고개를 넘겨야 하는 험한 세상을 살았습니다.

1960년대 한국의 GNP는 94달러였습니다. 그런데 2028년이 되면 한국의 국민 1인당 GDP는 4만 불이 될 것이라고 합니다. 1960년대 보다 430배 부자가 됐고, 잘살게 된 것입니다. 그래서 430배 행복해졌습니까? 행복지수가 430배 올라갔습니까? 바로 거기에 문제가 있습니다. 답을 찾아야 합니다.

본문 20절에서 답을 찾겠습니다. "우리 가운데 역사하시는 능력대로 우리가 구하거나 생각하는 모든 것에 더 넘치도록 능히 하시는 이에게"라는 이 말씀이 답입니다. '주님은 능력이 있으시다. 그래서 우리가 구하는 것, 생각하는 것보다 더 넘치도록 능히 해결하신다'는 뜻입니다.

내가 바라고 원하고 구한 것보다 더, 내가 생각하고 계획하는 것보다 더 넘치도록 능히 넉넉하게 해결하시는 능력을 가지고 계신다는 것입니다.

"더 넘치도록"이라는 말은 에베소서 3장 20절, 데살로니가전서 3장 10절, 5장 13절 이렇게 세 군데만 나오는 바울의 애용구입니다. 그냥 넘치도록이 아닙니다. '더'라는 전치사가 앞에 있습니다. '더 넘친다, 더 넉넉하다, 더 차고 넘친다, 더 풍성하다'라는 뜻입니다.

앞에서 말씀드린 대로 돈이 차고 넘친다고 해서 행복도 차고 넘치는 것이 아닙니다. 천문학적인 부를 가지고 있다고 해서 행복도 천문학적인 것이 아닙니다. 세상 권력을 거머쥔 집권자들, 최첨단 지식 산업의 선두주자들은 다 만족하고 행복합니까? 아닙니다. 그렇지 않습니다. 예수님이 답이고 해법입니다.

어느 날, 레오나르도 다빈치의 친구가 〈최후의 만찬〉 그림을 바라보다가 다빈치에게 말하기를 그림을 보는 시선이 예수님에게로 가야 하는데 식탁 중앙에 자리 잡은 성배(잔)로 간다고 했습니다. 다빈치는 완성된 자기 그림에서 성배를 지우고 예수님이 크게 돋보이도록 고치는 데 7년이 걸렸다고 합니다.

그림뿐입니까? 하루하루 일상 속에서 내가 좋다고 믿는 것들, 소중하다고 여기는 것들, 그것 없으면 안 된다고 생각하는 것들, 그것들을 하나하나 내려놓고 다빈치처럼 다시 고치고 예수님을 내 삶의 중앙에 모셔야 합니다.

내 생각대로, 내 계획대로, 내 맘대로 되는 것이 무엇입니까? 더 넘치도록 능히 하시는 예수 그리스도! 풍성하게 하시는 능력을 가지신 예수 그리스도!

사람에겐 절망, 고통, 실패를 보는 눈이 있고, 희망, 회복, 성공을 보는 눈이 있습니다. 오늘을 보는 눈이 있고, 영원을 보는 눈이 있습니다. 세상을 보는 눈이 있고, 예수님을 바라보는 눈이 있습니다.

아버지를 떠났던 둘째 아들 탕자는 내 아버지에게는 양식도 풍족하고 품꾼도 많다며 돌아왔습니다(눅 15:17). 풍성하신 하나님, 넉넉하신 아버지, 넘치는 부자 하나님, 다 가지신 아버지에게로 돌아오면 됩니다. 믿고 맡기면 됩니다. "걱정마라. 내가 도와줄게. 힘들어하지 마라. 내가 함께해 줄게. 내가 네 곁에, 네 안에 있어 줄게. 그리고 더 넘치도록 채워 줄게." 이 음성에 귀를 기울이십시다.

"주님! 내 영혼을 은혜로 채워 주옵소서. 더 넘치게 채워 주옵소서. 내 삶도, 내 일터도, 내 생업도, 내 가정도, 교회도 더 넘치게 해주옵소서." 아멘.

찾으라 그리하면 살리라

🍁 **아모스 5:4-8**

여호와께서 이스라엘 족속에게 이와 같이 말씀하시기를 너희는 나를 찾으라 그리하면 살리라 벧엘을 찾지 말며 길갈로 들어가지 말며 브엘세바로도 나아가지 말라 길갈은 반드시 사로잡히겠고 벧엘은 비참하게 될 것임이라 하셨나니 너희는 여호와를 찾으라 그리하면 살리라 그렇지 않으면 그가 불 같이 요셉의 집에 임하여 멸하시리니 벧엘에서 그 불들을 끌 자가 없으리라 정의를 쓴 쑥으로 바꾸며 공의를 땅에 던지는 자들아 묘성과 삼성을 만드시며 사망의 그늘을 아침으로 바꾸시고 낮을 어두운 밤으로 바꾸시며 바닷물을 불러 지면에 쏟으시는 이를 찾으라 그의 이름은 여호와시니라

아모스서를 기록한 아모스 선지자는 주전 810년에서 783년까지 약 27년간 북왕국 이스라엘에서 활동했습니다. 본래 아모스는 예루살렘 남쪽 20km 떨어진 드고아에서 양을 치고 뽕나무를 가꾸던 농부였습니다. 하나님이 그를 불러 선지자로 세우시고 북왕국으로 보내 예언 활동을 하게 하셨습니다.

아모스서는 총 9장으로 되어 있습니다. 그 핵심은 간단합니다. '심판과 구원'입니다. '하나님 떠나 죄 짓고 타락하면 심판받는다. 그러나 회개하고 하나님께로 돌아오면 구원받는다'는 것이 핵심입니다. '사는 길이 있고, 죽는 길이 있다. 구원받는 길이 있고, 심판받는 길이

있다. 사는 길, 구원의 길, 잘 되는 길을 찾으라'는 것이 아모스서의 핵심입니다.

성경 전체의 구도도 요약하면 심판과 구원입니다. 개인도, 집단도, 국가도 범죄하면 심판받는다는 것을 강조하고 그 실제 사례들을 구체적으로 기술하고 있습니다. 그 기사가 많습니다. 그러나 구원은 설명이 간단합니다. 요한복음 3장 16절을 예로 들 수 있습니다. 구원의 길은 복잡하지 않습니다.

"하나님이 세상을 이처럼 사랑하사 독생자를 주셨으니 이는 그를 믿는 자마다 멸망하지 않고 영생을 얻게 하려 하심이라."

그리고 17절에서는 "하나님이 그 아들을 세상에 보내신 것은 세상을 심판하려 하심이 아니요 그로 말미암아 세상이 구원을 받게 하려 하심이라"고 했습니다.

하나님의 본심은 심판과 멸망이 아닙니다. 구원과 회복입니다. 구약에서 하나님의 본심을 찾아보겠습니다. 예레미야애가 3장 33절입니다.

"주께서 인생으로 고생하게 하시며 근심하게 하심은 본심이 아니시로다."

시편 30편 5절에서는 "그의 노염은 잠깐이요 그의 은총은 평생이로다 저녁에는 울음이 깃들일지라도 아침에는 기쁨이 오리로다"라고 했습니다. 아버지 하나님의 본심은 괴롭히고, 아프게 하고, 심판하시는 것이 아닙니다. 데살로니가전서 5장 9절에서 "하나님이 우리를 세우심을 노하심에 이르게 하심이 아니요 오직 주 예수 그리스도로 말미암아 구원을 받게 하심이라"고 말씀하신 것을 보면, 아픔이나 슬픔이나 고통은 깨닫게 하시고 돌아오게 하시려는 하나님의 섭리일 뿐 본심은 아닙니다.

아버지를 엄청 화나게 한 아들이 있었습니다. 화를 참지 못한 아버지가 소리를 지릅니다. "나쁜 놈! 당장 나가버려!" 풀 죽은 아들이 문을 열고 나갑니다. "임마, 진짜 나가는 거야?" "나가라고 했잖아요?" "잠깐 바람 쐬고 들어와!" 이것이 아버지의 본심입니다.

527장 찬송은 故 전영택 목사님이 가사를 쓰고 박재훈 목사님이 곡을 만든 찬송입니다. 1943년 작품입니다. 가사를 살펴보겠습니다.

> 어서 돌아오오 어서 돌아만오오
> 지은 죄가 아무리 무겁고 크기로
> 주 어찌 못 담당하고 못 받으시리요
> 우리 주의 넓은 가슴은 하늘보다 넓고 넓어
>
> 어서 돌아오오 어서 돌아만오오
> 우리 주는 날마다 기다리신다오
> 밤마다 문 열고 놓고 마음 졸이시며
> 나간 자식 돌아오기만 밤새 기다리신다오
>
> 어서 돌아오오 어서 돌아만오오
> 채찍 맞아 아파도 주님의 손으로
> 때리시고 어루만져 위로해 주시는
> 우리 주의 넓은 품으로 어서 돌아오오 어서

그렇습니다. 이 마음이 주님의 본심입니다. 나 대신 아프시고, 욕먹고, 따돌림받고, 가난하고, 매 맞고, 십자가에 죽으셨습니다.

아모스서 본문을 살펴보겠습니다. 당시 이스라엘 사람들의 신앙 태도를 지적합니다. 그들은 가난한 자, 약자를 억압하고 학대했습니다(2:6, 5:12). 신앙을 버리고 하나님을 떠났습니다(4:4, 5:5, 21-24 등). 사치와 방탕에 빠졌습니다(6:4-5). 더 큰 문제는 잘못된 선민의식입니다. '우리는 선민이다. 그래서 아무 문제 없다'(5:25-27)라는 선민의식에 도취된 채 온갖 죄를 범하고 있었습니다. 이런 이스라엘을 바라보시는 하나님의 마음은 어떠했겠습니까? 야단치고, 경고하고, 매를 때려도 그들은 깨닫지도, 돌아오지도 않았습니다. 그들을 향해 하나님은 "너희가 내게로 돌아오지 아니하였느니라"고 5차례나 반복해 말씀하셨습니다(4:6, 4:8, 4:9, 4:10, 4:11). 얼마나 들은 척하지 않았으면, 얼마나 돌아올 생각을 안 했으면 다섯 번이나 말씀하셨을까요? 그러면서 4장 12절에서는 "이스라엘아 네 하나님 만나기를 준비하라"고 했습니다.

주경학자 맥코믹은 "이것은 하나님의 최후통첩"이라고 했습니다. 하나님의 본심은 최후통첩을 통해서라도 정신 차리게 하고 돌아오게 하시려는 것입니다. 본문도 같은 맥락입니다. 4절에 "너희는 나를 찾으라 그리하면 살리라"고 했고, 6절에서도 "너희는 여호와를 찾으라 그리하면 살리라"고 말씀하십니다. 그런데 5절은 "벧엘을 찾지 말며 길갈로 들어가지 말며 브엘세바로도 나아가지 말라 길갈은 반드시 사로잡히겠고 벧엘은 비참하게 될 것임이라"고 했습니다. '찾으라'와 '찾지 말라'가 교차하고 있습니다.

먼저 무엇을 찾지 말라고 하셨는가를 살펴보겠습니다. '벧엘을 찾지 말라'고 했습니다. 벧엘은 예루살렘 북쪽 17km정도 떨어진 곳에 위치하고 있습니다. 벧엘은 '하나님의 집'이라는 뜻입니다. 일찍이 아브라함이 하나님께 단을 쌓고 경배 드린 곳이었고(창 12:8), 야곱이 돌단을 쌓고 하나님을 예배한 곳(창 28:18), 그리고 훗날 가족과 함께 찾아가 단을 쌓고 제사 드린 곳입니다(창 35:7).

그런데 북왕국 초대 왕인 여로보암은 벧엘에 금송아지를 만들어 세우고 우상숭배를 시작했습니다(왕상 12:28). 조상들이 하나님을 만났던 곳, 하나님께 예배드리던 곳에 우상을 세우고 숭배한 것입니다. 그러니까 벧엘을 찾지 말라는 것은 우상숭배하지 마라, 하나님을 떠나지 말라는 것입니다.

길갈은 어떤 곳입니까? 40년 광야 생활 끝에 이스라엘이 요단강을 건너 가나안 땅에 들어간 것은 실로 감격적인 사건이었습니다. 요단강을 건넌 이스라엘이 처음으로 진을 치고 머문 곳, 그리고 이스라엘이 할례를 행한 곳, 가나안 정복의 전초기지였습니다. 그런데 훗날 이스라엘은 길갈에서 우상숭배하고 하나님을 외면했습니다.

브엘세바는 어떤 곳입니까? 이곳 역시 아브라함이 하나님을 만난 곳, 예배드린 성지였습니다(창 21:33). 그런데 그곳을 우상숭배 처소로 만들고 타락한 것입니다. 그들에게 하나님은 "그러면 안 된다. 하나님께로 돌아오지 않으면 사로 잡혀 간다. 비참하게 된다"고 경고하신 것입니다.

잠언 23장 10절을 보면 "옛 지계석을 옮기지 말며"라고 했습니다. 지계석이란 땅의 경계나 국경 경계를 표시하기 위해 돌을 세우는 것입니다. 조상들이 세운 신앙의 지계석, 경계석을 옮기지 말라는 것입니다. 본문의 강조점은 사는 길과 회복을 제시하는 것입니다. 4절에서 "너희는 나를 찾으라 그리하면 살리라"고 했고, 6절에서도 "너희는 여호와를 찾으라 그리하면 찾으리라"고 했습니다. 그리고 14절에서는 "너희는 살려면 선을 구하고 악을 구하지 말지어다"라고 했습니다.

사는 길은 단순합니다. 하나님을 찾으면 됩니다. '물건을 찾으라, 돈을 찾아라'가 아닙니다. '사는 길을 찾으라'는 것입니다. 요한복음 14장 6절은 어떤 길이 사는 길인가를 밝혀줍니다.

> "예수께서 이르시되 내가 곧 길이요 진리요 생명이니 나로 말미암지 않고는 아버지께로 올 자가 없느니라."

다른 길은 없습니다. 오직 예수님만이 사는 길, 살리는 길, 생명 길, 영생 길이십니다.

불교는 석가모니의 가르침을 따라 시작된 종교입니다. 그러나 불교는 계시나 신의 존재를 인정하지도 않고, 믿지도 않습니다. 살아서 좋은 업보를 쌓으면 좋은 곳에, 좋은 것으로 다시 태어난다고 합니다. 그래서 구원이나 영생이 없습니다. 유교는 공자의 가르침을 따라 만든 도덕, 윤리 종교입니다. 내세나 신이 없습니다. 예수님만이 "나는 길이다. 진리다. 생명이다. 나를 믿으면 영원히 죽지 않고 산다"라고 말씀하셨습니다. 그리고 그 일을 위해 십자가에 못 박혀 죽으셨습니다.

왜 아모스서는 찾으라는 말씀을 반복할까요? 그것은 그 길만이 해법이고 정답이기 때문입니다. 코로나19는 병원균의 빠른 전염성과 치사율 때문에 무서운 전염병균으로 공포를 주고 있습니다. 그런가 하면 후유증도 심각합니다. 70~80%의 사람들이 우울증으로 시달린다고 합니다. 불안하고, 백신 후유증으로 걱정하고, 대인기피증과 정서 불안이 심각하다고 합니다. 백신이 개발되고 주사를 맞는 사람 수가 불어나면 코로나가 거의 끝나리라 기대했습니다. 그런데 아닙니다. 다시 비대면으로 돌아갔습니다. 이쯤에서 우리는 다른 백신을 찾아야 합니다. 그것은 신령한 백신, 하나님이 만드신 백신, 믿음의 백신입니다. 하나님을 만나고, 하나님을 찾고, 하나님께로 돌아오고…….

벧엘, 길갈, 브엘세바로 가지 말고 하나님께로 돌아오는 회개운동이 일어나야 합니다. 마스크 쓰고, 사람 안 만나고, 안 모이고, 그것이 해법이 아닙니다. "나를 찾으라. 나를 만나라. 그리하면 살 수 있다"는 말씀이 진짜 백신입니다. 이것이 진짜 사는 길이고, 잘사는 비결이라는 진리를 선포해야 합니다.

어떤 유대인 어머니가 결혼을 앞둔 딸에게 보낸 편지가 마치 유대인 전체 어머니들의 편지인 것처럼 퍼지고 있습니다. 간결하고 감동적인 내용이어서 한 부분을 소개합니다.

"사랑하는 딸아, 네가 남편을 왕처럼 섬긴다면 너는 여왕이 될 것이다. 만약 남편을 돈이나 버는 하인으로 여긴다면 너도 하녀가 될 것이다. 네가 지나친 자존심과 고집으로 남편을 무시하면 그는 폭력으로 너를 다스릴 것이다."

반대로 이런 편지는 어떨까요?

"사랑하는 딸아, 초기에 진압해야 한다. 초장에 기선을 잡아라. 신혼여행이 적기다. 초장에 못 잡으면 네 신세 망친다."

이런 편지라면 바른 편지가 되겠습니까? 이러면 어떨까요?

"사랑하는 딸아, 결혼하는 네 모습이 너무 아름답다. 네 남편과 함께 예수님 모신 가정 스위트홈을 만들어라. 신앙 가문을 이룩해라. 그게 행복이니까!"

내가 바른길과 사는 길을 찾아 걷는 것도 중요하고, 다른 사람, 가족들, 자녀들을 바른길로 인도하는 것도 중요합니다.

다니엘서 12장 3절을 보면 "지혜 있는 자는 궁창의 빛과 같이 빛날 것이요 많은 사람을 옳은 데로 돌아오게 한 자는 별과 같이 영원토록 빛나리라"고 했습니다. 저는 결혼을 앞둔 손녀에게 이런 문자를 보냈습니다.

결혼이란 둘이 하나 되는 것이다. 남자와 여자, 이 씨와 박 씨, 다른 성격, 다른 취미, 다른 인성이 서로를 조정하고 맞춰나가는 것이다.
① 서로 책임져라. ② 서로 존중하라. ③ 서로 신뢰하라. ④ 서로 사랑하라. ⑤ 비전을 공유하라. 왜 결혼하는가, 왜 사는가, 무엇을 해야 하는가, 어떻게 가치 있는 삶을 살 것인가, 비전을 세우고 함께 공유하라. ⑥ 바로 믿고 바로 살아라.

그리고 이런 글도 보냈습니다.

결혼식보다 결혼 생활이 더 중요하다. 잘산다고 티 내지 말고, 못 산다고 기죽지 마라. 공부 많이 했다고 난 척하지 말고, 못했다고 고개 떨구지 말라. 높은 자리 있다고 힘주지 말고, 낮은 자리 있다고 비굴하지 마라. 어렵다고 포기하지 말고, 언제, 어디서나 주님 떠나지 마라.

성경을 보면 역설이 많습니다. 예를 들어 보겠습니다. "누구든지 제 목숨을 구원하고자 하면 잃을 것이요 누구든지 나를 위하여 제 목숨을 잃으면 찾으리라"(마 16:25), "죽어야 산다, 살고자 하면 죽는다"는 역설입니다. 그러나 진리입니다.

창세기 32장 24-28절을 보면 야곱이 브니엘에서 천사를 만나 씨름한 이야기가 기록되어 있습니다. 천사와 씨름하고 이긴 유일한 사건이었습니다. 그러나 야곱이 천사를 이기고 이스라엘이라는 새 이름을 얻기까지 그는 실컷 얻어맞았습니다. 32장 25절을 보면 천사가 야곱의 허벅지 관절을 쳐서 어긋났다고 했습니다. 얻어맞고 이겼습니다. 지고, 이긴 것입니다. 야곱의 자존심과 욕망, 거짓과 위선이 박살난 후 이스라엘이 된 것입니다.

죽음 없는 부활, 십자가 없는 부활은 의미가 없고, 부활 없는 십자가 역시 의미가 없습니다.

어떻게 하나님을 찾아야 합니까?

첫째, 믿고 찾아야 합니다. 하나님을 찾아야 산다는 믿음이 있어야 합니다. 예수님이 십자가에 달리셨을 때 양편에 강도들이 못 박혀 있었습니다. 한편에 있던 강도가 "예수, 당신이 한 일은 다 옳습니다. 당신의 나라에 임하실 때 나를 기억하소서"라고 했습니다. 그에게 예수님은 "오늘 네가 나와 함께 낙원에 있으리라"고 하셨습니다. 그 강도는 믿고, 찾고, 구원을 받은 것입니다. 죄 사함 받는 것, 용서받는 것, 사는 길을 찾는 것은 오직 믿음입니다.

둘째, 갈망해야 합니다. 시편 42편 1절을 보면 "하나님이여 사슴이 시냇물을 찾기에 갈급함 같이 내 영혼이 주를 찾기에 갈급하니이다"라고 했습니다. 마틴 루터는 '갈급하다'를 '헐떡거리다, 울부짖다'라고 해석했습니다. 목말라 죽어 가는 사슴이 헐떡거리고 울부짖으며 물을 찾는 것처럼 하나님을 찾아야 합니다. 찾아도 그만, 안 찾아도 그만이 아닙니다. 만나도 그만, 안 만나도 그만이 아닙니다. 믿어도 그만, 안 믿어도 그만이 아닙니다. 기필코, 반드시, 절대로 찾아야 합니다. "그리하면 살리라"고 했습니다.

칼뱅은 '살리라'의 뜻을 '하나님께로 돌아오고 찾으면 영원한 생명을 주시겠다는 것'이라고 해석했습니다. 다시 말하면 구원을 받는다는 것입니다. 핵심이 분명해졌습니다. 우리가 사는 길은 예수를 찾고, 만나고, 믿는 것입니다. 우리를 살리기 위해 예수님이 하신 일은 십자가에 대신 죽으신 것입니다. 언제 찾아야 합니까? 이사야 55장 6절을 통해 말씀합니다. "너희는 여호와를 만날 만한 때에 찾으라 가까이 계실 때에 그를 부르라"고 했습니다. 지금 만나라, 지금 찾으라는 것입니다.

"지금! 여기!"는 저의 좌우명입니다. 지금! 지금만 내 시간입니다. 어제도, 내일도, 내 시간이 아닙니다. 오늘, 지금만 내 시간입니다. 여기! 내가 서 있는 곳, 내가 앉아 있는 여기가 내 자리입니다. 그러니까 지금 여기서 하나님을 찾고 그 이름을 불러야 합니다. 로마서 10장 13절을 보면 "누구든지 주의 이름을 부르는 자는 구원을 받으리라"고 했습니다. 하나님을 찾는 사람들에게 주시는 선물은 무엇입니까? 아모스 9장 11-15절에 답이 나와 있습니다.

"무너진 장막을 일으켜 주겠다", "허물어진 것을 일으켜 주겠다(11절)", "이스라엘이 사로잡힌 것을 돌이켜 주겠다", "황폐한 성읍을 건축하게 해 주겠다", "포도원을 가꾸고 포도주를 마시게 해 주겠다(14절)", "내가 준 땅에서 다시 뽑히지 않게 해 주겠다(15절)"라는 이 구절들의 뜻은 '회복해 주겠다, 보호해 주겠다, 번영하게 해 주겠다, 잘 살게 해 주겠다, 영원히 살게 해 주겠다, 너와 함께해 주겠다, 지켜 주겠다'는 것입니다.

우리는 이미 하나님을 찾고 만난 사람들입니다. 그러나 방심하고, 한눈팔고, 다른 데 정신 뺏기면 하나님을 잃어버립니다. 순간순간 함께 살아야 합니다.

"나는 네 안에, 너는 내 안에, 함께 살자!"

"내 안에 거하라 나도 너희 안에 거하리라"(요 15:4).

"나를 떠나서는 너희가 아무것도 할 수 없음이라"(요 15:5). 아멘!

위기 해법

🍁 **마태복음 26:69-75**

베드로가 바깥 뜰에 앉았더니 한 여종이 나아와 이르되 너도 갈릴리 사람 예수와 함께 있었도다 하거늘 베드로가 모든 사람 앞에서 부인하여 이르되 나는 네가 무슨 말을 하는지 알지 못하겠노라 하며 앞문까지 나아가니 다른 여종이 그를 보고 거기 있는 사람들에게 말하되 이 사람은 나사렛 예수와 함께 있었도다 하매 베드로가 맹세하고 또 부인하여 이르되 나는 그 사람을 알지 못하노라 하더라 조금 후에 곁에 섰던 사람들이 나아와 베드로에게 이르되 너도 진실로 그 도당이라 네 말소리가 너를 표명한다 하거늘 그가 저주하며 맹세하여 이르되 나는 그 사람을 알지 못하노라 하니 곧 닭이 울더라 이에 베드로가 예수의 말씀에 닭 울기 전에 네가 세 번 나를 부인하리라 하심이 생각나서 밖에 나가서 심히 통곡하니라

'위기'의 낱말 뜻은 '위험한 고비', '아슬아슬한 순간'입니다. 위기는 언제나 있고, 어디에나 있고, 누구에게나 있습니다. 위기는 에덴동산의 아담과 하와에게도 있었고, 계속해서 이어졌습니다. 그 위기를 극복한 사람도 있고, 극복하지 못한 사람도 있습니다. 예를 들어보겠습니다.

위기를 극복한 사람들, 넘어선 사람들, 해결한 사람들이 있습니다. 아브라함, 이삭, 야곱, 요셉, 모세, 여호수아, 기드온, 다윗, 히스기야,

요나, 베드로, 바울 등 많습니다. 그런가 하면 실패를 극복하지 못한 사람들, 넘어진 사람들도 많습니다. 아담, 하와, 사울, 삼손, 아간, 아합, 가룟 유다, 아나니아와 삽비라 등은 위기 극복에 실패하고 무너졌습니다.

말씀을 통해 위기관리에 실패한 사람들의 이야기보다는 성공한 사람들의 이야기, 그들의 해법 스토리를 찾아보려고 합니다. 그 숫자가 너무 많기 때문에 신약에서 한 사람, 구약에서 한 사람만 골라서 이야기를 살펴보겠습니다.

먼저, 베드로의 실패와 해법에 대한 것입니다.

베드로가 누굽니까? 본명은 시몬, 아람어로는 게바입니다. 직업은 갈릴리 바다에서 고기 잡는 어부입니다. 성격은 직설적이고 급합니다. 명문가 출신도 아니고, 율법 학자도 아니고, 재벌도 아닙니다. 예수님은 그런 사람을 제자로 부르셨습니다. 베드로의 외모나 외적 조건을 보지 않고 그 사람을 보신 것입니다. 제자들 모두가 그랬습니다. 그런데 베드로는 연거푸 실패를 경험했습니다.

첫 번째 사건은 바다에 빠진 것으로, 마태복음 14장 22-33절의 기사입니다. 제자들이 배 타고 갈릴리 바다를 건너가고 있었습니다. 때마침 일어난 풍랑으로 고난을 겪고 있었습니다. 그때 예수님이 파도치는 바다 위로 걸어오고 계셨습니다. 다 놀랐습니다. "유령인가" 하며 겁에 질려 소리 질렀습니다. 그때 주님께서 "나다, 안심하라. 겁내지 말라"고 말씀하셨습니다. 성질 급한 베드로가 나섰습니다. "주여, 주님이시라면 나를 명하사 물 위로 오라 하소서." "오라." 베드로가 물 위를 걸어 예수님께로 가고 있었습니다. 그러다가 바람과 파도를 보는 순간 무서워 빠져들고 있었습니다. 베드로가 소리를 지릅니다. "주여, 나를 구원하소서." 그때 주님이 손을 내밀어 붙잡아 주시며 하신 말씀은 "믿음이 작은 자여, 왜 의심하였느냐"였습니다. "배에 함께 오르시매 바람이 그치는지라(14:32)"의 다음인, 결말이 중요합니다. "배에 있는 사람들이 예수께 절하며 이르되 진실로 하나님의 아들이로소이다 하더라"입니다.

베드로의 자존심이 무너지는 사건이었고 믿음이 평가받는 사건이었습니다. 그리고 해법은 "바람 바라보지 말라. 풍랑 바라보지 말라. 소리쳐 예수님을 불러라. 예수님을 바라보라. 그러면 산다"입니다.

두 번째 사건은 예수님을 부인한 사건입니다.

예수님을 세 번씩 부인한 사건으로, 이 기사는 4복음서가 다 다루고 있습니다. 마태복음 26장 69-75절, 마가복음 14장 66-72절, 누가복음 22장 56-62절, 요한복음 18장 15-18, 25-27절이 공통으로 다루고 있습니다. 베드로의 약점과 치부를 낱낱이 드러내고 있습니다. 성경은 개인의 성공담이나 치적을 포장한 자서전이 아닙니다. 다 드러내고 공개합니다.

사건은 예수님의 생애 마지막인 십자가 사건을 중심으로 전개됩니다. 체포되신 예수님이 심문을 받기 위해 당시 최고 법정인 공회(의회) 앞에 서게 됩니다. 거기엔 고발자들, 공회 의원들, 구경꾼들, 제자들도 있었습니다. 때는 밤이었습니다. 거기 베드로도 있었습니다. 거기서 세 차례 협박을 받게 됩니다. 한 여종이 "너도 갈릴리 사람 예수와 함께 있었다" 하자 베드로는 "네가 무슨 말을 하는지 알지 못하겠다"라고 하였습니다. 다른 여종이 "이 사람은 나사렛 예수와 함께 있었다"라고 하자 베드로는 맹세하고 부인하여 "나는 그 사람을 알지 못한다" 했습니다. 조금 후 곁에 섰던 다른 사람이 "너도 진실로 그 도당이다 네 말소리가 너를 표명한다"라고 하자 베드로는 저주하며 맹세하여 "나는 그 사람을 알지 못하노라" 하며 자신이 예수와 상관없는 사람이라는 것을 변명하기 위해 저주하고 맹세했습니다.

주경가 벵겔은 "그때, 베드로가 가만히 있었더라면 좋을 뻔했다. 그러나 말을 많이 하기 때문에 점점 위험에 빠졌다"고 했습니다. 누군들 그런 상황에서 목숨을 걸고 "맞다. 나는 예수의 제자다. 나는 예수와 함께 다녔다. 나는 예수 일당이다"라고 하는 것은 쉽지 않습니다.

우리는 여기서 베드로도 별 수 없는 사람이라는 것을 발견하게 됩니다. 그러나 다른 제자라면 몰라도, 다른 사람이면 그렇다 치더라도 베드로는 그러면 안 됩니다. 그 이유가 있습니다.

첫째는 예수님께 가장 사랑 받고, 가장 가까이에서 예수님을 따르고 섬긴 수제자이기 때문입니다. 마치 수행비서처럼 언제나 어디나 함께했습니다. 누구보다 최측근이었고 동행자였습니다. 다른 제자들이나, 다른 사람들도 예수님과 베드로 사이를 너무나 잘 알고 있습니다. 그런 그가 예수님을 모른다며 저주하고, 부인하고, 같이 다닌 일이 없다고 잡아떼면 안 됩니다.

둘째는 장담했기 때문입니다. 걸핏하면 자신이 예수님의 수제자이고, 사랑받는 제자이고, 최측근이라는 걸 과시하기 위해 장담을 늘어놓았습니다. 몇 군데 예를 찾아보겠습니다. 마태복음 26장 35절에서 그는 "주와 함께 죽을지언정 주를 부인하지 않겠나이다"라고 했고, 마가복음 14장 29절에서는 "다 버릴지라도 나는 그러하지 않겠나이다"라고 했고, 14장 31절에서는 "내가 주와 함께 죽을지언정 주를 부인하지 않겠나이다"라고 했습니다. 누가복음 22장 33절에서는 "주여 내가 주와 함께 옥에도, 죽는 데에도 가기를 각오하였나이다"라고 했습니다. 베드로만 가능한 장담이었고 각오였습니다.

그런 그가 그렇게 쉽게 무너졌습니다. 위기에 무릎을 꿇고만 것입니다. 어떻게 그런 장담을 모르쇠 하고 세 번씩이나 저주하고 부인할 수가 있습니까?

우리는 여기서 예수님의 제자라도, 최측근이라도, 잘 믿는다고 떠벌리고 장담하고 큰소리쳐도 한낱 연약한 존재에 불과하다는 것을 발견하게 됩니다. 그리고 인생의 문제나 신앙은 장담으로 해결되는 것이 아니라는 것을 깨달아야 합니다. 다시 말하면 장담이 곧 해법이 아니라는 것입니다. 장담한다고, 큰소리친다고 해결이 됩니까? 주먹을 불끈 쥐고 이를 악문다고 길이 열립니까?

셋째는 거리를 두었기 때문입니다. 마태복음 26장 58절입니다. "베드로가 멀찍이 예수를 따라 대제사장의 집 뜰에까지 가서 그 결말을 보려고 안에 들어가 하인들과 함께 앉아 있더라"고 했습니다. '멀찍이 따라갔다', '하인들과 함께 앉아 있었다'는 것에 문제가 있습니다. 3년 동안 베드로는 예수님을 멀리하거나 다른 사람들과 어울리느라 떠난 일이 없었습니다. 그러나 위기가 닥치자 거리를 두고 멀리 따라갔습니다. 도망칠 수도 없고, 그렇다고 얼굴을 내밀고 나설 수도 없었습니다. 그래서 거리를 두고 멀찍이 따라간 것입니다.

인간관계는 거리가 필요합니다. 불가근불가원(不可近不可遠)이라는 말이 있습니다. 너무 멀리도 너무 가까이도 하지 말고, 일정 거리를 지키라는 뜻입니다. 가까운 사이라도 예의를 지키고, 서로의 인격을 인정하고, 간격을 지키라는 것입니다. 한문으로 사람을 인간 '人間'이라고 합니다. 사람은 사이를 둬야 하는 간적(間的) 존재라는 것입니다. 그러나 주님과는 거리를 두면 안 됩니다. 틈을 두면 그 틈새로 마귀가 비집고 들어옵니다. 그래서 주님은 "내 안에 거하라 나도 너희 안에 거하리라", "나를 떠나서는 너희가 아무것도 할 수 없다"라고 하셨습니다(요 15:4-5). 그리고 "사람이 내 안에 거하지 아니하면 가지처럼 밖에 버려져 마르나니 사람들이 그것을 모아다가 불에 던져 사르니라"(요 15:6)고 하셨습니다.

평소 이 말씀을 베드로는 들었습니다. 그런데 그는 멀리 떨어졌습니다.

넷째는 하인들 틈에 있었기 때문입니다. "하인들과 함께 앉아 있더라"(마 26:58)를 보면 베드로는 산헤드린 의회에 소속된 사람들, 예수를 정죄하고 고발한 무리들, 예수가 사형 언도 받기를 바라는 무리들 틈새에 끼어 있었습니다. 그것이 실패의 원인이었습니다. 앉을 자리인가? 낄 자리인가? 서야 할 자리인가? 동석해도 될 자리인가? 해야 될 말인가? 해선 안 될 말인가? 이를 구분해야 합니다. 베드로는 장소 구분에도 실패했습니다.

중요한 것은 해법입니다.

첫째, 말씀이 생각났습니다. 마태복음 26장 75절입니다. 이에 베드로가 예수의 말씀에 "닭 울기 전에 네가 세 번 나를 부인하리라 하심이 생각나서 밖에 나가서 심히 통곡하니라"가 해법입니다. 예수님께서 "닭 울기 전 나를 세 번씩 부인하게 될 것이라"고 말씀하실 때 베드로는 펄쩍 뛰며 장담했습니다. 절대 그럴 일은 없다고 했습니다. 그런데 닭이 울자 그 말씀이 생각났습니다. 그 말씀이 떠올랐습니다.

둘째, 밖으로 뛰쳐나가 통곡하고 울었습니다. 전해 내려오는 이야기는 그 후 베드로는 순교하는 날까지 매일 새벽닭이 울 때마다 통곡하며 기도했다고 합니다. 예수님 말씀과 닭 울음소리가 무너진 베드로의 영성을 깨웠습니다. 실패를 극복하는 해법을 제공한 것입니다.

지금 여기서 나는 어떤 말씀이 생각납니까? 어떤 말씀이 떠오릅니까? 그리고 닭 울음소리가 들립니까, 안 들립니까?

다음은 히스기야의 위기와 해법에 대한 이야기입니다.

구약에서 한 사람, 히스기야 왕을 들어보겠습니다. 히스기야는 남왕국 유다의 13대 왕이었고 29년간 왕위에 있었습니다. 그는 다윗 왕 다음으로 선정을 펴고 나라를 다스린 신앙의 사람이었습니다. 그런데 그가 나라를 다스린 지 14년 되던 해 위기가 닥쳤습니다. 두 가지 위기였습니다.

첫 번째 위기는 앗수르의 침공입니다. 이 기사는 열왕기하 18장, 역대하 32장, 이사야 36장, 세 군데에 기록되어 있습니다. 강대국 앗수르의 산헤립 왕이 18만 5천 명 대군을 동원해 유대 나라를 침공했습니다. 영토 확장과 중동 진출의 교두보를 삼기 위해서였습니다. 그러나 히스기야는 아무런 준비가 없었습니다. 그야말로 속수무책이었습니다. 싸울 힘이 없었습니다. 유대 나라가 멸망하게 될 위기를 맞게 된 것입니다.

그때 절망적 위기에서 히스기야가 취한 행동을 주목해야 합니다. 자기 옷을 찢었습니다. 굵은 베옷을 입었습니다. 그리고 성전으로 올라갔습니다(사 37:1). 옷을 찢는 것은 극도의 슬픔을 표시하고 베옷을 입는 것은 회개를 뜻합니다. 성전으로 올라간 것은 기도하러 간 것입니다.

왕은 옷을 찢으면 안 됩니다. 왕복을 벗고 베옷을 입어도 안 됩니다. 그것은 왕의 권위와 체면을 내던지는 것이기 때문입니다. 그러나 나라가 무너지고 멸망하게 된 상황에서 체면, 체통, 권위, 왕좌가 무슨 의미가 있습니까? 그리고 각료회의로 모이고, 전략을 짜고 무기를 점검하지 않고 기도하러 성전에 올라갔습니다. 이것이 히스기야의 해법입니다. 그것은 우리들의 해법이 되어야 합니다.

말씀드린 대로 위기는 언제나 어느 때나 누구에게나 있습니다. 히스기야는 해법을 수평에서 찾지 않고 하나님을 바라보고 거기서 찾았습니다. 하나님은 왕의 기도를 들으셨습니다. 하나님은 내 기도를

위기 해법

들으십니다. "두려워하지 말라"(사 37:6)고 하십니다. 네 기도를 들었다고 하시며(사 37:21), "이 성을 보호하며 구원하리라"(37:35)고 하셨습니다. 그리고 즉시 응답이 이루어졌습니다. 이사야 37장 36절입니다.

> "여호와의 사자가 나가서 앗수르 진중에서 십팔만 오천인을 쳤으므로 아침에 일찍이 일어나 본즉 시체뿐이라."

핵폭탄보다 더 더 더 강한 하나님의 능력이 이룬 기적이었습니다. 겨우 목숨을 건지고 도망친 산헤립은 귀국 후 아들의 반란으로 암살당하고 말았습니다.

하나님이 하시면 됩니다. 산헤립도, 18만 5천도, 핵무기도 하나님이 하시면 끝납니다. 기도가 해법입니다.

두 번째 위기는 불치병에 걸린 것입니다. 히스기야가 죽을 병에 걸리게 되었습니다. 이 기사 역시 열왕기하 20장, 역대하 32장, 이사야 38장에 기록되어 있습니다. 이사야 선지자는 히스기야에게 "유언하라 네가 죽고 살지 못하리라"(사 38:1)고 전했습니다. 병명은 나와 있지 않습니다만 불치의 피부병, 요즘으로 말하면 피부암으로 보고 있습니다. 어의도, 어약도 소용없었습니다. 이때 히스기야는 어떻게 했습니까? 이사야 38장 2-3절입니다. "히스기야가 얼굴을 벽으로 향하고 여호와께 기도하여 이르되 여호와여 구하오니 내가 주 앞에서 진실과 전심으로 행하며 주의 목전에서 선하게 행한 것을 기억하옵소서 하고 히스기야가 심히 통곡하니"라고 했습니다.

앗수르의 침공시에는 성전으로 올라가 기도했습니다. 그러나 죽을 병이 들었을 땐 벽을 바라보고 기도했습니다. 그 이유는 첫째로 거동이 힘들었기 때문에, 둘째로 원인모를 중병이 걸린 사람은 성전에 들어갈 수 없기 때문입니다. 그가 바라본 벽은 성전이 있는 쪽 벽이었을 것으로 봅니다.

하나님이 주신 응답을 보겠습니다. 이사야 38장 5-6절입니다.

"내가 네 기도를 들었고 네 눈물을 보았노라 내가 네 수한에 십오 년을 더하고 너와 이 성을 앗수르 왕의 손에서 건져내겠고 내가 또 이 성을 보호하리라."

하나님이 해결하셨습니다. 해법은 하나님께 있습니다.

베드로와 히스기야의 위기 해법을 살펴보았습니다. 우리들의 이야기로 정리를 해야 합니다. 정치, 경제, 사회, 문화, 예술, 교회 모두가 다 힘들고 어렵습니다. 단 한 사람도 태평성세다, 요순시대라고 말하는 사람은 없습니다. 거기다 코로나19까지 겹치고 변이바이러스가 퍼지면서 불안감이 더 커지고 있습니다. 백신을 확보해야 한다, 백신을 개발해야 한다는 소리가 높아지고 있습니다. 사람 만나지 마라, 모이지 마라, 주사 맞으라고 다그칩니다. 온 나라 모든 백성이 해법을 찾느라 지쳐 있습니다. 코로나, 불경기, 비대면, 중소기업, 자영업 침체, 대통령 선거로 시끄럽고 어렵습니다.

그러나 해법은 멀리 있지 않습니다. 베드로, 히스기야! 그들이 택한 해법은 통곡이었습니다. 울었습니다. 잘못을 회개했습니다. 성전으로 올라갔습니다. 그리고 목청 터지게 기도했습니다.

한국 교회는 어떻습니까? 예배가 무너지고, 기도 소리가 작아지고, 찬송 소리가 작아지고, 회개가 실종되고, 딴 데서 해법 찾느라 바쁩니다. 계속 말씀드립니다만 코로나19는 백신 개발이나 주사만으로 해결되지 않습니다. 베드로처럼 닭 우는 소리에 귀 기울여야 합니다. "베드로야, 정신 차려라. 네가 살고 회복되는 길은 주님을 다시 찾아야 한다"라는 메시지에 귀를 기울여야 합니다. 히스기야처럼 성전으로 올라가 예배와 기도를 회복해야 합니다. 왕복을 벗은 것처럼 자존심의 옷, 교만의 옷, 체면의 옷을 벗어 던지고 찢어야 합니다. 소리쳐 통곡하고 기도해야 합니다. 방법을 찾지 말고 해법을 찾아야 합니다. 겁내지 말고, 걱정하지 말고 하나님께로 나와야 합니다. 계속 예배를 멀리하고 기도 소리, 찬송 소리가 잦아들면 해법도 멀어질 것입니다. 그러나 성전을 사모하고 성전에 나와 통곡하고 기도하면 해법이 나오고 길이 열릴 것입니다.

해법은 있습니다. 하나님이 해법입니다.

요한계시록 3장 7-8절 말씀으로 결론을 삼겠습니다.

> "빌라델비아 교회의 사자에게 편지하라 거룩하고 진실하사 다윗의 열쇠를 가지신 이 곧 열면 닫을 사람이 없고 닫으면 열 사람이 없는 그가 이르시되 볼지어다 내가 네 앞에 열린 문을 두었으되 능히 닫을 사람이 없으리라."

해법 열쇠가 누구한테 있습니까? 오직 예수 그리스도이십니다. 열어달라고 기도합시다. 닫힌 문, 막힌 사건, 열어달라고 소리칩시다. 해법은 있습니다. 오직 하나님이 해법이십니다. 아멘!

다 아십니다

시편 139:1-10

여호와여 주께서 나를 살펴보셨으므로 나를 아시나이다 주께서 내가 앉고 일어섬을 아시고 멀리서도 나의 생각을 밝히 아시오며 나의 모든 길과 내가 눕는 것을 살펴보셨으므로 나의 모든 행위를 익히 아시오니 여호와여 내 혀의 말을 알지 못하시는 것이 하나도 없으시니이다 주께서 나의 앞뒤를 둘러싸시고 내게 안수하셨나이다 이 지식이 내게 너무 기이하니 높아서 내가 능히 미치지 못하나이다 내가 주의 영을 떠나 어디로 가며 주의 앞에서 어디로 피하리이까 내가 하늘에 올라갈지라도 거기 계시며 스올에 내 자리를 펼지라도 거기 계시니이다 내가 새벽 날개를 치며 바다 끝에 가서 거주할지라도 거기서도 주의 손이 나를 인도하시며 주의 오른손이 나를 붙드시리이다

힘들고 어려운 시절, 어떤 설교를 할까 생각하다가 시편 139편이 떠올랐습니다. 시편 139편은 다윗이 읊은 시 가운데 하나입니다. 139편의 시는 "아시나이다"로 시작됩니다.

"나를 아시나이다"(1절), "밝히 아시오며"(2절), "익히 아시오며"(3절), "알지 못하시는 것이 하나도 없으시니이다"(4절)와 같이 "다 아신다"고 고백합니다. 그리고 다 아시기 때문에 도망칠 수도 없고, 피할 수도, 숨을 수도 없다고 고백합니다.

시편 139편 1절은 "나를 아신다"로 시작됩니다. "나를 아신다"는 것

이 중요합니다. 예수님의 부활을 믿지 못하던 제자가 있었습니다. 도마입니다. 그는 "내 눈으로 직접 보아야 한다. 손의 못 자국, 옆구리 창 자국을 내 손으로 만져 보아야 믿을 수 있다"라고 했던 사람이었습니다. 그런 그가 다시 사신 주님을 만났습니다. "도마야, 네 손으로 만져 보아라. 그리고 믿음 없는 자가 되지 말고 믿는 자가 되라"는 주님 말씀을 듣고 그 자리에서 "나의 주, 나의 하나님이십니다"라고 고백했습니다. 우리들의 주, 우리들의 하나님이라고 하지 않고 "나의 주, 나의 하나님이십니다"라고 했습니다.

출애굽기 3장은 모세가 하나님의 부르심을 받고 애굽으로 보냄을 받은 기사입니다. 모세가 묻습니다. "하나님이 애굽으로 가라고 하시면 가겠습니다. 그런데 제가 다시 애굽에 들어가면 이스라엘 사람들이 뭐 하러 왔느냐, 누가 보내서 왔느냐고 물을 것입니다. 하나님이 보내서 왔다고 하면 하나님이 누구냐고 물을 것입니다. 뭐라고 대답하면 되겠습니까?" 출애굽기 3장 14절이 하나님의 답입니다. "하나님이 모세에게 이르시되 나는 스스로 있는 자이니라 또 이르시되 너는 이스라엘 자손에게 이같이 이르기를 스스로 있는 자가 나를 너희에게 보내셨다 하라"고 말씀하셨습니다.

'스스로 있는 자'의 뜻은 나는 존재한다, 자존자, 영원 전부터 영원까지 스스로 계시는 분이라는 것입니다. 영어성경은 "I am who I am"이라고 번역했습니다. 절대적으로 완전하시고, 초월적이시고, 스스로 계시고, 시작과 끝이 없으시고, 언제나 존재하시고, 영원히 계시며, 변함이 없으시다는 뜻입니다.

하나님의 존재를 설명할 때 영원하신 분이라고 합니다. 그러나 영원도 시간개념이어서 하나님의 존재를 설명하는 데 딱 맞는 표현이 아닙니다. 그러나 '영원'이라는 표현 외에 다른 표현이 없기 때문에 영원이라는 용어를 사용하는 것입니다.

본문 말씀으로 돌아가겠습니다. 말씀드린 대로 시인 다윗은 "다 아신다"라고 고백합니다. 다 아시고, 다 능하시고, 어디나 계시고, 스스로 계시고, 영원히 계시고……하나님을 설명하려면 용어가 모자랍니다. 그러나 다윗은 "다 아시는 하나님", "나를 아시는 하나님"이라고 고백합니다. 나의 하나님이라는 고백입니다. 나의 하나님, 나를 아시는 하나님!

첫째로 왜 다 아십니까?

13절이 그 이유를 밝힙니다. "주께서 내 내장을 지으시며 나의 모태에서 나를 만드셨나이다"라고 했고, 14절에서는 "내가 주께 감사하옴은 나를 지으심이 심히 기묘하심이라 주께서 하시는 일이 기이함을 내 영혼이 잘 아나이다"라고 했습니다. 나를 지으신 분이기 때문에 나를 다 아신다는 것입니다. 그리고 나를 지으신 것이 신비스럽고 오묘하다는 것입니다.

해부학 교수도 내 몸의 신비를 잘 모릅니다. 심리학자도 내 마음을 잘 모릅니다. 정신의학자도 나의 정신세계를 다 모릅니다. 나도 나를 잘 모릅니다. 그러나 하나님은 다 속속들이 나를 아십니다. 나를 지으신 분이기 때문입니다. 구체적으로 무엇을 아십니까?

다윗은 고백합니다. 앉고 일어서는 것을 아신다, 나의 생각을 아신다(2절), 나의 행위를 익히 아신다(3절), 내 혀의 말을 알지 못하시는 것이 하나도 없으시다(4절)고 했습니다. 앉고 일어서는 내 행동, 나 혼자만의 생각, 아직 발설하지 않은 말, 나의 의식과 무의식, 나만 알고 나만 품고 있는 것들, 드러난 것들과 드러나지 않은 것들, 과거, 현재, 미래를 다 아신다는 것이 시인의 고백입니다.

내가 기억하지 못하는 것을 내가 숨기고 있는 것들도 다 아십니다. '설마, 어떻게 다 아신다는 거야?'라고 반문할 수 있을 것입니다. 요즘에는 어디를 가나 감시카메라(CCTV)가 설치되어 있습니다. 고속도로, 골목길, 관공서, 빌딩, 학교, 승강기, 시장, 백화점. 어디를 가든 신상이 노출됩니다. 휴대폰 안에도 추적 장치가 있어서 동선이 다 드러납니다. 하물며 천지를 지으신 하나님이 무엇을 모르시는 일이 있겠습니까?

마태복음 10장 30절에서는 "머리털까지 세신 바 되었나니"라고 했습니다. 저는 제 머리털 수를 세어 본 일도 없고 셀 수도 없습니다. 그래서 머리털 수가 몇 개인지 모릅니다. 머리털뿐입니까? 아는 것보다 모르는 게 더 많습니다. 지식도 한계가 있고, 기억력도 한계가 있고, 능력도 한계가 있습니다. 치매와 건망증은 차이가 있습니다. 가족이나 아는 사람더러 "누구시더라" 하는 것은 치매입니다. 금방 점심을 먹고 배고프다, 왜 밥 안 주냐고 밥 달라는 것은 치매 현상입니다. 그러나 안경을 끼고 안경 찾는 것, 손에 핸드폰을 들고 핸드폰 찾는 것, 사람 이름이 갑자기 기억 안 나는 것, 이건 건망증입니다.

사람의 인지 능력이나 기억력은 정확하지 않습니다. 그러나 하나님의 능력은 제한도, 한계도 없습니다. 1절의 "나를 살펴보셨으므로"를 구 번역 성경은 "감찰하시고"로 번역했습니다. '감찰하다'의 뜻은 지하의 물줄기를 찾아내는 것, 지하의 금광을 찾기 위해 땅을 파고 뒤져서 찾아낸다는 것입니다. 땅속도 아시고, 물속도 다 아시고, 내 생각도 아십니다. "열 길 물속은 알아도 한 길 사람 속은 모른다"는 속담이 있습니다. 이 말을 사자성어로는 인심난측(人心難測)이라고 합니다.

왜 사람 속, 사람 마음은 알 수 없고 재는 것이 어려울까요? 변덕을 부리기 때문입니다. 그런데 하나님은 모든 것을 다 아십니다. 그래서 전지전능하신 하나님이십니다.

둘째로 다 아시면 어떻게 됩니까?
두 가지 반응이 일어납니다.

첫째, 겁이 납니다.

내가 모르는 것까지 다 아시고 그 어떤 것도 숨길 수 없다면 겁이 나는 사람이 있을 것입니다. 히브리서 4장 13절을 통해 말씀합니다.

"지으신 것이 하나도 그 앞에 나타나지 않음이 없고 우리의 결산을 받으실 이의 눈앞에 만물이 벌거벗은 것같이 드러나느니라."

하나님의 이름만 들어도 겁이 나는 사람은 숨길 게 많고 감출 게 많기 때문입니다. 하나님은 숨겨도 아시고, 감춰도 다 아십니다.

예를 들겠습니다. 사도행전 5장 이야기입니다. 베드로의 능력 있는 설교를 들은 사람들이 앞다투어 헌금을 작정하거나 가진 것을 드리는 역사가 일어났습니다. 아나니아와 삽비라 부부도 큰 은혜를 받고 밭을 팔아 헌금하기로 약속을 했습니다. 밭을 곧바로 좋은 값에 팔았습니다. 그런데 아까운 마음이 들어 일부를 감추고 일부를 헌금했습니다. 여기서 두 가지 핑계를 댈 수 있습니다. 첫째는 내 것이니까 내 맘대로 해도 된다. 둘째는 나만 알고 아무도 모른다. 그래서 감췄습니다.

5장 3절 말씀이 중요합니다.

"베드로가 이르되 아나니아야 어찌하여 사탄이 네 마음에 가득하여 네가 성령을 속이고 땅값 얼마를 감추었느냐."

베드로를 속인 게 아니고 하나님을 속인 것입니다. 5장 4~5절입니다.

"땅이 그대로 있을 때에는 네 땅이 아니며 판 후에도 네 마음대로 할 수가 없더냐 어찌하여 이 일을 네 마음에 두었느냐 사람에게 거짓말

> 한 것이 아니요 하나님께로다 아나니아가 이 말을 듣고 엎드러져 혼
> 이 떠나니 이 일을 듣는 사람이 다 크게 두려워하더라."

사람이 사람을 속이는 것도 삼가야 합니다. 그리고 하나님을 속인다든지 거짓으로 꾸미는 것은 절대로 안 됩니다. 다 아시기 때문입니다. 아나니아와 삽비라 사건은 초대교회의 경종이었습니다. "하나님은 속일 수 없다. 속이려 들면 안 된다. 하나님은 다 아신다"는 교훈을 주었습니다.

시편 139편 5절을 보면 "주께서 나의 앞뒤를 둘러싸시고"라고 했고, 7절은 "내가 주의 영을 떠나 어디로 가며 주의 앞에서 어디로 피하리이까"라고 했고, 8절은 하늘에도 스올에도 계신다고 했고, 16절에서는 "주의 책에 다 기록이 되었나이다"라고 했습니다. 숨지도 못하고, 감추지도 못하고, 거짓말도 못하고, 기록까지 다 돼 있고……겁나고, 두렵고, 떨릴 수밖에 없습니다.

둘째, 편하고 든든하고 좋습니다.

우리는 두 번째 반응에 속해야 합니다. 시인은 노래합니다. 5절은 "주께서 나의 앞뒤를 둘러싸시고 내게 안수하셨나이다"라고 했습니다. 여기서 말하는 안수는 하나님의 보호와 축복을 뜻합니다. 12절은 "밤이 낮과 같이 비추이나니"라고 했습니다. 캄캄하고, 막막하고, 답답하고, 꽉 막힌 길, 어둡고 침침한 길을 빛으로 비춰 낮과 같이 되게 해주신다는 것입니다. 14절은 "주께서 하시는 일이 기이함을 내 영혼이 잘 아나이다"라고 했습니다. 하나님이 하시는 일은 초월적이고, 신비하고, 기적적이고, 놀랍다는 것입니다. 17절은 "주의 생각이 내게 어찌 그리 보배로우신지요"라고 했습니다. 비교할 수 없다, 측량할 수 없다, 헤아릴 수 없다는 것입니다. 시인은 반복해서 하나님이 다 아시기 때문에 좋은 점들을 노래하고 있습니다.

구체적으로 살펴보겠습니다.

첫째는 다 아시기 때문에 언제, 어디서나 함께하십니다.

다 아시기 때문에 꼭 필요할 때 필요한 곳에서 함께하십니다. 힘들 때도, 위기에도, 어려울 때도, 오늘도, 내일도 영원히 함께하십니다. 이것을 이사야서 7장 14절에서는 "임마누엘"이라고 했고, 마태복음 1장 23절은 태어나실 예수님을 "임마누엘"이라고 했습니다. 얼마나 든든합니까? 얼마나 편합니까? 영원한 동행자, 보디가드이신 주님이 나와 함께하십니다.

출애굽기 7-12장에는 애굽에 내린 10가지 재앙이 기술되어 있습니다. 첫째로 물이 피가 되고, 둘째로 개구리가 지면을 덮고, 셋째로 티끌이 이가 되고, 넷째로 파리가 지면과 집 안을 뒤덮고, 다섯째로 가축이 몰사하고, 여섯째로 사람과 짐승에게 악성종기가 발병하고, 일곱째로 우박이 쏟아지고, 여덟째로 메뚜기가 땅을 덮고, 아홉째로 흑암이 땅을 덮고, 열째로 처음 난 것들이 죽었습니다.

무서운 재앙들이었습니다. 그런데 이스라엘 백성이 머무는 곳은 재앙이 내리지 않았습니다. 처음 난 것도 죽지 않았습니다. 오늘도 하나님은 하나님의 사람들, 하나님을 믿고 그 이름을 부르는 사람들을 지키시고 보호해 주십니다.

바울의 고백과 선언에 주목합시다. 로마서 8장 35절입니다.

> "누가 우리를 그리스도의 사랑에서 끊으리요 환난이나 곤고나 박해나 기근이나 적신이나 위험이나 칼이랴."

8장 37절에서는 "넉넉히 이기느니라"고 했습니다.

8장 38-39절에서는 "내가 확신하노니 사망이나 생명이나 천사들이

나 권세자들이나 현재일이나 장래일이나 능력이나 높음이나 깊음이나 다른 어떤 피조물이라도 우리를 우리 주 그리스도 예수 안에 있는 하나님의 사랑에서 끊을 수 없으리라"고 했습니다. '넉넉히 이긴다, 이기고 남는다, 끊을 수 없다'는 승리의 선포입니다. 걱정하지 맙시다. 염려하지 맙시다. 겁내지 맙시다. 하나님이 함께하십니다.

둘째는 다 아시는데도 덮어 주시고 용서해 주십니다.

다 아신다고 윽박지르거나 따지지 않습니다. 들추고 드러내지 않습니다. 다 아시지만 용서하시고 덮어 주십니다. 사람은 "나는 네가 한 일을 안다"라며 겁을 주고 협박할 수 있습니다. 그러나 하나님은 다 아시지만 용서하시고 덮어 주십니다.

성경 구절을 찾아보겠습니다. 시편 103편 12절입니다. "동이 서에서 먼 것같이 우리의 죄과를 우리에게서 멀리 옮기셨으며"라고 했습니다. 동과 서는 극과 극입니다. 만날 수 없는 양극입니다. 멀리, 아주 멀리 죄를 옮겨 주십니다. 이사야 1장 18절입니다.

> "여호와께서 말씀하시되 오라 우리가 서로 변론하자 너희의 죄가 주홍 같을지라도 눈과 같이 희어질 것이요 진홍같이 붉을지라도 양털 같이 희게 되리라."

주홍색, 진홍색을 흰색으로 바꾸는 것처럼 깨끗하게 용서하신다는 것입니다. 전혀 다른 새로운 피조물이 되게 해주십니다. 이사야 43장 25절에 "나 곧 나는 나를 위하여 네 허물을 도말하는 자니 네 죄를 기억하지 아니하리라"고 말씀하셨습니다. 도말이란 지워 없애는 것입니다. 그리고 기억하지 않는다는 것은 죄의 흔적, 죄의 기록, 죄의 그림자까지 없애 주신다는 것입니다.

예수님의 십자가가 그 증거입니다. 십자가에 달리신 주님은 "다 이루었다"라고 말씀하시고 숨을 거두셨습니다. "다 이루었다"는 것은 '네 죄를 다 사했다. 너를 용서한다. 속죄를 다 이루었다'는 뜻입니다. 내가 한 일, 내가 저지른 죄를 몰라서 덮고 가겠다는 것이 아닙니다. 사노라면 잊게 될 테니까 그냥 지나겠다는 것이 아닙니다. 다 아시지만 전부 속속들이 아시지만 사랑 때문에 용서하시고 덮어 주시는 것입니다.

사랑하기 때문에 용서하시고 구원하신다는 사실을 요한복음 3장 16절이 증언합니다.

> "하나님이 세상을 이처럼 사랑하사 독생자를 주셨으니 이는 저를 믿는 자마다 멸망하지 않고 영생을 얻게 하려 하심이니라."

하나님이 사랑하사 독생자를 주신 그 세상은 무엇입니까? 땅입니까? 바다입니까? 물질입니까? 아닙니다. '나'를 사랑하신 것입니다. 다 아시는데 용서하셨습니다. 다 아시는데 사랑하셨습니다. "날 사랑하심 날 사랑하심 성경에 써 있네." 아멘!

시편 139편 24절이 시의 마무리입니다. "내게 무슨 악한 행위가 있나 보시고 나를 영원한 길로 인도하소서"라고 합니다. 이 구절의 뜻은 첫째로 "악한 생각, 악한 일을 하지 않게 해주십시오"이며, 둘째로 "어렵고 힘들 때 도와주십시오"이며, 셋째로 "영원한 생명길로 인도하여 주십시오"라는 것입니다. "죄짓고 살지 않도록 계속 살펴주시고 영원토록 동행하여 주소서"로 시를 끝내고 있습니다. 그리고 하나님은 그렇게 해주시겠다고 약속하셨습니다.

약속의 말씀을 찾아보겠습니다. 이사야 43장 2절입니다.

> "네가 물 가운데로 지날 때에 내가 너와 함께할 것이라 강을 건널 때에 물이 너를 침몰하지 못할 것이며 네가 불 가운데로 지날 때에 타지도 아니할 것이요 불꽃이 너를 사르지도 못하리니."

코로나19는 미세바이러스입니다. 그런데 너무 끈질깁니다. 백신 주사를 맞고 이젠 됐다 했는데, 변이바이러스가 기승을 부립니다. 델타 변이바이러스, 알파 변이바이러스, 베타 변이바이러스, 감마 변이바이러스가 나오고 있습니다. 그래서 위드 코로나라는 신조어가 등장했습니다. 하는 수 없이 코로나와 함께 가야 한다, 동행해야 한다는 것입니다. 코로나와의 동행은 불편합니다. 불안합니다. 겁납니다. 언제, 무슨 짓을 할지 모릅니다. 위드 코로나가 아닙니다. 우리는 위드 크라이스트, 위드 지저스라야 합니다. 다 아시는 주님, 다 해결하시는 주님과 동행합시다. 날마다, 날마다, 한 걸음, 두 걸음 함께 갑시다.

결론은 분명해졌습니다. 다 아십니다. 다 아시고 용서하십니다. 다 아시고 구원하십니다. 다 아시고 함께하십니다. 다 아시고 영원히, 영원히 함께하십니다.

다 아시는 하나님 앞에 떠날 생각, 숨길 생각, 감출 생각을 하지 맙시다. 다 아시는 하나님이 내 아버지 하나님이십니다. 날마다, 영원히 동행합시다. 아멘.

오래 참으심

> **베드로후서 3:8-13**
>
> 사랑하는 자들아 주께는 하루가 천 년 같고 천 년이 하루 같다는 이 한 가지를 잊지 말라 주의 약속은 어떤 이들이 더디다고 생각하는 것같이 더딘 것이 아니라 오직 주께서는 너희를 대하여 오래 참으사 아무도 멸망하지 아니하고 다 회개하기에 이르기를 원하시느니라 그러나 주의 날이 도둑같이 오리니 그날에는 하늘이 큰 소리로 떠나가고 물질이 뜨거운 불에 풀어지고 땅과 그 중에 있는 모든 일이 드러나리로다 이 모든 것이 이렇게 풀어지리니 너희가 어떠한 사람이 되어야 마땅하냐 거룩한 행실과 경건함으로 하나님의 날이 임하기를 바라보고 간절히 사모하라 그날에 하늘이 불에 타서 풀어지고 물질이 뜨거운 불에 녹아지려니와 우리는 그의 약속대로 의가 있는 곳인 새 하늘과 새 땅을 바라보도다

구약의 므두셀라는 969세를 살았습니다. 예수님은 33세를 사셨습니다. 예수님보다 936년을 므두셀라가 더 살았습니다. 그런데 므두셀라는 결혼하고 자식 낳고 오래 살고(창 5:25-27) 그 외엔 한 일이 없습니다. 예수님은 33년을 사셨지만 3백 년, 3천 년을 살아도 못할 일을 하셨습니다.

30년은 준비를 하셨고 사역은 3년간 하셨지만, "다 이루었다"라고 하셨습니다. 그 3년의 사역기간을 공적 생애라고 합니다. 그 누구도

할 수 없는 일을 3년 동안 다 하신 것입니다.

예수님의 생애를 출생, 성장, 사역, 십자가 죽음, 부활, 승천, 재림으로 구별할 수 있습니다. 그리고 예수님의 생애가 보통사람들과 구별되는 것은 예언대로 성취되었다는 것입니다. 구약의 예언이 신약에서 그대로 이루어졌습니다.

예를 들어 보겠습니다.

이사야 7장 14절의 탄생예언입니다. "그러므로 주께서 친히 징조를 너희에게 주실 것이라 보라 처녀가 잉태하여 아들을 낳을 것이요 그의 이름을 임마누엘이라 하리라"는 이 말씀이 예언된 연대는 BC 739-680년 사이입니다. 그 예언이 700여 년 뒤에 성취됩니다. 마태복음 1장 21절에서는 "아들을 낳으리니 이름을 예수라 하라 이는 그가 자기 백성을 그들의 죄에서 구원할 자이심이라 하니라"고 했고, 23절에서는 예수님을 구약에 예언된 임마누엘이라고 설명합니다. 임마누엘로 탄생하신다는 그 예언이 그대로 성취된 것입니다.

미가서 5장 2절에는 베들레헴 출생 예언이 나옵니다. "베들레헴 에브라다야 너는 유다 족속 중에 작을지라도 이스라엘을 다스릴 자가 네게서 내게로 나올 것이라 그의 근본은 상고에, 영원에 있느니라"고 했습니다. 미가서 역시 BC 750-680년 어간에 기록된 예언서입니다. 그러니까 750여 년 전의 예언이 그대로 성취됩니다. 마태복음 2장 5-6절은 예수님이 유대 땅 베들레헴에서 나셨다고 증언하고 있습니다.

시편 41편 9절에는 가룟 유다의 배신을 예언하고 있습니다. "내가 신뢰하여 내 떡을 나눠 먹던 나의 가까운 친구도 나를 대적하여 그의 발꿈치를 들었나이다"라고 예언했고, 마태복음 26장 16절에서는 "그가 그때부터 예수를 넘겨 줄 기회를 찾더라"고 했고, 23절에서는 "나와 함께 그릇에 손을 넣는 그가 나를 팔리라"고 했습니다. 유다의 배신에 대한 예언이 성취된 것입니다.

이사야 53장 5절에는 죽으심을 예언하고 있습니다. "그가 찔림은 우리의 허물 때문이요 그가 상함은 우리의 죄악 때문이라 그가 징계를 받으므로 우리는 평화를 누리고 그가 채찍에 맞으므로 우리는 나음을 받았도다"라고 예언했고, 누가복음 23장 46절을 보면 "예수께서 큰 소리로 불러 이르시되 아버지 내 영혼을 아버지 손에 부탁하나이다 하고 이 말씀을 하신 후 숨지시니라"고 했습니다. 예언대로 예수님은 십자가에 못 박혀 죽으셨습니다.

시편 49편 15절에서는 부활 예언이 나옵니다. "그러나 하나님은 나를 영접하시리니 이러므로 내 영혼을 스올의 권세에서 건져내시리로다"라고 나오는데, 죽음에서 건져내신다는 것입니다. 부활의 성취는 4복음서와 사도행전, 바울서신에서 수를 셀 수 없도록 증언하고 있습니다.

"어떻게 죽은 사람이 살아나느냐 그건 허위이고 날조다"라며 부정하는 사람들이 있습니다. 그러나 수많은 증인이 있고 증언이 있습니다. 만일 예수 그리스도의 부활이 허위라면 기독교는 이미 사라졌을 것입니다. 그리고 죽은 예수를 믿고 부활을 증거하다가 순교하는 일이 없었을 것입니다.

기독교는 부활의 종교, 생명의 종교, 영생의 종교입니다. 예수님에 관한 구약의 예언은 모두 34차례가 넘습니다. 그리고 신약에서 그대로 다 성취되었습니다. 그러나 아직 성취되지 않은 예언이 있습니다. 그것은 다시 오시겠다는 재림 예언입니다. 34가지가 넘는 예언들이 톱니바퀴처럼 다 성취됐고 재림 예언만 남아 있습니다.

그런데 이 재림에 대한 두 가지 오해가 있습니다.

첫째는 시한부 재림론입니다.

연월일시와 장소까지 계시받았다며 시한부 재림을 유포한 사람들이 있었습니다. 다 허위였고 지금도 그런 사람들이 있습니다.

다시 오실 예수님은 "그날과 그때는 아무도 모르나니 하늘의 천사들도, 아들도 모르고 오직 아버지만 아시느니라"(마 24:36)고 하셨고 "때와 시기는 아버지께서 자기의 권한에 두셨으니 너희가 알 바 아니요"(행 1:7)라고 하셨습니다. 그날과 때는 하나님 아버지의 권한입니다.

둘째는 재림 부정론입니다.

"재림은 없다, 오려면 진즉 왔을 것이다, 경고로 한 이야기일 뿐이다"와 같은 주장은 초대교회 때부터 지금까지 이어져 오고 있습니다. 당시 초대교회 안에는 재림을 부정하고 조롱하는 사람들이 있었습니다. "주께서 강림하신다는 약속이 어디 있느냐 조상들이 잔 후로부터 만물이 처음 창조될 때와 같이 그냥 있다 하니"(벧후 3:4)라며 달라진 게 없다, 재림은 없다고 부인하는 이들이 있었습니다.

이에 대한 베드로의 답을 찾아보겠습니다. 두 가지입니다.

첫째, 시차가 있다는 것입니다.

"주께는 하루가 천 년 같고 천 년이 하루 같다는 이 한 가지를 잊지 말라"(벧후 3:8)고 했습니다. 하나님의 시간과 인간의 시간은 동일하지 않습니다. 하나님의 시간은 영원한 시간이고, 인간의 시간은 유한한 시간입니다. 인간은 천 년을 기다리지만 하나님의 시간은 하루에 불과하다는 것입니다. 그러니까 인간의 손목시계를 들여다보면서 "왜 안 와? 왜 못 와?" 하지 말라는 것입니다.

1년은 365일, 52주, 12개월, 하루는 24시간, 이것은 사람이 만든 구분법입니다. 시계는 14세기경에 발명되었다고 합니다. 하나님의 시간은 시, 분, 초, 날짜 구분이 없습니다. 그래서 하나님의 시간은 사람의 손목시계로 맞추려고 하면 안 됩니다. 시간 계산법이 다릅니다. 천 년이 하루, 하루가 천 년, 시차가 있다는 것입니다.

둘째, 오래 참으십니다.

베드로후서 3장 9절은 "주의 약속은 어떤 이들이 더디다고 생각하는 것같이 더딘 것이 아니라 오직 주께서는 너희를 대하여 오래 참으사 아무도 멸망하지 아니하고 다 회개하기에 이르기를 원하시느니라"고 했고 3장 15절에서도 '오래 참으심'이라고 했습니다. 재림이 더딘 것은 재림이 없어진 것이 아니고 '오래 참으심' 때문이라는 것입니다.

예를 들어 보겠습니다. 만일 오래 참지 않으시고 오래 기다리지 않고 주님이 재림하셨다면, 그리고 내가 예수 믿기 전에 재림하셨다면 나는 어떻게 됐을까요? 더딘 재림은 오래 참으시는 하나님의 은혜인 것입니다.

이런 사람도 있다고 합니다. "예수님, 안 오셔도 돼요. 안 오셔도 우리네 잘살고 있고요. 다 편해요. 나쁜 사람들은 법이 다 알아서 심판하고 있고요. 안 오셔도 다 잘 돌아가요. 오지 마세요"라고 한다고 합니다. 그래서 안 오십니까? 베드로는 본문에서 4가지를 당부합니다.

첫째로 "잊지 말라"입니다.
3장 8절입니다.

"하루가 천 년 같고 천 년이 하루 같다는 이 한 가지를 잊지 말라."

신명기 8장 19절을 보겠습니다.

"네가 만일 네 하나님 여호와를 잊어버리고 다른 신들을 따라 그들을 섬기며 그들에게 절하면 내가 너희에게 증거하노니 너희가 반드시 멸망할 것이라."

성공했을 때, 잘살고 편할 때 그래서 하나님 잊어버리면 반드시 멸

오래 참으심 267

망한다는 무서운 경고입니다. 다윗도 시편 103편 2절에서 "내 영혼아 여호와를 송축하며 그의 모든 은택을 잊지 말지어다"라고 했습니다.

최고의 권력을 잡았더라도, 출세하고 치부했더라도, 성공하고 형통하게 됐을 때라도 "내가 했다, 내가 이룩했다, 내 노력의 결과다"라고 하지 말라는 것입니다. "하나님의 은혜로 됐다"는 사실을 잊지 말라는 것입니다. 생일도, 집 주소도, 전화번호도, 사람 이름도 잊어버릴 수 있습니다. 그러나 하나님을 잊어버리면 큰일납니다.

숨을 거두는 마지막 순간에도 하나님을 잊어버리면 절대로 안 됩니다. 잊어도 될 것이 있고 잊으면 절대로 안 되는 것이 있습니다. 그래서 베드로는 잊지 말라고 강조합니다. 영적 건망증, 영적 치매를 조심해야 합니다.

둘째로 "힘쓰라"입니다.

14절입니다.

> "그러므로 사랑하는 자들아 너희가 이것을 바라보나니 주 앞에서 점도 없고 흠도 없이 평강 가운데서 나타나기를 힘쓰라."

'주님께서 재림하시면 그 앞에 서야 한다, 믿음 관리 잘하고 생활 관리 잘해라, 방탕하지 말라, 유혹에 넘어가지 말라, 경건한 생활을 힘쓰라'는 뜻입니다.

우리는 힘쓸 것이 많습니다. 꼭 필요할 때 힘을 쓰려면 필요 없는 곳에 힘을 낭비하거나 소진하면 안 됩니다. 내일 경기를 앞둔 선수가 밤새워 술 마시고 노름하면 다음날 경기를 못합니다. 주님 오심을 기다리는 사람들이 경건한 힘을 딴 데 쏟으면 안 됩니다.

로마서 12장 12절에서는 "기도에 항상 힘쓰며"라고 했고 데살로니가전서 4장 11절은 "조용히 자기 일을 하고 너희 손으로 일하기를 힘쓰라"고 했습니다. 히브리서 10장 25절은 "모이기를 폐하는 어떤 사람들의 습관과 같이 하지 말고 오직 권하여 그날이 가까움을 볼수록 더욱 그리하자"라고 했습니다.

우리는 지금 비대면 예배, 안 모이는 예배에 익숙해져 가고 있습니다. 히브리서의 교훈은 주님 오실 날이 가까워지면 "모일 필요 없다, 안 모이니까 편하다, 꼭 모여야 하나"라는 풍조가 유행하게 되고 마치 그것이 고급 유행인 것처럼 앞장서는 사람들이 나타날 것이라는 것입니다. 그러나 그날이 가까워질수록 모이기를 폐하지 말고 모이기를 힘쓰라는 것입니다.

힘써 믿고, 힘써 섬기고, 힘써 일하고, 힘써 모입시다! 내 시간이 얼마나 남았다고 생각하십니까? 모일 날이 얼마나 남았다고 생각하십니까?

셋째로 "삼가라"입니다.
17절입니다.

> "그러므로 사랑하는 자들아 너희가 이것을 미리 알았은즉 무법한 자들의 미혹에 이끌려 너희가 굳센 데서 떨어질까 삼가라."

'삼가라'는 '조심하다, 경계하다'입니다. 17절은 "떨어질까 삼가라"고 했습니다. 떨어지면 안 되는 사람들이 있습니다. 옹벽을 오르는 사람, 외줄 타는 사람, 사법시험 친 사람, 대학입학시험 친 사람들은 떨어지면 안 됩니다.

그러나 본문의 교훈은 그런 것이 아닙니다. '믿음에서 떨어지지 마라, 예수님에게서 떨어지지 마라, 떨어지게 하는 일들을 중단하라'는 것입니다. 베드로전서 4장 7절을 보겠습니다. "만물의 마지막이 가까이 왔으니 그러므로 너희는 정신을 차리고 근신하여 기도하라"는 말씀은 '삼갈 것은 삼가고 경계할 것은 경계하고 조심할 것은 조심하라, 그러나 적극적으로 할 일은 하라'는 것입니다.

일찍이 하나님은 이스라엘 백성에게 십계명을 주셨습니다. 십계명은 '~하지 말라'와 '~하라'로 구성되어 있습니다. 성경 전체의 구도 역시 '하라'와 '하지 말라'로 되어 있습니다. 그대로 하면 됩니다. '하라'는 것은 그대로 하고 '하지 말라'는 것은 안 하면 됩니다. '믿음이 떨어지는 일, 예수님을 잃어버리거나 떠나는 일은 삼가라, 그러나 믿음이 성장하고 주님과 함께하는 일은 적극적으로 하라'입니다.

넷째로 "자라 가라"입니다.

18절입니다.

> "오직 우리 주 곧 구주 예수 그리스도의 은혜와 그를 아는 지식에서 자라 가라 영광이 이제와 영원한 날까지 그에게 있을지어다."

하나님은 모든 생명체인 인간, 동물, 곤충, 초목까지 자라도록 창조하셨습니다. 물론 무한대로 자라는 것은 아닙니다. 병에 걸리면 자라지 못합니다. 사람도, 동물도, 식물도 성장조건을 갖추지 못하면 자라지 못합니다.

마찬가지로 예수를 믿노라 하는 사람들, 교회를 다니는 사람들도 성장조건을 갖추지 못하면 자라지 못합니다. 그들에게 베드로는 "자라 가라"고 권고합니다. 18절은 자라가는 조건을 밝혀줍니다. "우리 주 곧 구주 예수 그리스도의 은혜와 그를 아는 지식에서 자라 가라"는 것입니다. 은혜로 자란다는 것입니다. 은혜의 이슬, 은혜의 소나비,

은혜의 밑거름, 은혜의 햇빛을 받아야 자란다는 것입니다. 바울은 이렇게 고백했습니다.

> "내가 나 된 것은 하나님의 은혜로 된 것이니 내게 주신 그의 은혜가 헛되지 아니하여"(고전 15:10).

어느 날 큰 소나무 곁을 지난 일이 있었습니다. 소나무 잎이 시들고 죽어 가고 있었습니다. 나무가 병드는 원인이 있다고 합니다. 병충해가 발생했거나 영양공급이 제대로 안 될 경우입니다. 그런 경우, 전문가가 전문적 진단을 하고 처방을 내려 치료를 합니다. 그 소나무는 링거병을 꽂고 있었습니다.

믿음이 병들면 영적 자아가 자라지 못합니다. "자라 가라"는 것은 문법상 진행형이고 미래 완료형입니다. 나무나 풀, 짐승, 사람의 육체는 계속 자라지 못합니다. 그러나 영적 자아는 중단 없이 건강하게 자라가야 합니다. 이 문제에 대한 바울의 권고를 찾아보겠습니다.

에베소서 4장 13절입니다. "우리가 다 하나님의 아들을 믿는 것과 아는 일에 하나가 되어 온전한 사람을 이루어 그리스도의 장성한 분량이 충만한 데까지 이르리니"라고 했습니다. 그리스도를 닮아라, 예수님에 이르기까지 자라 가라는 것입니다. 하나님의 뜻은 자녀들이 바르고 곧게 자라는 것입니다.

결론을 찾아야 합니다. 재림! 겁나는 사건이 아닙니다. 주님 얼굴 직접 뵙는 날, 영원한 나라에 들어가는 날, 그리고 칭찬 듣고 상급받는 날입니다. 물론 악인은 심판받고 지옥불에 들어가는 날입니다. 배교자들, 이단들, 박해자들, 악의 무리는 심판받는 날, 줄줄이 지옥으로 굴러 떨어지는 날입니다. 그러나 우리는 아닙니다. 그래서 기다리고 참고 준비해야 합니다.

　야고보서 5장 7-8절을 보면 이렇게 말씀합니다. "그러므로 형제들아 주께서 강림하시기까지 길이 참으라 보라 농부가 땅에서 나는 귀한 열매를 바라고 길이 참아 이른 비와 늦은 비를 기다리나니 너희도 길이 참고 마음을 굳건하게 하라 주의 강림이 가까우니라"고 했습니다. 베드로는 "너희가 어떠한 사람이 되어야 마땅하냐"(벧후 3:11)라고 했습니다. 조급하게 서둘고 경거망동하는 사람이 될 수도 있고, 참고 기다리는 사람이 될 수도 있습니다. 방종하고 제멋대로 사는 사람이 될 수도 있고, 경건하게 사는 사람이 될 수도 있습니다.

　주님의 재림을 기다리고 준비하는 사람이 될 수도 있고, 무시하고 외면하는 사람이 될 수도 있습니다. 영원한 천국에 들어가는 사람이 될 수도 있고, 영원한 지옥에 들어가는 사람이 될 수도 있습니다.

　어떤 사람이 되어야 마땅하냐는 것입니다. 참고 기다립시다. 준비하고 바르게 삽시다. 바로 믿고 바로 삽시다. 영원한 천국에 들어갑시다. 아멘!

피난처

 시편 62:1-12

나의 영혼이 잠잠히 하나님만 바람이여 나의 구원이 그에게서 나오는도다 오직 그만이 나의 반석이시요 나의 구원이시요 나의 요새이시니 내가 크게 흔들리지 아니하리로다 넘어지는 담과 흔들리는 울타리 같이 사람을 죽이려고 너희가 일제히 공격하기를 언제까지 하려느냐 그들이 그를 그의 높은 자리에서 떨어뜨리기만 꾀하고 거짓을 즐겨 하니 입으로는 축복이요 속으로는 저주로다 (셀라) 나의 영혼아 잠잠히 하나님만 바라라 무릇 나의 소망이 그로부터 나오는도다 오직 그만이 나의 반석이시요 나의 구원이시요 나의 요새이시니 내가 흔들리지 아니하리로다 나의 구원과 영광이 하나님께 있음이여 내 힘의 반석과 피난처도 하나님께 있도다 백성들아 시시로 그를 의지하고 그의 앞에 마음을 토하라 하나님은 우리의 피난처시로다 (셀라) 아, 슬프도다 사람은 입김이며 인생도 속임수이니 저울에 달면 그들은 입김보다 가벼우리로다 포악을 의지하지 말며 탈취한 것으로 허망하여지지 말며 재물이 늘어도 거기에 마음을 두지 말지어다 하나님이 한두 번 하신 말씀을 내가 들었나니 권능은 하나님께 속하였다 하셨도다 주여 인자함은 주께 속하오니 주께서 각 사람이 행한 대로 갚으심이니이다

'피난처'는 다윗의 애용구였습니다. 그는 시편 안에서 여러 차례 하나님에 대해 피난처라고 읊었습니다. 시편 안에는 무려 18회나 하나님은 피난처라고 기록되어 있습니다.

다윗은 왕이 되기 전 피난 생활을 경험했습니다. 소년 다윗이 블레셋 장군 골리앗을 돌팔매 한 개로 쓰러트리고 예루살렘으로 돌아오고 있었습니다. 기적의 주인공, 승전 영웅인 다윗을 환영하는 인파가 거리로 쏟아져 나왔습니다. 그때 여인들이 소리를 지르며 다윗을 환호했습니다. "사울은 천천이요 다윗은 만만이라"고 했습니다. 천천은 100만이고, 만만은 1억입니다. 그 뜻은 사울 왕의 업적과 인기는 백만이고, 다윗의 인기와 공적은 1억이라는 것입니다.

문제는 이 환호의 노래를 사울이 들었다는 것입니다. 사울은 불안해졌습니다. 다윗을 방치했다간 왕위가 위험해지겠다는 질투심에 사로잡힌 것입니다. 그날부터 사울이 다윗을 죽이기 위해 온갖 음모와 수단을 동원했고, 다윗은 사울을 피해 도피 생활을 시작했습니다.

사무엘상 22장 1-2절을 보면 다윗이 아둘람 굴로 피신한 사건이 있었습니다. 아둘람은 베들레헴 남방 19km지점(50리길)에 있는 성읍이었고, 그곳에 천연동굴이 있었습니다. 고고학자들이 동굴을 발견했는데, 400여 명 정도가 피할 수 있는 곳이었다고 합니다. 부모, 형제, 지지자들, 추종자들, 그리고 사울 왕의 실정에 등 돌린 사람들, 환난 당한 사람들, 빚진 사람들, 원통하고 억울한 사람들 모두 4백여 명이었습니다.

그러나 그 굴에 오래 있을 수 없었습니다. 사울 왕에게 정보가 들어가고 노출되었기 때문입니다. 그래서 다윗은 그곳을 떠나 모압으로 가게 됩니다. 모압은 다윗의 증조모인 룻의 고향이고 사울이 추적해 오기 힘든 곳이었습니다. 다윗이 이곳저곳 피난을 다니며 깨달은 진리가 있었습니다. 그것은 아둘람도, 모압도 그 어느 곳도 피난처가 아니라는 것입니다. 그리고 내린 결론은 피난처는 아둘람도 아니다, 모압도 아니다, 예루살렘도 아니다, 왕궁도 아니다, 군대도 아니다, 권력도 아니다, 금은보화도 아니다, 영원한 피난처는 오직 하나님뿐이라는 신앙을 확립하게 됩니다. 다윗의 피난처 신앙은 피난 생활을 통해 발견한 체험적 신앙이었고, 고백이었습니다.

민수기 35장 9-34절에는 도피성 제도가 기록되어 있습니다. 이스라엘 민족이 가나안 땅에 입성한 후 요단강을 가운데 두고 48성읍을 만들었습니다. 그리고 요단강 서편에 세 군데, 동편에 세 군데 도피성을 만들었습니다. 48성읍 중 6성읍을 도피성으로 정한 것입니다. 어느 성읍에서든지 하루 안에 갈 수 있는 곳 여섯 군데를 도피성으로 만든 것입니다. 거리로는 32km이내였습니다. 길은 평평하고 가기 쉽게 만들었습니다. 부지중 살인한 자나 과실 치사자가 도피성에 들어가면 복수를 할 수도 없고 재판을 받지 않을 수 있습니다. 그러나 고의로 살인한 자나 흉기로 사람을 죽인 자, 증오심으로 복수하기 위해 살인한 자는 도피성에 들어갈 수 없습니다. 그리고 도피성에 머물던 살인자가 제멋대로 도피성 밖으로 나가면 생명을 보호받지 못합니다. 도피성 안에 있을 때만 보호를 받을 수 있습니다. 대제사장이 죽으면 도피성 밖으로 나올 수 있는데, 누구도 그 사람의 생명을 해칠 수 없게 됩니다.

다윗은 도피성을 기억했을 것입니다. 그리고 하나님이 영원한 도피성 피난처라고 고백했습니다. 시편 62편은 다윗이 읊은 시 가운데 하나입니다. 시편 62편의 저작 시기를 피난 다닐 때로 보는 학자도 있고, 왕이 된 다음에 썼다고 보는 학자도 있습니다. 시기는 중요하지 않습니다. 내용이 중요합니다. 시 구구절절 다윗의 신앙과 고백이 넘치고 있습니다. 시편 62편은 12절로 구성된 짧은 시입니다. 다윗은 시를 통해 하나님이 누구신가를 확실하게 고백하고 있습니다.

'오직 그만이 나의 반석, 구원, 요새'(2, 6절), '내 힘의 반석, 피난처'(7절), '하나님은 우리의 피난처'(8절)라고 하면서 '하나님만 바라본다'(1절), '내가 흔들리지 않는다'(2, 6절), '나의 소망은 하나님께로부터 나온

다'(5절), '그 앞에 마음을 토하라'(8절), '권능은 하나님께 속했다'(11절), '행한 대로 갚으신다'(12절)라고 고백하고 있습니다.

다윗의 고백 가운데 '피난처'를 중점적으로 살펴보겠습니다. 말씀드린 대로 다윗은 피난 생활을 겪었던 사람입니다. 피난민에겐 피난처가 필요합니다. 다윗의 피난처는 아둘람도, 도피성도, 왕궁도 아니었습니다. 그의 피난처는 하나님이었습니다. 다윗은 여러 차례 "주께로 피한다"라고 고백했습니다. 시편 57편 1절에서는 "내 영혼이 주께로 피하되 주의 날개 그늘 아래에서 이 재앙들이 지나가기까지 피하리이다"라고 했고 시편 61편 4절에서는 "내가 영원히 주의 장막에 머물며 내가 주의 날개 아래로 피하리이다"라고 했습니다. 다른 피난처는 없고, 오직 하나님이 영원한 피난처이시고 요새이시고 피할 바위라는 것을 천명하고 있습니다.

다윗은 용감하고 강한 사람입니다. 그리고 강한 힘의 상징이기도 합니다. 소년 시절엔 사자를 찢었고, 골리앗을 넘어뜨렸습니다. 블레셋을 물리쳤고, 다윗 왕국을 건설했습니다.

르네상스 시대를 대표하는 세 사람이 있었습니다. 레오나르도 다빈치, 라파엘로, 미켈란젤로입니다. 미켈란젤로의 작품 가운데 다윗 조각상이 있습니다. 골리앗과 맞서 돌팔매를 던지는 역동적 모습을 표현한 작품입니다. 나신이지만 근육질에 강인한 인상을 주고 있습니다. 다윗은 강하고, 힘 있고, 권력 있고, 건강합니다. 그런 그가 "내가 힘이다, 요새다, 반석이다, 피난처다"라고 하지 않고 "하나님이 요새, 힘, 반석, 피난처, 구원이시라"고 고백한 점을 주목해야 합니다. 다윗처럼 건강하고, 힘이 있고, 용기가 있고, 권력이 있고, 부귀가 있고, 성공하고, 행복하더라도 "나의 피난처는 하나님이시다"라는 신앙과 고백이 필요합니다.

다윗은 옛날 옛적 사람이니까 그렇다 치고, 현대인은 잘살고, 잘 먹고, 잘 입고, 최첨단 과학과 문화의 혜택을 누리며 사니까 아무 문제도 없고, 피난처도 필요 없을까요? 해마다 UN이 미래 보고서를 발표합니다. 2050년을 예측하는 미래 보고서를 박영숙 교수와 제롬 글렌이 공동으로 펴냈습니다. 50여 개국, 1,500명의 미래 전문가들과 각 분야의 학자, 첨단 기업의 CEO들이 참여해 만든 보고서입니다. 그 보고서에 의하면 2030년까지 20억 개의 일자리가 없어지고 현재 있는 일자리의 80%가 사라진다는 것입니다. 80%는 실업자가 됩니다. 그 이유는 사물인터넷, 클라우드, 첨단 로봇, 무인 자동차, 차세대 유전자 기술, 3D 프린터, 자원 탐사 기술, 신재생 에너지, 나노기술이 발달하기 때문이라고 합니다. 그리고 인공지능이 인간을 만들어 내기 때문에 아버지도 필요 없고, 어머니도 필요 없게 된다는 것입니다.

얼마나 놀랍고, 멋지고, 좋은 세상입니까? 그래서 사람들이 행복하고 편안할까요? 아닙니다. 더 불안해지고, 걱정이 많아지고, 우울하고, 고독해질 것입니다. 과학 만능시대가 되면 인간이 설 자리가 없어지고 과학기술의 노예로 전락하게 될 것입니다. 사회 심리학자들은 집단 고독, 설 자리 없는 인간, 빈 둥지 증후군, 우울증 환자가 늘어날 것이라고 합니다.

최근 영국과 일본에서는 고독을 전담하고 다루는 고독부, 고독청이 신설됐습니다. 영국 인구는 2020년 기준 약 7천만 명으로 보는데, 그 가운데 14%가 고독한 사람들이어서 2018년 1월 고독부를 신설했습니다. 일본도 2021년 2월에 고독부처를 신설했습니다. 일본 인구 1억 2,700만 가운데 1,840만 명이 혼자 살고, 2040년이 되면 40%가 혼자 살게 된다고 합니다. 독일도 전체 인구의 41%가 1인 가구이고, 30%가 빈곤으로 고통받고, 1,400만 명이 고독으로 고통받고 있다고 합니다. 한국은 어떻습니까? 노인 인구 14%, 1인 가구 600만에다 외롭고 고독하고 힘겨워하는 사람들이 증가하고 있습니다.

전 세계 모든 사람들은 피난처가 필요합니다. 피난처는 '마하쎄'라는 단어입니다. 비바람을 피하는 곳, 위험을 피할 수 있는 곳이라는 뜻입니다. 거기가 어디입니까? 다윗은 시편 32편 7절에서 "주는 나의 은신처이오니 환난에서 나를 보호하시고 구원의 노래로 나를 두르시리이다"라고 했고, 시편 61편 3절에서는 "주는 나의 피난처시요 원수를 피하는 견고한 망대이심이니이다"라고 했습니다.

다윗은 왕이 된 이후에도 자신을 과대평가하거나 포장하지 않았습니다. 시편 145편 1절에서 "왕이신 나의 하나님이여 내가 주를 높이고 영원히 주의 이름을 송축하리이다"라고 했고, 145편 2절에서는 "내가 날마다 주를 송축하며 영원히 주의 이름을 송축하리이다"라고 했습니다. 하나님을 '왕'이라고 고백하고 '주'라고 불렀습니다. 겉치레로 마지못해 "하나님이 왕이십니다. 송축합니다"가 아닙니다. "날마다 왕이신 하나님을 송축합니다"입니다. 하나님은 왕이시고 자신은 종이라는 것입니다. 이 신앙이 하나님을 피난처라고 고백하게 했습니다.

영국 역사학자 카알 라일은 "약자는 길을 가다가 돌이 나타나면 걸림돌이라고 하고, 강자는 디딤돌이라고 한다"라고 했습니다. 믿음의 사람은 가시밭길을 만나면 "주님이 동행하신다"라고 하고, 고통과 실패와 위험이 공격하면 "하나님이 피난처다"라고 하고, 힘들고 어려운 일을 만나면 "하나님이 나의 힘이시다"라고 고백합니다. 그러나 믿음이 없으면 절망하고, 포기하고, 주저앉아버립니다. 걸림돌이냐, 디딤돌이냐 하는 것은 믿음이 결정합니다.

다윗은 계속해서 수를 셀 수 없도록 자신의 신앙을 고백합니다. "주는 나의 힘, 요새, 방패, 바위, 피난처, 구원이시라." 산이 겁나는 사람은 등산을 못 합니다. 바다가 겁나는 사람은 선장이 못 됩니다. 실패가 무서운 사람은 진보가 없습니다. 역사의 주인공이 될 수 없습니다. 자신을 믿는 사람, 자신의 힘을 의지하는 사람은 하나님이 함께 하지 않으시고 도와주시지 않습니다. 그러나 하나님을 산성, 요새, 바위, 피난처, 구원이라고 믿고 고백하는 사람은 겁날 것이 없습니다.

도피성과 피난처의 차이가 있습니다. 도피성은 여섯 군데로 정해져 있었고, 직접 찾아가야 했습니다. 그러나 피난처는 찾아 나설 필요가 없습니다. 하나님이 피난처이시기 때문입니다. 도피성은 지리적 개념이고 피난처는 영적 의미입니다. 도피성은 죄를 지은 사람이 찾아가는 곳이지만, 피난처는 피난처이신 하나님이 직접 죄인을 찾아오신 것입니다. 그것을 신학에서는 하나님이 사람이 되신 사건 즉 성육신(incarnation) 사건이라고 합니다. 피난처는 따로 있지 않습니다. 피난처이신 예수님이 직접 우리를 찾아 오셨고, 우리와 함께하십니다. 이 세상에 피난처, 피할 곳, 안전한 곳은 없습니다. 권력도, 돈도, 명성도, 지식도, 과학도 피난처가 아닙니다.

사람도 피난처가 아닙니다. 한양대학교 유영만 교수가 쓴《이런 사람 만나지 마세요》라는 책이 있습니다. 250쪽 정도인 작은 책인데 3부로 되어 있습니다. 1부는 '이런 사람 만나지 마세요', 2부는 '이런 사람 피하세요', 3부는 '뭔가 다른 이런 사람이 되세요'로 구성되어 있습니다. 책 내용은 학술논문도 아니고 연구논문도 아닌 평범한 글들입니다. 몇 가지 항목을 들어보겠습니다. '이런 사람 만나지 마세요'는 귀 막힌 사람, 과거로 향하는 꼰대, 단점만 지적하느라 장점 볼 시간이 없는 사람, 대접 받고 은혜를 저버리는 사람, 약속을 지키지 않는 사람, 변칙으로 공동체 질서를 파괴하는 사람입니다.

'이런 사람 피하세요'는 되는 방법보다 안 되는 이유를 찾는 사람, 반성보다 문책을 즐기는 사람, 경험보다 욕망을 자극하는 물건을 사는 사람 등등입니다.

만나면 안 될 사람, 피해야 할 사람의 조건 항목이 30여 가지가 넘습니다. 여기에 걸리지 않는 사람이 누굴까 생각해 보았습니다. 그리고 '나는 몇 가지나 걸릴까?'라며 살펴보니 수십 가지였습니다. 그러면서 '만나고 싶은 사람, 피하고 싶지 않은 사람이 되어야겠다'는 다짐을 했고, 실천하고 있습니다.

척추동물 가운데 스컹크라는 동물이 있습니다. 원산지는 북아메리카와 남아메리카이고 크기는 12~49cm정도입니다. 스컹크는 항문에서 독한 냄새가 나는 액체를 분비해 다른 동물이나 사람이 접근을 못 합니다. 하지만 장미꽃이나 백합꽃은 모든 사람이 그 향기를 좋아합니다. 스컹크 같은 사람, 만나지 말아야 할 사람, 피해야 할 사람이 될 것인가, 아니면 향기를 날리는 사람, 그래서 만나고 싶은 사람이 될 것인가, 깊이 생각해야 합니다.

사람은 변할 수 있는 가능성을 가진 존재입니다. 좋은 쪽으로 변할 수도 있고 나쁜 쪽으로 변할 수도 있습니다. 예수 믿고 거듭나면 좋은 쪽으로 변할 수 있고, 교회만 들락거리면 나쁜 쪽으로 변할 수 있습니다. 좋은 쪽으로 변하고 좋은 사람이 되어야 합니다. 그러나 사람은 믿음의 대상도 피난처도 아닙니다. 시편 11편 1절에서 다윗은 "내가 여호와께 피하였거늘 너희가 내 영혼에게 새같이 네 산으로 도망하라 함은 어찌함인가"라고 했습니다. 그렇습니다.

나 자신도, 내가 의지하는 것들도, 내가 가진 것들도, 사람도, 피난처가 아닙니다. 다윗처럼 하나님이 피난처, 피할 바위, 요새, 산성, 구원이시라고 믿고 고백해야 합니다.

세상 나라는 금방 쓰러질 건물과 같습니다. 예를 들어보겠습니다. 세계는 핵우산을 쓰고 있습니다. 미국 핵무기 6,450개, 러시아 6,600개, 영국 215개, 프랑스 300개, 중국 290개, 이스라엘 80개, 인도 130개, 파키스탄 140개, 북한 20개(매년 20개 생산가능, 스탠퍼드대 발표)로

합하면 14,225개가 됩니다. 전 세계를 불바다로 수십 번 초토화시키고도 남는 핵무기입니다. 코로나도 전 세계를 휩쓸고 있습니다. 전 세계적으로 사망자 수가 450만을 넘었다고 합니다. 경제적 손실은 계산이 어렵다고 합니다. 전 세계 우울증 환자가 3억 5천만인데 그 숫자가 점점 더 불어나고 있다고 합니다.

이런 상황을 어떻게 대처해야 합니까?

첫째는 겁내거나 두려워하지 말아야 합니다. '큰일났다. 어떻게 해야 돼? 끝장났다'라며 겁내고 두려워하고 염려할 수 있습니다. 절망하고 낙심할 수 있습니다. 그러나 걱정한다고 문제가 해결됩니까? 밤새워 조심하면 근심이 사라집니까? 걱정도 반복하면 습관이 됩니다. 걱정은 걱정을 낳고, 근심은 근심을 낳고, 불안은 불안을 낳습니다. 할수록 커지고 덩치가 커집니다. 그러다 절망의 나락으로 떨어집니다.

둘째는 하나님께 맡기는 것입니다. 성경구절 가운데서 그 증거를 찾아보겠습니다. 시편 27편 1절에서 다윗은 "여호와는 나의 빛이요 나의 구원이시니 내가 누구를 두려워하리요 여호와는 내 생명의 능력이시니 내가 누구를 무서워하리요"라고 했고 이사야 41장 10절에서는 "두려워하지 말라 내가 너와 함께함이라 놀라지 말라 나는 네 하나님이 됨이라 내가 너를 굳세게 하리라 참으로 너를 도와주리라 참으로 나의 의로운 오른손으로 너를 붙들리라"고 했습니다.

요한복음 14장 1절에서 "너희는 마음에 근심하지 말라 하나님을 믿으니 또 나를 믿으라"고 주님이 직접 말씀하셨습니다. 베드로전서 5장 7절은 "너희 염려를 다 주께 맡기라 이는 그가 너희를 돌보심이라"고 했습니다. 이런 구절들은 수도 없이 많습니다. 겁내지 마라, 걱정하지 마라, 염려하지 마라, 불안해하지 마라, 나는 너의 하나님이다, 내가 있다, 내가 해결한다, 내가 너와 함께한다, 믿으라, 맡기라는 뜻입니다.

하나님은 나의 힘, 방패, 산성, 요새, 피난처, 구원! 살아 계신 전능자, 내 아버지이십니다. 영원한 피난처! 안전한 피난처! 살아 계신 피난처! 날마다 피난처! 나의 주, 나의 하나님! 아멘!

사람 만나러 오신 하나님

🍁 **요한복음 1:9-14**

참 빛 곧 세상에 와서 각 사람에게 비추는 빛이 있었나니 그가 세상에 계셨으며 세상은 그로 말미암아 지은 바 되었으되 세상이 그를 알지 못하였고 자기 땅에 오매 자기 백성이 영접하지 아니하였으나 영접하는 자 곧 그 이름을 믿는 자들에게는 하나님의 자녀가 되는 권세를 주셨으니 이는 혈통으로나 육정으로나 사람의 뜻으로 나지 아니하고 오직 하나님께로부터 난 자들이니라 말씀이 육신이 되어 우리 가운데 거하시매 우리가 그의 영광을 보니 아버지의 독생자의 영광이요 은혜와 진리가 충만하더라

구약시대는 사람이 하나님을 직접 대면하는 일이 불가능했습니다. 하나님은 창조주이시고 인간은 피조물이고, 하나님은 영이시고 인간은 육체이기 때문입니다. 또한 하나님은 거룩하시고 인간은 타락한 죄인이고, 하나님은 절대자이시고 인간은 상대적 존재이며, 영원한 존재이시고 인간은 유한한 존재이기 때문입니다. 그래서 하나님을 만날 수 없었습니다.

출애굽기 33장 20절을 보면 "또 이르시되 네가 내 얼굴을 보지 못하리니 나를 보고 살 자가 없음이니라"고 했고, 이사야 6장 5절에서는 "화로다 나여 망하게 되었도다 나는 입술이 부정한 사람이요 나는 입술이 부정한 백성 중에 거주하면서 만군의 여호와이신 왕을 뵈

었음이로다"라고 했습니다. 하나님의 본체, 전체 영광은 볼 수도 없고 보면 죽는다는 것이 구약의 개념이었습니다.

그러나 특수한 상황에서 하나님의 영광을 보거나 대면한 사람들이 있었습니다. 예를 들겠습니다. 창세기 18장은 세 사람이 아브라함 집을 방문한 기사입니다. 주석학자들 대부분은 한 사람은 하나님이시고, 두 사람은 호위 천사였다고 해석합니다. 문제는 어떻게 하나님이 사람이 되어 아브라함을 방문했는가 하는 것입니다. 아브라함이 환상을 본 것이다, 아브라함의 상상이었다, 세 사람 다 천사였다 등 설이 분분합니다.

그러나 창세기 18장은 그 장면을 생생하게 설명해 줍니다. 1절은 "여호와께서 마므레의 상수리나무들이 있는 곳에서 아브라함에게 나타나시니라"고 했습니다. 성경 어느 곳에도 천사를 여호와라고 한 곳은 없습니다. 여호와의 사자라는 표현은 있습니다. 하나님이 찾아오신 것입니다. 8절은 "아브라함이 엉긴 젖과 우유와 하인이 요리한 송아지를 가져다가 그들 앞에 차려놓고 나무 아래 모셔 서매 그들이 먹으니라"고 했습니다.

문제는 영이신 하나님이 어떻게 먹을 수 있느냐는 것입니다. 누가복음 24장 42-43절을 보면 부활하신 예수님이 잡수신 이야기가 기록되어 있습니다. "이에 구운 생선 한 토막을 드리니 받으사 그 앞에서 잡수시더라"고 기록되어 있습니다. 부활하신 몸은 신령한 몸입니다. 그런데 잡수셨습니다. 먹는 흉내만 냈다는 사람도 있지만 케일이나 랑게 같은 주경학자들은 실제로 잡수셨다고 해석합니다. 아브라함이 준비한 버터와 우유, 돌판에 구운 송아지 고기를 잡수신 것입니다.

왜 아브라함을 만나러 가셨을까요? 두 가지 이유가 있습니다.

첫째, 하나님과의 관계 때문입니다.

이사야 41장 8절을 보면 "그러나 나의 종 너 이스라엘아 내가 택한 야곱아 나의 벗 아브라함의 자손"이라고 했습니다. 역대하 20장 7절을 보면 "주께서 사랑하시는 아브라함"이라고 했고, 야고보서 2장 23절에서는 아브라함이 하나님의 벗이라 칭함을 받았다고 했습니다.

벗이란 믿고 사랑하는 사람입니다. 왜 아브라함이 벗이 될 수 있었을까요? 절대 믿음, 절대 순종, 절대 헌신 때문입니다. 하라면 하고, 떠나라면 떠나고, 바치라면 외아들도 바쳤습니다. 그래서 하나님의 친구가 됐고, 하나님은 친구인 아브라함을 찾아오신 것입니다.

둘째, 하나님이 인간의 몸을 입고 이 세상에 오실 성육신 사건을 미리 보여주시기 위해서입니다.

하나님이 사람의 모습으로 사람을 만나 주신 사건은 흔치 않았습니다. 창세기 18장 사건은 장차 예수 그리스도가 인간의 몸을 입고 이 세상에 오실 사건을 예표로 보여주신 것입니다. 하나님이 사람의 몸을 입으시고 사람을 만나러 오신 사건을 성탄절이라고 합니다. 창세기 18장은 아브라함을 찾아오신 하나님을 설명하고, 요한복음 1장은 사람을 만나러 오신 예수님을 설명합니다.

본문 말씀인 요한복음 1장을 살펴보겠습니다. 예수 그리스도가 누구신가, 왜 오셨는가, 반응은 어떠했는가를 설명해 줍니다.

첫째로 예수님은 어떤 분이십니까?

요한복음 1장은 이렇게 설명합니다. 태초에 말씀으로 하나님과 함께 계셨다(1-2절), 천지를 함께 창조하셨다(3절), 생명이시고 빛이시다(4절), 육신이 되어 우리 가운데 거하셨다(14절), 은혜와 진리가 충만하시다(14절) 등 다양하게 설명합니다.

중요한 요점은 본래 하나님이셨는데 인간의 몸을 입고 이 땅에 오셨다는 것입니다. 결코 쉬운 일이 아니었습니다. 우리는 그 일을 기리기 위해 성탄절을 지키는 것입니다.

둘째로 왜 사람으로 오셨습니까?

구약의 경우 인간이 하나님을 직접 만나는 것은 금기사항이었습니다. 이미 언급한 대로 특별한 예외가 있긴 했습니다. 아브라함과 모세를 예로 들 수 있습니다. 아브라함은 앞에서 언급했고, 모세의 경우는 십계명을 받기 위해 시내산에 올라갔을 때입니다. 그때 상황을 출애굽기 33장 11절을 통해 설명합니다.

"사람이 자기의 친구와 이야기함같이 여호와께서는 모세와 대면하여 말씀하시며."

일반적으로는 천사를 통해 메시지를 전달하거나 예언자들을 통해 말씀을 전달하셨습니다. 그러나 모세는 직접 대면하시고 십계명을 써 주셨습니다. 예수님은 사람이 되시고 직접 오셔서 함께하시고 말씀하시고 고쳐 주시고 구원해 주셨습니다. 왜 사람이 되어 오셔야 했습니까? 왜 힘든 세상에 오셔야 했습니까?

덴마크 출신 실존철학자 키에르케고르는 예수님이 사람으로 오신 이유를 이렇게 설명했습니다.

어느 나라 왕자가 시골 마을을 방문했다가 마음에 꼭 드는 처녀를 만났습니다. 그녀와 결혼하기로 마음을 정했습니다. 몇 가지 방법이 있었습니다.

첫째, 왕자의 권리를 동원해 그녀를 왕궁으로 데려오는 것. 둘째, 금은보화로 물량 공세를 펴 그녀가 왕궁으로 들어오게 하는 것.

그러나 왕자는 두 방법을 동원하지 않고 다른 방법을 선택했습니다. 그녀가 사는 마을에 평민으로 들어갔습니다. 그리고 그녀 눈에 드는 생활에 최선을 다했습니다. 동네 사람끼리니까 자주 만나고 이야기꽃을 피우고 사랑을 나누다가 결국 그녀와 결혼하게 됩니다.

하나님이 왜 사람이 되셔서 이 땅에 오셨는가를 설명한 예입니다. 바울은 빌립보서 2장 6-8절에서 "그는 근본 하나님의 본체시나 하나님과 동등됨을 취할 것으로 여기지 아니하시고 오히려 자기를 비워 종의 형체를 가지사 사람들과 같이 되셨고 사람의 모양으로 나타나사 자기를 낮추시고 죽기까지 복종하셨으니 곧 십자가에 죽으심이라"고 했습니다. 종의 모습으로 오셨고 사람의 모양으로 오셨다는 것입니다.

요한복음 3장 16절은 "하나님이 세상을 이처럼 사랑하사 독생자를 주셨으니"라고 했습니다. '주셨으니'는 헬라어로 '디도미'인데 그 뜻은 '보내다, 넘겨주다, 값을 지불하다'입니다. 죽으라고 보내셨고 재판에 넘기셨고 십자가에 죽으심으로 죗값을 지불하셨습니다. 사람이 되시고 종이 되시고 십자가에 죽으시고……그 일 때문에 오셨습니다.

셋째로 반응은 어떠했습니까?

1장 5절입니다. "빛이 어둠에 비취되 어둠이 깨닫지 못하더라"고 했고, 1장 11절은 "자기 땅에 오매 자기 백성이 영접하지 아니하였으나"라고 했습니다. 3장 19절에서는 "그 정죄는 이것이니 곧 빛이 세상에 왔으되 사람들이 자기 행위가 악하므로 빛보다 어둠을 더 사랑한 것이니라"고 했습니다.

예수님을 환영하지도, 영접하지도, 사랑하지도 않았습니다. 오히려 십자가에 못 박아 죽였습니다. 예수님은 천지를 창조하신 주인이십니다. 그 주인이 자기 땅에 사람의 형체를 입고 오셨는데, 백성들이 주인을 박해하고 죽인 것입니다.

누가복음 20장 9-17절을 보면 포도원 농부들이 주인의 아들을 죽인 이야기가 나옵니다. 포도원 주인이 다른 나라에 가면서 농부들에게 농사를 맡겼습니다. 얼마 후 종들을 보내 이익금을 가져오라고 했습니다. 세 차례 반복해서 종들을 보냈지만, 농부들은 그때마다 때리고 능욕하고 쫓아버렸습니다. 주인은 아들을 보냈습니다. '설마 아들은 때리지 않겠지라'는 기대를 했기 때문입니다. 그러나 농부들은 상속자니까 죽이고 포도원을 빼앗자며 그 아들을 죽였습니다.

누가복음 20장 15절을 보면 "주인이 이 사람들을 어떻게 하겠느냐"라고 했고, 16절은 "그 농부들을 진멸하고 포도원을 다른 사람들에게 주리라"고 했습니다. 이 이야기가 주는 교훈이 무엇입니까? 여기서 포도원은 이스라엘 나라이고, 농부들은 이스라엘 사람들이고, 포도원 주인은 하나님이시고, 종들은 예언자, 선지자들이고, 아들은 예수님을 의미합니다. 이스라엘 사람들은 하나님이 보내신 예언자들을 능욕하고 죽였습니다. 이스라엘은 예수 그리스도를 죽인 죗값을 2000년 동안 당하고 있고, 구원의 등불은 다른 민족에게 넘어갔습니다.

왜 오셨습니까? 그 답은 주님 자신의 말씀에서 찾아야 합니다. 마태복음 20장 28절입니다.

> "인자가 온 것은 섬김을 받으려 함이 아니라 도리어 섬기려 하고 자기 목숨을 많은 사람의 대속물로 주려 함이니라." 마가복음 10장 45절도 같은 말씀입니다.

누가복음 19장 10절에서는 "인자가 온 것은 잃어버린 자를 찾아 구원하려 함이니라"고 했습니다. '잃어버린 자'는 참된 삶의 의미를 잃어버린 자, 바른 가치를 잃어버린 자, 생명을 잃어버린 자, 하나님을 잃어버린 자를 말합니다. '찾아'를 통해 알 수 있는 것은 인간이 하나님을 찾아 나선 것이 아닙니다. 하나님이 사람을 찾아오신 것입니다.

창세기 3장을 보면 범죄하고 타락한 아담과 그의 아내가 "하나님의 낯을 피하여 동산 나무 사이에 숨은지라"(3:8)고 했고, "두려워하여 숨었나이다"(3:10)라고 했습니다. 그러나 하나님은 "네가 어디 있느냐" 하며 찾으셨습니다. 사람은 숨고, 하나님은 찾으셨습니다.

섬기러 왔다, 잃어버린 자를 찾으러 왔다, 십자가에 죽고 죄인을 구원하러 왔다! 사람을 만나러 오셨습니다. 사람을 찾아오셨습니다. 사람을 구원하러 오셨습니다.

넷째로 우리는 어떻게 해야 합니까?

누구를 만나러 오셨습니까? 누구 때문에 오셨습니까? 누구를 구원하러 오셨습니까? 나를 위해 오셨고, 나를 섬기러 오셨고, 나를 찾으러 오셨고, 나를 구원하러 오셨습니다.

첫째, 믿어야 합니다.

과학과 신앙의 차이점이 있습니다. 과학은 알고 나서 믿는 것, 신앙은 믿고 나서 아는 것입니다. 초대 교부 어거스틴은 "믿고 나서 안다"라고 했습니다. 신앙은 지식의 세계도 아니고 탐구의 세계도 아닙니다. 믿음으로 아는 세계, 믿음으로 걸어가는 세계입니다. 그래서 "나는 안다"가 아니고, "나는 믿는다"라는 고백이 필요합니다.

주님이 베드로에게 물었습니다. "너는 나를 누구라고 하느냐?" 내가 누구냐, 누구라고 믿느냐는 질문이었습니다. 베드로는 "주는 그리스도시요 살아 계신 하나님의 아들이시니이다"(마 16:16)라고 고백했습니다. 도마는 "나의 주님이시요 나의 하나님이시니이다"(요 20:28).

이 믿음과 고백이 필요합니다. 신앙고백은 '너', '우리'여서는 안 됩니다. '나'라야 합니다. '나의 주, 나의 하나님, 나의 구주, 나의 생명, 나의 구원'이라야 합니다. 그래서 다윗은 시를 통해 고백할 때마다 '나의 힘, 나의 반석, 나의 구원, 나의 생명'이라고 고백했습니다.

"나의 주, 나의 하나님!"

둘째, 가르침을 따라야 합니다.

주님의 가르침을 한마디로 요약하는 것은 어렵습니다. 솔직히 그 어느 누구도 예수님의 가르침대로 사는 것은 불가능합니다. 바울 같은 신앙의 거목도 내가 내 몸을 쳐 복종시킨다(고전 9:27)고 했고, "날마다 죽노라"(고전 15:31)고 했습니다. 내 맘대로 안 된다, 그래서 날마다 나 자신과 치열하게 죽도록 싸운다는 것입니다.

운동선수가 날마다 중단하지 않고 계속 체력을 단련하는 것처럼 신앙생활도 쉬거나 중단하면 안 됩니다. 신앙생활에 핑계가 많으면 안 됩니다. 이래서 안 되고 저래서 못하고 누구 때문에 어렵고 무엇 때문에 힘들고……. 핑계를 대려면 수십 가지가 넘을 것입니다.

그러나 예수님 때문에 살아야 하고 예수님 때문에 열심을 내야 하고 섬겨야 합니다. 성경이 강조하는 교훈을 8자로 요약할 수 있습니다. "바로 믿고 바로 살고"입니다. 새로 단장한 교회 안팎을 볼 때마다 기분이 좋습니다. 그리고 '멋진 리모델링이다' 하는 생각이 떠나지 않습니다. 그러면서 내 신앙생활과 교회생활은 리모델링할 부분이 있을까, 없을까를 생각하게 됩니다. 교회 건물 리모델링으로 만족해야 할까요?

"난 고칠 게 없어, 내 집은 새집이야"라는 사람은 계속 관리만 잘 하십시오. 새집도 관리를 안 하면 헌 집이 되니까요. 그러나 '아, 이건 고쳐야겠다'라는 부분이 떠오르는 사람은 그 부분을 고치면 됩니다. 고쳐야 될 것, 바꿔야 할 것, 리모델링해야 할 것은 나만 압니다. 그리고 주님만 아십니다. 단 한 가지라도 떠오르는 것이 있으면 미루지 말고 리모델링해야 합니다. "바로 믿고 바로 살고, 말씀대로!"

셋째, 최선을 다해야 합니다.

하나님은 우리에게 일과 일터를 주셨습니다. 가정도 일터고, 가게도 일터고, 직장도 일터고, 사업장도 일터입니다. 그리고 교회도 하나님이 주신 일터입니다. 하나님의 일터를 소홀히하지 맙시다. 교회를 위해 내가 할 수 있는 일은 무엇일까, 교회에서 나를 필요로 하는 일은 무엇일까, 크든 작든 그 일에 최선을 다합시다.

〈나는 자연인이다〉 TV프로에 장세순 씨가 나왔습니다. 미국 워싱턴 주립대학에서 축산학과 동물 심리학을 전공했고 미8군 부사령관까지 역임한 사람입니다. 태권도 8단, 유도 6단, 검도 2단, 합기도 6단, 권투 3년의 만능 스포츠맨이기도 한 그가 산속에서 온갖 동물들을 키우며 살고 있었습니다. 찾아간 MC와 주고받은 대화 중에 "죽을 때를 기다리지 말고 죽을 때까지 일해야 한다", "'저 해가 오늘도 나를 위해 뜨는구나'라며 하루를 시작한다", "내가 할 수 있는 데까지 숨 쉬는 날까지 일한다", "일은 죽어야 끝난다" 등 의미 깊은 명언들을 했습니다. 할 수 있는 일에, 맡은 일에 최선을 다합시다.

헬라어로 충성과 믿음을 '피스티스'라고 합니다. 어원이 같습니다. 믿음과 충성은 형제간입니다. 믿음이 있으면 충성하게 되고, 충성하는 사람은 믿음이 있는 사람입니다. 결과에 대한 평가는 내 소관이 아닙니다. 하나님의 소관입니다.

내가 할 일은 맡은 일에 최선을 다하는 것입니다. 큰일이냐, 작은 일이냐 하는 것은 문제가 되지 않습니다. 최선을 다하느냐, 하지 않느냐가 중요합니다. 주님은 왜 오셨는가, 오셔서 무엇을 하셨는가, 우리에게 무엇을 명령하시는가, 나는 어떻게 해야 하는가를 깊이 생각합시다.

거울 앞에 서서 나를 들여다보듯이, 말씀 앞에 서서 나를 들여다봅시다. 그리고 무엇을 고쳐야 하는가, 무엇을 바로 잡아야 하는가, 무엇을 보완해야 하는가를 통찰합시다. 나를 리모델링합시다. "나를 만나러 오신 주님, 환영합니다. 잘하겠습니다!" 아멘!

제4부

주님과
함께

빛나는 얼굴

🍁 **출애굽기 34:29-35**

모세가 그 증거의 두 판을 모세의 손에 들고 시내 산에서 내려오니 그 산에서 내려올 때에 모세는 자기가 여호와와 말하였음으로 말미암아 얼굴 피부에 광채가 나 깨닫지 못하였더라 아론과 온 이스라엘 자손이 모세를 볼 때에 모세의 얼굴 피부에 광채가 남을 보고 그에게 가까이하기를 두려워하더니 모세가 그들을 부르매 아론과 회중의 모든 어른이 모세에게로 오고 모세가 그들과 말하니 그 후에야 온 이스라엘 자손이 가까이 오는지라 모세가 여호와께서 시내 산에서 자기에게 이르신 말씀을 다 그들에게 명령하고 모세가 그들에게 말하기를 마치고 수건으로 자기 얼굴을 가렸더라 그러나 모세가 여호와 앞에 들어가서 함께 말할 때에는 나오기까지 수건을 벗고 있다가 나와서는 그 명령하신 일을 이스라엘 자손에게 전하며 이스라엘 자손이 모세의 얼굴의 광채를 보므로 모세가 여호와께 말하러 들어가기까지 다시 수건으로 자기 얼굴을 가렸더라

척추동물은 얼굴이 있습니다. 사람도 얼굴이 있습니다. 얼굴은 이마, 눈, 코, 귀, 입, 턱으로 구성되어 있고 모양은 다 다릅니다. 그리고 얼굴은 나이 따라, 환경 따라, 감정 따라 변합니다. 1월은 열두 달 중 첫 번째 달입니다. 중국 사람들은 正月(정월), 元月(원월), 初月(초월)이라고 하고, 영어로는 January(재뉴어리)라고 합니다. 로마 사람들이 만든 신화에 야누스라는 신이 있습니다. 야누스는 두 얼굴을 가진 신

이랍니다. 한 얼굴은 과거를 바라보고, 다른 얼굴은 미래를 바라보는데 그 이름을 따서 1월을 January라고 했다고 합니다. 1월은 지나간 해를 바라보고 새로운 해를 바라보는 달이어서 January라고 했다는 것입니다.

1886년 영국 소설가 스티븐슨이 쓴 소설 《지킬 박사와 하이드》라는 작품이 있습니다. 낮에는 존경받는 지킬 박사, 밤에는 추악한 하이드로 변신하는 두 얼굴의 사나이가 주인공입니다. 스티븐슨은 이 소설을 통해 인간의 이중성, 즉 양면성을 드러내고 있습니다. 지킬 박사와 하이드 소설책의 표지그림을 보면 섬뜩합니다. 내 얼굴은 어떤 얼굴일까요? 어떤 얼굴이 진짜 내 얼굴일까요?

〈너는 세 얼굴〉이라는 글을 읽었습니다. 첫째, 세상이 알고 있는 너, 둘째, 친구나 가족이 알고 있는 너, 셋째, 누구에게도 보여주지 않은 너.

사람 얼굴은 단 하나가 아니라는 것입니다. 《천의 얼굴을 가진 사나이, 조니 뎁》이라는 책이 있습니다. 사람 얼굴은 하나가 아니고 변하고 달라질 수 있다는 것입니다. 내 얼굴은 몇 개나 될까요?

내가 내 얼굴을 보는 방법이 있습니다. 보이는 얼굴은 거울을 보면 됩니다. 그리고 보이지 않는 얼굴은 성경이라는 거울을 통해 보면 환하게 보입니다.

지방 모 대학에 얼굴경영학과가 있습니다. 얼굴을 통해 유전자를 읽고 기질과 속성을 알고 사회적 관계를 예측한다고 합니다. 얼굴을 경영하면 얼굴이 보인다고 말합니다. 하지만 드러나지 않은 얼굴, 환경과 감정에 따라 수백 번도 더 변하는 얼굴을 어떻게 겉으로 보고 예측할 수가 있겠습니까? 나를 알고 내 얼굴을 아는 가장 정확한 거울, 거짓말하지 않는 거울은 성경입니다.

성경을 보면 내 얼굴이 보이고 내가 보이고 세상이 보입니다. 성경으로 돌아가 얼굴 얘기를 살펴보겠습니다.

출애굽기는 애굽에서 종살이하던 이스라엘 백성이 출애굽한 과정을 쓴 책입니다. 그와 동시에 출애굽기는 1-40장까지 모세 이야기로 시작해 모세 이야기로 끝나고 있습니다. 그의 출생과 성장, 미디안 광야, 바로 왕과의 대결, 출애굽 등 모세의 생애가 기록되어 있습니다. 말씀을 통해 출애굽기에 드러난 모세의 두 얼굴을 살펴보겠습니다.

출애굽기 19장부터는 모세가 시내산에 올라가 하나님이 주시는 십계명과 여러 가지 법을 받은 기사로 구성되어 있습니다. 40일간 시내산에 머물며 십계명과 생활법, 제사법, 성막법, 성소법들을 받고 내려왔습니다. 문제는 모세를 기다리고 있던 사람들입니다. 30일이 지나자 백성들이 술렁거리기 시작했습니다. 모세가 산에서 내려오는 것이 "더딤을 보고"(32:1)에서 '더디다'의 뜻은 '연기되다, 지연되다'라는 것입니다. 그러나 '창백하다, 실망하다, 당황하다'는 뜻도 있습니다. 그들은 우리를 인도할 신이 없다고 했습니다.

그들의 잘못이 있는데, 그것을 살펴보겠습니다.

첫째, 조급증입니다.

참고 기다리지 못했습니다. 겨우 30일인데 참지 못하고 기다리지 못하고 보채고 서둘렀습니다. 출애굽기 24장 14절을 보면 "돌아오기까지 기다리라"고 했습니다. 그런데 그들은 30일이 지나자 보채고 서둘렀습니다. 기다리지 못했습니다. 화초는 6개월이면 꽃이 피지만 거목은 3~4백 년을 키워야 합니다.

둘째, 황금 송아지를 만들었습니다.

우리를 인도하던 모세는 사라졌다, 우리를 인도할 다른 신을 만들자며 황금을 모아 송아지를 만들었습니다. 그들은 애굽에 있을 때 손으로 만든 신들을 보고 섬기기도 했습니다. 그러나 이스라엘을 인도하시는 하나님은 "스스로 계시는 신"이십니다. 만드는 신이 아닙니다. 그런데 그들은 금송아지를 만들었습니다. 나무 송아지 위에 금을 입혔다고 보는 학자도 있고, 전체를 다 금으로 만들었다는 학자도 있습니다. 송아지는 생후 12개월 이내이고 몸무게는 150kg 정도입니다. 애굽 사람들은 송아지를 신으로 숭배했습니다. 그들이 만든 금송아지 150kg이면 현 시가로 1천5백 억이 넘는 돈입니다.

이스라엘 백성들은 애굽에서 나올 때 많은 금을 챙겼습니다. 그 금은 가나안 땅에 들어가서 써야 하고 먼 훗날 성전을 지을 때 써야 할 금이었습니다. 그런데 그 금으로 송아지를 만들고 이것이 우리를 인도할 신이라며 숭배했습니다. 배금주의, 물신숭배, 물질숭배의 죄를 범한 것입니다.

젊은이 세 사람에게 하나님을 선택할 것인가, 현찰 3백 억을 선택할 것인가를 물었다고 합니다. 한 사람은 하나님을 선택한다고 답했고, 두 사람은 3백 억을 선택한 다음 하나님을 선택한다고 답했다고 합니다. 그 이유는 하나님은 도망치지 않지만, 돈은 금방 사라질 것이기 때문이었다고 합니다.

열왕기상 12장을 보면 북왕국 이스라엘 초대 왕 여로보암이 금송아지를 만든 기사가 있습니다. 이스라엘이 남북으로 분열되면서 여로보암이 북왕국을 세우고 수도를 사마리아로 정했습니다. 유월절, 맥추절, 초막절 3대 절기를 지키려면 백성들이 예루살렘으로 가야 했습니다. 그렇게 되면 여로보암의 통치영역을 벗어나 남왕국으로 가게 됩니다. 그것을 막기 위해 단과 벧엘 두 군데에 황금 송아지를 만들어 세우고 '이것이 우리 신이다. 예루살렘으로 갈 필요 없다' 하며 이동을 통제하고 우상숭배를 강요했습니다.

하나님은 여로보암의 우상숭배를 어떻게 보셨습니까?
열왕기상 14장이 설명해 줍니다.

"다른 신을 만들며 우상을 부어 만들고 나를 노엽게 하고 나를 네 등 뒤에 버렸도다……여로보암의 집을 말갛게 쓸어 버릴지라"(14:9-10).

그때나 지금이나 다를 바 없습니다. 하나님이 얼마나 우상숭배를 싫어하시는가를 밝혀 주는 사건입니다.

셋째, 모세의 두 얼굴입니다.
40일이 끝나고 십계명 두 돌판을 든 모세가 산에서 내려왔습니다. 아론의 주재로 춤추고 먹고 마시고 떠드는 굿판이 벌어지고 있었습니다. 애굽 사람들이 하던 짓을 그대로 하고 있었습니다. 하나님을 향한 예배는 시끄럽지 않습니다. 하나님께 드리는 제사는 소란스럽지 않습니다. 그런데 그날 송아지 숭배는 떠들고 시끄럽고 현란했습니다. 이 광경을 지켜 본 모세는 분노가 치밀어 올랐습니다. 32장 19-20절을 보겠습니다. 유진 피터슨이 번역한 성경을 보면 이렇게 번역했습니다. "모세가 진 가까이 와서 송아지 형상과 백성이 춤추는 모습을 보고 분노가 치밀어 올랐다. 그는 두 돌판을 산 아래로 내던져 산산조각냈다. 그는 그들이 만든 송아지 형상을 가져다가 불에 녹이고 가루가 되도록 빻아서 물에 뿌리고는 이스라엘 자손에게 마시게 했다"라고 했습니다. 얼마나 분노가 치밀어 올랐으면 십계명 돌판을 내던져 조각내고 금송아지를 가루로 만들어 그것을 물에 타 마시게 했겠습니까?
그때 모세의 얼굴은 어떤 얼굴이었을까요?

빙긋이 웃는 인자한 얼굴이었을까요? 분노로 일그러진 얼굴이었을까요? 두 돌판을 던지는 모세의 얼굴을 살펴보겠습니다. 결코 편한 얼굴이 아닙니다. 이 사건으로 십계명 돌판은 깨어졌고 황금송아지는 가루가 되었고 주동자와 주모자들 3천여 명이 죽었습니다. 비극적 사건이었습니다. 그런데 출애굽기 34장을 보면 모세가 시내산에 올라가 두 돌판에 쓴 십계명을 다시 받게 됩니다. 그리고 40일 만에 이스라엘 백성에게로 내려왔습니다.

첫 번째 경우는 이스라엘 백성의 타락 때문에 돌판이 깨어지고 황금 송아지는 가루가 되고 백성이 죽는 비극이 벌어졌습니다. 34장 29절에서 설명합니다. "모세가 그 증거의 두 판을 모세의 손에 들고 시내산에서 내려오니 그 산에서 내려올 때에 모세는 자기가 여호와와 말하였음으로 말미암아 얼굴 피부에 광채가 나나 깨닫지 못하였더라"고 했고, 34장 30절은 "아론과 온 이스라엘 자손이 모세를 볼 때에 모세의 얼굴 피부에 광채가 남을 보고 그에게 가까이하기를 두려워하더니"라고 했습니다.

모세의 얼굴이 광채로 빛난 것입니다. 모세가 십계명을 받기 위해 시내산에 올라간 두 차례의 사건을 비교해 보겠습니다. 같은 점이 있습니다.

첫째, 목적은 십계명 두 돌판 받기 위해서입니다. 둘째, 장소는 시내산입니다. 셋째, 기간은 40일입니다.

다른 점은 모세의 얼굴입니다. 첫 번째 시내산에서 내려오는 모세 얼굴은 일그러지고 분노로 가득 차 있었습니다. 편한 얼굴이 아닙니다. 그러나 두 번째 돌판을 들고 내려오는 모세 얼굴은 전혀 다른 얼굴입니다. 어떤 얼굴입니까? 광채로 빛나는 얼굴, 경이로운 얼굴, 영적 힘이 솟구치는 얼굴, 전혀 다른 얼굴입니다. 그 이유가 뭐였을까요?

34장 28절을 통해 설명합니다. "모세가 여호와와 함께 사십 일 사십 야를 거기 있으면서 떡도 먹지 아니하였고 물도 마시지 아니하였으며 여호와께서는 언약의 말씀 곧 십계명을 그 판들에 기록하셨더라"고 했습니다. 하나님과 함께하면서 40일 금식하고 기도하고……그 결과였습니다. 두 돌판에 십계명을 쓰시는 데 40일이 걸릴 이유가 없습니다. 지난 일을 반성하고 기다리게 하신 것입니다. 모세가 자신과 싸우고 자신을 극기하는 기간을 주신 것입니다. 예수님도 40일 금식을 하신 후 공적 사역을 시작하셨습니다. 모세의 두 얼굴. 분노로 돌판을 던지는 얼굴과 광채로 빛나는 얼굴, 이 두 그림은 모세의 실물 얼굴이 아닙니다. 그러나 비교하기엔 충분합니다.

모세 얼굴에 광채가 난 것은 우연한 사건이 아닙니다. 두 가지 이유 때문입니다.

첫째, 시내산에서 40일을 기다리며 자신을 통찰했기 때문입니다. 제아무리 분노가 치밀어 오르고 그것이 의분이라 하더라도 하나님이 써 주신 십계명 두 돌판을 내던지고 깨트린 것은 잘한 일이 아닙니다. 예컨대 목사가 설교하다가 분노가 치밀어 오른다고 성경책을 집어 던진다면 잘한 일이라고 할 수 있겠습니까? 모세는 40일 머무는 동안 지난 사건을 생각했을 것입니다. 그리고 자신의 삶과 한 일을 통찰했을 것입니다. 자신을 깊이 있게 돌아보는 기회가 됐을 것입니다. '이젠 안 그래야지, 나를 통제해야지'라고 다짐했을 것입니다. 본래 모세 성격은 다혈질입니다. 다른 사람의 잘못을 그냥 넘기지 못하고 화를 잘 내곤 했습니다. '분노조절장애'라는 정신과 질환이 있습니다. 치밀어 오르는 분노를 다스리지 못하고 소리를 지르거나 물건을 집어 던지거나 폭언을 퍼붓거나 폭력을 행사하거나 자해 행위를 하게 됩니다.

현대인은 거의 다 화가 나 있습니다. 스트레스, 코로나, 경제적 위기, 비대면 사회현상 등이 겹쳐 모두 화가 나 있습니다. 잘못 건드렸다간 무슨 벼락이 어떻게 떨어질지 예측 불가입니다.

이럴 때 모세의 시내산이 필요합니다. 바울에게 아라비아 광야가 필요했던 것처럼 우리에게는 시내산이 필요하고 광야가 필요합니다. 인내를 헬라어로 '휘포모네'라고 합니다. '휘포'(……아래, 어떤 상황에도)와 '모네'(계속해서 기다리다, 참는다)의 합성어입니다.

길이 막혀도, 장벽이 앞을 막아도 참고 기다리고 계속 노력하는 것을 인내라고 합니다. 우리 시대는 인내가 필요합니다. 서두르고, 조급하고, 화내고, 성깔 부리고, 소리 지르고, 집어 던지면 신앙도 망가지고 일도 되지 않습니다. 모세의 시내산 40일! 우리도 시내산으로 올라갑시다.

둘째, 하나님을 대면했기 때문입니다. 시내산에서 40일, 아니 40년을 머물면 뭐합니까? 시내산 등산은 의미가 없습니다. 모세는 두 번째 시내산에 올라 40일 동안 음식도 물도 마시지 않았습니다. 생명을 건 것입니다. 그리고 하나님과 대면했습니다. 기도하고 대화하고 하나님을 뵙는 동안 모세의 얼굴이 변한 것입니다. 모세의 얼굴이 변했다는 것은 모세의 마음이, 즉 영이 변했다는 것입니다. 본래 모세의 얼굴은 광채가 나는 얼굴이 아니었습니다. 낮엔 덥고, 밤엔 추운 곳, 거센 바람이 부는 곳, 뜨거운 햇빛이 작렬하는 곳, 거기가 광야입니다. 시내산은 해발 2,231m입니다. 건조지대, 숲도 집도 없는 곳, 휴게소도 거처도 없는 곳, 일교차가 심한 곳이 시내산입니다. 40주야를 어디에 머물었을까요? 그냥 산등성이에서 겉옷을 입은 채로 머물었을 것입니다. 모세의 얼굴은 햇빛에 그을려 구릿빛이었을 것이고 주름투성이였을 것입니다. 그런데 어떻게 광채가 날 수 있습니까? 이것은 영적 사건입니다. 피부과나 성형외과 사건이 아닙니다.

사도행전 6장 15절을 보면 "공회 중에 앉은 사람들이 다 스데반을 주목하여 보니 그 얼굴이 천사의 얼굴과 같더라"고 했습니다. 스데반은 초대교회 일곱 집사 중 한 사람이었습니다. 그는 성령 충만해서 복음을 전하고 기적을 행했습니다. 그를 미워하는 사람들의 고발로 공회에 소환되어 심문을 받게 됐습니다. 그리고 결국은 돌에 맞아 죽는 순교자가 됐습니다. 그런데 그의 얼굴을 '천사의 얼굴'과 같다고 했습니다.

그것이 가능합니까? 죄 없이 고발당해 심문받고 있는 사람, 파렴치범, 국기문란 죄인으로 취급받고 죽임을 당하게 된 사람, 어떻게 그 얼굴이 천사의 얼굴이 될 수 있습니까? 그 이유는 주님을 바라보았기 때문입니다.

시편 105편 4절에서 시인은 "여호와와 그의 능력을 구할지어다 그의 얼굴을 항상 구할지어다"라고 했습니다. 하나님의 얼굴을 늘 대면하라는 것입니다. 하나님의 얼굴은 퍼니엘(브니엘)입니다. 하나님의 얼굴을 구하라는 것은 하나님을 구하라는 뜻입니다. 에덴동산에서 범죄한 아담과 하와는 "여호와 하나님의 낯을 피하여 동산 나무 사이에 숨었다"라고 했습니다. 하나님을 피할 수 있습니까? 안 됩니다. 못합니다.

다윗은 시편 139편 7절에서 "내가 주의 영을 떠나 어디로 가며 주의 앞에서 어디로 피하리이까"라고 했습니다.

요나 선지자의 경우를 보겠습니다. 요나서 1장 3절을 보면 "요나가 여호와의 얼굴을 피하려고 일어나 다시스로 도망하려 하여 욥바로 내려갔더니 마침 다시스로 가는 배를 만난지라 여호와의 얼굴을 피하여 그들과 함께 다시스로 가려고 배 삯을 주고 배에 올랐더라." 그러나 요나는 도망치지 못했습니다. 피하지 못했습니다.

우리 얼굴 얘기로 바꿔봅시다. 내 얼굴은 어떻습니까? 내 얼굴은 변할 수 있습니까? 성형으로 변할 수 있습니다. 그러나 그 얼굴은 오해 못갑니다. 편한 얼굴, 맑은 얼굴, 인자한 얼굴, 은혜로운 얼굴은 성형으로 안 됩니다. 장 건강이 나빠지면 얼굴 색깔이 변하고 피부 색깔이 변한다고 합니다. 눈빛도, 말투도, 몸짓도 변합니다. 영적 건강이 나빠지면 얼굴이 일그러지고 변합니다.

'얼굴은 인생의 성적표'라는 글을 읽었습니다. 글 중에 "나이든 얼굴에 짜증, 불안, 우울을 담고 있다면 당신은 인생의 낙제점을 모두에게 공개하는 것이다"라는 말이 있었습니다. 영혼의 건강에 따라 얼굴도 변하고 말도 변하고 태도도 변합니다.

신년 초입니다. 예수님이 원장이신 성형외과에서 얼굴을 성형하십시다. 모세처럼 광채 나는 얼굴은 아니더라도 평안한 얼굴, 깨끗한 얼굴, 찡그리지 않은 얼굴, 흉측스럽지 않은 얼굴, 겁나지 않는 얼굴, 부드러운 얼굴로 만드십시다. 그러려면 먼저 내 영혼이 건강해야 합니다. 그러려면 주님을 바라보고 말씀에 순종하고 신앙관리를 잘해야 합니다. "얼굴 달라졌네요, 얼굴 좋아졌네요, 얼굴이 빛나네요"라는 칭찬을 서로 주고받읍시다.

"새해! 새 얼굴! 새 사람!" 아멘.

주님과 함께

> **누가복음 22:31-34**
>
> 시몬아, 시몬아, 보라 사탄이 너희를 밀 까부르듯 하려고 요구하였으나 그러나 내가 너를 위하여 네 믿음이 떨어지지 않기를 기도하였노니 너는 돌이킨 후에 네 형제를 굳게 하라 그가 말하되 주여 내가 주와 함께 옥에도, 죽는 데에도 가기를 각오하였나이다 이르시되 베드로야 내가 네게 말하노니 오늘 닭 울기 전에 네가 세 번 나를 모른다고 부인하리라 하시니라

베드로의 인생과 신앙, 그리고 그가 걸었던 제자의 길을 살피고 우리 자신을 돌아보는 교훈을 찾아보겠습니다.

베드로의 본명은 시몬입니다. 그 당시 유대인들에게 흔한 이름이었습니다. 베드로라는 이름은 예수님이 직접 지어주신 이름이고 아람어로는 게바입니다. 그 뜻은 반석입니다.

그의 부친은 요한이었고 직업은 어부였습니다. 베드로 역시 아버지를 따라 어부 생활을 했습니다. 그러던 어느 날 갈릴리 바다에서 예수님의 부르심을 받고 제자가 되었습니다. 복음서를 기록한 사람들은 열두 제자 이름을 기록할 때 맨 앞에 베드로 이름을 쓰곤 했습니다. 그의 삶은 어부에서 제자로, 사도로, 초대교회 지도자로, 그리고 순교자로 이어졌습니다.

그의 성격은 다혈질이고 직선적이고 급했습니다. 예를 들어 보겠습

니다. 주님이 제자들에게 물었습니다. "너희는 나를 누구라 하느냐?" 다른 제자들이 머뭇거리고 있을 때 "주는 그리스도시요 살아 계신 하나님의 아들이시니이다"(마 16:16)라는 신앙을 고백했습니다. 이 고백은 초대교회의 신앙고백이 되었고 전 세계 기독교 신앙고백의 기둥이 되었습니다.

그는 언제나 다른 제자들보다 빠르게 앞장서서 자신의 생각을 드러내고 선언했습니다. 호언장담에도 늘 앞장섰습니다. 예수님이 잡히시던 날 밤 제자들과 함께 마지막 만찬을 가지신 후 제자들에게 "오늘 밤에 너희가 다 나를 버리리라"고 말씀하셨습니다. 그러자 베드로가 "모두 주를 버릴지라도 나는 결코 버리지 않겠나이다"(마 26:33)라고 했고 "내가 주와 함께 죽을지언정 주를 부인하지 않겠나이다"(마 26:35)라고 했습니다. 그 누구도 하지 못한 선언을 한 것입니다.

마가복음 14장 31절은 "베드로가 힘있게 말하되 내가 주와 함께 죽을지언정 주를 부인하지 않겠나이다"라고 했습니다. '힘있게'는 문법상 부사인데 '굉장히, 끝없이, 매우'라는 뜻입니다. 그리고 '말하되'는 미완료형으로 거듭 반복되었다는 뜻입니다. 그러니까 굉장히 자신만만하게 반복해서 장담한 것입니다.

누가복음 22장 33절을 보면 "주여, 내가 주와 함께 옥에도, 죽는 데에도 가기를 각오하였나이다"라고 했습니다. 이는 '주를 부인하지 않겠습니다. 주를 버리지 않겠습니다. 주와 함께 가겠습니다. 주와 함께 죽겠습니다'라는 의미입니다.

이 고백은 베드로의 본심이었습니다. 베드로는 성격상 감추고 꼼수를 부리고 뒷담화를 하는 사람이 아닙니다. 그러나 다른 제자들과 자신을 비교한 것, 즉 "다 주를 버려도 저는 안 버립니다"라고 장담한 것은 잘못입니다.

'나는', '내가'를 강조하는 것은 영적 교만이고, 신앙적 우월감이고,

자만입니다. '나는 잘 믿는다, 나는 다 옳다, 내가 너보다 더 낫다', 이런 사람은 자신을 보는 눈이 어둡고 마음속엔 교만이 자리 잡고 있는 사람입니다.

베드로의 본심과 장담은 이내 무너졌습니다. 마태, 마가, 누가, 요한복음이 모두 베드로의 예수님 부인사건을 다루고 있습니다. 마태복음 26장 69-75절, 마가복음 14장 66-72절, 누가복음 22장 54-62절, 요한복음 18장 25-27절입니다.

왜 베드로가 자신의 본심을 지키지 못하고 장담을 지키지 못했을까요? 그 이유는 인생이나 신앙은 장담만으로 되지 않기 때문입니다. 누군들 호언장담하지 못합니까? 선거철이 되면 국회의원이나 대통령 후보로 나선 사람들이 거르지도 않고 수십 가지 공약을 합니다. 그러나 그 공약을 그대로 다 지킨 사람은 단 한 명도 없습니다. 인생도, 신앙생활도 내 맘대로 되지 않습니다. 장담만으로 되는 것이 아닙니다.

베드로의 경우 자신의 장담을 지키기엔 환경이 힘들었습니다. 설마 체포되리라곤 생각하지 않았던 예수님이 재판 법정에 서게 되자 불안했습니다. 겁이 났습니다. 그래서 부인한 것입니다.

"모든 사람 앞에서 부인하여 이르되 나는 네가 무슨 말을 하는지 알지 못하겠노라"(마 26:70).

"베드로가 맹세하고 또 부인하여 이르되 나는 그 사람을 알지 못하노라 하더라"(마 26:72).

"그가 저주하며 맹세하여 이르되 나는 그 사람을 알지 못하노라"(마 26:74).

이 정도면 심각한 배신이고 철저한 부인입니다. 그러나 부인한 것으로 끝났다면 베드로의 인생도, 신앙도 거기서 끝났을 것입니다. 그러나 거기서 끝나지 않았습니다. 대반전이 있었습니다.

마태복음 26장 75절을 보겠습니다. "이에 베드로가 예수의 말씀에 닭 울기 전에 네가 세 번 나를 부인하리라 하심이 생각나서 밖에 나가서 심히 통곡하니라"고 했고 마가복음 14장 72절은 "네가 세 번 나를 부인하리라 하심이 기억되어 그 일을 생각하고 울었더라"고 했고, 누가복음 22장 62절에서는 "밖에 나가서 심히 통곡하니라"고 했습니다.

어떻게 울었을까요? 조용히 흐느끼며 울었을까요? 아닙니다. 대성통곡했습니다. 가슴을 치며 울었습니다. 주님이 하신 말씀, "네가 세 번 나를 부인하리라"는 그 말씀이 떠올랐고 생각났습니다. 짐승이나 곤충, 풀이나 나무는 깨달음이나 뉘우침이 없습니다. 사람만 가능합니다.

통곡만 했을까요? "주님, 저는 나쁜 사람입니다. 저는 허풍쟁이입니다. 건방지고 교만한 자입니다. 잘못했습니다. 죄인입니다. 저를 용서해 주십시오"라고 했을 것입니다.

우리는 어떻습니까? 눈물이 메말라가고 통곡이 없습니다. 자아통찰도 없습니다. "잘못했습니다. 제가 죄인입니다"라는 고백도 없습니다. "제가 죄인입니다"라고 고백하면 주님은 "맞다. 너는 죄인이다. 죗값을 치르고 벌 받아라"고 하십니까? 아닙니다. 통곡하는 베드로를 버리지 않으신 것처럼 결코 나를 버리거나 포기하지 않습니다.

다른 예를 들어 보겠습니다. 갈릴리 바다에서 고기 잡고 있던 베드로를 예수님이 찾아오셨습니다. "고기를 얼마나 잡았는가?" "밤새도록 수고했지만 한 마리도 잡지 못했습니다." "깊은 데로 가서 그물을 던져라." "선생님 말씀이니 한번 해보겠습니다"라며 그대로 했습니다.

그물이 찢어지게 고기가 잡혔습니다.

누가복음 5장 8절을 보면 "시몬 베드로가 이를 보고 예수의 무릎 아래에 엎드려 이르되 주여 나를 떠나소서 나는 죄인이로소이다"라고 하며 선생님이라고 부르던 호칭이 주님으로 변했습니다. "나는 죄인입니다. 나를 떠나소서"라고 해서 주님이 베드로를 떠났습니까? "나는 죄인과는 상종하지 못한다. 내 제자가 될 수 없다" 하며 밀어냈습니까? 아닙니다. "나는 죄인입니다"라는 이 한마디가 주님의 제자 되는 조건이고 자격이었습니다.

헬라어로 주는 '퀴리오스'입니다. 왕, 총사령관, 주인을 퀴리오스라고 불렀습니다. 예수님을 왕, 총사령관, 주인이라고 부르는데 그런 사람을 어떻게 내칠 수 있었겠습니까? 예수님을 세 번씩이나 부인했던 베드로는 통곡하고 돌아섰습니다. 본심을 회복한 것입니다. 그날 이후 베드로는 신앙을 회복했고, 자기 자리를 되찾았습니다. 그래서 그날부터 주님이 가신 길을 따라 걸었습니다. 주님과 함께했습니다. 그리고 주님을 위해 살다가 십자가를 졌습니다. 만일 그때 거기서 말씀이 생각나지 않았더라면, 베드로는 어부로 돌아갔거나 배신의 아픔을 지닌 채 평생을 살아야 했을 것입니다. 그러나 그는 "함께하겠다"는 약속을 지킨 것입니다.

구약에서 주님과 함께한 사람을 찾아보겠습니다. 그 이름은 에녹입니다. 에녹 이야기는 창세기 5장 18-24절에 기록되어 있습니다. 짤막하게 언급하고 있습니다. 야렛의 아들이었고 결혼해 가정을 이루고 65세 되던 해, 므두셀라를 낳았습니다. 평범한 가장이었습니다. 그런데 주목할 대목이 있습니다. 창세기 5장 22절입니다. "므두셀라를 낳은 후 3백 년을 하나님과 동행하며 자녀들을 낳았으며"라고 했습니다. 아내도 있고 자녀들도 있었습니다. 그런데 3백 년을 하나님과 동행했습니다. 동행했다는 것은 첫째로 목적지가 같다는 것이고, 둘째로 걸음걸이가 같다는 것입니다.

방향이 다르면 동행이 안 됩니다. 걷는 속도가 달라도 동행이 안 됩니다. 70인역 성경은 "하나님을 기쁘시게 해드리며 동행했다"고 번역했습니다. 결코 쉬운 일이 아닙니다. 하루 이틀도 아니고 길고 긴 세월, 3백 년을 하나님과 동행할 수 있습니까? 그러기 위해 가출한 것도 아니고, 가족을 버린 것도 아닙니다. 수도원에 들어간 것도 아니고, 외부와 단절한 것도 아닙니다. 가정생활, 일상생활하면서 하나님을 기쁘시게 해드렸고 동행했습니다. "나는 주님만 위해 살 거야. 나는 주님과만 동행할 거야" 하며 가족도 버리고 직장도 버리고 산속으로 들어가지 않았습니다. 에녹은 하루하루 일하고 살면서 하나님을 기쁘게 해드렸고 믿음을 지켰습니다. 이 점이 위대합니다.

창세기 5장 24절을 보겠습니다.

> "에녹이 하나님과 동행하더니 하나님이 그를 데려가시므로 세상에 있지 아니하였더라."

그는 죽지 않고 승천한 처음 사람이 된 것입니다. 에녹의 승천은 예수 믿고 구원받은 사람들이 부활하여 승천하게 될 예표가 된 것입니다. 우리에게 주시는 교훈이 무엇입니까? '결혼하고 가정 이루고 자녀 낳고 키우고 사업도 하고 직장생활도 하라. 그리고 거기서 하나님을 기쁘시게 해드리고 하나님과 동행하라'는 것입니다.

창세기 6장 9-10절을 보면 "노아는 의인이요 당대에 완전한 자라 그는 하나님과 동행하였으며 세 아들을 낳았으니 셈과 함과 야벳이라"고 했습니다. 가정을 꾸리고 자식을 낳고 살림하고 일상을 살면서 하나님과 동행했습니다.

그러면 우리가 하나님과 동행하고 기쁘시게 하는 방법이 무엇일까요? '예배'입니다. 예배로 동행하고 예배로 기쁘시게 해드릴 수 있습니다.

예배가 무엇입니까? 예배학에서 말하는 원리를 따질 필요가 없습니다. 예배란 피조된 인간이 창조주 하나님께 드리는 경배와 찬양입니다. 하나님을 높이고, 기쁘시게 해드리는 것이 예배입니다. 그리고 몸과 마음을 드리는 것이 바른 예배입니다. 예배를 통해 찬양을 드리고 예물을 드리고 기도를 드립니다. 예배를 통해 말씀을 듣고 삶을 돌아보고 결단합니다. 예배를 통해 하나님과 교제하고 성도가 교통합니다. 예배를 통해 만남과 교제가 이뤄집니다.

선교도 사람이 대상이고, 교육도 친교도 봉사도 대상이 사람입니다. 그러나 예배는 하나님이 대상이십니다. 그래서 그 무엇보다 하나님께 드리는 예배가 최우선입니다. 예배 없는 선교, 교육, 봉사, 친교는 의미가 없습니다. 바른 예배를 드려야 바른 신앙이 성립됩니다.

예를 들겠습니다. 아이들을 잘 가르치는 교회학교 선생이라도 예배를 안 드리는 사람은 좋은 교사, 좋은 교육이 아닙니다. 듣는 사람들에게 감명을 주는 성악가나 찬양대라도 바른 예배를 드리지 않는 사람이라면 트로트나 가곡을 부르는 사람과 뭐가 다릅니까?

코로나로 예배가 무너졌습니다. 한국 교회 데이터연구소가 코로나 이후 한국 교회의 예배 실태를 조사했습니다. 교인 57%가 교회에 안 나갔습니다. '감염될까 봐, 교회에서 안 와도 된다고 해서, 예배가 중단되어서, 자녀가 감염될까 봐' 등이 교회에 안 나온 이유였습니다. 그리고 온라인으로 예배드렸다고 했습니다.

그러나 코로나가 능선을 넘고 교회 예배가 회복되고 있는데 출석은 50% 미만입니다. 앞으로 교회에 못 나오고 안 나와야 할 상황은 계속 일어날 것입니다. 천재지변 전염병, 돌발 상황, 시험, 시련, 실패, 질병, 개인적 이유, 사회적인 이유, 핍박 때문에 교회에 나오지 못할 일이 터진다면 그때마다 교회 문을 닫고 교회에 안 나오고 휴대폰으로 예배드려야 합니까?

옛날엔 교회를 예배당이라고 했습니다. 예배하는 집이라는 뜻입니다. 이스라엘 사람들은 예루살렘 성전에서 예배드렸고, 우리는 교회에 모여 예배드립니다. 충신교인들의 예배당은 충신교회, 여기입니다.

"나는 교회 안 가도 신앙 지킨다."

"인터넷 예배로도 믿음 지킨다."

아닙니다. 그것은 잘못입니다. 요즘 TV 프로그램을 보면 유명한 요리전문가(셰프)들이 각종 음식을 만드는 것을 볼 수 있습니다. 만드는 과정, 요리 식자재, 무럭무럭 피어오르는 불판을 보면 군침이 돕니다. 최상의 요리들이 화면을 가득 채웁니다. TV 화면에 차려진 그 음식을 먹고 배가 부릅니까? 영양 섭취가 됩니까? 아닙니다. 그것은 그림일 뿐입니다. 교회 안 나오고 온라인으로 보는 예배와 TV 화면에서 보는 요리와 다른 것이 무엇입니까?

교회 안 나올 조건을 찾으면 수십 가지가 넘을 것입니다. 날씨가 나빠서, 누구를 만나야 하니까, 너무 바빠서, 귀찮으니까, 주차하기 힘드니까, 온라인으로 예배봐도 되니까, 어디 가야 하니까…….

그러나 교회 나와야 하는 이유는 한 가지입니다. "예배당에 나와서 예배를 드려야 하니까"입니다. 예배가 무너지면 신앙도 무너지고, 교회도 무너집니다. 예외가 있습니다. 거동이나 출입이 불편한 사람들, 피치 못할 상황에 있는 사람은 예외입니다. 입원 중인 환우들, 출타 중인 사람도 예외입니다.

초대교회 교인들은 지하 땅굴 속에 살면서도 예배를 드렸습니다. 코로나19 때문에 많은 신조어가 만들어졌습니다. 그중 하나가 '비대면'(언텍트)입니다. 그러나 제가 만든 신조어는 하나님 대면, '갓텍트'입니다. 다른 신조어는 '위드 코로나'입니다. 그 뜻은 '코로나와 함께 가다'입니다. 그러나 왜 코로나와 함께 가야 합니까? 코로나가 형제입니까? 친구입니까? 그래서 제가 만든 신조어는 '위드 갓'(with God), '위드 지저스'(with JESUS)입니다. '코로나와 함께 가지 말고 하나님과 함께 가자'입니다.

코로나보다 더 무서운 공격이 다가오더라도 주님과 함께하면 이기고 넘어설 수 있을 것입니다. 그러나 과학만 믿고 치료약만 믿으면 더 어렵고 힘들어질 것입니다.

설교 후에 함께 부를 찬송은 481장입니다. 이 찬송은 20년 넘게 폐질환으로 고생하던 영국 성공회 신부 헨리라이트가 만든 찬송입니다.

> 때 저물고 날이 어두워도 나와 함께하소서
> 친구들이 나를 위로 못해도 나와 함께하소서
> 천지 만물 다 변해도 나와 함께하소서
> 변찮는 주여 사랑의 주여 생명의 주여 나와 함께하소서

1912년 타이타닉호가 침몰할 때 이 찬송이 울려 퍼졌습니다. 2012년 런던올림픽 개막식 때도 이 찬송을 연주했습니다.

마틴 루터가 꿈을 꾸었습니다. 마귀들이 어떻게 기독교인들을 무너뜨렸는가를 보고하고 있었습니다.

> 마귀A: 나는 사자를 동원해 기독교인들을 물고 뜯게 했습니다. 그런데 기독교인들은 피투성이가 된 채 노래를 부르고 있었습니다. 나는 실패했습니다.
>
> 마귀B: 나는 기독교인들이 타고 가는 배를 폭풍과 암초로 파손시켰습니다. 그러나 기독교인들은 파도에 휩쓸려 죽어 가며 기도하고 노래를 불렀습니다. 나도 실패했습니다.

마귀C: 나는 교회에 축복의 천사로 위장 잠입해 기독교인들을 축복했습니다. 사업이 잘되고 회사가 잘되고 건강하고 가족이 잘되고 성공하도록 만들어줬습니다. 그랬더니 기독교인들은 교회 안 나가고 예수를 멀리하고 타락하기 시작했습니다.

그러자 박수갈채가 쏟아지고 다른 마귀들도 그 전략을 선택했다고 합니다.

힘들더라도, 어렵더라도, 성공했더라도, 실패했더라도, 건강하더라도, 몸이 아프더라도 주님과 함께합시다. 주님을 떠나거나 멀리하지 맙시다. 주님을 바라보고 그 이름을 부르고 주님의 손을 잡고 함께 걷고 함께 일하고 함께 삽시다.

"내 안에 거하라 나도 너희 안에 거하리라"(요 15:4).

주님과 함께! 주님을 위하여! 주님 때문에!

위로하라, 외치라

🍁 **이사야 40:1-8**

너희의 하나님이 이르시되 너희는 위로하라 내 백성을 위로하라 너희는 예루살렘의 마음에 닿도록 말하며 그것에게 외치라 그 노역의 때가 끝났고 그 죄악이 사함을 받았느니라 그의 모든 죄로 말미암아 여호와의 손에서 벌을 배나 받았느니라 할지니라 하시니라 외치는 자의 소리여 이르되 너희는 광야에서 여호와의 길을 예비하라 사막에서 우리 하나님의 대로를 평탄하게 하라 골짜기마다 돋우어지며 산마다, 언덕마다 낮아지며 고르지 아니한 곳이 평탄하게 되며 험한 곳이 평지가 될 것이요 여호와의 영광이 나타나고 모든 육체가 그것을 함께 보리라 이는 여호와의 입이 말씀하셨느니라 말하는 자의 소리여 이르되 외치라 대답하되 내가 무엇이라 외치리이까 하니 이르되 모든 육체는 풀이요 그의 모든 아름다움은 들의 꽃과 같으니 풀은 마르고 꽃이 시듦은 여호와의 기운이 그 위에 붊이라 이 백성은 실로 풀이로다 풀은 마르고 꽃은 시드나 우리 하나님의 말씀은 영원히 서리라 하라

이사야서를 기록한 사람은 이사야 선지자입니다. 그는 20세 초반에 선지자로 부름을 받아 60여 년 동안 예언 활동을 했습니다. 그는 예루살렘에 머물면서 웃시야, 요담, 아하스, 히스기야 4대 왕 시대를 살면서 예언한 선지자였습니다. 그는 므낫세 왕의 우상숭배를 반대하다가 체포되어 두 널판에 묶여 톱으로 켜는 형벌로 죽임을 당했다고 합니다.

이사야서의 강조점은 세 가지입니다.

첫째, 우상숭배에 대한 경고입니다. 하나님을 떠나 다른 신을 섬기고 우상 숭배에 빠지면 하나님의 심판이 임한다는 것을 경고합니다.

둘째, 주변 국가들 때문에 흔들리지 말라고 경고합니다. 당시 이스라엘은 친 앗수르-반 앗수르, 친 바벨론-반 바벨론, 친 애굽-반 애굽파로 분열돼 혼돈상태에 빠졌습니다. 그러나 이사야는 '그들은 신이 아니다, 구원자도 아니다. 그들 때문에 국론이 분열되면 안 된다. 하나님과 친하라. 가까이하라'는 것을 강조했습니다. 셋째, 메시아의 탄생을 예언했습니다. 메시아로 오실 예수 그리스도의 탄생, 생애, 십자가, 죽음, 부활, 승천, 그리고 재림을 예언하면서 메시아가 오셔서 구원의 대역사를 이루게 된다는 것을 선포했습니다.

이사야 40장은 바벨론에 포로로 붙잡혀 간 이스라엘을 하나님이 회복하신다는 예언입니다. 앞에서 언급한 대로 이스라엘을 구원하는 것은 강대국도, 사람도 아니고 하나님이 하신다는 것입니다. 본문의 핵심을 살펴보겠습니다.

첫째로 "위로하라"입니다.

1절은 "내 백성을 위로하라"고 했습니다. '위로'란 '곁에 머문다, 함께한다'는 뜻입니다. 사람은 참 위로자가 아닙니다. 하나님만 나와 함께하시고 내 곁에 계십니다. 하나님만 참 위로자, 영원한 위로자이십니다. 하나님이 이사야에게 "내 백성을 위로하라"고 하신 것은 "네가 위로자"라는 뜻이 아니고 "하나님의 위로를 전하라"는 것입니다. 위로의 요지는 '포로 생활이 끝나고 고국으로 돌아온다, 너희 죄는 사함 받았다(2절), 모든 것을 회복하신다'(4절)는 것입니다. '길고 먼 70년 포로 생활이 끝난다. 그동안 지은 죄를 다 용서하신다. 골짜기는 돋아지고 언덕은 낮아지고 험한 곳은 평지가 된다'는 것입니다.

포로 생활로 고통받고 절망에 빠진 사람들에게 이보다 더 큰 위로와 소망이 있을 수 없습니다. 이 위로는 현대인에게도 필요합니다. 남녀노소, 동서남북에 사는 사람들, 코로나로 지친 사람들, 전쟁의 공포와 핵무기의 위협에 고통받는 사람들, 외롭고 힘들고 답답하고 슬프고 속상한 사람들에게 위로가 필요합니다. 코로나의 경우, 코로나 자체도 문제가 되지만 후유증이 더 심각하다고 합니다. 만성피로, 불안, 대인기피증이 일어나고, 정치, 경제, 교육, 문화, 교회 모든 분야에 제동이 걸렸습니다.

전 세계적으로 1인 가구가 늘어나고 있다고 합니다. 예를 들면 미국의 경우 전체 인구의 3분의 1이고, 일본도 3분의 1, 유럽도 3분의 1, 스웨덴은 2분의 1, 독일은 2분의 1, 한국도 664만 3천 가구가 1인 가구입니다. 1인 가구의 문제점은 개인주의와 고독이라고 합니다. 1인 가구는 한없이 편하다고 합니다만 '혼자 밥 먹고, 혼자 차 마시고, 혼자 잠자고, 혼자 살고'가 반복되는 사이, 개인주의가 깊어지고 고독해진다고 합니다. 나라마다 1인 가구의 문제를 사회 문제로 보고 대책을 마련하고 있습니다. 1인 가구, 그들도 위로가 필요한 사람들입니다.

고 이어령 선생이 오래전에 쓴 칼럼 가운데 "배고픈 것을 풀어 주는 것은 경제, 귀 고픈 것을 풀어주는 것이 음악, 눈 고픈 것을 풀어주는 것이 미술, 마음 고픈 것을 풀어주는 것이 정치"라는 내용이 있습니다.

지금 우리나라 상황을 보면 정치가 백성의 고픈 마음을 풀어줍니까? 풀어주기는커녕 더 고프게 만들고 있습니다. 현대인은 영혼이 고픕니다. 누가, 어떻게, 고픈 영혼을 위로하고 채워줄 수 있습니까? 위로가 무엇입니까? 어떻게 해야 위로가 됩니까? 병든 사람은 고쳐 주는 것, 배고픈 사람은 먹여 주는 것, 죽은 사람은 살려 주는 것, 죄인은 구원해 주는 것이 참 위로입니다. 누가 이 일을 할 수 있습니까?

세상적인 것들로는 해결이 안 됩니다. 사람은 그 일을 못합니다. 이사야 40장은 하나님이 그 일을 하신다고 선포합니다.

오래전 건국대학교에서 실험을 했습니다. 10일 동안 쥐에게 술을 먹인 후 10일 후 쥐를 해부했습니다. 놀라운 것은 쥐의 간이 가뭄에 논바닥 갈라지듯 갈라져 있었습니다. 술 마신 쥐, 얼마나 기분이 삼삼하고 몽롱하고 좋았겠습니까? 그러나 아닙니다. 간이 망가져 있었습니다.

세상 것들, 달콤한 것들, 화려한 것들, 기분 좋게 하는 것들은 나도 모르게 나를 망치고 병들게 만듭니다. 그런 것들은 명약도 아니고, 위로도 아니고, 살 길도 아닙니다. 하나님의 위로라야 합니다.

하나님의 위로는 어떤 위로인지 본문 속에서 찾아보겠습니다. 40장 11절입니다. "그는 목자같이 양 떼를 먹이시며 어린 양을 그 팔로 모아 품에 안으시며 젖먹이는 암컷들을 온순히 인도하시리로다"라고 했습니다. 그리고 49장 10절에서는 "그들이 주리거나 목마르지 아니할 것이며 더위와 볕이 그들을 상하지 아니하리니 이는 그들을 긍휼히 여기는 이가 그들을 이끌되 샘물 근원으로 인도할 것임이니라"고 했습니다. 시편 23편 1절에서 다윗은 "여호와는 나의 목자시니 내게 부족함이 없으리로다"고 했습니다. 이사야 40장 11절과 49장 10절 그리고 시편 23편 1절을 한 데 묶으면 "하나님은 목자이시다. 그래서 양을 먹이시고 품에 안아 주시고 인도하신다. 그래서 목마르거나 배고픈 일이 없다. 작열하는 태양 빛을 막아 주시고 샘물을 주시며 구원하신다"는 것입니다.

여기서 우리는 나의 신앙고백을 확인해야 합니다. "하나님은 나의 목자이십니다. 그래서 배고프거나 목마를 일이 없습니다. 추위도, 더위도 걱정할 필요 없습니다. 품에 안아 보호해 주시고 인도해 주십니다. 그래서 나는 늘 넉넉합니다. 부족한 것이 없습니다. 하나님이 나의 목자이시기 때문입니다." 이것이 나의 고백이 되어야 합니다.

물고기가 물을 떠나면 죽고 나무가 흙을 떠나면 죽는 것처럼 인생은 하나님을 떠나면 죽습니다. 현대인은 고독 증후군에 시달리고 있습니다. '고독'이란 홀로 외롭게 지내는 것입니다.

세계 인구는 2022년 현재 78억입니다. 한국 인구는 5,182만 명입니다. 78억 사람들 속에 묻혀 살면서 "나는 혼자다. 외롭다. 고독하다"라고 말하는 것은 역설입니다. 혼자가 좋다는 사람이 있습니다. 그러나 혼자는 외롭습니다. 외로운 사람들끼리 외로움을 달래기 위해 모이는 모임도 있다고 합니다. 그러나 고독이라는 바이러스는 군중 속에도 파고들고, 혼자 있어도 찾아오고, 재벌도 찾아가고, 문화주택에도 찾아가고, 미국도 영국도 일본도 한국도 가리지 않고 찾아갑니다.

해법이 없을까요? 이사야 7장 14절을 보겠습니다. "그러므로 주께서 친히 징조를 너희에게 주실 것이라 보라 처녀가 잉태하여 아들을 낳을 것이요 그의 이름을 임마누엘이라 하리라"고 했고, 이사야 8장 8절에서는 "임마누엘이여 그가 펴는 날개가 땅에 가득하리라"고 했습니다. 힘없는 어린아이가 아닙니다. 그 날개로 세상을 덮고 다스리시는 힘 있는 임마누엘이라는 것입니다. '임마누엘'은 합성어입니다. '임마누'는 우리와 함께 있다는 뜻이고, '엘'은 하나님이십니다. 임마누엘은 하나님이 시간적으로는 영원히, 공간적으로는 어느 곳이나 함께하신다는 뜻입니다. 답은 나왔습니다. 예수님과 함께하면, 예수님을 만나면, 겁날 것도 없고, 고독할 일도 없습니다.

"나는 교회를 다니는데 왜 외롭습니까? 왜 고독합니까? 왜 힘이 없습니까? 왜 문제가 안 풀립니까?"라고 묻는 사람이 있습니다. 그 이유는 간단합니다. 교회는 다녔지만 임마누엘이신 예수님을 만나지 못했기 때문입니다.

교인과 신자와 제자는 다릅니다. 교인은 교인으로 등록하고 드나드는 사람, 신자는 예수 그리스도를 믿고 구원받은 사람, 제자는 예수 그리스도를 따르고 위하여 생명을 내놓는 사람입니다.

전 세계 기독교인 숫자는 25억 6천만 정도로 봅니다. 78억 인구의 33%입니다. 한국의 경우는 5천 2백만 중에 약 900만 정도로 봅니다. 적은 숫자가 아닙니다.

문제는 78억 가운데 예수를 구주로 영접한 사람, 거듭난 사람, 예수를 구주라고 고백하는 사람의 숫자가 얼마일까 하는 것입니다. 그 숫자는 통계가 어렵습니다. 주님만 아시고 자기 자신만 압니다.

다른 사람이 보는 나와 내가 아는 나는 일치하지 않습니다. 내가 보고, 내가 아는 내가 진짜 나입니다. 예수를 안다는 것과 믿는다는 것은 다릅니다. '아노라'가 아니라, '믿노라'여야 합니다. 그러나 하루아침에 신자가 되고 제자가 되는 것은 아닙니다.

산악인 고상돈 씨는 해방 이후 한국인으로는 최초로 8,848미터의 에베레스트 산을 등정했습니다. 그에게 기자가 물었습니다. "어떻게 그 높고 험한 산을 등정할 수 있었습니까?" 그의 대답은 "한 발자국씩 걸어서 올라갔습니다"였습니다. 그렇습니다. 신앙도 한 발자국씩, 주님 가신 그 길을 따라가야 합니다. 축지법을 써서 단숨에 올라간다든지, 헬리콥터를 타고 올라가는 것은 등정이 아닙니다. 눈보라가 몰아치고 한파가 밀려오고 길이 안 보여도 한 발자국, 한 발자국 걸어가는 것이 중요합니다.

신앙생활에는 고속도로가 없습니다. 초음속 제트기도 없습니다. 한 걸음, 한 걸음 주님이 가르쳐 주신 그 길을 따라 걷는 것, 그것이 신앙생활이고 신앙훈련입니다.

"내 백성을 위로하라!"

우리는 위로를 받았습니다. 그 위로를 다른 사람에게 전해야 합니다.

둘째로 "외치라"입니다.

이사야 40장 6절을 보면 "외치라", "무엇이라 외치리이까"라는 대화가 나옵니다.

'외치다'의 뜻은 다른 사람의 주의를 끌도록 큰 소리로 말하는 것입니다. "무엇이라 외치리이까?"의 답은 "하나님이 포로 된 이스라엘을 바벨론으로부터 해방시키시고 예루살렘으로 돌아오게 하신다. 그리고 메시아를 보내 구원하신다"는 것을 외치라는 것입니다. 즉 하나님의 구원하심과 회복하심을 외치라는 것입니다.

여호수아의 인도로 이스라엘이 가나안 땅을 점령하는 데 걸림돌이 있었습니다. 그것은 여리고성이었습니다. 그러나 여호수아 6장 16절을 보면 "외치라 여호와께서 너희에게 이 성을 주셨느니라"고 했고, 6장 20절을 보면 "크게 소리 질러 외치니 성벽이 무너져 내린지라"고 했습니다. 폭탄을 던진 것도 아니고 대포를 쏜 것도 아닙니다. 외쳤습니다. 그랬더니 성이 무너졌습니다. 뭐라고 외쳤을까요? "하나님이 이 성을 무너트리신다. 무너져라, 무너져라"고 외쳤을 것입니다.

요나에게 니느웨로 가서 "회개하고 하나님의 구원을 믿으라"고 외치라고 했습니다. 그러나 요나는 니느웨로 가지 않고 다시스로 가는 배를 탔습니다(요 1:2). 외치기 싫었기 때문입니다. 그러다가 풍랑을 만나게 됐고 바다에 던짐을 당했습니다.

이사야 58장 1절을 보면 "크게 외치라 목소리를 아끼지 말라"고 했습니다. 예수님께서 나귀를 타고 예루살렘으로 가고 계셨습니다. 따르던 제자들과 무리들이 큰소리로 기뻐하며 하나님을 찬양했습니다. 이를 지켜보던 바리새인들이 "선생이여 제자들과 무리를 야단치시오 시끄럽소이다"라고 했습니다. 그들에게 예수님은 "만일 이 사람들이 침묵하면 돌들이 소리지르리라"(눅 19:40)고 하셨습니다. 돌산이 무너지고 돌산이 폭발할 때 그 소리는 웅장하고 무섭습니다. '이 사람들의 찬송 소리를 막지 말라, 가로막으면 돌들이 소리 지르고 무너져 너희를 덮을 것이다', 그런 뜻입니다.

교회는 다투는 소리, 시끄러운 소리, 사람 소리, 세상 소리가 크면 안 됩니다. 그러나 찬송 소리, 기도 소리, 말씀 전하는 소리는 커야 합니다. 찬송 소리, 기도 소리, 전하는 소리가 작아지면 안 됩니다.

기력과 소리는 비례합니다. 병 들면 소리가 작아집니다. 허약해지면 소리도 허약해집니다. 영혼이 건강한 사람은 신령한 소리가 크지만, 영혼이 병 들면 신령한 소리가 작습니다. 건강한 교회는 기도 소리, 아멘 소리, 찬송 소리가 큽니다.

지금 한국교회는 '전도'가 꼬리를 내리고 있습니다. 교회가 욕먹고 화살을 맞고 있는 상황에서 부끄러워서 예수 이야기, 예수 믿으라는 이야기를 못하겠다고 말합니다.

교회는 부끄러울 수 있습니다. 교회 다니는 사람은 부끄러운 사람이 있을 수 있습니다. 그러나 예수님이 부끄러운 분입니까? 예수님의 생애가 부끄러운 생애입니까? 예수님의 삶이 부끄러운 삶입니까? 예수님이 하신 일들이 부끄러운 일들이었습니까? 손가락질 당하고 욕먹고 매도당하고 얼굴 들지 못할 일을 하셨습니까? 아닙니다. 그렇지 않습니다.

공산주의자들이 70년 동안 세뇌하고 사상을 전파해서 공산주의자를 만든 숫자에 비해 같은 기간 기독교인들이 전도해서 예수 믿게 한 숫자가 더 적습니다. 앞으로 교회가 전도를 안 하면 건물만 남게 될 것입니다.

바울이 2차 전도여행 때 고린도를 방문했습니다. 고린도는 그 당시 무역, 교통, 문화의 중심이 되는 대도시였고 우상숭배와 성적 타락이 만연한 도시였습니다. 바울은 그곳에서 복음을 전하기 시작했습니다. 사도행전 18장 5절을 보면 예수는 그리스도이시고 구원자이시라고 전했습니다. 그러나 고린도에 살고 있는 유대인들이 바울을 방해하고 대적했습니다. 바울은 그곳을 떠나기로 작정하고 떠날 준비를 하고 있었습니다. 그런데 사도행전 18장 9절을 보면 "밤에 주께서 환상 가운데 바울에게 말씀하시되 두려워하지 말며 침묵하지 말고 말하라"는 음성을 듣게 됩니다. 바울은 그곳을 떠나지 않고 1년 6개월 머물며 복음을 전했습니다.

"두려워 말라"는 하나님이 함께해주신다는 것입니다. "침묵하지 말라"는 예수 그리스도를 말하라, 전하라는 것입니다.

당시 고린도는 철학의 도시였습니다. 내로라하는 철학자들이 학문을 자랑하고 있었습니다. 그들을 겁내지 말라는 것입니다. 철학의 힘, 학문의 힘, 과학의 힘보다 복음의 힘이 더 강합니다. 그 당시 고린도에는 바울의 전도를 가로막고 박해하는 유대인들이 있었습니다. 그들도 겁내지 말라, 하나님이 너와 함께하신다는 것입니다. 당시 고린도에는 돈 많은 사람, 잘난 사람, 똑똑한 사람, 내로라하는 사람들이 많았습니다. 그들도 겁내지 마라, 영적으로 그들은 어린아이에 불과하다, 그러니까 겁내지 말라고 하신 것입니다.

대통령 선거가 끝났습니다. 역대 대통령 선거 역사상 이번처럼 0.8% 차이로 당선된 건 처음입니다. 누가 됐느냐, 누가 떨어졌느냐보다 선거 이후가 걱정입니다. 우리나라는 큰 나라가 아닙니다. 그런데 남북이 갈라지고 동서가 갈라져 있습니다. 국민 스스로 가른 게 아닙니다. 정치하는 사람들이 유불리를 따라 편을 가르고 동서를 갈랐습니다. 남북통일도 돼야 하지만 국론 통일, 동서화합이 선행되어야 합니다. 그 일을 새로 된 사람들이 해야 합니다. 네 편 내 편 가르지 맙시다. 예수편에 섭시다.

교회가 할 일은 무엇입니까? 상처받은 사람들, 고통받는 사람들, 소외당한 사람들, 힘겹고 아픈 사람들, 방황하는 사람들, 그들을 위로

하는 것입니다.

"내 백성을 위로하라."

그리고 예수 그리스도만이 참 길이요 진리요 생명이시라는 것을, 예수 그리스도만이 참 위로자이시라는 것을, 예수 그리스도만이 구원하시고 회복하신다는 진리를 외쳐야 합니다.

"겁내지 말라, 침묵하지 말라, 외치라. 위로하라! 외치라!" 아멘.

유라굴로 광풍 해법

🍁 **사도행전 27:30-37**

사공들이 도망하고자 하여 이물에서 닻을 내리는 체하고 거룻배를 바다에 내려 놓거늘 바울이 백부장과 군인들에게 이르되 이 사람들이 배에 있지 아니하면 너희가 구원을 얻지 못하리라 하니 이에 군인들이 거룻줄을 끊어 떼어 버리니라 날이 새어 가매 바울이 여러 사람에게 음식 먹기를 권하여 이르되 너희가 기다리고 기다리며 먹지 못하고 주린 지가 오늘까지 열나흘인즉 음식 먹기를 권하노니 이것이 너희의 구원을 위하는 것이요 너희 중 머리카락 하나도 잃을 자가 없으리라 하고 떡을 가져다가 모든 사람 앞에서 하나님께 축사하고 떼어 먹기를 시작하매 그들도 다 안심하고 받아 먹으니 배에 있는 우리의 수는 전부 이백칠십육 명이더라

사도행전은 초대교회를 이끌었던 사도들과 집사들의 행적을 기록한 책입니다. 그래서 베드로, 요한, 야고보, 스데반, 빌립의 활동이 기록되어 있습니다. 사도행전 9장부터는 사울 이야기가 시작되고, 계속해서 사울의 회심과 선교사역을 자세히 밝히고 있습니다.

사도행전은 여러 가지 별명을 가진 책입니다. 예를 들어 첫째, 성령행전입니다. 오순절에 시작된 성령의 역사가 어떻게 확장되어 나갔는가를 기록하고 있습니다. 둘째, 선교행전입니다. 예루살렘에서 시작된 복음의 역사가 로마까지 지경을 넓혀나간 선교 과정을 기록하고

있습니다. 셋째, 교회행전입니다. 예루살렘에서 시작된 교회가 사도들과 바울의 전도를 통해 도시마다 세워진 과정을 설명하고 있습니다. 성경학자 바클레이(Barclay)는 "사도행전은 신약성경 중에 가장 중요한 책이라"고 했습니다.

사도행전 13-28장까지는 바울에 관한 기사들입니다. 27-28장은 바울이 로마로 가다가 풍랑을 만난 이야기입니다. 이것을 자세히 살펴보겠습니다.

바울의 본명은 사울입니다. 그는 일찍이 전문적으로 율법을 공부한 율법학자였습니다. 유대인들은 전통적으로 율법을 믿고 지키고 있었습니다. 그런데 예수를 믿는 신흥종교가 예루살렘 중심으로 일어나 "십자가에 죽은 예수가 살아났다. 그 예수를 믿어야 구원받는다"는 새로운 도를 전하기 시작했습니다. 그때 율법학자인 사울이 나섰습니다. 거짓을 선포하고 율법을 무너뜨리는 교회를 잔멸하기 위해 앞장섰습니다. 그 기사가 사도행전 8, 9장에 기록되어 있습니다.

하지만 박해자 사울이 다메섹으로 가는 길에서 부활하신 예수님을 만나면서 그의 생애가 바뀌게 됩니다. 사울이라는 이름이 바울로 바뀌고 박해자가 전도자로 변하게 됩니다. 문제는 그의 변신에 깜짝 놀란 유대인들이 바울을 집요하게 박해한 것입니다. 결국 민심 교란죄, 허위사실 유포죄로 바울을 고소했고 법정에 서게 됐습니다.

여기서 주목할 것이 있습니다. 바울은 유대인으로서 로마시민권을 가지고 있었습니다. 그는 자신이 로마시민임을 내세워 로마 황제의 재판을 받겠다고 주장합니다. 그리고 마침내 재판을 받기 위해 로마를 향해 떠납니다.

바울은 세 차례나 복음을 전하기 위해 선교여행을 했습니다. 그의 꿈은 로마로 가서 복음을 전하는 것이었습니다. 당시 로마는 교통, 문화, 무역, 정치의 중심도시였습니다. 그러한 로마에서 복음을 전하면 세계 선교의 꿈을 이룰 수 있다고 믿었기 때문입니다. 세계 선교를 내다보는 탁월한 비전이었습니다.

사도행전 27장은 바울이 로마로 가게 된 여정을 설명해줍니다. 가이사랴에서 작은 배를 타고 떠나 무라라는 곳에서 로마로 가는 큰 배로 갈아탔습니다. 그 배는 알렉산드리아 선적의 배로 애굽과 로마를 오가는 무역선이었습니다. 그 배에 승선한 사람은 276명이었습니다. 그 배에는 바울과 다른 죄수들과 호송 책임을 맡은 백부장 율리오와 군인들, 무역상들, 여행객들이 타고 있었습니다.

하지만 그 배가 미항이라는 곳에 도착했을 때, 문제가 시작됐습니다. 미항은 작은 항구인데다 날씨가 추운 곳입니다. 바울은 불편하더라도 미항에서 겨울 날씨가 풀릴 때까지 있어야 된다, 지금 떠나면 무서운 광풍을 만나 배도, 하물도, 사람도 위기를 맞게 된다며 떠나는 것을 만류했습니다. 그러나 선장과 선주는 그곳을 떠나 따뜻하고 환경이 좋은 뵈닉스에 가서 겨울을 지내는 것이 좋다며 떠나야 된다고 했습니다.

의견이 둘로 갈라진 것입니다. 결정권은 백부장에게 있었습니다. 27장 11절을 보겠습니다.

"백부장이 선장과 선주의 말을 바울의 말보다 더 믿더라."

당연한 결정입니다. 바울은 한낱 죄수입니다. 그러나 선장은 배의 운항을 책임진 사람이고 선주는 배의 소유주입니다. 그 선장과 선주가 의견 일치로 떠나자는데 백부장이 바울의 말에 귀 기울일 이유가 없습니다.

거기다 미항은 겨울나기가 불편합니다. 항구도 작고 춥고 시설도 열악하고 먹거리, 놀거리, 볼거리도 없는 곳입니다. 그러나 뵈닉스는 큰 도시이고 기후도 좋고 화려한 도시입니다. 누구라도 그런 곳에 머물고 싶었을 것입니다. 그래서 떠났습니다.

미항에서 뵈닉스항까지는 65km가 넘는 거리입니다. 그리고 바닷길입니다. 때마침 남풍이 뒤에서 불어 순풍에 돛 달고 미끄러지듯 항해하고 있었습니다. 그러던 중 27장 14-15절을 보겠습니다. "얼마 안 되어 섬 가운데로부터 유라굴로라는 광풍이 크게 일어나니 배가 밀려 바람을 맞추어 갈 수 없어 가는 대로 두고 쫓겨 가다가"라고 했습니다. 그 배가 광풍을 만난 그레데 항구에는 2,100미터가 넘는 이다 산맥이 있는데 두 반대 기류가 충돌하면서 광풍을 일으킵니다. 바로 그 미친바람을 만난 것입니다. 광풍 이름은 '유라굴로'입니다. 유라굴로의 뜻은 '동북풍'입니다. 이 태풍권에 들어서면 큰 배도 파선하고 사람도 살아남기 어렵습니다.

그들이 유라굴로 광풍을 만난 이유는 세 가지입니다.

첫째, 미항보다 뵈닉스를 선택했기 때문입니다.
말씀드린 대로 미항은 작고, 불편하고, 열악한 항구였습니다. 그러나 뵈닉스는 크고, 화려하고 모든 것을 다 갖춘 향락이 있는 도시였습니다. 하지만 편한 것이 다 좋은 것은 아닙니다.

입시생이 편하면 대학에 못 들어갑니다. 운동선수가 편하면 대표선수가 못 됩니다. 피아니스트가 손이 편하면 연주자가 되지 못합니다. 일꾼이 일하지 않고 편히 놀면 입도 편해집니다. 신앙생활도 멋있게, 고상하게, 문화인답게, 지성인답게, 현대인답게, 편하게 하려 들면 신앙이 자라지 못합니다. 돈도 쉽게 벌면 쉽게 빠져나간다고 합니다. 그 배는 미항에 머물고 뵈닉스로 떠나지 않았어야 했습니다.

둘째, 바울의 말을 무시했기 때문입니다.
바울은 죄수이고 항해 전문가도 아니고 권력자도 아닙니다. 그래서 그의 말을 들을 이유가 없었습니다. 그래서 무시한 것입니다. 무시해도 될 말이 있고, 무시하면 안 될 말이 있습니다. 하나님 말씀을 무시하면 큰일납니다. 누구 말을 듣느냐, 따르느냐에 따라 인생이 결정되고 행복과 불행이 결정됩니다.

어느 날 예수님이 베드로, 요한, 야고보와 함께 산에 오르셨습니다. 그리고 거기서 얼굴이 해같이 빛나는 모습으로 변모하셨습니다. 그리고 모세와 엘리야와 함께 대화를 하고 계셨습니다. 상상도 못한 장관이었습니다. 성질 급한 베드로가 "초막 셋을 짓겠습니다. 내려가지 말고 여기서 삽시다"라고 했습니다. 그때 들리는 하나님의 음성이 있었습니다. "너희는 그의 말을 들으라"(마 17:5), 그리고 "오직 예수 외에는 아무도 보이지 아니하더라"(마 17:8)고 했습니다.

구약 예언자들의 애용구도 "여호와의 말씀을 들으라"였습니다. "신문, 방송, TV, 인터넷, 유튜브, 명사강연, 책에 나온 말을 듣지 말라. 하나님 말씀을 들으라. 예수님 말씀을 들으라"는 것입니다. 그것이 사는 길이고, 성공하는 비결이기 때문입니다.

셋째, 바울을 높이시려는 하나님의 섭리 때문입니다.

하나님은 로마에 가고자 하는 바울의 소원과 기도를 알고 계셨습니다. 그리고 초라한 죄수 신분으로 가는 것보다는 영적 리더로 갈 수 있도록 섭리하셨습니다. 유라굴로 광풍을 만난 이후부터 상황이 달라지기 시작했습니다. 27장 21-26절에서의 바울의 말입니다.

> "내 말을 듣고 그레데에서 떠나지 아니하여 이 타격과 손상을 면하였더라면 좋을 뻔하였느니라……이제는 안심하라 너희 중 아무도 생명에는 아무런 손상이 없겠고 오직 배뿐이리라 내가 속한 바 곧 내가 섬기는 하나님의 사자가 어제 밤에 내 곁에 서서 말하되 바울아 두려워하지 말라 네가 가이사 앞에 서야 하겠고 또 하나님께서 너와 함께

항해하는 자를 다 네게 주셨다 하였으니 그러므로 여러분이여 안심하라 나는 내게 말씀하신 그대로 되리라고 하나님을 믿노라 그런즉 우리가 반드시 한 섬에 걸리리라 하더라."

상황이 급반전했습니다. 백부장, 선장, 선주는 꿀 먹은 벙어리가 되고 바울이 그 배의 총 지휘자가 된 것입니다. 이것은 하나님의 섭리였고, 작품이었습니다.

이사야 9장 6절을 보면 장차 태어나실 아기, 메시아를 "기묘자, 모사, 전능하신 하나님, 영존하시는 아버지, 평강의 왕이라"고 했습니다. 바울을 276명의 리더로 세우신 것은 하나님의 기묘하신 섭리였습니다. 죄수 바울이 광풍 수습의 총 감독이 된 것입니다. 어떻게 유라굴로 광풍을 수습했는지 그 해법을 찾아보겠습니다.

첫째로 다 버렸습니다.

18절을 보면 짐을 바다에 풀어 버렸다고 했고, 19절을 보면 "배의 기구를 그들의 손으로 내버리니라"고 했습니다. 그 배에는 무역상품, 곡물, 하물이 가득 차 있었습니다. 그것들을 다 버렸습니다. 아까운 것들, 돈이 되는 것들, 소중한 것들을, 배를 가볍게 하기 위해 버렸습니다. '버렸다'는 것은 포기했다는 것입니다. 배의 기구도 버렸습니다. 돛대, 침구, 의자, 책상, 장비들을 다 버렸습니다. 그것들은 항해에 꼭 필요한 것들입니다. 그러나 배가 가라앉는 상황에선 쓸모없는 것들입니다. 그래서 그것도 다 포기했습니다.

우리는 이 세상을 사는 동안 많은 것들을 소유하고 누리고 쌓아놓고 삽니다. 남이 아는 것도 있고, 나만 아는 것들도 있습니다. 그러나 그런 것들을 다 버려야 할 때가 옵니다. 그게 언제입니까? 내가 죽을 때입니다. 아끼던 것들, 모아놓고 쌓아놓은 것들을 모두 그대로

다 버리고 갑니다. 물건만 버립니까? 가족도, 형제도, 친척도, 친구도, 일터도 다 버리고 갑니다.

오래전 천문학적인 돈을 벌어 부자가 된 재벌이 세상을 떠났습니다. 그의 장례식 장면이 뉴스로 보도되고 있었습니다. 그 장면을 지켜보던 사람이 내뱉은 말은 "다 쓰지도 못하고 죽었구먼"이었습니다. 피땀 흘려 모은 것들, 꼭 필요한 것들, 애지중지하던 것들을 다 버리고 가게 됩니다. 바울이 탄 뱃사람들도 버리는 것이 아까웠을 것입니다. 그러나 살기 위해 배가 무거워 가라앉지 않도록 짐도, 기구도 다 버렸습니다.

돈 많은 부자 청년이 예수님을 찾아와 선생님의 제자가 되고 싶다고 했습니다. 그에게 예수님은 "가서 네 소유를 팔아 가난한 자들에게 주라 그리하면 하늘에서 보화가 네게 있으리라 그리고 와서 나를 따르라"고 하셨고, 그는 재물이 많으므로 이 말씀을 듣고 근심하며 갔다고 나옵니다(마 19:21-22).

돈 많은 것이 나쁜 것은 아닙니다. 돈은 많을수록 좋습니다. 그러나 돈 때문에 하나님을 버리고 멀리하는 것은 구원을 포기하는 것입니다. 마태복음 16장 24절에서 주님은 말씀하셨습니다. "누구든지 나를 따라 오려거든 자기를 부인하고 자기 십자가를 지고 나를 따를 것이니라"고 말입니다. 예수님의 제자가 되려면 자기를 버리는 것이 전제되어야 합니다. 욕심과 정욕과 탐욕을 포기해야 영원한 세계를 소유하게 됩니다. 버리는 것, 포기하는 것이 결코 쉽지 않습니다. 그러나 마지막엔 다 버리고 갑니다.

돈 많은 부자의 입관식과 하관식이 있었습니다. 저금통장, 증권, 땅문서, 보석, 값비싼 소장품, 현찰 단 한 가지도 넣지 않았습니다. 그리고 가족 중 그 누구도 넣어 주자는 사람이 없었습니다. 관 안에는 싸늘한 시체만 누워 있었습니다.

못 가지고 갑니다. 너무 세상일에 집착하지 맙시다. 욕심에 치여 멋대로 살지 맙시다. 뜻있고 가치 있게 살고. 그리고 멋지게 남기고 가는 훈련을 합시다. 훗날 주님을 만났을 때 "잘 버리고 왔구나. 잘 버렸구나. 내가 더 좋은 것으로 채워줄게"라는 칭찬을 듣도록 합시다. 가진 것, 누리는 것, 그런 것들 때문에 믿음을 저버리지 맙시다. 버릴 것과 버리지 않아야 할 것을 구별합시다.

둘째로 바울의 말대로 했습니다.

"안심하라. 죽지 않고 산다." 그러나 겁에 질린 사공들이 배를 탈출하기 위해 구명정, 거룻배를 내리고 있었습니다. 그들에게 "배에 있지 아니하면 구원을 얻지 못하리라"고 했고, 그 말이 떨어지자마자 군인들이 거룻배 줄을 끊어 버렸습니다. 백부장도, 선장도, 선주도, 군인들도 바울의 말을 고분고분 따르게 된 것입니다. 배가 파선하면 구명정을 타고 탈출해야 합니다. 바울이 타고 가는 그 배는 광풍에 휩쓸리고 있습니다. 짐도 버리고, 기구도 버리고, 구명정도 다 버렸습니다. 그런데 바울은 "배를 떠나면 죽는다. 배 안에 그대로 있으라"고 했습니다. 만일 그들이 살겠다고 배를 떠나 바다로 뛰어들었다면 다 죽었을 것입니다.

노아 시대에 홍수가 온 지면을 덮는 무서운 심판이 있었습니다. 그러나 노아가 만든 방주에 들어간 사람들과 짐승들은 살았습니다. 노아는 외쳤을 것입니다. "하나님의 심판이 다가온다. 홍수가 세상을 뒤덮을 것이다. 하지만 방주로 들어오면 산다"라고 말입니다. 그러나 당시 사람들은 청천백일이 계속되는데 무슨 홍수냐며 미친 노인의 넋두리로 취급했습니다. 그 후 40일 동안 홍수가 세상을 덮었고, 방주에 들어간 사람들만 살았습니다.

신학에서 방주는 교회로 봅니다. 교회는 구원 공동체입니다. 이런

저런 이유를 핑계 삼아 교회를 떠나거나 비난하거나 돌팔매질하는 사람들이 있습니다. 그러나 교회를 떠나면 안 됩니다.

교회가 타락했다구요? 아닙니다. 교회를 구성한 교인들이 타락한 것입니다.

교회가 썩었다구요? 아닙니다. 교회 구성원인 교인들이 썩은 것입니다.

교회는 예수님이 세우셨고, 예수님이 주인이십니다. "배를 떠나지 말라, 방주로 들어오라!"

셋째로 하나님이 해법이십니다.
바울도, 선장도, 선주도, 백부장도 해법이 아닙니다.

"나는 내게 말씀하신 그대로 되리라고 하나님을 믿노라"(27:25).

하나님이 유라굴로 광풍의 해법이라는 고백이고 선언입니다.

선장은 배의 운항과 운영을 책임진 사람입니다. 과학과 기술 전문가로 보면 됩니다. 선주는 배의 소유권자입니다. 경제 전문가로 보면 됩니다. 백부장은 276명의 운항을 총 지휘하는 사람입니다. 최고 권력으로 보면 됩니다. 그러나 그들에겐 해법이 없었습니다. 바울도 해법을 전달한 사람에 불과합니다. 해결사가 아닙니다.

가수 이상민 씨가 사업이 잘못되어 엄청난 빚을 지고 지금도 갚고 있다고 합니다. 그가 모 TV강연에서 "힘들 때 우는 사람은 삼류, 힘들 때 참는 사람은 이류, 힘들 때 웃는 사람이 일류"라는 말을 했습니다. 문제는 '어떻게 웃을 수 있느냐'입니다. 아무리 어렵고 힘들어도 희망이 있고 믿는 바가 있으면 웃을 수 있습니다. 바울이 유라굴로 광풍 속에서도 의연할 수 있었던 것은 하나님을 믿고 바라보았기 때문입니다. 노련한 선장은 폭풍우가 몰아칠 때 바다를 보지 않고 하늘을 바라본다고 합니다. 언젠가는 찬란한 해가 떠오를 것이기 때문입니다.

러시아 푸틴의 야만적 침략으로 고통받는 우크라이나의 대통령 젤렌스키가 이런 기도를 했다고 합니다. "하나님은 모든 것을 보고 계십니다. 숨을 수가 없습니다. 하나님의 응답으로부터 숨을 수 있는 벙커는 없습니다. 당신들이 우크라이나의 모든 성당과 교회를 파괴하여도 우리의 믿음을 파괴할 수는 없습니다. 이것은 우리의 신실한 믿음입니다."

예수님과 제자들이 갈릴리 바다를 건너가고 있었습니다. 예수님은 주무시고 계셨습니다. 광풍이 불고 파도가 밀려와 배가 뒤집히기 직전이었습니다. 겁에 질린 제자들이 살려달라고 소리쳤습니다.

마가복음 4장 39절을 보겠습니다.

> "예수께서 깨어 바람을 꾸짖으시며 바다더러 이르시되 잠잠하라 고요하라 하시니 바람이 그치고 아주 잔잔하여지더라."

누가 광풍을 멈추고 성난 바다를 잔잔하게 할 수 있습니까? 자연을 창조하시고 다스리시는 하나님만 가능합니다. 사람은 그 누구도 못합니다.

세계 도처에서 유라굴로 광풍이 휘몰아치고 있습니다. 개인적으로는 실패, 질병, 사건, 사고, 가정사 등의 예기치 않은 광풍이 일어나고 있습니다. 세계적으로는 천재지변, 정치변동, 전쟁, 전염병, 기근, 재난 등의 광풍이 몰아치고 있습니다.

누가 해결합니까? UN입니까? WTO입니까? 새 정부입니까? 청와대? 국회입니까? 연구소입니까? 아닙니다. 하나님만이 해법이십니다.

바울은 유라굴로 광풍으로 떨고 있는 275인에게 "나는 하나님을 믿는다"라고 선포했습니다. 하나님만 해법을 가지고 계신다는 고백이고 선포입니다.

사도행전 27장 44절이 결론입니다. "마침내 사람들이 다 상륙하여 구조되니라."

"나는 하나님을 믿노라." "하나님을 믿노라. 아멘!" "나는 하나님을 믿노라!"

고라 자손의 고백

> **시편 85:1-13**
>
> 여호와여 주께서 주의 땅에 은혜를 베푸사 야곱의 포로 된 자들이 돌아오게 하셨으며 주의 백성의 죄악을 사하시고 그들의 모든 죄를 덮으셨나이다 (셀라) 주의 모든 분노를 거두시며 주의 진노를 돌이키셨나이다 우리 구원의 하나님이여 우리를 돌이키시고 우리에게 향하신 주의 분노를 거두소서 주께서 우리에게 영원히 노하시며 대대에 진노하시겠나이까 주께서 우리를 다시 살리사 주의 백성이 주를 기뻐하도록 하지 아니하시겠나이까 여호와여 주의 인자하심을 우리에게 보이시며 주의 구원을 우리에게 주소서 내가 하나님 여호와께서 하실 말씀을 들으리니 무릇 그의 백성, 그의 성도들에게 화평을 말씀하실 것이라 그들은 다시 어리석은 데로 돌아가지 말지로다 진실로 그의 구원이 그를 경외하는 자에게 가까우니 영광이 우리 땅에 머무르리이다 인애와 진리가 같이 만나고 의와 화평이 서로 입맞추었으며 진리는 땅에서 솟아나고 의는 하늘에서 굽어보도다 여호와께서 좋은 것을 주시리니 우리 땅이 그 산물을 내리로다 의가 주의 앞에 앞서 가며 주의 길을 닦으리로다

민수기 16장 1절을 보면 레위의 증손 고핫의 손자 이스할의 아들인 고라의 이름이 나옵니다. 고라는 레위 지파 사람이었고 성전 봉사를 맡고 있었습니다. 모세 인도로 애굽을 떠나 광야에 들어서긴 했지만 힘든 일이 한둘이 아니었습니다. 가나안 땅엔 언제 들어갈 수 있을지 기약도 없고, 먹을 것도 모자라고, 물도 모자랍니다. 기후는 일

교차가 심해 견디기가 어렵습니다. 낮엔 뜨겁고, 밤엔 춥습니다. 그늘도 없고, 쉴 만한 곳도 없습니다.

그러나 더 힘든 것은 모세의 행동이었습니다. 자기가 지도자라며 지시하고 명령하는가 하면 군림하는 태도가 맘에 들지 않았습니다. 여기저기서 볼멘소리가 터졌습니다.

"우린 뭐야, 우린 종이야? 왜 걸핏하면 이거 해라 저거 해라 명령이야. 우릴 부하로 보는 거야?" 그 가운데 고라가 주모자였습니다. 동조자를 모으기 시작했습니다. 다단과 온이 합류했습니다. 거기다 동조자 250명을 확보했습니다. 그리고 모세에게 반기를 들었습니다. "너만 거룩하냐, 우리도 거룩하다", "너만 택한 사람이냐, 우리도 그렇다", "너만 지도자냐, 우리도 할 수 있다", "너나 나나 똑같다"라며 대들었습니다. 있을 수 있는 일이 벌어진 것입니다.

그런데 그 결과는 비참했습니다. 민수기 16장 32절을 보겠습니다. "땅이 그 입을 열어 그들과 그들의 집과 고라에게 속한 모든 사람과 그들의 재물을 삼키매"라고 했고, 16장 33절을 보면 "그들과 그의 모든 재물이 산 채로 스올에 빠지며 땅이 그 위에 덮이니 그들이 회중 가운데서 망하니라"고 했고, 16장 35절을 보면 "여호와께로부터 불이 나와서 분향하는 이백오십 명을 불살랐더라"고 했습니다. 16장 19절이 중요합니다.

> "고라가 온 회중을 회막 문에 모아 놓고 그 두 사람을 대적하려 하매 여호와의 영광이 온 회중에게 나타나시니라."

하나님이 이 사건에 개입하셔서 심판하신 것입니다. 왜 하나님은 이 일에 개입하셨는가, 왜 그토록 무서운 심판을 내리셨는가, 이 사건의 본질은 무엇인가를 살펴보아야 합니다. 그 원인을 찾으려면 창세기로 올라가야 합니다.

하나님이 낮과 밤을 만드시고, 하늘과 땅을 만드시고, 풀, 채소를 각기 종류대로 만드시고(창 1:11), 공중의 새, 땅의 짐승, 바다의 고기들도 각 종류대로 만드시고(1:20), 사람도 남자와 여자(아담과 하와)로 창조하셨습니다. 각각 다르게 종류대로 창조하셨습니다.

똑같은 게 하나도 없습니다. 획일적 창조가 아닙니다. 이 지구상에는 70억이 넘는 사람이 살고 있습니다. 그런데 똑같은 얼굴, 똑같은 지문, 똑같은 세포는 하나도 없습니다. 다 다릅니다. 이것이 하나님 창조의 질서입니다. 모세, 아론, 고라는 똑같지 않습니다. 다릅니다. 얼굴도, 성격도, 생각도, 역할도 다 다릅니다.

그런데 고라는 너나 나나 똑같다며 대든 것입니다. 이것은 하나님이 세우신 질서에 대한 도전입니다. 그래서 하나님이 개입하신 것입니다. 하나님이 개입하지 않으시면 이스라엘 공동체가 와해되고 무너지게 됩니다. 그리고 가나안 땅에 들어갈 수 없게 됩니다. 그래서 긴급하게 개입하셔서 사태를 수습하셨습니다. 그런데 그때, 고라의 자식들이 죽지 않고 살아남게 됩니다. 어떻게 살아남게 됐는가에 대해 주경학자들은 두 가지 해석을 하고 있습니다.

첫째, 당시 어린아이들이었기 때문입니다.

둘째, 부모의 반역에 가담하지 않았기 때문입니다.

그러나 하나님의 섭리였다고 보는 것이 맞습니다. 민수기 26장 11절을 보면 "고라의 아들들은 죽지 아니하였더라"고 했습니다. 중요한 것은 고라의 자손들이 어떻게 살았는가 하는 것입니다. 훗날 그 후손들은 자기네 조상들의 잘못을 따르지 않고 바르게 살자고 다짐하고 성전 섬기는 일, 음악 담당하는 일을 맡아 최선을 다했습니다. 고라 사건 후 470년 뒤 그 후손 가운데 사무엘 선지자가 태어났습니다(대상 6:34).

고라의 반역사건이 주는 교훈이 있습니다. "그 누구라도 하나님의 권위와 하시는 일에 도전하거나 반기를 들지 말라"는 것입니다. 누가 모세냐, 누가 고라냐 그건 중요하지 않습니다. 고라처럼 하나님의 섭리와 역사에 반기를 들지 않아야 된다는 것, 그런 일에 가담하지 않아야 된다는 것, 그런 일에 휩쓸리지 않아야 된다는 것, 그런 일은 생각도 하지 말아야 된다는 것이 중요합니다.

조상들은 그렇게 했더라도 그 후손들은 전철을 따르지 않고 하나님을 사랑하고, 믿음을 지키고, 하나님의 일에 최선을 다했습니다. 그렇게 시편 중 총 12편의 시를 남겼습니다. 42편, 43편, 44편, 45편, 46편, 47편, 48편, 49편, 84편, 85편, 87편, 88편 이렇게 12편 모두 주옥같은 시들입니다. 그 시들의 내용을 다 다룰 순 없습니다.

본문 말씀인 시편 85편을 중심으로 그들의 신앙과 고백과 찬양을 살펴보겠습니다. 모든 구절을 다 다룰 수 없기 때문에 세 가지 고백만을 찾아보도록 하겠습니다.

첫째로 덮어 주시는 하나님입니다.

2절에서 "주의 백성의 죄악을 사하시고 그들의 모든 죄를 덮으셨나이다"라고 했습니다. 이스라엘이 망하고 70년 동안 바벨론에 포로로 끌려가서 산 것은 그들이 지은 죄 때문이었습니다. 그런데 하나님은 그들의 지난 죄를 다 덮어 주시고 용서하셨습니다. 그리고 예루살렘으로 돌아오게 해주셨습니다. 그 사실을 노래하면서 '덮어 주셨다'고 한 것입니다. '덮는다'는 말의 뜻은 눈에 보이지 않게 한다는 것입니다. 지난 죄와 허물을 눈에 띄지 않게 덮어 주셨다는 뜻입니다.

가까운 사람, 친한 사람, 사랑하는 사람의 허물이나 잘못은 덮어 줍니다. 그러나 가깝지 않은 사람, 사랑하지 않은 사람의 허물은 드러냅니다. '청문회'라는 게 그 대표적 사례입니다. 내 편은 덮고, 상대편은 할퀴고 드러냅니다. 그러나 하나님이 덮어 주시는 것은 성격이 전혀 다릅니다. 그냥 덮어 주는 것이 아닙니다. 무조건 덮어 주시는 것이 아닙니다. 본문에서 자세히 설명합니다. "사하시고"(2절)라고 했습니다.

'사하시고'는 히브리어로 '나사'라는 말입니다. 그 뜻은 '담당하다'입니다. 여기 깊은 뜻이 있습니다. 내 죄를 사하시기 위해 예수님이 그 죄를 대신 담당하시고 십자가에 죽으셨습니다. 덮어 놓고 그냥 "너 죄 없다. 용서한다"가 아닙니다. "내가 네 죄를 담당했다. 내가 네 죄를 대신했다." 이것이 하나님의 대속, 용서의 방법입니다.

왜 덮어 주십니까? 사랑하기 때문입니다. 잠언 10장 12절을 보면 "미움은 다툼을 일으켜도 사랑은 모든 허물을 가리느니라"고 했습니다. 베드로전서 4장 8절에서도 "무엇보다도 뜨겁게 서로 사랑할지니 사랑은 허다한 죄를 덮느니라"고 말씀하십니다. 두 구절을 종합하면 사랑의 정의가 나옵니다. '사랑은 덮어 주는 것, 가려 주는 것'입니다.

예수님은 나를 덮어 주고 가려 주시기 위해 자신을 찢고 벌거벗고 죽으셨습니다. 십자가에서의 모습을 보면 다 벗으셨습니다. 걸친 게 아무것도 없습니다. 상처투성이입니다. 왜입니까? 누구 때문입니까? 나를 덮어 주시기 위해서입니다. 우리는 그 예수를 믿는 사람들입니다. 그렇다면 덮어 주는 삶을 실천해야 합니다. 덮어 주고 바람막이가 되어 주고 편을 들어 주고 토닥거려 주고 위로하는 사람이 됩시다.

고라의 자손들은 멀고 먼 옛날 자기네 조상들이 저지른 죄악을 기억했을 것입니다. 그럼에도 불구하고 자신들의 죄를 덮어 주시는 하나님의 사랑에 감격하며 이 노래를 불렀을 것입니다. "덮어 주시는 하나님."

둘째로 다시 살리시는 하나님이십니다.
6절을 보겠습니다.

> "주께서 우리를 다시 살리사 주의 백성이 주를 기뻐하도록 하지 아니하시겠나이까."

7절에서는 "여호와여 주의 인자하심을 우리에게 보이시며 주의 구원을 우리에게 주소서"라고 했습니다. '살리다'는 '구원하다'와 같은 뜻입니다.

왜 '살려 주십시오, 구원해 주십시오'라고 했을까요? 그것은 인간에게는 다시 살리는 힘이 없기 때문입니다. 구원자가 아니기 때문입니다. 살리고 구원하는 능력은 하나님께 있습니다. 그래서 '살려 주십시오, 구원해 주십시오'라고 한 것입니다.

성경은 단언합니다. "다른 구원자는 없다. 다른 길은 없다." 사도행전 4장 12절입니다. "다른 이로써는 구원을 받을 수 없나니 천하 사람 중에 구원을 받을 만한 다른 이름을 우리에게 주신 일이 없음이라." 이사야 47장 4절은 "우리의 구원자는 그의 이름이 만군의 여호와 이스라엘의 거룩한 이시니라"고 했습니다.

요한복음 14장 6절에서도 주님이 직접 말씀하셨습니다. "예수께서 이르시되 내가 곧 길이요 진리요 생명이니 나로 말미암지 않고는 아버지께로 올 자가 없느니라."

어떤 사람이 실수로 깊은 웅덩이에 빠졌습니다. 생수가 솟아 물은 차오르고 체온은 식어가고 죽기 일보 직전입니다. 소리를 지릅니다. "사람 살려!" 지나가던 사람이 "배고프겠구려, 춥겠구려"라며 옷과 빵을 던져줍니다. 이건 사회사업, 구제사업입니다. 다른 사람이 지나가다가 들여다보며 "잠시만 기다리시오, 이런 경우 어떻게 해야 되는지 문헌을 살펴보고 연구한 후 방법을 대드리리다"라고 합니다. 이건 교육 사업입니다. 지금 그 사람에게 필요한 건 옷도, 빵도, 문헌도, 논문도 아닙니다. 다른 사람이 들여다보며 "노끈을 만들어 내려보낼 건데, 놓치면 큰일 납니다. 내가 끌어 올려 주리다"라며 올라올 수 있게 힘을 쓰다 보니 손바닥이 터져 피가 흐르고 땀이 비 오듯 흐릅니다. 마침내 그 사람을 웅덩이 밖으로 끌어냅니다.

유치한 얘기 같지만 이게 복음입니다. 영혼을 살리고 구원하시는 예수 그리스도를 전하고 선포하는 것이 교회가 할 일이고 내가 할 일입니다.

유능한 의사는 환자의 병을 바로 진단하고 고쳐줍니다. 그리고 좋은 의사는 환자의 병을 보기 전에 환자의 생명을 봅니다. 병을 고치기 전에 먼저 인간을 사랑하고 존재의 아픔을 보게 됩니다.

예수 그리스도는 명의 중의 명의이십니다. 많은 병자를 고치셨습니다. 그러나 단 한 번도 병만 고친 일은 없습니다. 그 영혼을 사랑하셨습니다. 인간을 사랑하셨습니다. 구주 예수 그리스도, 살리시고 고치시고 구원하시고! 고라 자손들의 고백은 옳은 고백, 바른 노래입니다.

셋째로 좋은 것을 주시는 하나님이십니다.
12절을 보겠습니다.

> "여호와께서 좋은 것을 주시리니 우리 땅이 그 산물을 내리로다."

'좋은 것'의 의미는 메마른 땅의 단비라는 뜻도 있고 하나님이 베푸시는 은혜라는 뜻도 있습니다.

야고보서 1장 5절을 보겠습니다. "너희 중에 누구든지 지혜가 부족하거든 모든 사람에게 후히 주시고 꾸짖지 아니하시는 하나님께 구하라 그리하면 주시리라"고 했습니다. "지혜가 부족하거든"이라고 나오는데, 지혜만 부족합니까? 오만 가지가 다 부족합니다. "후히 주시고"는 넉넉하게, 넘치게 주신다는 뜻입니다. 누가 그렇게 줄 수 있습니까? 하나님이 주신다는 것입니다. "꾸짖지 아니하시고"는 "넌 맨날 그 모양이야, 왜 규모가 없어? 지난번에도 줬잖아, 왜 맨날 졸라?" 하며 꾸짖지 않으신다는 것입니다. 꾸짖고 말씀하신다면 구할 수 있겠습니까?

요즘은 인터넷, 홈쇼핑이 유행이어서 상품을 직접 보지 않고 주문하고 배송을 받게 됩니다. 그런데 간혹 주문 상품과 질이 다른 상품이 배송될 때가 있다고 합니다. 사람이 만든 상품은 좋은 것도 있고 나쁜 것도 있습니다. 그러나 하나님이 주시는 것은 나쁜 것이 없습니다.

주님이 말씀하셨습니다. 마태복음 7장 11절입니다. "너희가 악한 자라도 좋은 것으로 자식에게 줄 줄 알거든 하물며 하늘에 계신 너희 아버지께서 구하는 자에게 좋은 것으로 주시지 않겠느냐"라고 했습니다. 누가복음 11장 13절에서는 "성령을 주시지 않겠느냐"라고 했습니다. 육적인 것, 물질적인 것, 삶에 필요한 것들, 영적인 것들을 주신다는 것입니다.

더 좋은 것을 주시는 하나님, 아낌없이 주시는 하나님! 독생자 예수 그리스도의 생명까지 다 주셨습니다. 이것이 '다 주신다'의 핵심입니다. 생명을 주심으로 나를 살리셨습니다. 나를 구원하셨습니다.

정리를 하겠습니다. 고라 자손의 이야기가 주는 교훈은 무엇입니까?

첫째, 바른 삶으로 저주의 고리를 끊었다는 것입니다.
위에서 말씀드린 대로 고라의 반역으로 무서운 징계를 받았습니다. 그런데 그 후손들은 하나님을 경외하고 바르게 살면서 자기네 직임을 감당했습니다. 저주의 고리를 끊은 것입니다.

조상들이 죄를 범했더라도 자손들이 회개하고 바로 살면 저주가 물러갑니다. 하지만 조상들이 믿음으로 살았더라도 자손들이 하나님을 멀리하고 죄짓고 타락하면 저주와 심판을 받게 됩니다.

더욱이 구원받는 것은 조상의 믿음으로 받는 것이 아닙니다. 내 믿음으로 받는 것입니다. 불행과 저주와 심판의 연결고리를 끊는 방법은 내가 바로 믿고 바로 사는 것입니다.

둘째, 지난 일을 기억해야 합니다.

고라 자손들은 조상들이 저질렀던 아픈 역사를 기억했습니다. 그리고 교훈으로 삼았습니다. 만일 고라의 자손들이 지난 역사를 잊어버렸다면 저주받은 후손이 됐을 것입니다.

치매 증상 가운데 단기 기억장애라는 것이 있다고 합니다. 15년 전 생일잔치를 어디서 했고, 누구누구 참석했고, 그때 메뉴는 뭐였는가를 기억합니다. 그러나 오늘 아침 뭘 먹었는지, 반찬이 뭐였는지는 기억을 못 하는 것을 단기 기억장애라고 합니다.

이사야 46장 9절을 보면 "너희는 옛적 일을 기억하라 나는 하나님이라 나 외에 다른 이가 없느니라 나는 하나님이라 나 같은 이가 없느니라"고 했습니다. 하나님의 은혜, 내가 받은 그 사랑을 잊지 맙시다.

셋째, 맡은 일에 최선을 다해야 합니다.

만일 고라 자손들이 "우리네 조상들이 했던 그 일, 성전문을 지키고 비품관리하고 심부름하던 그 일을 우리가 다시 해야 돼?"라며 불평하고 딴청을 부렸다면 그들은 버림받았을 것입니다.

시편 84편은 고라 자손이 지은 시입니다. 84편 안에서 "주의 장막이 어찌 그리 사랑스러운지요", "내 영혼이 여호와의 궁정을 사모합니다", "내 하나님의 성전 문지기로 있는 것이 좋습니다"라고 노래했습니다. 이 고백 속에서 무엇을 배워야 합니까? 깨달음이 있습니까, 없습니까? 문지기도 좋습니다!

지난 5월 9일 한국과학기술원(KAIST)을 찾아온 사람이 있었습니다. 300억 상당의 건물을 기증하겠다고 했는데, 자신의 신분을 드러내지 않고 모자를 눌러쓰고 마스크를 하고 있었습니다. 형편이 어려운 학생들 장학금과 의과학·바이오 분야 연구지원금으로 써달라고 했습니다.

그가 남기고 갔다는 말이 감동적입니다. "살아가면서 필요 이상의 돈이 쌓이는 것에 대한 부담이 항상 있었다. 젊은 나이에 기부하게 되어 이제부터는 홀가분한 기분으로 편안하게 잠을 잘 수 있을 것 같다"라는 말을 남기고 KAIST를 떠났습니다.

내가 할 수 있는 일을 하십시다. 내가 맡은 일을 하십시다. 고라의 자손들은 말합니다. "문지기라도 최선을 다하라"고 말입니다. 내가 해야 될 일은 무엇입니까? 그 일을 오늘 여기서 합시다!

안심 전략

🍁 **마태복음 14:22-33**

예수께서 즉시 제자들을 재촉하사 자기가 무리를 보내는 동안에 배를 타고 앞서 건너편으로 가게 하시고 무리를 보내신 후에 기도하러 따로 산에 올라가시니라 저물매 거기 혼자 계시더니 배가 이미 육지에서 수 리나 떠나서 바람이 거스르므로 물결로 말미암아 고난을 당하더라 밤 사경에 예수께서 바다 위로 걸어서 제자들에게 오시니 제자들이 그가 바다 위로 걸어오심을 보고 놀라 유령이라 하며 무서워하여 소리지르거늘 예수께서 즉시 이르시되 안심하라 나니 두려워하지 말라 베드로가 대답하여 이르되 주여 만일 주님이시거든 나를 명하사 물 위로 오라 하소서 하니 오라 하시니 베드로가 배에서 내려 물 위로 걸어서 예수께로 가되 바람을 보고 무서워 빠져 가는지라 소리질러 이르되 주여 나를 구원하소서 하니 예수께서 즉시 손을 내밀어 그를 붙잡으시며 이르시되 믿음이 작은 자여 왜 의심하였느냐 하시고 배에 함께 오르매 바람이 그치는지라 배에 있는 사람들이 예수께 절하며 이르되 진실로 하나님의 아들이로소이다 하더라

설교 제목을 "안심 전략"으로 정한 배경을 말씀드리겠습니다.
어느 날 제자들끼리 갈릴리 바다를 건너가고 있었습니다. 그리고 가다가 풍랑을 만났습니다. 죽게 되었다고 소리지르며 무서워하는 제자들에게 예수님이 물 위로 걸어오시며 하신 말씀은 "안심하라 나니 두려워하지 말라"였습니다. 그렇게 예수님을 바라보고 물 위로 걸어

가던 베드로가 물결을 바라보는 순간 물속에 빠져들게 되었습니다. 그에게 하신 말씀은 "믿음이 작은 자여 왜 의심하느냐"였습니다.

우리에게도 풍파가 있고 파도가 있습니다. "안심하라"는 말씀이 필요합니다. 그래서 '안심'을 제목으로 정했고, 안심할 수 있는 방법을 찾기 위해 "안심 전략"이라는 제목으로 정했습니다.

'전략'은 군사용어입니다. 그러나 요즘은 광범위하게 사용합니다. 경영 전략, 기업 전략, 마케팅 전략, 운영 전략, 성장 전략, 경기 전략, 홍보 전략 등 다양합니다. 인생도 전략에 따라 성패가 결정되고, 신앙생활도 전략에 따라 성패가 결정됩니다.

사람의 마음을 연구하는 학문을 심리학이라고 합니다. 1870년대 독일 사람 분트가 과학적 방법으로 인간의 심리를 연구하기 시작한 데서 근대 심리학이 출발했습니다. 심리학이 어려운 이유는 보이지 않고 변덕스럽기 짝이 없는 사람의 마음을 연구하는 학문이기 때문입니다.

제자들의 마음 역시 변덕이 심했습니다. 베드로도 그랬습니다. 타고 가던 배가 풍랑을 만나자 다 죽게 된 것처럼 겁에 질려 소리지르고 법석을 떨었습니다. 예수님은 그들에게 "안심하라"고 말씀하시고 풍랑을 잔잔케 해주셨습니다.

본문이 주는 몇 가지 교훈을 찾아보겠습니다.

첫째로 풍랑이란 무엇입니까?

사전적 의미는 거센 바람 때문에 일어나는 물결입니다. 바람은 무섭습니다. 토네이도는 자동차를 100미터 이상 날려버리고 허리케인은 지상에 있는 것들을 싹 쓸어버립니다. 그러나 그것들보다 더 무섭고 피하기 힘든 폭풍이 있습니다. 그것은 인생의 폭풍입니다. 예기치 않은 질병, 실패, 죽음, 절망, 좌절, 고통 등이 인생의 풍랑들입니다.

피할 길도 없고, 피할 방법도 없습니다. 이 풍랑은 언제나 있고, 어디나 있고, 누구에게나 있습니다.

　본문 말씀을 통해 제자들도 풍랑을 만날 수 있다는 사실을 발견하게 됩니다. 그렇습니다. 제자들도, 우리도 시험과 시련의 풍랑을 만납니다. 요셉도 시험당했고, 욥도 시험당했습니다. 잘못한 것이 없는데 고통당했습니다. 베드로도 물에 빠졌고, 제자들도 풍랑을 만났습니다. 이 논리대로라면 "예수 믿어도 풍랑 만난다, 교회 다녀도 어려운 일 당한다"가 됩니다. 예외는 없습니다. 잘못한 일이 없어도 어려운 일을 당할 수 있고, 시험을 당할 수 있습니다.

　그러나 그 시험, 그 풍랑을 해결하는 사람도 있고, 해결하지 못 하는 사람도 있습니다. 이번 설교의 핵심은 시험, 고통, 절망, 질병, 실패를 해결하는 전략을 찾자는 것입니다.

　갈릴리 바다는 사실 호수입니다. 남북 길이는 21km, 폭은 13km, 제일 깊은 곳의 수심은 43m입니다. 세계에서 제일 큰 호수는 카스피 호입니다. 넓이는 38만 6천 4백㎢, 제일 깊은 곳은 1,024m입니다. 한국이 22만㎢이니까 훨씬 큽니다. 거기 비하면 갈릴리 바다는 작은 호수입니다. 그런데 지형조건 때문에 때로 폭풍이 몰아치고 파도가 일어납니다.

　제자들이 그 파도를 만난 것입니다. 풍랑은 갈릴리 바다에만 있는 것이 아닙니다. 태평양, 대서양, 인도양, 북극해, 남극해, 동해, 서해에 다 있습니다. 아프리카, 아시아, 유럽, 북남미 어디나 풍랑이 있습니다. 여기저기 풍랑이 있습니다. 물론 개인차는 있습니다.

　마태복음 14장 13-21절 말씀에는 예수님이 물고기 2마리와 보리떡 5개로 5천 명을 먹인 기사가 나옵니다. 이 기적은 제자들을 들뜨고 흥분하게 만들었습니다. 그들은 배를 타고 바다를 건너가면서도 그 이야기를 주고받았을 것입니다. 그러나 예수님은 제자들을 먼저 보내시고 따로 기도하러 산에 올라가셨습니다(마 14:23). 우리는 여기서 다른 두 모습을 발견하게 됩니다. 그것은 흥분한 제자들과 기도하러 산에 올라가신 예수님의 모습입니다.

기뻐하는 것과 흥분하는 것은 다릅니다. 흥분하면 자기 감정조절이 안 됩니다. 그래서 실수하기가 쉽습니다. 기독교는 흥분시키는 종교가 아닙니다. 감격이 있고, 기쁨이 있지만, 흥분상태에 몰입하는 종교는 아닙니다.

흥분한 제자들이 풍랑을 만났습니다. 그때 예수님이 물 위로 걸어오고 계셨습니다. 그러자 그들은 "유령이다!" 하며 겁에 질려 소리 질렀습니다.

둘째로 안심 전략(해법)을 찾겠습니다.

첫째는 "두려워 말라"입니다.

풍랑으로 겁내고 소리 지르는 제자들 눈에 물 위로 걸어오는 물체가 보였습니다. 유령이라며 더 크게 소리를 질렀습니다. 그들에게 예수님은 "나니 두려워 말라"고 말씀하셨습니다. "나다. 겁내지 말라." 출애굽기 3장 14절을 보면 하나님의 이름을 스스로 있는 자라고 했습니다. "나는 곧 나다"라는 뜻입니다.

때는 밤 4경이었습니다. 로마 사람들은 밤을 4경으로 나눴습니다. 1경은 저녁 6~9시, 2경은 9~12시, 3경은 12~새벽 3시, 4경은 새벽 3~6시입니다. 예수님은 새벽까지 기도하시고 풍랑 이는 바다 위로 걸어오고 계셨습니다. 칠흑처럼 어두운 새벽 파도를 밟고 걸어오는 물체가 예수님이라고 믿지 못한 것입니다. 그래서 유령이라고 한 것입니다.

예수님을 유령이라며 겁내는 제자들, 우리 모습은 아닌지요? 예수님은 그들에게 두려워 말라고 하셨습니다. 그 뜻은 즉시 두려움에서 헤어 나오라는 것입니다.

바다를 항해하는 배가 겁나는 것이 있습니다. 그것은 빙산, 암초, 폭풍입니다. 비행기 조종사가 겁나는 것이 있습니다. 그것은 기상악화와 버드 스트라이크입니다. 버드 스트라이크란 새와 비행기가 충돌하는 것을 말합니다. 국내에서는 1990~2000년, 그 10년 사이에 400여 건이 있었고, 전 세계적으로는 연간 10만 건이 넘는다고 합니다. 그 피해액은 1조 3천 억에 달합니다. 이 사고는 비행기가 이착륙할 때 일어나는데 참새 한 마리와 부딪치면 참새만 죽는 게 아니고 비행기 기체에 구멍이 뚫리기도 하고, 부속품이 떨어져 나가기도 한다고 합니다. 이 사고로 비행기가 추락하거나 불시착하기도 합니다.

예수님의 제자들은 두려움이라는 풍랑과 충돌했습니다. 그리고 믿음이 무너지면서 예수님을 향해 유령이라고 헛소리하는 상황을 빚어냈습니다. 그들에게 "두려워 말라"고 말씀하셨습니다.

이사야 41장도 "두려워 말라"고 말씀하고 있습니다. 41장 10절에서는 "두려워하지 말라 내가 너와 함께함이라 놀라지 말라 나는 네 하나님이 됨이라"고 했고, 13절에서도 "두려워하지 말라 내가 너를 도우리라"고 했고, 14절에서도 "두려워하지 말라……내가 너를 도울 것이라"고 했습니다. 두려워하지 않아야 하는 이유가 분명합니다. "내가 너를 택하고 싫어하여 버리지 아니하였다"(9절), "나의 의로운 오른손으로 너를 붙들리라"(10절), "내가 너를 도울 것이라"(14절)는 말씀들로 약속을 하셨습니다. 두려워하지 않아야 할 이유가 명확합니다.

둘째는 "의심하지 말라"입니다.

물 위로 걸어오시는 분이 유령이 아니라 예수님인 것을 알게 된 베드로가 "나를 명하사 물 위로 오라 하소서"라고 소리치자 주님은 "오라"고 하셨습니다. 물 위를 걸어 예수님께로 가던 베드로가 바람을 보고 무서워 빠지게 되자 소리쳐 구원해 달라고 했고, 예수님은 손을 잡아 건져 주시며 "믿음이 작은 자여, 왜 의심하였느냐"라고 하셨습니다. "믿음이 작은 자"라는 말의 뜻은 믿음이 전혀 없다는 것이 아니고 믿음이 모자란다, 절반만 믿는다는 뜻입니다. 그리고 의심이란 말의 뜻은 우왕좌왕한다, 갈피를 잡지 못한다, 허둥댄다는 뜻입니다. 그러니까 그때 베드로는 바람과 파도를 보는 순간 우왕좌왕했고, 허둥대고 어떻게 할지 갈피를 잡지 못한 것입니다. 그러다가 물속에 빠져 죽게 된 것입니다.

베드로가 누굽니까? 갈릴리 바다를 누비는 어부입니다. 대장부이고 믿음의 대가입니다. 그러나 베드로라도 예수님을 바라보다가 파도를 바라보는 순간 바다에 빠져 죽게 된 것입니다. 우리도 마찬가지입니다. 예수님을 바라보다가 딴 것을 바라보면 물속에 빠집니다. 순간입니다. 서서히 빠지는 것이 아닙니다. 시선을 옮기는 순간 침몰합니다.

1912년 4월 14일 당시 세계 최고의 호화여객선 타이타닉호가 빙산과 충돌해 침몰했습니다. 배를 만든 사람들은 "하나님도 이 배는 침몰시킬 수 없다"라고 호언했습니다. 그러나 그 배는 2시간 40분 만에 바다 아래로 가라앉았습니다. 4만 6천 톤이 넘는 초호와 여객선이 가라앉은 것입니다. 불신과 의심의 빙산과 충돌하면 신앙도, 인생도 무너지고 가라앉을 수 있습니다. 베드로가 그랬습니다.

시선을 주님께 고정합시다. 딴 데 바라보지 맙시다. 주파수를 주님에게 맞춥시다. 우왕좌왕하지 맙시다. 헤매지 맙시다.

야고보서 1장 6-7절 말씀을 주목합시다.

"오직 믿음으로 구하고 조금도 의심하지 말라 의심하는 자는 마치 바람에 요동하는 바다 물결 같으니 이런 사람은 무엇이든지 주께 얻기를 생각하지 말라."

의심하고 드리는 기도는 의미도 없고, 응답도 받을 수 없다는 것입니다.

의심하는 사람의 특징은 대드는 것입니다. "하나님, 왜 이러십니까? 이러시면 안 되지요. 제가 뭘 그렇게 잘못했습니까? 기도에 이런 식으로 응답하십니까?"라고 대들고 따집니다. 그러나 믿음의 사람은 "주님이 옳습니다. 잘하셨습니다. 제가 더 잘하겠습니다. 제 믿음 흔들리지 않게 지켜주십시오"라고 합니다. 이것이 의심하지 않는 사람, 믿음 있는 사람의 기도이고 자세입니다.

로마서 9장 20절을 주목합시다.

"이 사람아 네가 누구이기에 감히 하나님께 반문하느냐 지음을 받은 물건이 지은 자에게 어찌 나를 이같이 만들었느냐 말하겠느냐?"

바울은 일생 동안 죽을 고생을 다 했습니다. 매 맞고, 돌에 맞고, 굶고, 헐벗고, 감옥에 갇히고, 병들고 마지막엔 박해자들이 톱으로 켜 죽였습니다. 그러나 그는 단 한 번도 대든 일이 없었습니다. 이유는 간단합니다. 하나님이 하시는 일을 믿었기 때문이고 의심하지 않았기 때문입니다. "의심하지 말라, 왜 의심하느냐?"

셋째는 "안심하라"입니다.

주님은 '안심하라'는 용어를 자주 쓰셨습니다. 몇 군데 예를 찾아보겠습니다. 마태복음 9장 2절을 보면 침상에 누워 있는 중풍병자에게 "안심하라 네 죄 사함을 받았느니라"고 하셨고, 마태복음 9장 22절에서는 12년간 혈루증으로 고생하는 여인에게 "안심하라 네 믿음이 너를 구원하였다"라고 하셨고, 마태복음 14장 27절에서는 풍랑으로 두려워하는 제자들에게 "안심하라 나니 두려워 말라"고 하셨습니다.

안심의 반대말은 염려, 걱정, 근심입니다. 그렇다면 왜 안심할 수 있습니까?

첫째, 하나님이 함께하시기 때문입니다. 바울이 타고 가던 로마행 배가 풍랑을 만나 276명이 다 죽게 됐습니다. 그때의 상황을 사도행전 27장 20절은 이렇게 설명합니다.

"여러 날 동안 해도 별도 보이지 아니하고 큰 풍랑이 그대로 있으매 구원의 여망마저 없어졌더라."

그러나 바울은 사도행전 22, 25절에서 "안심하라"고 했습니다. 그 이유는 "어젯밤 하나님의 사자가 내게 말씀하셨다. '두려워하지 말라. 하나님께서 너와 함께 항해하는 자들을 다 네게 주셨다'고 말씀하셨다. 나는 그 하나님을 믿노라"였습니다.

죽지 않을 이유, 걱정 안 해도 되는 이유, 안심해도 되는 이유는 하나님이 함께하시기 때문입니다.

걱정이 없는 사람은 없습니다. 우리는 걱정, 염려, 불안에 에워싸여 있습니다. 개인적으로도, 국가적으로도 그렇습니다. 그리고 그 문제들을 풀고 해결할 방법도 능력도 없습니다.

이사야 43장을 통해 말씀합니다.

"너는 두려워하지 말라 내가 너를 구속하였고 내가 너를 지명하여 불렀나니 너는 내 것이라"(1절).

"나는 여호와 네 하나님이요 이스라엘의 거룩한 이요 네 구원자임이라"(3절).

불안한 사람들, 걱정거리가 많은 사람들, 두려운 일들이 많은 사람들, 인생의 무서운 풍랑을 만난 사람들은 이사야 43장을 읽고 또 읽고, 그리고 내게 주시는 약속으로 믿고 붙잡아야 합니다.

입술을 깨물고 두 주먹을 쥐고 '걱정하지 말아야지, 안심해야지'라며 다짐한다고 두려움이 사라집니까? 그런다고 안심이 됩니까? 하나님을 향한 믿음, 하나님의 능력으로만 가능합니다.

둘째, 죄 사함 받고 구원받았기 때문입니다.

창세기 3장은 아담이 선악과를 따 먹고 타락한 기사입니다. 하나님이 아담을 부르셨습니다. "아담아, 네가 어디 있느냐." 그때 아담은 하나님의 소리를 듣고 "내가 벗었으므로 두려워하여 숨었나이다"라고 대답했습니다. 죄는 사람을 두렵게 만듭니다.

숨는다고 죄가 없어지는 것이 아닙니다. 죄 사함을 받아야 평안해집니다. 그래서 주님은 병자를 고치실 때도 "네 죄 사함을 받았다"라고 말씀하셨습니다.

내 죄를 사하시기 위해 주님이 친히 십자가에 죽으셨습니다. 이 사실을 이사야 53장 5절에서 이렇게 설명합니다.

> "그가 찔림은 우리의 허물 때문이요 그가 상함은 우리의 죄악 때문이라 그가 징계를 받음으로 우리는 평화를 누리고 그가 채찍에 맞음으로 우리는 나음을 받았도다."

찔리고 상처받고 징계받고 채찍에 맞고 십자가에 달려 죽으신 사건을 대속이라고 합니다. 그리고 십자가 사건이라고 합니다. 그 결과 나는 구원받고 평화를 누리고 고침을 받고 안심을 얻게 된 것입니다. 우리가 할 일은 그토록 값지게 주신 안심과 평안을 지키고 누리는 것입니다.

본문 속에서 결론을 찾겠습니다.

"안심하라 나니 두려워말라."

"믿음이 작은 자여 왜 의심하였느냐."

그 다음이 중요합니다. "배에 함께 오르매 바람이 그치는지라"(마 14:32)고 기록되어 있습니다.

성난 파도, 휘몰아치는 폭풍도 예수님이 배에 오르시는 순간 잠잠해졌습니다.

위대한 안심 전략이 무엇입니까? 어떻게 풀어야 합니까? 답을 어디서 찾아야 합니까? 위대한 안심 전략, 불안 퇴치법이 있습니다. 그것은 내 인생의 배 안에 예수님을 모시는 것입니다.

세계에서 제일 높은 산은 에베레스트산입니다. 8,849미터입니다. 그러나 등산가들은 산이 높다고 겁내거나 포기하지 않습니다. 세계에서 가장 깊은 바다는 마리아나 해구입니다. 최대 수심은 11,034m입니다. 항해가들은 바다가 깊다고 피해 가지 않습니다.

믿음의 사람들은 문제가 크냐 작으냐, 어려우냐 쉬우냐를 보지 않습니다. 예수님과 함께합니다. 걱정도, 근심도, 염려도, 주님과 함께함으로 풀어버립니다. 그것이 안심 전략, 안심 해법입니다.

"배에 함께 오르매 바람이 그치는지라." 아멘!

일곱 번 씻으라

🍁 **열왕기하 5:9-14**

나아만이 이에 말들과 병거들을 거느리고 이르러 엘리사의 집 문에 서니 엘리사가 사자를 그에게 보내 이르되 너는 가서 요단 강에 몸을 일곱 번 씻으라 네 살이 회복되어 깨끗하리라 하는지라 나아만이 노하여 물러가며 이르되 내 생각에는 그가 내게로 나와 서서 그의 하나님 여호와의 이름을 부르고 그의 손을 그 부위 위에 흔들어 나병을 고칠까 하였도다 다메섹 강 아바나와 바르발은 이스라엘 모든 강물보다 낫지 아니하냐 내가 거기서 몸을 씻으면 깨끗하게 되지 아니하랴 하고 몸을 돌려 분노하여 떠나니 그의 종들이 나아와서 말하여 이르되 내 아버지여 선지자가 당신에게 큰 일을 행하라 말하였더면 행하지 아니하였으리이까 하물며 당신에게 이르기를 씻어 깨끗하게 하라 함이리이까 하니 나아만이 이에 내려가서 하나님의 사람의 말대로 요단 강에 일곱 번 몸을 잠그니 그의 살이 어린아이의 살 같이 회복되어 깨끗하게 되었더라

북왕국 이스라엘 가까운 곳에 아람이라는 나라가 있었습니다. 거리는 240km 정도이니까 서울에서 대구까지의 거리로 보면 됩니다. 창세기 10장 22-23절을 보면 노아의 아들 셈의 족보가 나옵니다. 셈은 다섯 아들을 낳았는데 그중 하나가 아람입니다. 그가 훗날 아람 민족의 조상이 된 것입니다. 아람의 후손들은 그 당시 비옥한 땅 메소포타미아에 거주했습니다. 셈의 자손들은 중동 지역에 자리 잡고,

함의 자손들은 아랍, 이집트, 북아프리카에, 야벳의 후손들은 소아시아와 유럽에 자리 잡고 살았습니다.

아람 나라는 현재 시리아 지역으로 보면 됩니다. 이스라엘과 아람은 사이가 좋을 때도 있었고, 전쟁을 치를 때도 있었습니다. 열왕기하 5장의 기사는 이스라엘 여호람이 왕으로 나라를 다스릴 때였고, 엘리사 선지자가 활동하고 있을 때 있었던 일입니다.

어느 날 아람 나라의 국방장관 나아만이 왕의 친서를 휴대하고 이스라엘 나라를 방문했습니다. 친서 내용은 왕이 가장 신임하고 사랑하는 나아만 장관이 나병으로 고생하는데 고쳐 주길 바란다는 것이었습니다. 친서를 받은 왕은 놀랐습니다. 두 가지 이유 때문입니다.

첫째, 나병은 고칠 수 없는 병이었기 때문입니다. '내가 어떻게 나병을 고칠 수 있단 말인가? 내가 사람을 살리고 죽이는 하나님이냐'라며 옷을 찢고 고민에 빠졌습니다.

둘째, 이 사건을 구실로 시비를 걸고 침략하려는 것으로 생각했습니다. 당시 국력을 보면, 아람은 강하고 큰 나라였습니다. 왕이 옷을 찢고 고민에 빠져 있다는 소문이 엘리사에게 전해졌습니다. 엘리사가 왕에게 사람을 보내 "왕이 어찌하여 옷을 찢었나이까 그 사람을 내게로 오게 하소서"(5:8)라고 했습니다. 그렇게 나아만은 엘리사가 거처하고 있는 산동네를 찾아갔습니다. 그 이후에 일어난 일들을 조명해 보겠습니다.

첫째로 직접 만나주지 않았습니다.

엘리사의 거처를 방문한 나아만은 아람 왕국의 제2인자, 국방장관, 왕의 신임을 받는 사람입니다. 뛰쳐나와 예의를 갖추고 영접해야 합니다. 그리고 병세를 확인하고 살펴보는 것이 예의입니다. "고생 많았습니다. 먼 길 오느라 수고했습니다. 걱정하지 마십시오. 잘 오셨습니다. 내가 고쳐 주겠습니다" 하며 환대해 줬어야 합니다. 그런데 엘리사는 내다보지도 않았습니다. 나아만으로서는 자존심이 상했습니다. 무명 선지자, 가난한 선지자, 사마리아 변두리 산등성이에서 거처하는 선지가가 절대 권력을 가진 국방장관을 대하는 태도가 마음에 들지 않았습니다. 그래서 11절을 보면 "나아만이 노하여 물러가며 이르되 내 생각에는 그가 내게로 나와 서서 그의 하나님 여호와의 이름을 부르고 그의 손을 그 부위 위에 흔들어 나병을 고칠까 하였도다"라며 대노했습니다.

사람마다 자존심이 있습니다. '남에게 굽히지 않고 스스로의 품위를 지키려는 마음'을 자존심이라고 합니다. 예외 없이 자존심이 상하거나 눌리면 민감한 반응을 하게 됩니다. 나아만으로서는 있을 수 없는 일을 당한 것입니다.

둘째로 요단강에 가서 일곱 번 씻으라고 했습니다.

이 말은 나아만을 더 화나게 만들었습니다. 나아만의 방문은 목욕하기 위해서가 아닙니다. 요단강 물은 우기에는 흙탕물로 변하고 건기에는 수량이 줄어 얕은 개천이 됩니다. 목욕을 할 만한 강이 아닙니다. 그러나 아람 나라의 경우 레바논 산맥에서 발원해 흐르는 큰 강 아바나와 바르발 강이 있습니다. 물이 맑고 깨끗해 유럽 사람들은 황금의 강이라고 불렀습니다. 그런 강을 놔두고 왜 요단강에서, 그것도 일곱 번씩이나 몸을 담가야 하겠습니까? 그리고 엘리사가 거처하는 산등성이에서 요단강까지는 30km를 가야 합니다. 흙먼지가 일어나고 울퉁불퉁한 시골길입니다. 분노가 치민 나아만이 아람으로 돌아가자며 발길을 돌린 것은 당연합니다. 그러나 그때, 거기서 자존심 때문에 돌아갔다면 그는 평생 나병을 안고 살다가 죽었을 것입니다.

셋째로 수행원들의 조언을 받아들였습니다.

그 당시는 종들이지만 지금으로 본다면 수행원들입니다. 나아만의 분노에 수행원들이 취할 수 있는 태도는 두 가지입니다. "이럴 수 없습니다. 말도 안 됩니다. 이건 모욕입니다. 돌아가십시다. 그리고 이 동네를 진멸해 버립시다" 하며 부추길 수 있습니다. 그것은 좋은 태도가 아닙니다. 더욱이 그리스도인이라는 사람들이 그러면 안 됩니다. "그럴 수 없어. 가만 있으면 안 돼. 어떻게 참아"라고 하면서 성난 사람을 부추기는 것은 나쁜 자세입니다.

그러나 나아만의 수행원들은 달랐습니다. 훌륭한 종들이었습니다. 13절을 보겠습니다. "그의 종들이 나아와서 말하여 이르되 내 아버지여 선지자가 당신에게 큰 일을 행하라 말하였더면 행하지 아니하였으리이까 하물며 당신에게 이르기를 씻어 깨끗하게 하라 함이리이까"는 '그냥 가시면 안 됩니다. 씻으면 깨끗하게 된다는데 해보십시다'라고 한 것입니다. 수행원들의 긍정적 조언이 아니었다면 나아만은 돌아갔을 것이고 고침받지 못했을 것입니다.

멘토(mantor)라는 말이 있습니다. 경험이나 지식이 많은 사람이 스승 역할을 하는 것, 그리고 지도하고 조언하도록 돕는 사람을 멘토라고 합니다. 멘티(mantee)라는 말이 있습니다. 멘토의 조언과 지도를 받고 따르는 사람을 멘티라고 합니다. 나아만의 종들은 종이라기보다 훌륭한 멘토였습니다. 그리고 나아만은 멘토의 조언을 듣고 따른 훌륭한 멘티였습니다. 바른 멘토가 돼야 하고, 믿고 따르는 멘티가 돼야 합니다.

주경학자 카일은 그 종들을 "지혜로운 종들이라"고 했고, 랑게는 "주인을 내 아버지라고 한 것은 주인을 존경하고 충성한 것"이라고 했습니다. 다른 사람을 얕잡아 보는 것도, 아첨하는 것도 바른 자세는 아닙니다. 나아만과 수행원들의 자세가 아름답습니다. 이런 풍토가 교회와 사회에도 자리 잡아야 합니다.

넷째로 요단강으로 가서 그대로 했습니다.

성경에서 일곱(7)은 완전수입니다. 요한계시록에는 7이라는 숫자가 많이 나옵니다. 일곱 교회, 일곱 면류관, 일곱 금 촛대, 일곱 별, 일곱 인, 일곱 나팔 등 언급이 많습니다. 완전수이기 때문입니다. 왜 일곱 번 씻으라고 했을까요?

첫째, 나아만의 교만을 꺾기 위해서입니다. 나아만은 자신의 지위 때문에 왕을 제외한 모든 사람에게 명령과 지시를 하며 살았습니다. 그러나 하나님의 능력 앞에 자신을 내려놓고 교만을 버려야 합니다. 일곱 번 씻으라는 것은 '완전히 순복하라, 너 자신의 교만과 자존심을 버리라'는 것입니다. 자아가 살아 있으면 주님이 내 안에 머무실 공간이 없습니다. 요단강이 아니라 흙탕물, 구정물통이라도 들어가라면 7번, 70번이라도 들어가야 문제가 해결되고, 병이 고침받고, 인생이 새로워집니다. 교만을 버리지 않으면 하나님의 역사가 일어나지 않습니다.

히브리어 가운데 '쇠바'라는 단어가 있습니다. 그 뜻은 '완전하다'인데 일곱을 나타낼 때도 '쇠바'라는 단어를 사용했습니다. 그러니까 '일곱'이라는 말과 '완전히'라는 말이 같은 뜻으로 사용된 것입니다.

'완전히 꺾어라. 완전히 죽어라. 완전히 깨져라. 부서져라! 그래야 네가 산다'입니다.

둘째, 씻는 것은 고침받은 후에 거치는 절차입니다.

레위기 14장에는 나병환자에 대한 규례가 나옵니다. 구약시대는 병원도, 의사도 없었습니다. 나병의 경우 감염 여부나 치료 여부를 제사장이 판별했습니다. 일단 나병에 걸리면 살고 있던 동네와 가정을 떠나야 합니다. 감염을 막기 위해서입니다. 진 밖에 나가 살던 나환자가 치료됐을 경우 무조건 가정이나 동네로 들어올 수는 없습니다. 제사장이 사실 여부를 확인한 후 완전히 치료된 사람은 정결케 되는 예식을 거쳐야 합니다. 그 절차를 레위기 14장에서 설명하고 있습니다. 그 정결 절차 가운데 하나가 옷을 빨고 몸을 물로 씻는 것입니다 (14:9).

물로 몸을 씻는 것은 완전히 치료됐다는 증거입니다. 그렇게 본다면 엘리사 선지자가 나아만에게 '가서 씻으라'고 한 것은 '너는 이미 치료됐다'는 선포가 됩니다. 요단강까지 30km를 걸어서 가는 것, 그리고 일곱 번 목욕하는 것은 이미 고쳤다는 말씀을 믿고 순종하는 것입니다.

비슷한 예를 찾아보겠습니다. 요한복음 9장 이야기입니다. 날 때부터 앞을 보지 못하는 맹인이 있었습니다. 어느 날 예수님이 길을 가시다가 그를 만났습니다. 땅에 침을 뱉어 진흙을 이겨 그의 눈에 바르신 후 "실로암 못에 가서 씻으라"고 말씀하셨습니다. "이에 가서 씻고 밝은 눈으로 왔더라"(요 9:7)고 나옵니다.

침을 뱉어 만든 진흙을 눈에 발랐습니다. 기분이 좋았겠습니까? 실로암 연못까지 가는 길은 험한 길이어서 쉽지 않습니다. 그러나 그런 이유들 때문에 실로암으로 가지 않았다면 고침을 받지 못합니다. 가서 씻어야 치료가 완성됩니다. 말씀대로 100% 순종해야 합니다.

나아만은 요단강으로 갔습니다. 그리고 일곱 번 그대로 했습니다.

> "요단강에 일곱 번 몸을 잠그니 그의 살이 어린아이의 살같이 회복되어 깨끗하게 되었더라"(5:14).

'일곱 번'이라는 말과 '잠그니'라는 말을 주목해야 합니다. 말씀드린 대로 7은 완전수입니다. 여섯 번으로 안 됩니다. 여섯 번 반으로도 안 됩니다. 일곱 번이라야 합니다.

 맹인이 실로암으로 가다가 "길이 험하다, 힘들다" 하면서 중지했다면, 고침받지 못하는 것입니다. 나아만도 "요단강으로 가기 힘들다, 길이 험하다"라고 하면서 가지 않으면 고침을 받지 못했을 것입니다. 요단강까지 갔더라도 "한 번이면 되지"라며 한 번만 따르면 나병을 못 고칩니다. '전인적 순종, 전폭적 순종, 100% 순종'이라야 합니다.

 '잠그다'의 뜻도 살펴봐야 합니다. 몸을 물속에 완전히 집어넣는 것을 의미합니다. 족욕이 아닙니다. 반신욕이 아닙니다. 몸 전체를 물속에 집어넣는 것, 전신욕을 의미합니다. 그러니까 일곱 번 몸 전체를 물속에 잠그는 행동을 해야 합니다. 나아만은 그대로 했습니다. 그때 나아만의 모습을 상상해 보십시다.

 청소년이 아닙니다. 요단강에 물놀이 나온 사람이 아닙니다. 아람 왕국의 국방장관입니다. 그가 일곱 번씩 온몸을 물에 잠그는 모습이 어떠했겠습니까? 여기서 걸리면 안 됩니다. '내가 누군데, 내가 이 짓을 해야 돼? 한 번으로 끝내지, 왜 일곱 번이야?' 이 덫에 걸리면 안 됩니다.

 "일곱 번 씻으라!" 이것은 치료를 전제한 하나님의 명령이고 약속입니다. 그 약속대로 하면 고침받고, 안 하면 고침받지 못합니다.

 성경은 하나님이 우리에게 주신 구원의 약속입니다. 핵심 주제는 "믿으라"입니다. 성경 어느 곳에도 "교회 다녀라, 직분 맡아라, 좋은 일 많이 해라, 봉사활동 많이 해라, 헌금해라, 신학 공부해라, 성경 많이 읽으라, 그러면 구원받는다"라는 구절이 없습니다.

 무엇을 '하라'보다 '믿으라'가 먼저입니다. 그리고 '전폭적으로 믿으라, 완전히 믿으라'가 구원의 전제 조건입니다.

 야고보서 1장 6-7절을 보겠습니다.

> "오직 믿음으로 구하고 조금도 의심하지 말라 의심하는 자는 마치 바람에 밀려 요동하는 바다 물결 같으니 이런 사람은 무엇이든지 주께 얻기를 생각하지 말라."

'의심'이라는 원문의 뜻이 여러 가지입니다만 '저울질하다'가 있습니다. 이쪽으로 갈까, 저쪽으로 갈까? 할까, 말까? 갈까, 가지 말까? 이편에 설까, 저편에 설까? 믿을까, 믿지 말까? 이를 저울질하는 것이 의심입니다. 저울질하면 기도 응답도 못 받고, 병도 못 고치고, 구원도 받지 못합니다. 의심하지 않고 믿어야 죄 사함 받고 구원받고 병을 고치고 문제도 해결합니다.

다섯째로 엘리사를 다시 찾아왔습니다.

나병(한센병)은 그 증상이 피부에 드러납니다. 나아만의 살이 어린아이의 살같이 회복되어 깨끗하게 됐다는 것은 완전 치료, 완전 회복이 됐다는 것입니다. 이 놀라운 회복을 경험한 나아만은 아람으로 그냥 돌아갈 수가 없었습니다. 30km를 되짚어 엘리사를 찾아왔습니다. 감사하기 위해서였습니다.

여러 종류의 사람이 있습니다. 받은 은혜와 사랑을 감사하기 위해 다시 찾아오는 사람, 받은 은혜를 모르는 척하는 사람, 오히려 대들고 배신하는 사람, 오래도록 기억하고 기리는 사람입니다.

나아만은 찾아온 사람, 돌아온 사람, 감사한 사람이었습니다. 고린도후서 6장 1절에서 바울은 "우리가 하나님과 함께 일하는 자로서 너희를 권하노니 하나님의 은혜를 헛되이 받지 말라"고 했습니다. 하나님의 은혜를 잊지 말라, 가볍게 여기지 말라, 소홀히 취급하지 말라, 그 은혜를 지키라는 뜻입니다.

나아만은 자기 나라로 돌아가기 전, 두 가지를 제안합니다. 첫째는

"이곳 흙을 가지고 가게 해주십시오. 기념으로 가져가서 흙을 볼 때마다 하나님의 은혜를 기억하겠습니다"였고, 둘째는 "다른 신을 섬기지 않고 하나님께만 제사를 드리겠습니다"였습니다.

이것은 대단한 결단입니다. 당시 아람은 우상숭배 국가였습니다. 아람의 최고신 주신은 하다드였습니다. 이 신은 비를 주관하는 신입니다. 이 신이 비를 내려줘야 농사가 된다고 믿었습니다. 아람으로 돌아간 나아만이 그 후 어떻게 살고 믿었는가에 대한 기록은 없지만 이 고백만 봤을 때에는 대단한 결단인 것입니다.

예수님이 어느 날 예루살렘으로 올라가시기 위해 사마리아와 갈릴리 사이를 지나고 있었습니다. 길거리에서 나환자 열 명을 만났습니다. 그들이 소리쳤습니다. "우리를 불쌍히 여겨 주십시오, 우리를 고쳐주십시오."

그들에게 예수님은 "제사장에게 가서 너희 몸을 보이라"고 하셨습니다. 그것은 "너희 나병을 고쳤다. 제사장에게 가서 확인해라"였습니다. 열 사람이 다 고침을 받았습니다. 그런데 그들 중 한사람만 예수님을 찾아와 엎드려 절하며 감사했습니다. 그 사람은 사마리아 사람이었습니다. 사마리아 사람들은 유대인들이 천대하는 이방인이었습니다.

누가복음 17장 17-19절을 보겠습니다.

"예수께서 대답하여 이르시되 열 사람이 다 깨끗함을 받지 아니하였느냐 그 아홉은 어디 있느냐 이 이방인 외에는 하나님께 영광을 돌리러 돌아온 자가 없느냐 하시고 그에게 이르시되 일어나 가라 네 믿음이 너를 구원하였느니라 하시더라."

아홉은 병은 고쳤지만 영혼은 구원받지 못했습니다. 그러나 이 한 사람은 영혼도, 육신도 구원받았습니다.

우리 이야기로 마무리해야 합니다. 엘리사는 나아만에게 "평안히 가라"(5:19)고 했습니다. 불치병을 고치고 새사람이 됐으니 너희 나라로 "평안히 가라"는 것입니다.

누가복음 7장을 보면 예수님을 찾아온 죄 많은 여자가 있었습니다. 예수님은 그녀에게 "네 죄 사함을 받았다 평안히 가라"고 하셨습니다(눅 7:48-50). "죄 사함 받았으니 평안히 가라. 병 고쳤으니 평안히 가라!"입니다.

예배가 끝났습니다. 집으로, 일터로, 세상으로 가야 합니다. 평안히 가야 합니까? 불안한 마음으로 가야 합니까? 기쁜 표정으로 가야 합니까? 일그러진 표정으로 가야 합니까? 예배드린 사람의 얼굴과 예배드리지 않은 사람의 얼굴과 마음은 달라야 합니까? 같아야 합니까?

"성난 마음을 다스려라. 상한 마음을 다독여라. 얼굴 표정을 바꾸라. 평안히 가라! 그리고 가서 받은 은혜, 고침 받은 기적을 나누고 전하라!"

예배드리고 가서 할 말, 할 일이 있습니까? 없습니까?

"평안히 가라! 가서 받은 은혜, 받은 기적을 선포하라! 일곱 번 씻으라! 평안히 가라!" 아멘.

다시는

 갈라디아서 5:1
그리스도께서 우리를 자유롭게 하려고 자유를 주셨으니 그러므로 굳건하게 서서 다시는 종의 멍에를 메지 말라

설교의 제목은 세 글자입니다. 본문도 한 절입니다. 짧은 제목에 짧은 구절입니다. 그렇다고 설교도 한마디로 끝나리라 생각하진 마십시오. 반비례로 설교는 더 길어질 수도 있습니다. 제목이 짧다고 내용과 메시지도 짧은 것은 아닙니다.

1948년 영국 옥스퍼드 대학 졸업식에, 수상을 지낸 윈스턴 처칠이 초청을 받아 축사를 하게 됐습니다. 교수, 학생, 축하객, 기자들이 식장을 가득 메우고 있었습니다. 드디어 축사 시간이 되자 모든 사람들은 기대감으로 연단을 주목했습니다. 그날 처칠은 명연설을 했습니다.

절대로 포기하지 마시오!
절대로 포기하지 마시오!
절대로 포기하지 마시오!
(Never give up!)

다시는 **365**

옥스퍼드 역사상 가장 짧은 축사였습니다. 그런데 74년이 지난 지금도 처칠이 남긴 그 축사는 명언으로 전해지고 있습니다.

"다시는!"이라는 세 글자는 짧고 추상적일 수 있습니다. 그러나 세 글자가 함축하고 있는 의미는 넓고 깊고 높습니다. '다시는'이라는 말의 사전적 의미는 이전 상태나 행동을 되풀이할 때 사용하는 말입니다. '다시는'의 말속에는 다짐하는 뜻이 들어 있습니다. '다시는 그러지 마, 다시는 안 할게, 다시는 하지 마' 등입니다.

이스라엘 민족은 BC 1500년 앞뒤로 애굽에서 430년간 노예 생활을 하고 있었습니다. 하나님은 모세를 애굽에서 태어나게 하시고 모세가 80세 됐을 때 이스라엘 민족을 이끌고 애굽을 탈출해 떠나는 큰 임무를 맡게 하셨습니다. 이스라엘 민족의 노예 생활은 비참했습니다. 함께 모여 예배드리지 못했고, 강제 노동에 시달렸고, 아들을 낳으면 출산 시 산파가 죽이도록 했습니다. 그렇게 사는 이스라엘 민족을, 하나님의 역사를 통해 종의 멍에를 벗겨 주시고 해방시켜 주셨습니다. 노예가 자유인이 되게 하신 것입니다.

구약성경 가운데 출애굽기는 이스라엘이 애굽에서 해방되어 40년간 광야를 지나 가나안 땅에 들어간 역사의 기록입니다. 길고 긴 출애굽 이야기를 다 할 순 없습니다. 최종 목적지인 가나안 땅에 들어가 나라를 세우고 살던 이스라엘 사람들 사이에 분열이 일어나고 있었습니다. 이른바 국론분열이 일어난 것입니다. "애굽과 친해야 한다. 애굽으로 돌아가자! 앗수르와 친해야 한다! 바벨론과 친해야 한다!" 하며 편이 갈리고 패가 갈리기 시작했습니다.

그들에게 이사야 선지자는 "애굽으로 가지 말라, 앗수르를 의지하지 말라, 바벨론을 기대지 말라, 그들은 구원자도 친구도 아니다. 언젠가는 그들이 이스라엘을 침공하고 너희를 다시 종으로 삼을 것이다. 하나님을 의지해라. 하나님과 친해져라. 편 가르고 나뉘고 패싸

움하지 말라"는 말씀을 선포했습니다.

이사야의 예언과 경고대로 북왕국 이스라엘은 BC 722년 앗수르의 침략으로 망하고 남왕국 유다는 BC 586년 바벨론의 침략으로 망했습니다. 수많은 사람이 죽고 포로로 끌려갔습니다. 성전은 무너지고 예루살렘 성은 불타고 폐허가 됐습니다. 다시 종의 멍에를 메게 된 것입니다. 바울은 이스라엘의 지난 역사를 너무나 잘 알고 있었습니다. 그는 지난 역사를 회상하며 갈라디아 교회에 멍에 이야기를 꺼낸 것입니다. 구체적으로 '멍에'가 주는 교훈을 살펴보겠습니다.

첫째로 다시는 종의 멍에를 메지 말아야 합니다.

갈라디아서 5장 1절을 보겠습니다.

> "그리스도께서 우리를 자유롭게 하려고 자유를 주셨으니 그러므로 굳건하게 서서 다시는 종의 멍에를 메지 말라."

우리에게 주신 가장 큰 자유는 어떤 자유입니까? 그것은 죄로부터의 자유입니다. 그 자유는 이미 있었던 기성품이 아니고, 그리스도께서 친히 만들어 주신 자유입니다. 어떻게 만들었습니까? 십자가에 죽으심으로 죄를 대속하시고 만드신 자유입니다. 십자가로 만드신 자유, 희생으로 만든 자유, 죽으심으로 만든 자유입니다. 값비싼 자유를 주셨으니 다시는 종의 멍에를 메지 말라는 것입니다.

멍에가 무엇입니까? 소 두 마리가 밭을 갈거나 수레를 끌 때 같은 방향으로 가도록 두 마리 소의 목 위에 얹어 놓는 도구입니다. 죄의 멍에를 메면 죄가 이끄는 대로 가야 합니다. "십자가에 죽으심으로 만들어 주신 자유의 멍에를 벗어나지 말라. 다시는 죄의 멍에를 메지 말라"는 말씀을 놓치면 안 됩니다.

요한복음 8장의 교훈을 살펴보겠습니다. 어느 날 저녁 간음하다 붙잡힌 여인이 있었습니다. 신명기 22장 22-24절을 보면 부정을 저지른 사람들을 성 밖으로 끌고 가 돌로 치라고 했습니다. 그런데 그들은 그 여인을 성 밖으로 끌고 가지 않고 예수님에게로 데려왔습니다. 시험하기 위해서였습니다. "선생이여, 이 여자가 간음하다가 현장에서 잡혔나이다. 모세는 율법에 이러한 여자를 돌로 치라 명하였거니와 선생은 어떻게 말하겠나이까?"

그때 예수님이 돌로 치지 말라고 하시면 돌로 치라는 모세의 법을 어기는 범법자가 됩니다. 그리고 그들은 예수님을 돌로 치려 들 것입니다. 반대로 치라고 하시면 평소 사랑해라, 용서하라고 가르친 예수님을 스스로 교훈을 뒤집는 이중인격자로 몰아세울 것입니다. 논리학에서는 이것을 양도논법이라고 합니다. 진퇴양난이었습니다.

그때 몸을 굽혀 손가락으로 땅에 글씨를 쓰셨습니다. 제롬은 둘러선 남자들의 지난 성범죄를 쓰셨다고 했습니다. 얼마나 놀랐겠습니까? 허리를 펴신 예수님께서 "너희 중에 죄 없는 자가 먼저 돌로 치라" 하시고 다시 땅바닥에 글씨를 쓰셨습니다. 뭐라고 쓰셨을까요? "너는 양심도 없느냐? 너는 떳떳하냐?"라고 쓰셨을 것입니다.

8장 9절을 보면 "양심에 가책을 느껴 어른으로 시작하여 젊은이까지 하나씩 하나씩 나가고 오직 예수와 그 가운데 섰는 여자만 남았더라"고 했습니다. 10절에서는 "너를 고발하던 그들이 어디 있느냐? 너를 정죄한 자가 없느냐?"라고 하셨고, 11을 보면 "주여 없나이다 예수께서 이르시되 나도 너를 정죄하지 아니하노니 가서 '다시는' 죄를 범하지 말라"고 기록되어 있습니다.

그녀가 다시 죄를 범하면 돌에 맞아 죽게 될 것입니다. 서울여대 김명주 교수가 《AI는 양심이 없다》라는 책을 썼습니다. 김 교수는 서울대학교에서 컴퓨터 공학을 전공한 전문가입니다. 그는 책 서두에서 "자동차는 시간의 단축이라는 편리함을 제공한다. 반면에 난폭한 음주 운전자가 모는 자동차는 생명의 단축이라는 불행을 초래한다", "기술이란 이용하는 사람과 상황에 따라 유익할 수도 있고 해로울 수도 있다", "인공지능은 양심이 없다"라고 했습니다.

2016년 3월, 바둑 9단 이세돌과 알파고와의 대국이 있었습니다. 4:1로 알파고가 이겼습니다. 대국이 끝난 후 이세돌은 "내가 졌다"라고 인터뷰를 했지만, 알파고는 전혀 기분이나 감정 표현이 없었습니다. 사람이 만든 기계, AI, 인공지능이기 때문입니다. 인공지능은 감정도, 양심도 없습니다. 과학 기술은 그렇다 치고 사람은 양심이 있습니까?

디모데전서 4장 2절를 보면 "자기 양심이 화인을 맞아서 외식함으로 거짓말하는 자들이라"고 했습니다. 화인이란 뜨거운 쇠로 계속 지져 그 부분이 마비된 것을 말합니다. 화인 맞으면 감각이 없습니다. 여인을 고발한 그 남자들은 양심이 화인 맞은 사람들이었습니다.

어떻게 바른 양심, 착한 마음이 될 수 있을까요? 답이 있습니다. 빌립보서 2장 5절입니다.

"너희 안에 이 마음을 품으라 곧 그리스도 예수의 마음이니."

예수 마음 품고, 예수 마음 닮고, 예수 마음 따르는 것. 예수님의 자취를 따라가기 위해 노력하는 것이 품는 것입니다. "다시는 종의 멍에를 메지 말라!", "다시는 죄를 범하지 말라!"입니다.

둘째로 믿지 않는 자와 멍에를 같이 하지 말아야 합니다.

고린도후서 6장 14절입니다. "너희는 믿지 않는 자와 멍에를 함께 메지 말라"고 했습니다. 멍에를 메는데, 한쪽은 예수 믿는 사람이고 한쪽은 예수 안 믿는 사람이라고 합시다. 멍에를 메고 함께 가야 하는데, 편하겠습니까? 쉽겠습니까?

오래전 어느 집사님네가 식당을 시작하려는데 동업자가 예수를 안 믿는 사람이라며 어떻게 해야 하는지 상담을 요청했습니다. 남편은 교사였습니다. 저의 답은 "첫째, 식당운영이 말처럼 쉽지 않다. 둘째, 신앙적 이해관계를 풀어 나가는 게 쉽지 않을 것이다. 예를 들어 술 파는 문제, 주일에 교회 나가는 문제, 개업식 할 때 예배드리는 문제 등등 충돌이 잦아질 것이다"였습니다. 그들은 결국 식당을 열지 않았습니다. 함께해도 되는 것이 있고 함께해선 안 되는 것이 있습니다.

바울이 고린도 교회에 보낸 편지에 의하면 의와 불법, 빛과 어둠, 그리스도와 베리알(마귀), 믿는 자와 믿지 않는 자, 하나님의 성전과 우상은 함께할 수 없다고 했습니다. "예"와 "아니오"가 확실해야 합니다. 주님은 마태복음 5장 37절에서 "오직 너희 말은 옳다 옳다, 아니라 아니라 하라 이에서 지나는 것은 악으로부터 나느니라"고 했습니다. "예"와 "아니오"를 분명히 하라는 것입니다. 믿지 않는 자와 멍에를 함께 메지 말라는 것은 "믿음의 순수성, 정체성을 포기하지 말라", "끌려가지 말라"는 뜻입니다. 끌려가지 않고 흔들리지 않는 방법은 무엇일까요? 두 구절을 찾겠습니다.

"그의 성령으로 말미암아 너희 속사람을 능력으로 강건하게 하시오며"(엡 3:16).

성령님의 능력으로 속사람(영혼)이 강건하게 되어야 합니다.

"내게 능력 주시는 자 안에서 내가 모든 것을 할 수 있느니라"(빌 4:13).

무슨 뜻입니까? "내 힘으론 안 된다. 내 결심으로 못한다. 주님의 능력을 받고 힘입어야 한다. 그래야 마귀도 이기고, 유혹도 이기고, 시험도 이기고, 핍박도 이기고, 자신도 이기고, 세상도 이긴다"는 것입니다. 그 이유는 나는 변덕스럽고 내 힘은 한계가 있고 내 판단은 정확하지 않기 때문입니다.

"믿지 않는 자와 멍에를 메지 말라. 끌려가지 말라."

셋째로 주님의 멍에를 메야 합니다.
마태복음 11장 29-30절입니다.

> "나는 마음이 온유하고 겸손하니 나의 멍에를 메고 내게 배우라 그리하면 너희 마음이 쉼을 얻으리니 이는 내 멍에는 쉽고 내 짐은 가벼움이라 하시니라."

'죄의 멍에, 믿지 않는 자와 메는 멍에는 함께 메지 말라, 그러나 예수와 함께하는 멍에는 메라'는 것입니다.

누구와 함께하느냐, 누구와 동업하느냐, 누구의 이끌어 줌을 받느냐에 따라 성공과 실패가 결정되고, 사느냐 죽느냐가 결정되고, 인생이 결정됩니다.

죄의 멍에를 메면 심판받고, 불의의 멍에를 메면 무너지고, 사탄의 멍에를 메면 멸망합니다. 그러나 예수님과 함께 멍에를 메면 걱정할 것이 없습니다. 주님이 가는 대로 따라가면 됩니다. 주님이 하시는 대로 하면 됩니다. 그래서 주님은 "수고하고 무거운 짐을 지고 있느냐. 나의 멍에를 메라. 그리하면 편히 쉬게 되고 네 짐은 가벼워질 것이다. 내 멍에는 어렵지 않다, 내 짐은 무겁지 않다, 힘든 건 내가 책임지고, 무거운 건 내가 메고 가리라"고 하신 것입니다. 이 진리를 일찍 발견한 베드로는 "너희 염려를 다 주께 맡기라 이는 그가 너희를 돌보심이라"(벧전 5:7)고 했습니다. 맡기면 편하고 안전합니다.

은행제도도 그렇게 시작된 것입니다. 미국이나 제3세계의 경우 군소 은행들은 부실운영으로 부도나는 곳들이 많습니다. 그러나 예수 은행은 부실도, 부도도 없습니다. 안전하고 완전합니다. 예수님께 맡기고 멍에를 함께 메는 것을 '믿음'이라고 합니다.

저는 키도, 체중도 큰 편이 아니어서 저보다 큰 사람이 좋습니다. 아들도, 딸도, 사위도, 며느리도 저보다 다 큽니다. 손녀들도 저보다 다 키가 큽니다. 저는 글씨도 깨알 같은 것보다는 크게 씁니다. 통 큰 사람, 시원한 사람, 너그러운 사람이 좋습니다. 우주를 가슴에 품어도 가슴에 남는 곳이 있는 사람이 좋습니다. 큰 믿음을 가진 사람은 더 좋습니다. 환란도, 고난도, 실패도, 시험도 겁내지 않는 사람, "나는 예수님 편이다. 예수님은 내 편이다. 나는 예수님과 멍에를 같이 메고 있다" 하며 큰소리치는 사람, 그런 사람이 좋습니다.

대중가요 가운데 "아! 옛날이여"라는 노래가 있습니다. "아 옛날이여 지난 시절 다시 올 수 없나"라는 가사가 있습니다. 저는 그런 노래가 별로입니다. 옛날에 사로잡히고 옛날이 발목을 잡으면, 지난날의 멍에를 메고 있으면 앞으로 가지 못합니다. "초대 교회로 돌아가자"라고 합니다만 저는 그 말도 별로입니다. 초대 교회로 돌아가 뭘 하겠다는 것입니까? 2천 년 전으로 돌아가서 어쩌자는 것입니까? 돌아갈 필요는 없고 초대 교회를 배워야 합니다.

소설가 김훈 씨는 올해 74세라고 합니다. 그가 80을 바라보며 쓴 글을 지인이 보내줘 읽었습니다. 글 내용은 '어떻게 죽을 것인가'입니다.

어느 날 그가 화장터에 갔습니다. 영구차와 버스들이 줄지어 차례를 기다리고 있습니다. 40분 지나니까 소각 완료, 10분 지나니까 냉각 중, 그리고 나오는 건 하얀 가루 한 움큼. 그러면서 그는 "돈 들이

지 말고 죽자. 주변 사람 힘들게 하지 말고 죽자. 질척거리지 말고 가자. 지저분한 것들 남기지 말고 가자" 하면서 딸에게는 "딸아, 잘생긴 건달 놈을 조심해라", 아들에게는 "혀를 너무 빨리 놀리지 말라"는 유언을 남긴다고 했습니다. 그러면서 그는 "진시황제도 갔다. 오드리 햅번도 갔다. 스티브 잡스도 갔다. 김일성도 갔다. 이건희도 갔다. 떠날 때 웃으며 훌훌 떠나자"라고 했습니다.

만일 김훈 씨가 거듭난 크리스천이었다면 "웃으며 훌훌 털고 주님 만나러 가자. 뒤로 가지 말고 주님 바라보고 가자"라고 말할 수 있었을 것입니다. 김훈 씨 아버지가 남긴 유언은 네 글자 "미안허다"였답니다. 미안한 인생, 덧없는 인생, 후회만 남는 인생을 살지 맙시다.

과거 지향적인 사람이 있고, 미래 지향적인 사람이 있습니다. 바울은 "나는 달려갈 길을 다 마쳤다. 완주했다. 이제 후로는 면류관을 내게 주실 주님 바라보고 가겠다"라고 했습니다.

방송용어 가운데 '골든타임', '골든아워'가 있습니다. 라디오와 TV 방송 청취율이나 시청율이 가장 높은 시간을 골든타임이라고 합니다. 의학용어에도 골든아워가 있습니다. 응급의료의 선구자인 아담스 카울리 박사가 골든아워를 주창했다고 합니다. 그는 삶과 죽음 사이에도 골든아워가 있다고 했습니다. 예를 들어 협심증이나 심근경색 치료도 골든아워를 놓치면 위험하고 뇌경색의 경우도 4-5시간 안에 전문적 치료를 하면 위기를 넘길 수 있는데 바로 2시간이 골든아워라고 합니다.

영혼도 골든아워가 있습니다. 그 시간을 놓치면 위험할 수도 치명적 손상을 입을 수도 있습니다. 바울은 그 골든아워를 일찍이 밝혔습니다. 고린도후서 6장 2절을 보면 "보라 지금은 은혜 받을 만한 때요 보라 지금은 구원의 날이로다"라고 했습니다. 오늘이 아닙니다. 지금입니다. 지금이 마지막 기회가 될 수도 있습니다. 신학자 쿨만은

"지금은 결단의 때이며 책임의 때"라고 했습니다. 히브리서 3장 7-8절을 보면 "오늘 너희가 그의 음성을 듣거든……너희 마음을 완고하게 하지 말라"고 했습니다. 그리고 3장 13절에서는 "오직 오늘이라 일컫는 동안에 매일 피차 권면하여 너희 중에 누구든지 죄의 유혹으로 완고하게 되지 않도록 하라"고 했습니다.

우리는 '다시는' 그리고 '멍에'가 주는 의미와 교훈을 여러 각도에서 조명해 보았습니다. 요점과 결론은 주님과 함께라야 한다는 것입니다. 주님과 함께하는 것이 무엇입니까? 믿는 것입니다. 따르는 것입니다. 하라는 대로 하는 것입니다. 내 맘대로 내 뜻대로 내 고집대로 안 하는 것입니다. 주님과 멍에를 함께합시다.

"다시는? 다시는? 다시는!" 아멘.

제5부

정답
찾기

히브리 청년들

🍁 **다니엘 1:1-7**

유다 왕 여호야김이 다스린 지 삼 년이 되는 해에 바벨론 왕 느부갓네살이 예루살렘에 이르러 성을 에워쌌더니 주께서 유다 왕 여호야김과 하나님의 전 그릇 얼마를 그의 손에 넘기시매 그가 그것을 가지고 시날 땅 자기 신들의 신전에 가져다가 그 신들의 보물 창고에 두었더라 왕이 환관장 아스부나스에게 말하여 이스라엘 자손 중에서 왕족과 귀족 몇 사람 곧 흠이 없고 용모가 아름다우며 모든 지혜를 통찰하며 지식에 통달하며 학문에 익숙하여 왕궁에 설 만한 소년을 데려오게 하였고 그들에게 갈대아 사람의 학문과 언어를 가르치게 하였고 또 왕이 지정하여 그들에게 왕의 음식과 그가 마시는 포도주에서 날마다 쓸 것을 주어 삼 년을 기르게 하였으니 그 후에 그들은 왕 앞에 서게 될 것이더라 그들 가운데는 유다 자손 곧 다니엘과 하나냐와 미사엘과 아사랴가 있었더니 환관장이 그들의 이름을 고쳐 다니엘은 벨드사살이라 하고 하나냐는 사드락이라 하고 미사엘은 메삭이라 하고 아사랴는 아벳느고라 하였더라

우리 시대는 역사, 문화, 가치, 삶의 방식이 급변하고 있습니다. 그러나 인간은 적응하는 힘을 가지고 있습니다. 유행의 경우도 예외가 아닙니다.

오래전 이스라엘 대사의 초청으로 대사관에서 오찬을 같이한 일이 있었습니다. 여러 가지 얘기 중에 이스라엘의 청년들이 변하고 있다며 걱정하고 있었습니다. 전통적 율법에 대한 이해도 낮아지고

현대문명과 문화에 급속히 휘말려 지도가 어렵다는 얘기였습니다. 그러면서 한국은 어떻게 청년 문제를 풀고 있는가 물었습니다. 저는 두 가지 제안을 했습니다. 첫째는 한국과 이스라엘의 청년교환 프로그램을 통해 교류를 넓히고 서로의 장점을 배우도록 하자는 것, 둘째는 한국 교회의 청년교육 프로그램을 이스라엘에 적용해 보라는 것이었습니다.

우리나라도 청년 문제가 마냥 좋은 것만은 아닙니다. 기성질서에 대한 반항과 도전도 만만치 않고 탈 교회 현상이 도처에서 일고 있습니다. 급속한 정보사회에 휘말려 또래 집단을 형성하고 있어, 한마디로 벽이 두꺼워졌습니다. 거기다 저출산으로 주일학교가 없어지고 청년부가 사라지고 있습니다. 특단의 전략이 없다면 고령자들만의 교회가 되고 말 것입니다.

BC 6세기 바벨론에 포로로 잡혀간 히브리 청년들이 있었습니다. 바벨론 왕 느부갓네살은 갈그미스 전투에서 애굽을 격퇴하고 여세를 몰아 유다를 침공했습니다. BC 586년까지 세 차례에 걸쳐 유대인들을 바벨론으로 잡아갔고 BC 606년 다니엘과 그의 친구들도 포로로 끌려갔습니다.

어느 나라, 어느 전쟁이든 포로는 인권도 자유도 없습니다. 억압과 학대를 받아야 합니다. 그런데 히브리 청년들인 다니엘과 그의 친구들은 예외였습니다. 히브리 청년들을 대하는 느부갓네살의 정책을 살펴보겠습니다.

첫째는 인재를 선발하고 훈련했습니다. 당시 바벨론 문화는 타락한 문화였습니다. 도덕적 타락으로 윤리가 무너지고 자신을 지키는 젊은이들을 찾기가 어려웠습니다. 그런 상황에서 느부갓네살의 눈에 들어온 젊은이들이 있었습니다. 포로로 붙잡혀온 유다 청년들이었습니다.

그들은 외모가 준수하고 자기관리가 철저했습니다. 주색을 멀리하고 정신이 살아 있었습니다. 그뿐만이 아닙니다. 지식과 학문에 통달하고 지혜가 탁월했습니다. 바벨론의 젊은이들과는 비교가 되지 않았습니다. 지도자로서의 덕목을 골고루 갖추고 있었습니다. 왕이 찾는 사람들이었습니다. 사람은 많습니다. 젊은이들도 많습니다. 그러나 사람다운 사람, 지도력을 갖춘 사람, 거기다 신앙까지 겸비한 사람을 찾는 것은 쉽지 않습니다.

둘째는 동화 훈련을 시작했습니다. 눈에 띄는 젊은이들이라고 바로 등용할 수는 없었습니다. 더구나 그들은 유대인들입니다. 그래서 출중한 젊은이들을 선발하고 동화 교육과 훈련을 시작했습니다.

먼저 이름을 바꿨습니다. 동화 작업의 출발입니다. 다니엘(하나님이 심판하신다)은 벨드사살(벨이여 생명을 보존하소서)로, 하나냐(하나님은 자비로우시다)는 사드락(태양신의 영감)으로, 미사엘(하나님과 같으신 이가 누구냐)은 메삭(아쿠신과 같은 이가 어디 있느냐)으로, 아사랴(하나님이 도우신다)는 아벳느고(느고의 종)로 개명했습니다. 일제가 우리 이름을 개명시킨 것과 같습니다.

그리고 바벨론의 언어를 가르치고 문화를 가르쳤습니다. 외교어를 가르치고 각 분야의 전문지식을 가르쳤습니다. 더 중요한 것은 황제 숭배, 신상숭배를 가르쳤습니다. 거기다 왕이 먹고 마시는 음식과 술을 제공하고 귀빈 대우를 했습니다. 최고의 예우를 한 것입니다. 포로로 끌려간 젊은이들에게 최상의 기회가 주어진 것입니다. 이런 예우와 기회를 마다할 젊은이가 있겠습니까? 왕의 뜻은 이들을 키워 바벨론 왕국의 지도자로 세우려는 것이었습니다.

다음은 다니엘의 결단과 성공을 살펴보겠습니다.

그는 뜻을 정했습니다(1:8). 뜻을 정했다는 것은 '야셈 알리보'로 마음을 정했다는 것입니다. 천재일우의 기회, 성공과 출세의 기회를 포기하기로 마음을 정했습니다. 왕이 허락한 음식은 우상 제물이거나 먹지 말라고 금한 것들입니다. 술 역시 금한 음료입니다. 말초신경을 마비시키고 이성을 잃게 만드는 독성을 가진 음료입니다. 하나님이 금한 것들은 제아무리 피가 되고 약이 되고 살이 된다고 해도 그리고 출세 길로 치닫는 방편이 된다고 해도 먹고 마실 수 없다는 것이 다니엘의 신앙적 결단이었습니다. "한 잔 마시는 술이 어때서?"라고 말할 사람들이 있습니다. 한 잔 술이 두 잔이 되고, 두 잔이 열 잔이 되고, 마침내 사람을 정복해 버립니다. 중요한 것은 결단입니다. "뜻을 정한" 다니엘처럼 '버릴 것은 버린다, 끊을 것은 끊는다, 그것은 먹지 않는다, 마시지 않는다, 그 일은 하지 않는다'라는 결단이 필요합니다. 다니엘의 결단은 '안 한다, 안 먹는다'로 그친 게 아닙니다. 그는 하나님과의 언약을 지켰습니다. 부정보다는 긍정이 더 강했습니다. 십계명의 경우 "하지 말라"와 "하라"로 구성되어 있습니다. 하라는 것은 하고, 하지 말라는 것은 하지 않는 것이 신앙인의 결단이고 삶이어야 합니다.

예컨대 술과 담배 문제도 결단하지 못하는 사람이 더 큰 다른 문제를 결단할 수 있을까요? 다니엘은 왕의 후대를 거절하고 채식만으로 자신을 지키고 하나님의 살아 계심을 드러냈습니다. 다니엘의 모험은 대단했습니다. 그는 10일 동안 왕의 음식을 거부하고 채식만을 고집했습니다. 그리고 10일 후에 왕의 음식을 먹는다는 소년들과 비교해 보자고 제안했습니다(1:12-13). 결과는 "그들의 얼굴이 더 아름답고 살이 더욱 윤택하여"(1:15)였습니다. 하나님이 살아 계심을 증명한 것입니다. 그리고 "지혜와 총명이 온 나라 박수와 술객보다 십 배나 나은 줄 앎이니라"라는 기적을 일궈 냈습니다.

잘 먹고 잘 마시고 양질의 칼로리를 섭취하는 것이 좋습니다. 그러나 그것만이 건강을 일구고 명석한 사람을 만드는 것은 아닙니다. 다니엘의 경우는 화려한 왕의 식탁보다 하나님과 함께하는 채소 식탁이 더 탁월하고 은혜로운 식탁이었습니다. 그리고 왕의 배려나 특혜가 성공의 절대조건이 아니라는 것을 보여주었습니다. 하나님 제일주의, 절대 신앙이 인정받은 것입니다. 바벨론 왕은 다니엘의 친구들을 각 도를 다스리는 총리로 등용했고, 다니엘은 전국 총리로 세웠습니다(2:48). 이보다 더한 성공과 출세가 어디 있겠습니까? "포로가 총리가 되다"는 기적이었습니다.

다음으로 다니엘의 고난과 승리를 살펴보겠습니다. 하나님의 은혜가 있는 곳엔 사탄의 역사도 거셉니다. 사탄은 바벨론 방백들에게 시기, 질투, 증오의 마음을 심었습니다. "포로가 우리를 지배하다니", "있을 수 없는 일이야"라는 증오심을 일으켜 다니엘과 그의 친구들을 공격하기 시작했습니다. 마귀는 직접 공격하지 않습니다. 도구를 이용하고 앞세웁니다. 바벨론은 황제를 숭배하는 우상 국가입니다. 사탄은 그 점을 교묘하게 악용했습니다. 황제 신상숭배를 거부하는 자는 고하를 막론하고 극형에 처한다는 법령을 만들고 황제의 윤허를 받아 냅니다.

바벨론 왕으로서는 자신을 숭배하고 충성을 바치겠다는 법령이 좋았습니다. 그러나 그 배후에 사탄의 계교가 숨어 있으리라는 건 상상도 못했습니다. 다니엘과 친구들은 하나님 외에 다른 신에게 절할 수 없었습니다. 마수에 걸린 것입니다.

세 친구는 풀무불에 던져졌습니다(3:19-23). 풀무불 온도는 1,500~3,500도입니다. 그러나 그들은 머리털 한 올도 타지 않았습니다. "머리털까지 세고 계시는 하나님의 섭리와 보호 때문이었습니다"(마 10:30). 다니엘은 어땠습니까? 굶주린 사자굴에 던져 넣었습니다(6장). 그러나 다니엘에게 굶주린 사자는 순한 양이었습니다. 털끝 하나 건드리지 못했습니다. 하나님의 보호 때문이었습니다.

그리스도인들은 때로 풀무불과 사자굴 같은 연단과 시련에 맞닥뜨리게 됩니다. 그때 해법을 하나님에게서 찾아야지, 자신이 찾으려 들면 안 됩니다. 다니엘과 그의 친구들 사건은 왕의 생각을 바꾸었고, 다니엘을 모함하던 사탄의 세력들은 풀무불과 사자굴 심판을 받게 됐습니다. 그리고 다니엘의 위치는 더 견고해졌습니다.

다니엘 사건이 주는 교훈이 있습니다.

첫째로 "뜻을 정하라"입니다.

거룩한 뜻, 가치 있는 뜻, 유의미한 뜻을 정해야 합니다. "뜻있는 곳에 길이 있다"는 말이 있습니다. 하나님은 거룩한 뜻을 세운 사람을 도와주십니다. '되는 대로 산다, 되는 대로 굴러간다'는 생각은 진보도, 발전도 이루지 못합니다. 그리고 하나님이 그를 돕지 않습니다.

둘째로 "자신을 지키자"입니다.

다니엘과 그의 친구들은 자유를 박탈당한 포로들입니다. 하라면 하고 가라면 가야 하는 사람들, 그래서 자신의 의지대로 살기 어려운 사람들, 피동적 존재들입니다. 그렇다고 그들이 되는 대로 굴러가는 대로 환경대로 순응하고 살았다면 그냥 포로 그대로였을 것입니다. 그러나 그들은 거룩한 삶, 신앙적 삶을 위해 자신을 지켰습니다. 왕의 진미와 고급술을 입에 대지 않았습니다. 더러운 그릇, 깨어진 그릇에 보화를 담지 않습니다. 깨끗한 그릇이라야 깨끗한 사역을 감당할 수 있습니다. "모든 지킬 만한 것 중에 더욱 네 마음을 지키라"(잠 4:23)고 말씀하십니다.

셋째로 "하나님을 신뢰하라"입니다.

다니엘에게 절대 믿음이 없었다면, 살아 계신 하나님 신앙이 없었다면, 그런 용단을 내릴 수 없었을 것입니다. 그는 절대적으로 믿었고, 믿은 대로 됐습니다. 이름을 바꿔도, 음식을 바꿔도, 술로 유혹해도, 세뇌를 거듭해도, 환경을 바꿔도, 성공하고 출세해도 흔들리지 않았습니다. 유혹도, 시험도, 회유도, 핍박도, 죽음도 이겨냈습니다. 배우고 따라야 할 신앙의 모범입니다.

고령자의 신앙과 비전
(한지터 세미나 개회 설교)

🍁 **여호수아 14:10-15**

이제 보소서 여호와께서 이 말씀을 모세에게 이르신 때로부터 이스라엘이 광야에서 방황한 이 사십오 년 동안을 여호와께서 말씀하신 대로 나를 생존하게 하셨나이다 오늘 내가 팔십오 세로되 모세가 나를 보내던 날과 같이 오늘도 내가 여전히 강건하니 내 힘이 그때나 지금이나 같아서 싸움에나 출입에 감당할 수 있으니 그날에 여호와께서 말씀하신 이 산지를 지금 내게 주소서 당신도 그날에 들으셨거니와 그곳에는 아낙 사람이 있고 그 성읍들은 크고 견고할지라도 여호와께서 나와 함께하시면 내가 여호와께서 말씀하신 대로 그들을 쫓아내리이다 하니 여호수아가 여분네의 아들 갈렙을 위하여 축복하고 헤브론을 그에게 주어 기업을 삼게 하매 헤브론이 그니스 사람 여분네의 아들 갈렙의 기업이 되어 오늘까지 이르렀으니 이는 그가 이스라엘의 하나님 여호와를 온전히 좇았음이라 헤브론의 옛 이름은 기럇 아르바라 아르바는 아낙 사람 가운데에서 가장 큰 사람이었더라 그리고 그 땅에 전쟁이 그쳤더라

어학 사전을 보면 늙은이를 늙은 사람이라고 정의하고 있습니다. 그리고 여자 노인은 안 늙은이, 노년기에 접어든 사람을 햇 늙은이, 나이보다 늙어 보이는 사람은 겉 늙은이, 누에처럼 마르고 쭈글쭈글한 사람은 누에 늙은이, 허리가 굽은 노인은 꼬부랑 늙은이라고 했습니다. 그러나 한지터 준비위원회는 십여 차례 준비모임을 가지면서, 노인이라는 용어를 고령자로 부르기로 했습니다. 늙은이나 노인

은 통상적 용어일 뿐만 아니라 낮춤말이라고 의견을 모았기 때문입니다. 늙은이 박 목사 보다는 고령이신 박 목사가 훨씬 더 기분도 좋고 대접받는 느낌이 듭니다. 한문에서는 옹(翁)이라고도 하고 영어로는 ELDER, SENIOR라고 합니다. 그러나 '고령자'라는 호칭이 가장 적절하다고 생각합니다. 대한노인회는 75세를 노인으로, UN이 정한 연령 분류는 0-17세 미성년, 18-65세 청년, 66-79세 중년, 80-99세 노년, 100세 이상은 장수노인으로 되어 있습니다.

고령자로 돌아가 얘기를 진행해 보겠습니다. 건강의 증진으로 평균수명이 120세가 되리라고 얘기하고 있습니다만 구약의 경우를 살펴보면 얘기가 달라집니다. 아담은 930세, 에녹은 365세, 므두셀라 969세, 노아 950세였습니다. 에녹이 365세로 된 것은 승천했기 때문입니다. 그리고 데라는 205세, 아브라함은 175세, 이삭은 180세, 야곱은 147세, 요셉은 110세로 나이가 줄어듭니다. 그 원인을 성경은 밝히고 있지 않습니다. 이유는 오래 사느냐, 짧게 사느냐가 중요한 것이 아니라 어떻게 사느냐, 뭘 하느냐가 중요하기 때문이라고 봅니다.

젊고 건강하고 가진 것이 많아도 무가치하고 무의미한 삶이 있고, 나이가 많고 허약해도 유의미하고 가치 있는 삶이 있습니다. 우리는 그런 사람들에게 초점을 맞춰야 합니다.

지방에 있는 교회에 집회차 간 일이 있었습니다. 강사를 소개하면서 충신교회 원로 목사라고 했습니다. 저는 원로가 무슨 뜻인 줄 아느냐고 물으며 '멀리서 왔다. 원로에서 왔다는 뜻'이라고 답했습니다. 멀리서 온 사람, 멀리 산 사람, 멀고 먼 목양 길을 걸어온 사람, 그가 원로입니다.

인간은 요람에서 무덤까지 가고 있는 순례자들입니다. 그리고 고령화라는 특급열차를 타고 달려가고 있습니다. 참 빨리 갑니다. 고속으로 달립니다. 10대는 시속 10km로, 30대는 30km로, 50대는 50km로,

60대는 60km, 70대는 70km로, 80대는 80km로 점점 가속이 붙습니다. 그리고 90대는 속도계 표시가 없습니다. 그냥 달리다가 시동이 꺼집니다. 고령자만 시동이 꺼집니까? 아닙니다. 시동 꺼지는 건 차별이 없습니다. 신생아도, 청년도, 장년도 꺼집니다. 그게 인생입니다.

20대 시절 시골교회 전도사로 단독목회를 잠깐 한 일이 있습니다. 결혼 전이었습니다. 60세가 지난 장로님이 대표기도를 할 때마다 "이 시간, 주의 어린 종이 말씀을 대언하겠사오니"라고 기도했습니다. 어린 종이란 말이 싫었습니다. 그래서 검은 뿔테 안경도 써보고 검은 넥타이도 매보고 중절모자도 써보았습니다. 어느 날 그 장로님과 식사를 하다가 "장로님, 제가 어리지요?"라고 했더니 금방 알아차리고 그 다음부터는 "이 시간, 주의 젊은 종이 말씀을 전하겠사오니"로 바뀌었습니다.

60대 초반에는 LA영락교회에서 설교를 하게 됐습니다. 그날 기도를 맡은 장로님은 70세가 다 된 분이었습니다. 그의 기도는 "이 시간, 주의 노종께서 말씀을 전하시겠사오니"였습니다. 지금 누가 저더러 어린 종, 젊은 종이라고 하겠습니까? 저만의 이야기가 아니지 않습니까? 누구나 고령자의 반열에 들게 됩니다. 그래서 고령사회를 이해하고 고령자를 배려해야 합니다. 고령자가 겪어야 하는 고령화 과정이 있습니다.

첫째는 몸이 변합니다. 청각, 시각, 후각, 미각, 감각이 변합니다. 그리고 신체의 순발력이 떨어지고 질병에 시달립니다.

둘째는 정신적 노화가 일어납니다. 판단이 흐려지고 사고가 폐쇄적으로 변하고 인간관계가 좁아집니다. 고집스러워집니다. 그래서 고독하고 단절된 삶으로 변합니다.

셋째는 경제적 노화가 일어납니다. 모아둔 재산도 없고 일정한 수입도 없고 건강관리, 품위유지, 자녀손 돌봄, 의식주 등 경제적 노화가 일어납니다.

넷째는 신앙적 고령화 현상이 벌어집니다. 시무 장로, 권사 수보다 은퇴 장로, 권사 수가 더 많아집니다. 역사가 오랜 교회일수록 그런 현상이 더 심각해집니다. 장점도 있습니다. 든든한 버팀목이 되고 인생과 신앙의 노하우를 자본으로 활용하는 것은 긍정적 부분입니다. 우리의 관심은 거기 있습니다.

단점도 있습니다. 옛날이야기, 불필요한 간섭, 뒷담화 이런 점들은 도움이 안 되는 부분들입니다. 이런저런 다양한 조건을 가진 고령자들을 교회가 '어떤 신학과 관점으로 대처할 것인가? 목회적 배려는 어떻게 해야 할 것인가?'를 찾고 전략을 짜기 위해 이번 세미나를 개최한 것입니다. 신학적 문제는 신학자들이, 사회학적인 접근은 전문가들이, 그리고 현장의 소리는 현장 사역자들이 맡아 주기로 했습니다.

저는 성경 안에서 한 고령자를 찾고 그의 신앙과 젊은이 못지않은 패기와 비전을 살펴보려고 합니다. 그 사람은 갈렙입니다. 여호수아 14장은 갈렙이 받은 기업을, 15장은 유다 자손이 물려받은 기업과 갈렙이 유업으로 받은 헤브론 지역과 그 성읍들을 열거하고 있습니다. 본래 갈렙은 에서의 후손인 그나스 사람이었습니다(창 36:11). 그는 이스라엘 사람으로 귀화하면서 유다 지파로 귀화했고, 가나안 정탐 시 유다 지파 대표로 선발되기도 했습니다. 갈렙의 사람됨, 신앙, 그의 도전과 비전을 살펴보겠습니다. 항목을 나눠 살펴보겠습니다.

첫째로 긍정적이었습니다.

가나안 정탐 후 그의 보고 내용이 이를 증명합니다. "우리가 올라가서 그 땅을 취하자 능히 이기리라"(민 13:30)고 했습니다. 그러나 다른 열 사람은 "못 한다, 못 이긴다, 진다, 그들이 더 크고 강하다"라고 했습니다. 부정이 긍정보다 더 소리가 크고 숫자가 많았습니다. 중요한 것은 "이긴다, 할 수 있다, 그 땅을 취할 수 있다"라고 말한 두 사람만 가나안 땅에 들어갔습니다. 그리고 "못 이긴다, 못 들어간다"라고 말한 사람들은 단 한 명도 가나안에 못 들어갔습니다. 광야 시대만의 이야기가 아닙니다. 목사가 긍정적이면 교인도 긍정적이고, 목사가 부정적이면 교인도 부정적으로 변합니다. 갈렙 목사, 갈렙 목회가 필요합니다. '안 된다, 어렵다, 힘들다, 불가능하다'라는 부정적 사고의 결말은 안 되고, 어렵고, 힘들어집니다.

《뇌내혁명》을 쓴 하루야마 시게오는 플러스 발상(된다, 할 수 있다, 하면 된다)과 마이너스 발상(안 된다, 못한다, 안 한다)이 있는데, 마이너스 발상 시 에너지 소모가 더 많다고 했습니다. 그리고 플러스 발상이라야 성공이 가능하다고 했습니다. 목회자, 지도자가 먼저 갈렙 사고로 전환해야 합니다. 목회자 자신도, 교인도 플러스 발상의 사람들로, 목회 현장도 긍정적 환경으로 바꿔야 합니다.

둘째로 철저한 신앙인이었습니다.

능히 이긴다(민 13:30), 그 땅을 우리에게 주신다(민 14:8), 그곳은 젖과 꿀이 흐른다(민 14:8), 여호와를 거역하지 말라(민 14:9)는 것을 통해 관점과 신앙의 차이가 여실히 드러납니다. 열 사람은 반드시 진다, 그 땅은 우리 땅이 아니다, 그곳은 척박해서 주민을 삼킨다, 주민은 크고 강하다, 애굽으로 돌아가자(민 14:3)고 했습니다. 같은 땅, 같은 사람을 보았는데 갈렙은 우리 땅이다, 우리가 이긴다, 하나님이 우리와 함께하시면 된다고 선포했습니다. 그의 절대신앙이었습니다.

목회에 있어서 내 목회면 내가 다 책임지고 내가 해야 합니다. 그러나 하나님 목회가 되면 하나님이 하십니다. 이것이 믿음입니다. 그리고 85세 고령자가 40세 때나 85세인 지금이나 힘도, 용기도 똑같다, 싸움도 출입도 가능하다고 말할 수 있었던 것은 그의 장담이나 만용이나 노욕이 아닙니다. 함께하시는 하나님을 믿었기 때문입니다.

헤브론, 그 땅에는 전투적이고 거칠고 장대한 아낙 자손이 자리 잡고 있었습니다. 그러나 갈렙은 여호와께서 함께하시면 그들을 쫓아내고 그곳을 살기 좋은 곳으로 만들겠다고 했습니다(수 14:12). 갈렙의 이런 신앙을 여호수아 14장 14절에서는 "그가 이스라엘의 하나님 여호와를 온전히 좇았음이라"고 했습니다. 모세의 경우도 120세에 죽었는데 그의 눈이 흐리지 아니하였고 기력이 쇠하지 아니하였다고 했습니다(신 34:7).

늙은 젊은이가 있고, 젊은 늙은이가 있습니다. 나이는 호적상의 숫자에 불과합니다. 그러나 고령은 누구에게나, 어느 시대나 찾아옵니다. 그래서 이해와 대비가 필요합니다.

우리네 얘기로 바꿔 보겠습니다. 먼저 한국교회 상황을 살펴보겠습니다. 고령화가 빠르게 진행되면서 교회의 구성 그림이 바뀌고 있습니다. 몇 가지 도표를 보여 드리겠습니다.

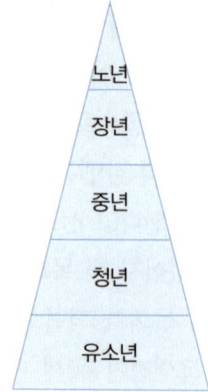

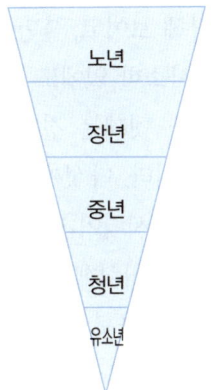
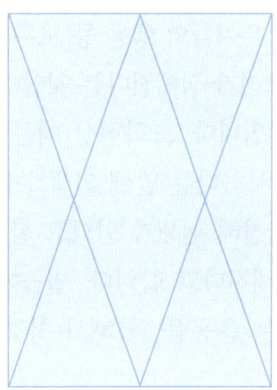

역삼각형 구도가 심각해지면 교회의 존폐가 문제될 수밖에 없습니다. 저출산, 고령화의 해법은 많이 낳고 잘 키우고 고령자들이 건강하게 교회를 섬기고 일할 수 있는 교회 현장을 만드는 것입니다.

고령자의 자화상을 준비했습니다.

첫째는 고독하고 방치된 고령자, 둘째는 나름대로 보람을 누리는 고령자, 셋째는 감사하는 고령자, 넷째는 일하는 고령자의 모습입니다.

교회 안에서 많아지는 고령자들을 외면하지 맙시다. 무의미한 세대로 치부하지 맙시다. 신학교는 고령 신학을 만들고, 교회는 고령자 목회를 실시하고, 목회자들은 고령사회 진입을 대비하며 고령화 시대의 목회전략을 세우십시오. 그리고 나도 곧 고령자가 될 것이라는 생각을 버리지 맙시다. 개인적으로도 고령화 관리와 대비가 필요합니다.

연세대 명예교수인 김일순 교수의 글에 〈노인본색 8가지〉라는 글이 있습니다. "예전엔 안 그러더니 요즘 왜 저러는지 모르겠다"는 말을 듣기 시작하면 '아, 내가 늙기 시작했구나'라고 생각하면 된다면서 노인본색을 이렇게 언급했습니다.

첫째는 얼굴이 무표정해진다는 것입니다. 둘째는 사회가 돌아가는 모습, 젊은이들의 행동 등 모든 것이 못마땅해 보이고, 불만이 많아지고, 잔소리가 심해진다는 것입니다. 셋째는 사소한 일에도 화를 잘 낸다는 것입니다. 노화현상 때문이라고 합니다. 넷째는 경로를 당연시하고 감사하다는 말에 인색하게 된다는 것입니다. 다섯째는 피부대사가 불안전해 냄새가 난다고 합니다. 여섯째는 시력이 나빠져 주위가 지저분해진다고 합니다. 일곱째는 옷 색깔이 칙칙해진다고 합니다. 여덟째는 운동을 안 해서 척추가 굽고 허리가 구부정해진다는 것입니다.

누구에게나 고령화, 노인시대가 옵니다. 자아관리, 신앙관리에 최선을 다해야 합니다. 목회패턴을 바꿔야 합니다. 교인의 고령화는 어느 교회에나 있습니다. 그리고 그 속도가 빨라지고 있습니다. 지역 사회와 교회 현황에 맞는 고령 목회를 계획하고 준비하며 진행해야 합니다.

이번 세미나가 그 답을 줄 것입니다. 누구나 나이가 들고 고령자가 되어 간다는 것은 즐거운 일은 아닙니다. 그러나 멋지게 늙을 수도 있고, 추하게 늙을 수도 있습니다. 교회가 그 방법과 방향을 제시해야 합니다.

"우리 교회는 고령자가 많아서 좋다", "목회가 즐겁다"라는 목회 후일담을 여기저기서 들을 수 있어야 합니다.

시인의 기도로 말씀을 끝내겠습니다.

"늙을 때에 나를 버리지 마시며 내 힘이 쇠약할 때에 나를 떠나지 마소서"(시 71:9).

선교 명령
(뉴욕 선교적 교회 세미나)

 사도행전 1:4-6

사도와 함께 모이사 그들에게 분부하여 이르시되 예루살렘을 떠나지 말고 내게서 들은 바 아버지께서 약속하신 것을 기다리라 요한은 물로 침례를 베풀었으나 너희는 몇 날이 못되어 성령으로 침례를 받으리라 하셨느니라 그들이 모였을 때에 예수께 여쭈어 이르되 주께서 이스라엘 나라를 회복하심이 이 때니이까 하니

본래 교회의 시작은 선교적 교회였습니다. 기도, 말씀, 교제, 성령의 역사와 선교가 어우러진 교회가 초대교회였습니다. 교회 건물도 없었고, 선교단체도, 대표도 없었습니다. 그러다가 교회가 성장하면서 조직이 들어서고 건물이 세워졌습니다. 주목할 것은 초대교회는 건물 중심도 사람 중심도 아닌 성령 주도의 교회였고, 선교 지향 공동체였다는 것입니다.

초대교회는 그랬지만, 고대교회로 들어서면서 신학이 성립되고 그 신학이 교회를 경직화하게 됐습니다. 하나님을 신학으로 해석하려 들었고 교회와 신앙을 신학의 울타리 안에 가두고 말았습니다. 중세 교회로 넘어가면서 건물, 직제, 제도, 성물, 성상, 성인이 본질을 가리기 시작했고 사람인 교황이 하나님을 대신하고 교회 건축이 선교역량을 빼앗아 버리고 조직과 직제가 암흑시대를 만들어 버렸습니다.

이후 루터의 종교개혁이 일어났습니다. 그의 개혁은 출발일 뿐 마침표를 찍은 것은 아닙니다. 지금도 개혁은 계속되고 있고, 앞으로도 계속되어야 합니다. 사람이 개혁의 주체가 된다는 것은 어불성설이고 주제넘은 짓입니다. "내가 만물을 새롭게 하노라." 하나님이 개혁의 주체이시고 완성자이십니다. 편하면 선교 안 하고 타락하는 게 교회의 속성입니다. 초대교회의 경우 박해가 시작되면서 기독교인들이 흩어지기 시작했고 그들이 흩어진 곳에서 복음을 전하기 시작했습니다.

한국교회도 외형이 커지면서부터 본질과 멀어지기 시작했습니다. 많이 모이고 예산이 많고 건물이 커야 대형교회 축에 끼게 된다는 생각 때문에 몸통을 키우는 데 힘을 쏟았고 지금도 쏟고 있습니다. 그뿐입니까? 너무 편합니다. 잘삽니다. 너무 많습니다. 너무 큽니다. 마치 중세교회의 힘이 막강했던 것처럼 몸통이 큰 교회들의 힘과 영향력이 막강해졌습니다. 그래서 선교를 안 합니다. 흉내만 내고 생색만 내고 있습니다.

미국교회도 비슷합니다. GDP가 오르고 국력이 커지고 경제, 정치, 문화, 교육, 과학 등 그 영향력이 세계화하면서 미국교회는 쇠퇴하기 시작했습니다. 전통과 신학만 있고 신앙은 허약합니다. 전통만 있고 교회는 날마다 죽어 가고 있습니다. 종교 다원주의와 동성애 세력에 무릎을 꿇고 있습니다.

그러나 복음이 살아 있는 교회, 선교하는 교회는 살아서 빛을 발하고 있습니다.

AD325년 니케아에서 로마 황제 콘스탄티누스가 기독교를 공인했습니다. 길고 험난했던 기독교 박해가 끝났습니다. 콘스탄티누스는 죽기 전 세례를 받았습니다. 세례 이후 짓는 죄는 사함 받지 못한다는 통설 때문이었다고 합니다. 문제는 기독교가 공인되고 박해가 끝나면서 교회가 세속화하고 타락하기 시작했습니다. 순교적 교회가 순풍에 돛단 교회로 변모했고 신학 논쟁이 시작됐습니다. 교권을 확장하고 교세를 강화하고 권력과 타협하기 시작했습니다.

1917년 러시아에서 공산당 혁명이 일어났고, 1936년 공산주의 헌법을 제정했습니다. 그때부터 동방정교회가 탄압받기 시작했습니다. "종교의 자유는 준다. 그러나 포교는 금한다"는 것이 공산당의 정책이었습니다. 선교를 금한 것입니다. 러시아 교회는 죽지 않고 살기 위해 타협하기 시작했습니다. 그때 목 졸린 러시아 교회는 지금껏 소생할 기미가 보이지 않습니다.

선교를 막고 선교를 안 하면 교회는 죽게 됩니다. 아니, 죽은 교회니까 꿈틀거리질 못하는 것입니다. 러시아 교회만 그런 게 아닙니다. 핍박받는 교회는 교권 싸움, 교리를 논쟁할 겨를이 없습니다. 그러나 교회가 평안하고 성장하고 커지면 사건이 벌어집니다. 물량주의, 세속주의, 팽창주의, 분파주의가 꿈틀대기 시작합니다. 이에 대한 출구 전략, 해법이 뭡니까? 선교적 교회로 탈바꿈하는 것입니다.

첫째는 교회 틀과 목회 틀을 선교적 교회로 바꿔야 합니다. 둘째는 교회 구성원들을 현장 선교사화하는 목회 전략을 짜야 합니다. 셋째는 교회가 속한 지역사회, 국가 공동체, 나아가 지구촌을 선교 대상으로 삼아야 합니다.

세계 교회사를 살펴보면 선교하는 교회는 성장했고 선교 안 하는 교회는 쇠퇴했습니다. 하나님은 예루살렘 교회를 박해라는 방법으로 흩으셨습니다. 그리고 선교하게 만들었습니다.

일찍이 한국교회는 선교에 눈을 떴습니다. 1907년 이기풍 선교사를 제주에(112년 전), 1937년 중국 산동성에 방지일 선교사를 파송했습니다(82년 전). 교단이 선교사를 선발하고, 교단이 파송하고, 교단이 감독했습니다. 그리고 전국 교회가 함께 협력했습니다. 개교회 선교사가 아니라 한국교회 선교사였습니다. 특징은 중국 현지 교회와의 협력을 위해 이명증서를 휴대했습니다. 1955년 4월 25일 최찬영 선교사를 태국에 파송했습니다(64년 전). 한국 여권으로 출국했습니다.

1980년대는 선교 활성기였습니다. 첫째로 여행 자유화, 둘째로 교회 성장, 셋째로 경제 발전, 넷째로 서울 올림픽(1988년) 등이 활성 원인을 제공했습니다. 2018년 12월 현재 171개국에 27,993명의 선교사가 전 세계에서 복음을 전하고 있고, 2030년까지 10만 정병 선교사, 100만 자비량 선교사를 파송하자는 비전을 선포했습니다. 한국교회 성장과 발맞춰 선교도 발전한 것입니다.

1988년 한국교회가 파송한 선교사는 550명이었고 GDP는 4,435달러였습니다. 10년 뒤인 2008년 선교사 수는 19,413명이었습니다. GDP는 19,161달러였습니다. 2017년 선교사 수는 159개국에 21,220명이었고 GDP는 27,340달러였습니다. 주목할 것은 2018년 선교사는 27,993명인데 비해 GDP는 30,000달러를 넘어섰습니다. 한국전쟁 이후(1953년) 한국의 1인당 GDP는 약 66달러였습니다. 2018년 GDP는 30,000달러를 넘어섰습니다. 수치상 454배나 성장한 것입니다. 절묘한 비례가 아닐 수 없습니다.

통계청 발표에 따르면 한국 기독교인을 950~1000만으로 봅니다. 문제는 여기서 시작됩니다. 교회 성장, 대형화, 재정이 비대화 하면서 교회 체질이 달라지기 시작했습니다. 본질에서 벗어나 외형에 치우치기 시작했습니다. 오히려 한국교회가 가난할 때 신앙은 순수했습니다.

GDP 3만 달러 시대! 교회도 3만 달러 시대를 만끽하고 있습니다. 어떤 교회는 재정이 넘쳐 수백억을 예치했다느니, 어떤 교회는 남는 돈으로 펀드에 투자했다고 합니다. 한국 초대교회 지도자들이 들으면 기절할 사건들입니다. 예나 지금이나 세속주의와 타협하고 편의주의, 안일주의에 빠지고 형식주의에 치우치다 보면 교회는 본질을 잃고 맙니다. 한국교회 선교 상황은 GDP 성장을 따라가지 못한 채 오히려 역주행을 하고 있습니다. 여기서 가장 중요한 것은 목회자의 사고 전환과 개안수술입니다.

얼마 전 천주교 사제서품식 광경을 TV에서 볼 수 있었습니다. 서품하는 사제들의 서약이 있었습니다. 서약문 낭독이 있었는데, 그 내용은 "읽은 대로 믿고 믿은 대로 가르치고 가르친 대로 실천하십시오"였습니다. 각자에게 성경을 한 권씩 주며 주교가 한 말입니다.

우리네 약점이 뭡니까? 말도 잘하고, 잘 가르치고, 설교도 잘하는데, 믿고 가르치고 그대로 사는 삶 쪽이 허약합니다. 우리 선배들은 순교적 자세로 교회를 섬겼습니다. 그들은 출퇴근도 없었고 휴가도 없었고 안식년도 없었습니다. 교회에서 잠자고 걸핏하면 철야하고 금식하고…….

그렇게 따라하자는 얘기가 아닙니다. 그렇게 할 필요도 없고, 그렇게 할 사람도 없습니다. 문제는 목회자가 편의주의, 안일주의, 직업주의에 물들어 가고 있다는 것입니다. 목회자가 변해야 교회가 변합니다. 목회자가 죽어야 교회가 삽니다. 그리고 목회자가 눈을 떠야 교회가 벌어집니다. 목회자가 낮아지면 예수가 높아집니다. 목회자가 어른이 되고 예수가 되면 예수님은 슬며시 거기를 떠나버립니다. 그래서 예수 없는 교회, 예수 없는 목회, 예수 없는 목사가 되고 맙니다.

선교적 교회가 되려면 눈을 떠야 합니다. 시야 협착증에서 벗어나야 합니다. 목회자가 변하고, 교회가 변하고, 교인이 변해야 합니다. 교인들이 하루하루 맞닥뜨리는 삶의 현장에서 선교사로서의 삶을 살도록 가르치고 비전을 제시해야 합니다. 그런가 하면 미전도 종족을 위해 선교사를 파송해야 합니다. 그리고 모든 그리스도인들이 선교적 삶을 살아가도록 체질을 바꿔야 합니다.

미국 어느 부두에서 선교하는 성직자가 있었습니다. 부당해고 문제로 노사 분쟁이 벌어졌습니다. 노동자들이 부당한 대우를 받고 억

울해하는 모습을 보고 그 성직자는 노동자 편을 들어 그들을 돕기 시작했습니다. 이를 못마땅하게 여긴 기업 대표들이 찾아와 입씨름이 벌어졌습니다.

대표자 한 사람이 언성을 높이며 성직자에게 "교회로 돌아가라"고 했습니다. 성직자의 대답은 "여기가 나의 교회다"(Here is my church)였습니다. 노사분쟁에 끼어들자는 얘기가 아닙니다. 모든 그리스도인이 "내 가정이 교회다, 내 일터가 교회다, 내가 사는 동네가 교회다"라는 토착화된 교회 신앙을 가져야 합니다. 그리고 내가 머무는 곳, 내가 일하는 곳, 거기가 선교현장이라는 선교신앙을 정립해야 합니다.

왜 예수님이 세상에 오셨습니까? 인간을 죄에서 구원하시기 위해서입니다. 꼭 인간의 몸을 입고 세상에 오셔야만 구원이 가능합니까? 우리는 여기서 성육신, 화육신학을 떠올려야 합니다. 인간이 되셔서 인간을 구원하신 그리스도의 성육신은 선교현장에서도 이뤄져야 합니다.

김명혁 목사님은 "선교는 놀아주는 것이다"라고 했습니다. 눈높이를 맞추고 동질화하는 것, 친구가 되고 이웃이 되어 함께 웃고 울고 뒹굴고 놀아주면 선교환경이 조성되고 장애와 장벽이 무너진다는 것입니다.

박기호 교수는 '문간 선교'라는 말을 했습니다. 저도 같은 생각입니다. 찾아가는 선교도 필요합니다. 하지만 내 집 마당, 내 나라, 내 직장, 내 회사, 내 교회를 찾아온 사람들도 있습니다. 한국의 경우 외국 근로자, 이주민, 유학생, 취업 등 그 숫자가 200만을 넘는다고 합니다.

무슨 재주로 선교사들이 200만을 만날 수 있습니까? 그네들 200만을 선교하려면 한국교회 신자들과 목회자들이 다 선교사가 되어야 합니다. 다시 말하면 선교적 교회가 되어야 한다는 것입니다.

위에서 말씀드린 대로 해법은 "순수 복음으로 돌아가는 것, 복음

회복, 신앙회복이고 교회의 본질적 사명인 선교를 회복하는 것"입니다. 그러려면 먼저 목회자가 눈을 떠야 합니다.

어느 교회의 이야기입니다. "선교사가 꼭 필요한 지역이 있는데 후원교회가 필요하다. 선교사도 파송해 주고 후원해 달라"고 했더니 "교회를 신축하기 위해 대외 사업을 다 정리하고 있고 선교도 당분간 중단하기로 했기 때문에 불가능하다"라는 답이었습니다. 선교를 중단하고 교회를 짓는다? 건축도 하고 선교도 해야 합니다. 건축보다 선교가 우선이라야 합니다. 건물도 필요합니다. 그러나 우선순위 1번은 아닙니다. "땅 사라, 교회 지어라, 빌딩 올려라!" 그런 명령은 없습니다. "가라. 가서 복음 전하라! 땅끝까지 가서 증인이 되라." 이것이 주님의 선교 명령입니다. "아멘" 해야 합니다.

정리를 하겠습니다. 한국교회가 재기하고 되살아나고 부흥하려면 첫째, 성경으로 돌아가야 합니다. 둘째, 복음을 믿고 전해야 합니다. 셋째, 흩어진 힘을 모아야 합니다. 넷째, 선교적 교회가 되어야 합니다.

한국교회는 고난의 터 위에, 순교자의 피 위에 세워진 교회입니다. 그리고 삭막한 광야와 들끓는 풀무를 거친 교회입니다. 기도가 살아 있고, 강단이 살아 있고, 왕성한 목회자들이 진을 치고 있습니다.

하나님은 한국교회를 버리실 수가 없습니다. 우리가 할 일이 있습니다. 쓸데없는 데 거룩한 힘을 소진하지 맙시다. 힘을 합칩시다. 선교의 띠를 만들어 동서남북, 지구촌과 대한민국을 에워쌉시다. 반드시 하나님이 함께하실 것입니다.

정도회복

(한지터 세미나 개회예배)

 요한계시록 21:5

보좌에 앉으신 이가 이르시되 보라 내가 만물을 새롭게 하노라 하시고 또 이르시되 이 말은 신실하고 참되니 기록하라 하시고

'회복'이라는 용어는 다양하게 광의적으로 사용되고 있습니다. 사전적 의미는 원래의 좋은 상태로 되돌리는 것, 원래의 상태를 되찾는 것입니다. 정보통신에서는 '시스템에 장애가 일어났을 때 이것을 검출해 하드웨어 및 소프트웨어에 의한 회복기술을 써서 규정된 상태로 시스템을 회복시키는 것'이라고 합니다. 생명과학에서는 '생물의 개체나 조직, 세포, 분자에 이르기까지 손상된 부분이 정상상태로 되는 현상'이라고 합니다. 신학적으로는 '하나님의 창조원형을 되찾는 것'입니다.

코로나19 사태로 일상이 무너지고 지구촌의 기존 질서가 무너졌습니다. 그리고 교회의 지각변동이 진행되고 있습니다. 그 어느 때보다 '회복'에 대한 열망이 고조되고 있습니다. '코로나 이전으로 되돌릴 수 있는가?'에 대해 "그렇다"라고 답하는 사람은 없습니다.

하지만 우리의 관심은 교회가 코로나 이전으로 돌아갈 수 있는가

에 있지 않습니다. 우리의 관심은 코로나 이전이 아니기 때문입니다. 전이나 지금이나 그리고 앞으로도 교회의 관심은 예수 그리스도입니다. 우리가 겪고 있는 시련과 고통의 본질적 원인은 코로나에 있지 않습니다. 예수를 떠났기 때문이고, 멀리하고 있기 때문입니다. 복음을 멀리하고 왜곡하고 변형시킨 벌을 받고 있습니다.

코로나19 바이러스는 미세현미경으로 들여다봐도 보일까 말까 한 미세바이러스입니다. 그런데 일 년여 만에 지구촌을 휩쓸고 점령했습니다. 백신 개발로 맞서고 있지만 변이 바이러스가 공격을 가하고 있습니다. 그래서 위드 코로나(With Corona)라는 신조어가 등장했습니다. 독감과 함께 가는 것처럼 코로나와 함께 가자는 것입니다. 코로나와 동행하자는 것입니다. 그것이 해법이 될까요? 언제, 어디서, 어떻게 변덕을 부릴지 예측 불가능한 코로나와 동행을 한다는 것은 불안한 동행, 불길한 동행, 불편한 동행, 불행한 동행이 될 것입니다. 그리고 그것은 어쩔 수 없는 선택인 것입니다.

위드 코로나로는 해결이 안 됩니다. 위드 예수(With Jesus), 위드 그리스도(With Christ)라야 합니다. 무슨 뜻입니까? 예수를 다시 찾고, 복음을 회복하고, 믿음을 회복하자는 것입니다.

역사의 현장에 얼굴을 내민 성현들과 영웅들이 있었습니다. 여러 종교의 창시자들도 있었습니다. 그러나 그 누구도 "내가 해법이다, 내가 문제를 푼다"라고 말한 사람은 없었습니다. 그러나 예수 그리스도는 "내가 길이다 진리다 생명이다 부활이다"라고 말씀하셨고 "내가 만물을 새롭게 한다"고 말씀하셨습니다(계 21:5). 그리고 예수 신앙에 깊이 심취했던 바울은 "누구든지 그리스도 안에 있으면 새로운 피조물이라 이전 것은 지나갔으니 보라 새것이 되었도다"(고후 5:17)라고 선언했습니다. 그리고 "하나님을 따라 의와 진리의 거룩함으로 지으심을 받은 새 사람을 입으라"(엡 4:24)고 했습니다.

주목할 부분은 새로운 피조물이 되는 것, 새 사람이 되는 것, 그 주체가 인간이 아니라는 것입니다. 사람이 사람을 회복하고 새 사람을 만들고 새로운 세상을 만드는 것이 아닙니다. 하나님이 하신다는 것이 성경의 중심입니다.

요한계시록 21장 5절을 통해 웅변합니다.

> "보좌에 앉으신 이가 이르시되 보라 내가 만물을 새롭게 하노라 하시고 또 이르시되 이 말은 신실하고 참되니 기록하라 하시고."

결론이 명명백백합니다. 새로운 피조물을 만들고, 새 사람을 만들고, 만물을 회복하시는 주체는 예수 그리스도이십니다. 그런데 우리는 이 진리를 간과하고, 인간의 노력과 연구와 전략과 시도로 회복을 논하고 시도했습니다. 그래서 번번이 실패했습니다. 지금도 실패하고 있습니다.

우리는 초대교회로 돌아가자는 말을 곧잘 합니다. 그러나 초대교회로 돌아가는 것은 임시방편이지, 근원적 해법이 아닙니다. 초대교회도 사람들이 모인 공동체였습니다. 그곳에도 갈등과 다툼, 위선과 거짓이 있었습니다. 초대교회로 돌아가는 것이 아니라, 예수 그리스도에게로 돌아가야 합니다. 즉, 복음으로 돌아가야 합니다. 그것이 교회다움을 회복하는 정도이기 때문입니다.

구체적으로 말씀을 나눠보겠습니다.

첫째로 회복이란 무엇입니까?

앞에서 말씀드린 대로 본래의 모습을 되찾는 것, 본래 좋았던 대로 돌아가는 것을 회복이라고 합니다. 우리의 본래 모습은 창조기사가 설명합니다.

"하나님이 보시기에 좋았더라"(창 1:4, 10, 12, 18, 21, 25)는 말씀이 여섯 차례 반복됩니다. 그리고 1장 31절에서는 "하나님이 지으신 그 모든 것을 보시니 보시기에 심히 좋았더라"고 했습니다.

'좋았더라'의 히브리어는 '토브'입니다. 위대한, 놀라운, 완벽한, 아름다움 등 미학에서 말하는 심미 이상의 완벽한 아름다움을 의미합니다. "심히 좋았더라"의 뜻은 한 치의 오차도 없고, 흠이 없는 창조를 의미합니다. 그때 거기로 돌아가는 것이 회복입니다.

그런데 그것이 가능합니까? 불가능합니다. 인간들은 이상세계, 파라다이스의 구현을 위해 별별 짓을 다 했지만 성공하지 못했습니다. 누가 범죄로 타락한 인간을 되살리고 무너진 피조 세계를 재건합니까? 성선설이냐, 성악설이냐에 대한 철학적 논의가 계속돼 나왔습니다만, 인간은 하나님이 지으신 피조물입니다. 그리고 타락 이전과 이후로 인간성이 분류됩니다.

타락 이전의 인간은 "우리의 형상을 따라 우리의 모양대로 우리가 사람을 만들고"(창 1:26)였고 "하나님이 자기 형상 곧 하나님의 형상대로 사람을 창조하시되 남자와 여자를 창조하시고"(창 1:27)였습니다.

그 인간이 범죄로 다 무너졌습니다. 무너진 인간, 파괴된 피조세계의 회복은 오직 한 길밖에 없습니다. 예수 그리스도의 십자가 희생과 대속을 통한 구원의 길뿐입니다. 그 사실을 웅변하고 선포하는 것이 복음입니다.

코로나19 이후를 걱정하는 소리들이 교회 안팎에서 높아가고 있습니다. 이미 말씀드린 대로 코로나로 인한 지각변동은 이미 시작됐고, 진행형입니다. 그 방법을 찾느라 바쁩니다. 그러나 해법은 멀리 있는 것도 아니고, 그리 복잡하지도 않습니다. 성경으로 돌아가고 복음으로 돌아가면 됩니다. 교회를 이끄는 지도자들과 목회자들이 경험과 학문과 현대사조에 어두워진 생각을 바꾸고, 지평에서 방법을 찾지 말고 십자가 복음으로 돌아가야 합니다.

너무 단순한 얘기라구요? 그렇습니다. 복음은 단순합니다. 믿음도 단순합니다. 해법도 단순합니다. 단순함을 떠나 복잡한 논리에 휘말리면 길을 잃게 됩니다. 복음이 답입니다. 예수 그리스도가 답입니다.

둘째로 회복의 결과는 무엇입니까?

그토록 인간들이 꿈꾸던 파라다이스가 도래합니까? 태평성세가 이룩됩니까? 요한계시록 21장 1-2절 말씀을 주목합시다.

> "또 내가 새 하늘과 새 땅을 보니 처음 하늘과 처음 땅이 없어졌고 바다도 다시 있지 않더라 또 내가 보매 거룩한 성 새 예루살렘이 하나님께로부터 하늘에서 내려오니 그 준비한 것이 신부가 남편을 위하여 단장한 것 같더라."

21장 5절도 주목해봅시다.

> "보좌에 앉으신 이가 이르시되 보라 내가 만물을 새롭게 하노라 하시고."

이 말씀의 의미는 "예수 그리스도가 만물과 인간을 새롭게 만드신다. 그렇게 되면 타락한 세계, 병든 세계는 없어진다. 그리고 하나님이 이루시는 새 나라, 새 인간 세계가 펼쳐진다. 그 세계는 하나님께서 만드신다. 그리고 그 세계는 최상의 나라이다"라는 것입니다. 그리고 이 나라는 그리스도의 재림으로 완성됩니다. 그래서 사도 요한은 밧모섬에서 "주 예수여 오시옵소서"(계 22:20) 하면서 예수 그리스도의 재림을 고대한 것입니다.

우리 모두는 회복을 갈망하고 기대하고 있습니다. 우선순위가 있습니다. 인간이 먼저 복음으로 회복돼야 합니다. 그래야 그 인간이 역사와 문화, 정치와 사회, 교회를 회복하게 할 수 있기 때문입니다.

복음으로 돌아갑시다. 예수 그리스도의 십자가로 돌아갑시다. 그 길이 정도이고 해법이라고 고백하시고 선포합시다. 아멘.

함께

(포항제일교회 설교)

🍁 **누가복음 24:28-35**

그들이 가는 마을에 가까이 가매 예수는 더 가려 하는 것같이 하시니 그들이 강권하여 이르되 우리와 함께 유하사이다 때가 저물어가고 날이 이미 기울었나이다 하니 이에 그들과 함께 유하러 들어가시니라 그들과 함께 음식 잡수실 때에 떡을 가지사 축사하시고 떼어 그들에게 주시니 그들의 눈이 밝아져 그인 줄 알아보더니 예수는 그들에게 보이지 아니하시는지라 그들이 서로 말하되 길에서 우리에게 말씀하시고 우리에게 성경을 풀어 주실 때에 우리 속에서 마음이 뜨겁지 아니하더냐 하고 곧 그때로 일어나 예루살렘에 돌아가 보니 열한 제자 및 그들과 함께한 자들이 모여 있어 말하기를 주께서 과연 살아나시고 시몬에게 보이셨다 하는지라 두 사람도 길에서 된 일과 예수께서 떡을 떼심으로 자기들에게 알려지신 것을 말하더라

"혼자 가면 빨리 가고 함께 가면 멀리 간다"는 아프리카 속담이 있습니다.

"두 사람이 한 사람보다 나음은 그들이 수고함으로 좋은 상을 얻을 것임이라 혹시 그들이 넘어지면 하나가 그 동무를 붙들어 일으키려니와 홀로 있어 넘어지고 붙들어 일으킬 자가 없는 자에게는 화가 있으리라 또 두 사람이 함께 누우면 따뜻하거니와 한 사람이면 어찌

따뜻하랴 한 사람이면 패하겠거니와 두 사람이면 맞설 수 있나니 세 겹줄을 쉽게 끊어지지 아니하느니라"(전 4:9-12).

이 말씀 또한 '함께'를 강조하고 있습니다. 본래 하나님의 창조는 '함께'입니다. 창세기 1장에서 홀로 하는 것(독처)이 좋지 않다고 하셨고, 첫째는 사람을 남자와 여자로 창조하시고 함께 살도록 하셨습니다. 둘째는 천지 만물이 함께하도록 창조하셨습니다.

인간은 창조 당시부터 홀로 존재하는 단독자가 아니라 '함께'하는 존재였습니다. 그렇다면 누구와, 어떻게 함께해야 합니까?

첫째로 주님과 함께해야 합니다.

첫째, 에녹처럼(창 5:21-27) 함께해야 합니다.

에녹은 결혼을 해서 가정을 이루고 살면서 65세에 므두셀라를 낳았고, 그 후 300년 동안 하나님과 동행(함께)하며 자녀들을 더 낳고, 하나님을 기쁘시게 해드리고(히 11:5) 승천했습니다. 하나님을 기쁘시게 하기 위해서 독신생활을 한 것도 아니고, 일상적 가정생활을 하면서 300년 동안 하나님을 기쁘시게 했습니다. 그렇게 최초의 승천자가 된 것입니다. 결코 쉬운 일이 아닙니다.

어쩌면 하나님과의 300년이라는 긴 동행이 불편하고 부담스러울 수도 있었을 것입니다. 그러나 사랑하는 사람과의 동행이 행복한 것처럼, 하나님과의 동행이 즐겁고 기쁘고 행복해야 합니다.

둘째, 베드로처럼 함께해야 합니다.

베드로는 평소 주님과 함께하겠노라고 맹세했습니다. "모두 주를 버릴지라도 나는 결코 버리지 않겠나이다"(마 26:33), "내가 주와 함께 죽을지언정 주를 부인하지 않겠나이다"(마 26:35), "다 버릴지라도 나는 그리하지 않겠나이다"(막 14:29), "베드로가 힘있게 말하되 내가 주와 함께 죽을지언정 주를 부인하지 않겠나이다"(막 14:31), "주여 내가 주와 함께 옥에도, 죽는 데에도 가기를 각오하였나이다"(눅 22:33), "주를 위하여 내 목숨을 버리겠나이다"(요 13:37)라고 했던 베드로가 겟세마네 동산에서 주님이 피땀 흘려 기도하실 때 졸고 있었습니다. 예수님을 세 번씩 모른다며 철저히 부인했습니다. 인생이나 신앙은 장담으로 되지 않습니다. 영적 허풍을 떨지 않도록 조심해야 합니다.

셋째, 엠마오로 내려가는 두 제자처럼(눅 24장) 함께해야 합니다.

부활하신 주님이 '함께'하심에도 알아보지 못했습니다. 그 이유를 누가복음 24장 16절은 "그들의 눈이 가리어져서 그인 줄 알아보지 못하거늘"이라고 했습니다. 그리고 누가복음 24장 31절은 "그들의 눈이 밝아져 그인 줄 알아 보더니"라고 했습니다. 떡을 가지사 축사하시고 떼어 주실 때 눈이 밝아졌다고 했습니다.

우리는 왜 예수가 안 보입니까? 무엇으로 눈이 가리어졌습니까? 불신, 탐욕, 교만, 의심, 정욕 때문은 아닌가요? 야고보의 교훈을 살피겠습니다.

"하나님을 가까이 하라 그리하면 너희를 가까이 하시리라"(약 4:8).

'함께'의 뜻이 무엇입니까? '한데 섞여 어우러지는 것'입니다. 예수님과 하나 되어 어우러지는 것, 예수님이 가면 나도 가고, 머물면 나도 머물고, 십자가에 죽으시면 나도 죽고, 부활하시면 나도 부활하고, 영원히 주님과 어우러져 사는 것입니다. 주님을 안 떠나고, 주님 손을 놓지 않는 것이 함께하는 것입니다.

둘째로 교회와 함께해야 합니다.

교회란 '예수 그리스도를 구주로 고백하는 사람들이 모인 공동체'

입니다. 구원 공동체, 함께 공동체인 것입니다. 솔로몬이 7년간 성전을 모든 사람과 함께 건축했습니다. 18만 3천 3백 명이 함께했습니다. 역군 3만, 짐꾼 7만, 돌 뜨는 자 8만, 감독관리 3천 3백이 함께 참여했고 백성은 기도로 함께했습니다.

거친 세상입니다. 풍랑 이는 바다를 항해하다가 배가 좌초되면 선장도, 선원도, 선객도 다 함께 수장됩니다. 함께 공동체인 교회도 천국항에 이를 때까지 함께 가야 합니다.

바울의 교회론을 통해 예수 그리스도는 머리(엡 1:22), 교회는 몸(엡 1:23), 성도는 지체(고전 12:27)라고 했습니다. 교회와 함께하는 방법은 무엇입니까? 에베소서 2장 22절은 "함께 지어져 가느니라"고 했습니다. 첫째, 내 교회는 희생하고 섬길 때, 둘째, 우리 교회는 나누고 사랑하고 교제할 때, 셋째, 주님 교회는 영광, 주권, 영광 돌릴 때 함께 지어져 갑니다.

셋째로 '너'와 함께해야 합니다.

하나님의 창조원리는 아담과 하와, 둘이 함께한 것입니다. 최초의 결혼식은 신랑이 아담, 신부는 하와, 식장은 에덴동산, 하객은 피조물, 주례는 하나님이셨습니다. 주례사는 첫째, '둘이 하나 되라, 함께해라', 둘째, '사랑하라'였습니다.

모든 공동체, 혈연지연, 결사 공동체의 출발점은 부부입니다. 하나님은 "홀로 사는 것이 좋지 않다" 하시며 하와를 만드시고 둘이 하나가 되라고 하셨습니다. 그렇다면 함께하는 방법은 무엇입니까?

첫째는 이해해야 합니다. 이해란 'under + stand'의 합성어입니다. 그 사람 입장이 되어 주는 것, 그 아래 서 주는 것입니다. 안과 질환에 시야 협착증이라는 것이 있습니다. 정상 시야는 180~200도입니다. 그러나 협착증은 사물을 제대로 못 봅니다. 영적 협착증은 나도, 너도, 하나님도 제대로 보지 못합니다. 먼저 '나'부터 올바로 이해해야 합니다. 내가 보는 나와 남이 보는 나는 동일하지 않습니다.

바울을 예로 들겠습니다. "나는 죄인 중에 괴수다, 만물의 찌꺼기다, 쓰레기다. 만삭되지 못한 채 태어났다"라고 자신을 낮췄습니다. 그러나 유대인들은 그렇게 보지도, 폄하지도 않았습니다. '위대한 사도, 신학자, 선교사, 복음전도자, 순교자, 성경 집필자'로 칭송하고 있습니다. 진짜 똑똑한 사람, 잘난 사람, 위대한 사람은 "내가 똑똑하다, 잘 났다, 위대하다"라고 말하지 않습니다. 남들이 높여줍니다.

신앙생활도 바르게 하는 사람은 "내가 제일 잘 믿는다, 내가 최고다, 내가 표준이다, 나처럼 믿어라"고 하지 않습니다. 남들이 "저 사람 진국이다, 예수 닮았어, 진짜 그리스도인이다, 배울 점이 많다"라고 칭송합니다. '너'를 높이고 '나'를 낮춰야 관계가 성립됩니다.

둘째는 사랑해야 합니다. 사랑이란 주는 것, 덮어주는 것, 대신 죽는 것, 함께 사는 것입니다. 사랑해야 멀리, 오래 갈 수 있습니다.

셋째는 신뢰해야 합니다. 내가 '너'를 믿고 너는 '나'를 믿어야 합니다. 서로 신뢰하려면 하나님을 신뢰해야 합니다. 내가 변하면 네가 변하고 네가 변하면 우리가 변합니다. '주님과 함께!'가 기본이고 제일 중요합니다. 주님과 함께해야 교회도, 너도, 나도 행복하고 새로운 존재가 됩니다.

"주님과 함께! 주님을 위하여! 주님 때문에!" 아멘.

정답 찾기

🍁 **요한복음 14:5-6**

도마가 이르되 주여 주께서 어디로 가시는지 우리가 알지 못하거늘 그 길을 어찌 알겠사옵나이까 예수께서 이르시되 내가 곧 길이요 진리요 생명이니 나로 말미암지 않고는 아버지께로 올 자가 없느니라

모든 수험생은 시험을 칩니다. 대학입학, 공무원, 법관, 기업 등 시험을 치고 답을 씁니다. 모든 수험생의 바람은 그 답이 틀리지 않고 맞기를 바랍니다.

그러나 그것은 희망사항일 뿐 내가 쓴 답이 모두 정답이 되는 것은 아닙니다. 내가 쓴 답이 정답일 수도 아닐 수도 있습니다. 정답은 이미 나와 상관없이 정해져 있습니다. 그 정답과 같은 답이라야 만점을 받고 합격의 영광을 누리게 됩니다.

지상에 존재하는 모든 인간은 정답을 찾고 있습니다. 이미 정답은 정해져 있는데 답안지를 작성하고 "이게 정답이다, 이게 옳다" 하며 우기고 있습니다. 그러나 그 답이 옳을 수도, 틀릴 수도 있습니다.

자신이 찾거나 만든 답이 절대적이고 정답이라고 믿는 사람도 있고, 남이 만든 답을 절대시하고 퍼트리려는 사람도 있습니다. 그리고

그것이 정답이 아닐 때 실망하거나 방황하는 사람도 있습니다.

공자의 말 가운데 "조문도 석사가의"(朝聞道 夕死可矣)라는 말이 있습니다. 뜻은 아침에 도를 들으면 저녁에 죽어도 좋다는 것입니다. 여기서 말하는 '듣는다'는 것은 '깨닫는다, 발견한다'입니다. 아침에 그토록 찾던 도를 듣고 찾았으면 저녁에 죽을 것이 아니라, 그 도를 전하고 나누어야 한다는 생각이 듭니다.

우리가 성인으로 꼽는 사람들이 있습니다. 공자, 석가, 마호메트 등입니다. 그러나 그들은 도를 찾고 듣고 깨닫기 위해 노력한 사람들이지, 도 자체도 아니었고 도의 창시자도 아니었습니다. 그래서 "나는 길이다"라는 말을 못한 것입니다.

그런데 "내가 길이다. 진리다. 생명이다"라고 공언한 분이 있습니다. 우리가 믿는 예수 그리스도이십니다. 요한복음 14장 6절을 보면 "내가 곧 길이요 진리요 생명이니 나로 말미암지 않고는 아버지께로 올 자가 없느니라"고 말씀하셨습니다. 길을 찾아라, 발견해라, 깨달아라, 공부해라, 득도해라, 이것이 아닙니다. "내가 길이다. 진리다. 생명이다"라고 하는 우주적 선언이고 선포입니다.

"나로 말미암지 않고는 아버지께로 올 자가 없느니라"고 하는 그 뜻은 나 말고는 구원이 없다, 다른 길은 없다, 하나님을 만나려면 나를 통해야 한다는 뜻입니다. 이는 기독교가 비판받고 몰매 맞는 이유이기도 합니다. "독선적이다, 비타협적이다, 오만하다, 유아독존적이다"라고 하며 "왜 기독교만 종교냐? 왜 예수만 길이냐? 왜 예수만 유일한 존재냐?"라고 종교 다원주의는 말합니다. "모든 종교는 다 구원이 있다, 신에게로 가는 길이 다를 뿐 종착점은 같다. 기독교도 타종교와 다를 건 없다"라고 합니다.

그러나 타협이 가능한 것은 절대 진리가 아닙니다. 이것 믿어도 구원받고 저것 믿어도 구원받는다는 것은 범신론입니다. 만일 기독교가 유일신 신앙을 포기하고 범신론 신앙이나 종교 다원주의가 말하는 구원론을 선택했다면 순교의 피를 흘릴 이유가 없었을 것입니다. 그리고 그들은 어리석은 바보들이었을 것입니다. 진리는 단순합니다. 복잡하지 않습니다. 진리는 진리로서 진리이기 때문입니다.

이사야 36-38장을 보면 남왕국 유다의 제13대 왕 히스기야에 관한 기사가 나옵니다. 그는 25세에 왕이 됐습니다. 다윗 왕 이후 가장 어진 왕이었습니다. BC 701년 앗수르의 산헤립이 18만5천 대군을 이끌고 유다를 침공했습니다. 예루살렘을 포위하고 출입구를 차단하고 모든 보급로를 막았습니다. 그리고 히스기야에게 랍사게를 사신으로 보내 협박 편지를 전했습니다. 그 내용은 "너희는 죽은 목숨이다. 히스기야는 무능하다. 순순히 항복하라, 항복하지 않으면 굶어 죽을 것이다"라는 것이었습니다.

여기서 히스기야가 취한 행동은 국무회의, 국방 전략회의로 모이지 않고 첫째는 국가 비상상태를 선포하고, 둘째는 왕복을 벗고 군복을 입고, 셋째는 재를 무릎 쓰고(회개시), 넷째는 옷을 찢고(회개 참회시), 다섯째는 기도했습니다. 그리고 모든 각료도 함께 행동했습니다. 신앙통일, 국권통일을 한 것입니다. 해법을 하나님에게서 찾은 것입니다. 그리고 성전으로 올라가 랍사게가 가져온 협박 편지를 펴 놓고 기도했습니다. "보십시오. 산헤립이 보낸 협박 편지를. 하나님을 모욕하는 이 편지를 보십시오"라며 기도했습니다.

비평가들은 이렇게 말할 것입니다. "국가 비상사태를 선포하고 전략회의를 소집하고 총동원령을 내리고 전쟁에 임해야지, 보이지도 않는 신에게 기도한다고 위기가 타개되느냐, 어리석고 미련한 짓이었다"라고 말입니다.

그러나 히스기야는 그게 아니었습니다. 역사의 주인도, 국가의 주인도, 문제해결의 주인도 왕이 아니라 하나님이심을 믿었습니다. 그래서 기도한 것입니다. 그날 밤 하나님이 18만 5천을 진멸하는 기적을 베푸셨습니다.

히스기야에게 위기는 또 왔습니다. 불치의 병으로 죽게 됐습니다. 그는 어의를 불러 치료방법을 찾지 않고 명약을 찾도록 명을 내리지 않았습니다. 그는 울면서 기도했습니다. 왕은 백성 앞에서 울면 안 됩니다. 그런데 그는 통곡하고 기도했습니다. 하나님 앞에서 어린아이가 된 것입니다. 그에게 내린 응답은 "내가 네 기도를 들었노라 네 눈물을 보았노라"였습니다.

현대 과학은 경이로움을 떠나 가공할 지경입니다. 그러나 과학만으로 인간의 문제를 다 해결하지 못합니다. 해결할 수 있는 것보다 해결하지 못하는 것이 더 많습니다. 예를 들면 전 세계를 뒤덮고 있는 코로나 바이러스는 미세현미경으로라야 보입니다. 그런데 그 코로나 전염병을 아직도 해결하지 못하고 있습니다. AI 인공지능, 메타버스가 우리네 삶 속에 다가서고 있지만 그것들은 인간 존재의 문제를 해결하지 못하고 있습니다. 우리는 여기서 겸손하게 두리번거리지 말고, 정답 찾기에 나서야 합니다. "내가 길이다. 진리다. 생명이다." 그 누구도 이토록 명확한 선포를 하신 분이 없습니다.

신약 성경을 살펴보면 4복음서 중심으로 예수님의 사역을 소개하고 있습니다. 예수님의 사역은 세 가지였습니다. 첫째는 '가르치시고'로 제자들을, 민중들을 가르치셨습니다. 둘째는 '전하시고'로 천국 복음을 전하셨습니다. 셋째는 '고치시고'로 아픈 자들을 고치셨습니다. 맹인의 눈을 뜨게 하셨고, 나병환자를 고치셨고, 혈루증을 고치셨고,

귀신 들린 자를 고치시고, 죽은 자를 살리셨습니다.

물고기 2마리와 보리떡 5개로 5천 명을 먹이셨고, 갈릴리 바다의 파도를 잠잠케 하셨습니다. 이를 지켜본 제자들과 민중들은 '이런 사람이 왕이 되면 걱정 없는 태평시대가 되겠다'라고 생각했습니다.

그러나 예수님의 관심은 딴 데 있었습니다. 죄로 죽어 가는 영혼을 살리고, 그들을 하나님의 자녀로 삼는 것이 관심사였습니다. 그래서 십자가에 죽으신 것입니다. 그래서 "나는 왕이다, 나는 기적의 주인공이다"라고 하지 않았습니다.

정답은 정해져 있습니다. 우리의 고백은 "오직 예수만 정답이다"라는 것입니다. 교회가 할 일, 크리스천이 할 일, 예수 믿는 사람들이 할 일이 무엇입니까? 우리 시대의 아픔은 무엇입니까? 왜, 어디가 아픕니까?

첫째로 양극화로 인한 갈등입니다.

흑백논리, 좌우갈등, 빈부갈등, 노사갈등, 교회도 신학 때문에, 자리 때문에, 정당도 권력, 집권 때문에, 양극화하고 있습니다. 우리는 세계 유일의 분단국가입니다.

둘째로 분노조절장애입니다.

모두가 화가 나 있습니다. 조절 버튼도 없습니다. 인명이 경시되고 때와 장소도 없이 분노가 폭발하고 있습니다. '절제력이 바닥난 사회'라고 합니다. 5명 중 1명은 분노의 사람입니다. 맹견 조심이 아니라 사람 조심의 시대를 살고 있습니다.

"해가 지도록 분을 품지 말고 마귀에게 틈을 주지 말라"(엡 4:26-27).

셋째로 첨예화된 개인주의입니다.

'우리', '함께'가 실종되고 '나'가 우상이 되고 있습니다. 내가 그 무엇을 그 누구를 위해 존재하는 것이 아니라, 모든 것이나 모든 사람이 나를 위해 존재합니다. 극단의 개인주의 세상이 되어 버렸습니다.

넷째로 극단의 물량주의입니다.

교회도 덩달아 따라가고 있습니다. 큰 교회, 돈 많은 교회, 힘 있는 교회, 그것을 지키기 위해 그런 교회일수록 권력 지향적이고 해바라기 처세에 익숙합니다. 큰 것, 많은 것이 강합니다.

그러나 작은 것이 아름답습니다. 그 틈새에서 우리는 어떤 위치에 서 있습니까? 왜 "예수가 정답이다, 해법이다"라는 말을 거기서, 그때 못합니까?

예수님이 12세 되던 해 부모를 따라 예루살렘에 올라갔습니다. 유월절 절기를 지키기 위해서였습니다. 역사가 유세비우스는 유월절 절기가 되면 전국에서 100만 인파가 예루살렘에 모였다고 했습니다. 유월절 절기를 마치고 나사렛으로 돌아가던 부모가 예수를 잃어버렸습니다. 성경학자들은 그 이유를 첫째는 사람이 너무 많아서, 둘째는 일행과 함께 오고 있겠거니 하는 착각 때문이었다고 했습니다.

우리는 왜 정답을 잊어버리고 삽니까? 하는 일이 너무 많아서, 나는 괜찮을 거야라는 착각 때문에, '정답일까'라는 의심 때문에? 무엇 때문입니까?

솔직히 말하면 정치도, 경제도, 문화도, 교육도 정답이 아닙니다. 과학도 정답이 아닙니다. 사는 조건이 아니라는 말입니다. 살리는 조건이 아니라는 것입니다. 정답은 하나입니다. 정답은 정해져 있습니다. 다른 답을 가지고 "이게 정답이다"라고 말하면 안 됩니다. 틀린 답을 가지고 "이게 정답이다"라고 우겨도 안 됩니다.

우리 그리스도인들은 오답 투성이로 범벅된 세상에 정답을 제시해야 합니다. 정답을 찾지 못해 방황하는 사람들, 정답을 몰라 헤매는 사람들, 오답으로 인생 망친 사람들, 틀린 답 때문에 절망의 나락에 떨어진 사람들, 혼돈에 빠진 우리 사회를 향해 그들에게 "예수 그리스도가 정답이다"라는 메시지를 전해야 합니다. 그것이 우리가 할 일이고 내가 할 일입니다. "오직 예수! 예수가 정답이다!" 아멘.

설교집 제32권
다시 찾은 사람들

1판 1쇄 인쇄 _ 2022년 10월 5일
1판 1쇄 발행 _ 2022년 10월 15일

지은이 _ 박종순
펴낸이 _ 이형규
펴낸곳 _ 쿰란출판사

주소 _ 서울특별시 종로구 이화장길 6
편집부 _ 745-1007, 745-1301-2, 747-1212, 743-1300
영업부 _ 747-1004 FAX 745-8490
본사평생전화번호 _ 0502-756-1004
홈페이지 _ http://www.qumran.co.kr
E-mail _ qrbooks@gmail.com / qrbooks@daum.net
한글인터넷주소 _ 쿰란, 쿰란출판사
페이스북 _ www.facebook.com/qumranpeople
인스타그램 _ www.instagram.com/qrbooks
등록 _ 제1-670호(1988.2.27)
책임교열 _ 최찬미·최진희

© 박종순 2022 ISBN 979-11-6143-773-6 93230

책값은 뒤표지에 있습니다.
이 출판물은 저작권법에 의해 보호를 받는 저작물이므로 무단 복제할 수 없습니다.
파본(破本)은 구입처에서 교환해 드립니다.